U0672416

本书出版得到深圳大学中国经济特区研究中心
『高水平大学建设项目』全额资金支持

新疆历史文化研论

Studies on the History and Culture in Xinjiang

许建英 著

社会科学文献出版社
SOCIAL SCIENCES ACADEMIC PRESS (CHINA)

目　录

一　新疆的历史与文化

二　近代外国势力与中国新疆

三　西方人笔下的近代新疆

四　国外寻史录

一　新疆的历史与文化

英国和阿古柏的贸易关系

中国新疆和拉达克之间的贸易早就存在，只是规模一直很小，但是阿古柏入寇新疆时期（1865～1878），英属印度和阿古柏统治的南疆地区的贸易发生很大变化。所以，英属印度和阿古柏之间的贸易关系也是个引人注目的问题，除了其政治含义外，此贸易本身也值得我们加以研究。一方面，英属印度和阿古柏窃据新疆时期的贸易额增长很快，1863 年英属印度和新疆之间的贸易额为 236040 卢比，1864～1866 年总计 100000 卢比，1867 年为 554945 卢比，1868 年则达到 1038401 卢比；以后持续快速增加，到 1876 年达到 2999247 卢比，1877 年仍然维持在 2024362 卢比。[①] 在新疆南部，此期（1865～1878）英国商品远比俄国商品占优势。另一方面，英属印度和新疆贸易不仅对当时英国与阿古柏伪政权关系影响较大，而且对以后英国和中国新疆关系也影响深远。

一　英属印度和中国新疆之间的贸易线路

如前所述，19 世纪 40 年代控制查谟土邦后，英国和中国在新疆形成共同边界，而英属印度和新疆之间贸易是通过查谟所属之拉达克来进行的，其中从拉达克首府列城越喀喇昆仑山抵新疆叶尔羌商路占居重要地位。从拉达克向南，是英属印度茶叶重要产地康格拉（Kangra）山谷，穿过该山谷再向南可到达西姆拉；向西南则为拉合尔；向西可到达旁遮普；向西北可达中国属国坎巨提。

在 19 世纪 60 年代和 70 年代，中国新疆和英属印度的主要贸易路线是

---

① G. J. Alder, *British India's Northern Frontier, 1865－95: A Study in Imperial Policy*, Longmans Green Co. Ltd., 1963, p. 318.

从喀什噶尔到叶尔羌，翻越喀喇昆仑山，经过拉达克的首府列城，并由列城到达克什米尔的斯利那加。这条商路可以说是世界上最艰难的贸易路线之一，沿途多是冰雪覆盖的崇山峻岭，渺无人烟，极度荒凉，要越过的喀喇昆山口和昆仑山口很高，不少路段海拔达 18000 英尺（5486.4 米）。驮运货物牲畜常常饿死或者不堪艰难寒冷而致死。另一条线路是从喀什噶尔经叶尔羌，越过塔克敦巴什帕米尔，到达坎巨提，经吉尔吉特（Gilgit）到斯利那加；该线路比较直接，也较易行，要翻越的山口只有 15500 英尺(4724.4 米)，但是该线路当时算不上是主要商路，且易遭坎巨提人袭击。这两条商路一般均只能在夏、秋两季开通，即从 5 月或 6 月到 10 月或 11 月。但是，第一条路线 7 月因为冰雪融化，河水暴涨而难以通行，而还要比后一条路程长，只是费用要低些，也相对安全点。无论如何，这两条道路都极为艰难，而且还非常寒冷。除了这两条道路外，还有一条道路，即从奇特拉尔出发，经过瓦罕走廊进入新疆。这条路相对较远，又经过阿富汗境内，走这条道路的商人较少。在上述三条线路中，第一条是主要商路，后两条在 19 世纪 90 年代后经整顿贸易才有所起色。

二　英国改善道路、运输和后勤

在此期中国新疆和英国的贸易中，新疆叶尔羌到拉达克首府列城的商路起的作用最为重要。该路线山高路险，开展贸易本来就已经困难重重，而在克什米尔一侧，还有其他大量自然和人为因素制约着两地间贸易。一是从英属印度南部到达克什米尔多是崇山峻岭，道路艰险，难以进行大规模商业活动；二是克什米尔当时贸易管理混乱，对新疆贸易缺乏后勤保障。为扩展与阿古柏的贸易，达到政治目的，英国下决心整顿克什米尔境内贸易环境。

首先，英国整顿克什米尔道路，规范其关税。早在 1847 年，当时英国和锡克人组成的边界委员会就接到指示，要尽力重开英属印度北部山邦和中国新疆间的贸易。在 19 世纪 50 年代，英属印度还无暇整顿整条商路。进入 60 年代后，克什米尔大君对来往于中国新疆和拉达克之间的贸易盘剥十分厉害，英国开始进行整顿。如前所述，19 世纪后期，经过劳伦斯特别是梅奥的大力整顿，从英属印度到列城的道路得以修建。1870 年 4 月，为了使英属印度和中国新疆的贸易安全得到保证，贸易得到进一步发展，一直急于扩展和新疆贸易的福赛斯和克什米尔大君伦贝尔·辛格签订《英国和克什米尔协定》，5月英属印度总督梅奥批准。该条约共10款，主要内容为：（1）双方同意勘测并修建经由克什米尔通往新疆的商道，该路将对所有旅游者及商人永久开放；（2）由英国政府和克什米尔各任命一名专员管理该商路；（3）沿途建立供应站；（4）规定经由该路从新疆运往印度或由印度运往新疆的货物免税。[①] 该协定使英国保证了从英属印度通往新疆道路建设和畅通。1872年，为进一步加强和阿古柏伪政权的关系，扩大双方贸易，英国对该协定予以修改，福赛斯再次代表英国和克什米尔大君伦贝尔·辛格签订《管理新疆线路联合专员办事规则》。修定协议主要规定该商路民事和刑事案件的处理办法，再次强调保证该商路贸易免税，强调克什米尔大君有义务维修道路和桥梁。[②] 道路的修建和维持，使英属印度和中国新疆之间贸易快速发展成为可能。

其次，扩大从印度中部到克什米尔的运输能力，整顿沿途供应。印度商人从康格拉和西姆拉等地北上拉达克经过的也多为山路，且道路不畅。同时，拉达克当地可供运输的牲口不但少，而且多为体弱马匹，难以翻越高山，运输能力十分有限。关于这一点，罗伯特·肖说得很清楚，“因此在最后一个季节里，从拉达克出发北上几乎不可能得到运输。仅有的少量可供使用的牲畜已经被最先到达的商人定用，雇用一匹马运货到叶尔羌要70卢比；但是此前一般费用是40~50卢比。事情就是如此，大多数从南面北上的商人，包括返回叶尔羌的商人，不得不在拉达克等待商队，作为他们仅有的运输手段。所以延误很厉害”。[③] 因此确保该段道路畅通，解决运输能力不足问题，也是保证英属印度对阿古柏贸易的重要一环。

鉴于以上情况，英属印度政府着手从以下三个方面整顿。一是从康格拉山谷经过库卢（Kulu）、拉胡尔（Lahoul）建成一条路况良好的山路，改善从印度中部到拉达克的交通运输条件。二是建立骡子驯养基地。由于骡子比

① 许建英：《近代英国和中国新疆（1840—1911）》，黑龙江教育出版社，2014，第379~382页。

② 许建英：《近代英国和中国新疆（1840—1911）》，黑龙江教育出版社，2014，第382~384页。

③ T. D. 福赛斯（T. D. Forsyth）：《1873年出使叶尔羌报告》（Report of A Mission to Yarkund in 1873），加尔各答，1975，第484页。

牦牛更适合山区运输，于是1870年英国人哈考特（Harcourt）上尉在库卢创建骡子驯养基地，发展骡队运输。三是带动和吸收民间骡子，扩大运输能力。由于英属印度和阿古柏之间贸易的需要，从印度中部到拉达克的商业运输逐渐扩大，而且获利颇丰，于是很多私人骡主都闻风而动，在夏天或者雨季也从事这种生意。1872年拉达克仅有250头骡子，1873年来到拉达克的骡子数目达到375头，私人骡队的加入有力地提升了骡队运输能力。

从表1可以看出，可用来运输的牲畜数量增加不少，基本上满足当时英属印度和阿古柏之间贸易发展需要。另外，拉达克还有一些小马，也可以用来托运货物。这样运输困难获得较好解决，旁遮普整个驮队供应越来越适合于英属印度对阿古柏的贸易。

表1　拉达克可以提供运输的骡子、马匹和牦牛的情况

地方	马	骡子	牦牛	骆驼	备注
库卢	100				
拉胡尔	200				有村民后来卖掉一些马
去库卢的沿途		400			1874年有800头
德拉斯、格尔吉尔	600				适于运输
列城	250				
拉达克			1000		
拉达克			620		适于运输
其他				250	从叶尔羌租用
边疆部落	100			200	适于运输
总计	1250	400	1620	450	

资料来源：T. D. 福赛斯：《1873年出使叶尔羌报告》（Report of A Mission to Yarkund in 1873），加尔各答，1975，第485～487页。

在拉达克方面，由于道路改善，克什米尔大君造成的障碍都得到清除，穿过克什米尔的路线得到广泛使用。由旁遮普通往拉达克的道路也因此变成了两条，运输能力翻倍。[①] 英属印度对阿古柏贸易的运输环境得以改善，扩大贸易的希望大增。

再次，在列城设立市场，加强有关配套设施，提高对新疆贸易的效

① T. D. 福赛斯：《1873年出使叶尔羌报告》，加尔各答，1975，第485页。

率。从英属印度中部到新疆叶尔羌或者喀什噶尔，不但路途遥远艰险，而且受季节影响大。每年从叶尔羌和英属印度到列城的商人很多，他们都不愿从事全程的商业活动，担心那样离家时间太长。考虑到这种情况，英属印度驻拉达克联合委员会赞成在列城设立市场，并采取相关配套措施。[①]该委员会认为拉达克首府列城是古老的商业中心，稍加改善就会成为商业重地，可承担起英属印度对新疆贸易中转站的作用，因此英属印度政府便决定在列城建立一个年度性市场。这样来自英属印度的商人可用自己的牲畜把货物运到这儿，货物卖出后再购买所需要商品运回去。来自新疆叶尔羌的商人也可如此经商。由于每年的 8、9 月是翻越喀喇昆仑山的最好时间，如果做得好，从叶尔羌来的商人当年就可以返回。同时，英属印度认为这也是阿古柏方面所愿意看到的，阿古柏驻叶尔羌大员云努斯曾经表示过，叶尔羌还有许多商人没有和英属印度进行贸易，如果在列城建立规范的市场，这些商人就会被吸引到列城去经商。[②] 在列城建立市场，加上道路和运输改善，将会使英属印度和阿古柏之间贸易规模扩大，到列城的商人数目和用于运输的牲畜数量都将大大增加。

考虑到列城的粮食和饲料很有限，英属印度一方面扩大列城粮食和饲料的耕种面积，另一方面从附近地区调运粮草。同时，英属印度还沿喀喇昆仑山线路建造简易房屋，供往来商人歇脚。

随着这些实质性措施的实施，英属印度到新疆叶尔羌等地的交通线路得以畅通，运输能力增强，再加上阿古柏对商路安全的保证，英属印度和阿古柏贸易环境有了很大改善，为其贸易发展打下基础。

三　英国和阿古柏贸易的商品及利润分析

英属印度和阿古柏贸易的商品，和过去中国新疆与印度北部诸山邦传统贸易有相同之处，但是其变化则更多。我们对此期贸易的商品及其利润进行简单分析，以期对英属印度和阿古柏之间的贸易有较为全面的了解。

---

① T. D. 福赛斯：《1873 年出使叶尔羌报告》，加尔各答，1975，第 488 页。

② T. D. 福赛斯：《1873 年出使叶尔羌报告》，加尔各答，1975，第 488 页。

从表2、表3可以看出，(1) 从英属印度输往中国新疆的货物品种多，也就是说中国新疆对英国商品的需求范围相当大。这表明英属印度的商品生产能力强，商品相对丰富，而中国新疆的商品生产能力差，商品相对缺乏。(2) 输入和输出中国新疆的货物多为轻便商品，或者是贵重金属。这与交通困难有关，表明该条商路的艰难。(3) 英属印度输往中国新疆的商品有多种布料，说明英国纺织品在新疆有市场。同时，英属印度输往中国新疆的现代工业品居多，这与拉达克及新疆传统贸易差别很大；而由中国新疆输往印度的商品以原材料商品居多，这反映出双方贸易水平差距。(4) 军火贸易是英属印度和阿古柏贸易的重要组成部分，这是以往贸易中所没有的，因而是英属印度和阿古柏贸易的一个重要特点。(5) 英商获利非常丰厚，从英属印度输往中国新疆的商品平均利率在80.19%，由中国新疆输往英属印度商品的平均利率在39.59%，英商往返一趟的利率达到近120%。同时要说明的是，这两个表只反映出英属印度和阿古柏贸易的部分商品，实际种类还要多，特别是英属印度输往中国新疆的商品，例如还有铁器、家庭装饰品以及牲畜等，不过我们从中已经可以清楚看出该贸易给英商带来的巨大利益。

四　英国和阿古柏贸易的大幅增长

在和阿古柏关系中，贸易一直是英属印度所追求的重要部分。随着福赛斯代表英国和阿古柏签订条约，英国终于将其和阿古柏贸易置于所谓的条约之上，使贸易开展有了法律基础。同时英属印度多年来积极改进克什米尔贸易环境，使贸易发展具备了良好环境。因此，在对阿古柏贸易高额利润诱惑以及军火贸易强刺激下，英国和阿古柏贸易在条约签订后获得快速发展。

同阿古柏签订条约后，英属印度加大力度改善通往克什米尔和喀什噶尔的贸易线路，极力寻求新的贸易路线①，力图使英属印度和阿古柏之间贸易有更大发展。前面我们已经提及，从19世纪60年代末起，特别是

---

① G. J. Alder, *British India's Northern Frontier, 1865 –95: A Study in Imperial Policy*, Longmans Green Co. Ltd., 1963, pp. 55 –56.

表 2　从英属印度运往中国新疆的商品

商品	重量	成本价格			运输及包装费			2.5% 税			喀什噶尔价格			利润			利润率
		Rs.	a.	p.	Rs.	a.	p.	Rs.	a.	p.	Rs.	a.	p.	Rs.	a.	p.	
长布	每萨恩，4 西尔	7	0	0	2	0	0	0	6	0	15	0	0	5	10	0	60
亚麻布	每萨恩，1/2 西尔	3	0	0	0	4	0	0	2	4	6	0	0	2	9	8	75.49
凸纹条格细棉布	每萨恩，4 西尔	5	0	0	2	0	0	0	5	2	13	0	0	5	10	10	74.6
白薄棉布	每萨恩，1 西尔	3	8	0	0	8	0	0	2	4	6	0	0	1	13	6	44.7
素底织花棉布	每萨恩，1/2 西尔	2	0	0	0	4	0	0	1	7	4	0	0	1	10	5	70.27
粗被单料子	每萨恩，3 西尔	4	0	0	1	8	0	0	3	2	8	0	0	2	4	10	40.4
麻布	每萨恩，3.5 西尔	6	0	0	1	12	0	0	4	9	12	0	0	3	15	3	49.4
未漂白长布	每萨恩，3.5 西尔	5	0	0	1	12	0	0	4	9	12	0	0	4	15	3	70.25
红薄棉布	每萨恩，1.5 西尔	5	0	0	0	12	0	0	4	0	10	0	0	4	0	0	66.6
土耳其红布	每萨恩，1.5 西尔	6	0	0	0	12	0	0	6	4	16	0	0	8	13	8	125
着色花布	每萨恩，2 西尔	4	0	0	1	0	0	0	3	2	8	0	0	2	12	10	55
印花棉布（仿披巾）	每萨恩，1/2 西尔	1	2	0	0	2	0	0	0	9	2	0	0	0	1	3	55
粗棉绒	每萨恩，2 西尔	7	0	0	1	0	0	0	4	4	11	0	0	2	11	8	32.25
印花棉布	每萨恩，1/2 西尔	1	9	0	0	6	0	0	1	7	4	0	0	2	0	5	100
宽幅布	每萨恩，6 西尔	66	0	0	3	0	0	2	12	0	110	0	0	38	4	0	52.75
羊驼毛	每萨恩，2 西尔	20	0	0	1	0	0	40	0	0	40	0	0	18	0	0	81.7
着色绒布	每萨恩，2 西尔	22	0	0	1	0	0	1	3	0	47	8	0	23	5	0	97.2

续表

商品	重量	成本价格			运输及包装费			2.5%税			喀什噶尔价格			利润			利润率
		Rs.	a.	p.	Rs.	a.	p.	Rs.	a.	p.	Rs.	a.	p.	Rs.	a.	p.	
纱丽（金锦缎）	每萨恩，1 西尔	80	0	0	0	8	0	2	12	0	110	0	0	26	12	0	32.24
Gwarnet	每萨恩，1/2 西尔	80	0	0	0	6	0	2	8	0	100	0	0	17	2	0	20.6
平纹布	每萨恩，1/2 西尔	30	0	3	0	4	0	1	2	0	45	0	0	13	10	0	43.78
抛光山羊皮	每 20 张 4 西尔	8	0	0	4	0	0	0	10	0	25	0	0	12	6	0	99
加尔各答水獭皮	每 20 张 4 西尔	25	0	0	4	0	0	1	8	0	60	0	0	29	8	0	96.5
康格拉水獭皮	每 20 张 8 西尔	60	0	0	4	0	0	3	8	0	140	0	0	72	8	0	107.5
帕卢姆波绿茶	每 1 西尔	2	0	0	0	8	0	0	1	7	4	8	0	1	6	5	53.6
孟买黑茶	每 1 西尔	1	0	0	0	8	0	0	0	11	2	6	0	1	13	1	52.6
加尔各答茶	每 1 西尔	0	8	0	0	8	0	0	0	10	2	1	0	1	0	2	100
库卢 2 号鸦片	每 1 西尔	6	0	0	0	8	0	0	6	0	14	6	0	7	8	0	107.2
沙坡 1 号鸦片	每 1 西尔	12	0	0	0	8	0	0	8	6	21	10	0	8	9	6	68.26
库尔加靛蓝	每噶瑞 5 西尔	8	0	0	2	8	0	0	12	0	30	0	0	18	12	0	158
黑胡椒	每 1 西尔	0	12	0				0	14	6	11	8	0	17	2	6	89
生姜	每 1 西尔	0	5	0	0	8	0	同上			1	3	0	同上			同上
小豆蔻	每 1 西尔	7	0	0	0	8	0	同上			15	0	0	同上			同上
肉豆蔻	每 1 西尔	1	6	0	0	8	0	同上			6	0	0	同上			同上

续表

商品	重量	成本价格			运输及包装费			2.5%税			喀什噶尔价格			利润			利润率
		Rs.	a.	p.	Rs.	a.	p.	Rs.	a.	p.	Rs.	a.	p.	Rs.	a.	p.	
长胡椒	每1西尔	0	12	0	0	8	0		同上		1	8	0		同上		同上
桂皮	每1西尔	0	6	0	0	8	0		同上		1	8	0		同上		同上
姜黄	每1西尔	0	4	0	0	8	0		同上		1	3	0		同上		同上
印度香料	每1西尔	0	6	0	0	8	0		同上	1	3	0			同上		同上
蜜饯	每1西尔	0	5	0	0	8	0		同上		1	8	0		同上		同上
水银	每1西尔	3	0	0	0	8	0		同上		6	0	0		同上		同上
眼镜饰件																	50
书籍																	50
1号糖	每芒德	13	0	0	22	0	0	1	8	0	60	0	0	23	8	0	64.4
2号糖	每芒德	12	0	0	22	0	0	1	8	0	60	0	0	24	8	0	69
3号糖	每芒德	16	0	0	22	0	0	1	8	0	60	0	0	20	8	0	51.9
双关枪	每芒德	22	0	0	0	12	0	2	0	0	80	0	0				
单管枪	每芒德	13	0	0	0	12	0	1	8	0	60	0	0				
MⅠ双管来复枪		100	0	0	0	12	0	3	3	0	140	0	0				
HⅠ双管来复枪					160	0	0										
单管手枪		25	0	0	0	12	0	1	8	0	60	0	0	35	12	0	

续表

商品	重量	成本价格			运输及包装费			2.5%税			喀什噶尔价格			利润			利润率
		Rs.	a.	p.	Rs.	a.	p.	Rs.	a.	p.	Rs.	a.	p.	Rs.	a.	p.	
双管手枪		30	0	0	0	12	0	1	14	0	75	0	0	42	6	0	
雷管		35	0	0	0	12	0	2	8	0	100	0	0	61	12	0	
小雷管	每千支	1	4	0	0	12	0	0	4	0	10	0	0	7	12	0	344

注：西尔（seer）：印度重量单位，尤指等于2.057磅的重量单位。

芒德（maund）：印度度量单位，尤指等于82.28磅的重量单位。

萨恩（than）：印度长度单位，相当于中国长度单位的匹。

噶瑞（ghurri）：印度重量单位。

Rs.：卢比（rupee），a.：安那（anna），一卢比的十六分之一，p.：派萨（paisa），一卢比的百分之一。

资料来源：根据 T. D. 福赛斯《1873年出使叶尔羌报告》（加尔各答，1975）第490页整理翻译。

表3　由中国新疆运往英属印度的商品

商品	重量	叶尔羌价			运输包装费			乌姆利则价			利润			润率
		Rs.	a.	p.	Rs.	a.	p.	Rs.	a.	p.	Rs.	a.	p.	
喀什噶尔大麻	1驮马	112	0	0	76	0	0	300	0	0	112	0	0	59.5
叶尔羌大麻	同上	56	0	0	76	0	0	160	0	0	28	0	0	21.25
喀什噶尔羊绒	同上	112	0	0	76	0	0	225	0	0	37	0	0	29.5
和阗丝	1查拉克	15	0	0	1	8	0	18	0	0	1	8	0	9
和阗地毯	每平方英尺	2	8	0	0	8	0	5	0	0	2	0	0	66.6

续表

商品	重量	叶尔羌价			运输包装费			乌姆利则价			利润			润率
		Rs.	a.	p.	Rs.	a.	p.	Rs.	a.	p.	Rs.	a.	p.	
毡子鞍垫	每个	1	0	0	0	8	0	2	0	0	0	8	0	33.3
Gili 粉	1 西尔	3	0	0	0	8	0	5	0	0	1	8	0	42.7
Mamiran – I – Khitai	1 西尔	0	8	0	0	8	0	2	0	0	1	0	0	100
Turunjibil（gum）	1 西尔	0	10	0	0	8	0	2	0	0	0	8	0	33.3
和阗黄金	12 托拉 9 玛沙	160	0	0				197	0	0	37	0	0	23.25
叶尔羌黄金	11 托拉 6 玛沙	160	0	0				178	4	0	18	4	0	11.25

注：托拉（tola）：印度重量单位，约等于 0.4114 盎司。

玛沙（masha）：印度重量单位。

查拉克（charak）：印度重量单位。

Rs.：卢比（rupee），a.：安那（anna），一卢比的十六分之一，p.：派萨（paisa），一卢比的百分之一。

货币单位均为卢比。

1 驮（马）重 2 芒德 32 西尔；喀什噶尔的大麻要比叶尔羌的好，二者常掺在一起销售；叶尔羌的黄金在英属印度按每托拉 15.8 卢比出售。

黄金的运费不包括在内，常分散在每匹马驮的货物中。

资料来源：根据 T. D. 福赛斯《1873 年出使叶尔羌报告》（加尔各答，1975）第 489 页整理翻译。

1870年，罗伯特·肖极力要求改善道路后，英属印度就道路及后勤等方面都进行了一番改善。这样英属印度和阿古柏之间的贸易获得快速发展，罗伯特·肖曾以进口为例做过调查（见表4）。可以看出，从1871年到1873年，黄金、披巾羊毛、生丝和马匹等主要商品年增长率分别是74%、49.2%、730.1%和65.6%，由此可见双方贸易快速发展的情况。

表4　1871～1873年英属印度从中国新疆进口增长情况

单位：卢比

商品	1871年	1872年	1873年
黄金	85899	104966	149498
披巾羊毛	28550	36330	42600
生丝	3072	19012	25500
马	16650	20400	27580

资料来源：T. D. 福赛斯：《1873年出使叶尔羌报告》，加尔各答，1975，第485页。

1873年夏，英属印度为进一步开拓与阿古柏的贸易，特地成立“中亚贸易公司”（又称叶尔羌贸易公司）。这时随着和阿古柏条约的签订，该公司生意开始红火起来，每年要派遣几个商队前往喀什噶尔。[①] 英国对阿古柏贸易增长很快，1872年总贸易额是1578812卢比；1873年是1776729卢比；而1874年则急剧上升，达到2630932卢比；1875年是2160789卢比；1876年上升得更高，达到2999247卢比。[②] 1876年和1872年相比，英属印度对阿古柏贸易约增长了90%。如果将1876年的贸易额和1867年的相比，则增长了540.5%，可见贸易发展之快。

英属印度对阿古柏贸易的快速增加，使英国商品远远超过俄国，占领了喀什噶尔市场。以茶叶为例，喀什噶尔原来均饮用中国内地茶叶，但是自从阿古柏入寇以来，内地茶叶无法到达喀什噶尔，这样喀什噶尔饮用茶叶的来源主要有两个，一个是由俄国的谢米烈奇耶省（后来也从俄国占领的伊犁）向喀什噶尔输入茶叶，另一个是从英属印度的拉达克输入茶叶。据库罗帕特金1876年在喀什噶尔调查，由俄国输入的茶叶约值30800卢

① 包罗杰：《阿古柏伯克传》，商务印书馆翻译室译，商务印书馆，1976，第189页。

② G. J. Alder, *British India's Northern Frontier, 1865－95: A Study in Imperial Policy*, Longmans Green Co. Ltd., 1963, p. 318－319.

布，而由英属印度输入的则是从俄国输入的几倍。从茶叶的来源看，英属印度茶叶几乎占了一半，还有一部分中国内地的茶叶也是经由英属印度输入喀什噶尔的。[①] 从英俄两国和阿古柏的贸易额来看，此期俄国所占比例也很小，1876 年从俄国输入喀什噶尔商品的总价值仅为 248000 卢布。还有一点使俄国更难以接受的是，喀什噶尔商品对俄国的出口额远远大于俄国商品对喀什噶尔的出口额，而这些贸易盈余则主要用于从英国进口商品。[②]

自 1874 年与阿古柏签订《英国和喀什噶尔条约》后，英国逐步把阿古柏统治下的中国新疆南部地区纳入英国势力范围内，初步实现自梅奥以来英国对英属印度北部战略安全的构想。在贸易方面，经过对克什米尔境内的道路、运输、后勤和税收等方面的整顿，英属印度对阿古柏贸易环境得以改善；加上英国政府强力支持，以及英国对阿古柏条约中所取得的贸易优惠条件，更辅以军火交易，使英属印度对阿古柏贸易在几年里不断上升，排斥了俄国在南疆的贸易，英俄在南疆的矛盾加大。

但是需要指出的是，也正是此期，英国也终于对和阿古柏开展贸易的前景幻灭，认清了对喀什噶尔贸易的有限性，19 世纪 60 年代后期的那种狂热是被罗伯特·肖过分夸大的结果。新疆人口也远远没有以往想象的那样多[③]，连一直对与阿古柏进行贸易持乐观态度并极力倡行的福赛斯也不得不承认，新疆“人口比我们预期的要少得多”[④]。“中亚贸易公司”也证明了这一点，虽然贸易额确实连年上升，但要使英国和阿古柏贸易达到更高水平似乎很难。虽然如此，英国对新疆的贸易水平已经足以使英国维持和新疆的联系，对此后英国与新疆关系产生了非常重要的影响。

---

① A. H. 库罗帕特金：《喀什噶尔》，中国社会科学院近代史所翻译室译，商务印书馆，1982，第 60 页。

② 1876 年，俄国向喀什噶尔输出商品总额为 24.8 万卢布，而由喀什噶尔输入的则为 110.1 万卢布。A. H. 库罗帕特金：《喀什噶尔》，中国社会科学院近代史所翻译室译，商务印书馆，1982，第 66、308～322 页。

③ H. W. 贝柳：《克什米尔和喀什噶尔：1873—74 年赴喀什噶尔大使行程记述》（Kashimir and Kashgar: Kashmir and Kshgar: A Narrativr Journey of the Embassy in 1873 - 74），伦敦，第 282 页。

④ 1874 年 2 月 2 日 T. D. 福赛斯致印度的信，附件 25，《来自印度和马德拉斯的信件和附件》第 17 卷，第 775 页，转引自 G. J. Alder, *British India's Northern Frontier, 1865 - 95: A Study in Imperial Policy*, Longmans Green Co. Ltd., 1963, p. 55。

清末新疆英奴问题及其解决

新疆南部在19世纪末仍有不少奴隶，其中相当一部分是英属印度或者被其所控制的诸邦国的人，这些人便是在新疆的英奴①。他们大部分是被卖到新疆为奴的。这些奴隶既和中亚等地当时存在的农奴制相关联，又和新疆残存的伯克制度有着密切关系。关于英奴问题尚缺乏研究，本文依据英国档案，对其加以梳理。

一 新疆英奴的来源

中亚等地的农奴制度在19世纪仍然存在，各级农奴主都蓄有奴隶。英属印度北部及西北部等地也存在农奴制度。英属印度政府在征服这些地方后，想逐渐改变这种奴隶制度，但在一些山邦中遇到较大的阻力，例如奇特拉尔就反对改变其奴隶制，认为奴隶制的废除危及其上层社会的特权和统治。这些农奴除了要为其主人承担农业劳动外，还要为其承担家务劳动。奴隶还被看作蓄奴者的财产，经常遭到买卖，甚至被卖出国为奴。在南疆英属印度籍的奴隶有的就是这样被买入的。

南疆之所以能够有奴隶存在，也和南疆的伯克制度有着密切关系。伯克制度历史上本是存在于中亚操突厥语民族以及我国新疆南部维吾尔地区的一种官制。在南疆，这种官制经过14～16世纪的发展，到17世纪初期基本形成了一种制度，即伯克制度。伯克制度既有浓厚的宗教色彩，又具有中世纪牧区统治体系的一些特征。其中维持伯克养廉的就有被称为“伊克塔”的份地，伯克实际上就是封建领主，各级伯克“均视其所辖回民之

① 在中方的档案中，这些在新疆的来自英属印度的奴隶被称为英奴或者英籍奴隶，本文使用“英奴”一词。

多寡贫富，恣意索取”[①]，而为其耕种的农民则成为依附封建领主的农奴；蒙古族统治新疆时又把这种封建采邑制扩大到草原，形成军事封建采邑制；这种制度在和卓时期一直没有什么变化。1759年，清王朝统一新疆后，按照“因俗而治”的原则，采用了伯克制度，但是逐渐对其进行了改革，把它纳为清朝政府的地方官体系。在伯克的养廉上，虽然规定了伯克养廉土地的数额，但是仍然为他们配备了一定数目的燕齐（种地人），其地位类似于农奴，从七品到三品伯克分别配有8到100名燕齐，所以伯克拥有农奴的情况并没有得到改变。新疆建省后，刘锦棠采取过渡性的政策，仅裁撤各城关的阿奇木伯克，而对各村庄及偏远地区的伯克仍然予以保留。但是随着形势的发展，伯克制的弊端愈发明显，伯克们“往往倚权藉势，鱼肉乡民，为所欲为，毫无顾忌”，以至于到了“非裁去回官，实无以苏民困而言治理”[②]的程度。1885年，清政府批准“酌裁新疆各地回官”[③]。随着郡县制的逐步建立和完善，1887年，清政府决定，“所有伯克名目全部裁汰”[④]。这样清政府终于在法律上正式废除了伯克制。

虽然清政府在法律上废除了伯克制，但实际情况要复杂得多。首先，伯克虽被裁撤，但清政府仍然把他们委以书吏乡约，他们“无伯克之名，而有伯克之实”[⑤]；其次，在个别地区，如色勒库尔（今塔什库尔干），实际上仍然保有伯克及附属于伯克的燕齐，甚至一直延续到民国时期[⑥]；最后，清政府统一新疆时，曾经封不少人为王公、贝勒和贝子等，其伯克职务虽遭废除，但是爵位依存，权势仍在。这样在南疆一些地方仍残存着封建农奴主庄园经济，仍然有相当多的农奴。清政府考虑到社会稳定，对这种残存农奴制长期容忍。[⑦] 正是这种原因，19世纪90年代，马继业发现南疆蓄有大量的奴隶，其中包括数目相当的外籍奴隶。

当时南疆的外籍奴隶主要是由英属印度及其所控制的北部诸山邦卖到

---

① 永贵、苏尔德：《回疆志》第4卷。

② 刘锦棠：《刘襄勤公奏稿》第10卷，第5~6页。

③ 《清德宗实录》第220卷，第11页。

④ 《平定陕甘回匪方略》第320卷，第13页。

⑤ 王树枬：《新疆图志》第48卷，“礼俗”；影印本，上海古籍出版社，1992，第444页。

⑥ 《塔吉克社会历史调查》，第46~47页。

⑦ C. P. 斯克莱因（C. P. Skrine）、P. 奈婷格尔（P. Nightingale）：《马继业在喀什噶尔》（*Macartney at Kashgar*），伦敦，麦休恩有限公司，1973，第64页。

当地的，也有部分阿富汗人。英属印度所控制的北部山邦主要有，克什米尔、奇特拉尔（Chitral）、吉尔吉特（Gilgit）以及中英两属的坎巨提（Kanjut，也作坎巨堤）。如前所述，这些山邦长期存在奴隶制，并且和中亚、中国新疆以及它们内部之间一直有着奴隶买卖。英国控制它们后，蓄奴和奴隶买卖都逐渐得到限制，尽管此过程并不顺利，受到山邦的蓄奴主及上层的反对，例如，奇特拉尔就认为英国人“在释放奴隶上的努力不仅怪诞，而且是错误的”，并且该山国里的“那些奴隶拥有者将会大声宣称印度政府在坚定地摧毁奇特拉尔的上层阶级，他们的地位是建立在该国家奴隶持续存在之上的”①。这样，奴隶的买卖仍然存在。贩入新疆的奴隶还有一个来源，处在从列城到莎车商路上的坎巨提除了袭击过往商队之外，贩卖奴隶也是其重要的收入②。这些被贩卖的奴隶很多是坎巨提袭击商队时所俘获的商人和运货人。坎巨提把他们（不管是男女老幼）都看作是有商业价值的商品，要么直接把他们贩卖到新疆为奴，要么把他们转卖给作为奴隶贸易中间人的柯尔克孜人，这些奴隶贩子再辗转把他们卖到中亚各地，包括新疆。由于饥饿、严寒等原因，奴隶沿途死伤严重。这是许多克什米尔人被卖入新疆为奴的重要原因。③ 当时被羁留在新疆为奴的英属印度籍奴隶，基本都是经由坎巨提从这些奴隶制的山邦中被贩入新疆的。

二　新疆英奴问题的解决

马继业1891年留在新疆后，很快就注意到新疆的英奴问题，并且向英属印度政府汇报，在获得英属印度政府的指示后，逐渐开始与新疆当地政府交涉释放英奴。从1893年到1897年，经过长达6年的交涉，中英双方终于解决了英奴问题，释放了所有的英奴。根据中英双方所达成的支付赎金方式，该交涉过程大致可分为三个阶段：中国全额支付赎金、英国全额

① 大英图书馆印度事务部档案，L/P&S/7/79，印度政府外交部至女王陛下印度事务大臣（1895年，第57号，密件，边疆），（附件）英国驻吉尔吉特代表处致英国驻克什米尔代表处（1895年1月15日）。

② C. P. 斯克莱因、P. 奈婷格尔：《马继业在喀什噶尔》，第12页。

③ E. F. 奈特（E. F. Knight）：《三个帝国相遇的地方》（*Where Three Empires Meet*），伦敦，朗曼斯与格林公司，1897，第349页。

支付赎金和通告释放全部奴隶。

1. **中国全额支付赎金**

1891 年，马继业受命留在喀什噶尔，他的主要任务是观察俄国人在帕米尔的活动，并且随时搜集、报告有关的情报。荣赫鹏走后，马继业第二天即前往莎车。莎车在喀什噶尔东南约 200 公里，是了解帕米尔有关情况的好地方，同时也不受沙俄驻喀什噶尔总领事彼得罗夫斯基的干扰。但是，莎车也是个奴隶残余势力最大的地方，马继业在这儿得知有英属印度人在此为奴。经过进一步的了解，他得知喀什噶尔至少有 500 名英奴。

释放英奴牵涉到如何处理其他奴隶的问题，也影响到当地整个社会的稳定。最初马继业和喀什噶尔道台交涉，对释放英奴问题有了一些基本了解，并且对释放英籍奴隶感到有些希望[①]，特别是 1892 年 2 月和 3 月，马继业在喀什噶尔道台的支持下，释放了 10 名奴隶[②]。但是，进一步释奴并不是件简单的事情。当时喀什噶尔道台是李宗宾，他本人希望能够释放这些奴隶，不过有些困难需要克服，在和马继业的会谈中，他提出了困难所在。李宗宾认为释放奴隶是件非常严肃的事情，一定要得到清中央政府和新疆省政府的批准。而且奴隶数量大，其来历也较复杂，在莎车统计的 800 多名奴隶中，就不仅仅是英奴。同时马继业的活动已经引起蓄奴者的不安，大面积的释奴肯定要影响到莎车地区的安定。李宗宾建议马继业让英属印度政府给中国总理衙门去电，使中国政府下文并授权他办理此事。马继业初以为是由于道台担心要承担释放奴隶的赎金，于是为了能够获得道台的支持，便保证英属印度政府支付这笔费用，但是李宗宾对此并不怎么感兴趣。通过这次交涉，马继业意识到要使所有英奴获得释放并不是件小事情，考虑到自己在喀什噶尔微弱的影响，需要英属印度政府给予更多支持。1893 年 4 月，马继业向英属印度政府汇报了他与李宗宾的交涉情况。他要求英属印度政府必须首先解决两件事，一是要求英属印度政府授权由他来和中国新疆当局交涉释放英奴的问题；二是建议英国政府和清总理衙门达成协议，同意由喀什噶尔道台解决此事，并和英国在赎金问题上

① 大英图书馆印度事务部档案，L/P&S/7/70，马喀特尼（在喀什噶尔执行特殊事务）致克什米尔英国驻点官，1893 年 3 月 5 日。

② C. P. 斯克莱因、P. 奈婷格尔：《马继业在喀什噶尔》，第 52 ~ 53 页。

取得共识。[①] 同时马继业还写信给英国驻吉尔吉特代表默泰摩尔·杜兰德上校，强调他所处地位的困难性，需要更多的官方支持。杜兰德立即写信给喀什噶尔道台，要求调查英国属民在新疆为奴的情况，并说明马继业“作为英国政府的一名官员”参与其事；杜兰德还给马继业打气说他将尽一切可能加强对马继业的支持。[②] 但是，在关于是否释放奇特拉尔籍奴隶方面，英属印度政府考虑到当时奇特拉尔内部本身实际情况及其对释放奴隶的抵制，要马继业先不考虑释放奇特拉尔奴隶。[③]

1893 年 5 月，马继业接到英属印度官方写给喀什噶尔道台的信后，马上派人送给李宗宾，并要求会见道台。李宗宾在接见马继业时表示在他自己职权范围内尽力满足英国的要求，并指示莎车知州，就释奴问题起草一套方案。虽然马继业担心这样会拖延时间，但是李宗宾不愿自行其是，称他一收到莎车州释放奴隶的方案立即通知马继业，可作补充和修改；并且方案还要报经巡抚批准。马继业希望能够通过总理衙门的官方渠道，指示新疆巡抚和喀什噶尔道台，以便能使地方官都行动起来[④]。1894 年 1 月 23 日，李宗宾收到莎车州的释奴方案，邀马继业询问其意见，以便上报巡抚。马继业强调了两点：（1）在莎车释奴时，他必须在场，并参与其过程；（2）关于获释的英奴愿留新疆者要以中国属民在当地登记一事，马继业虽然承认居留者要遵守中国法令，但是又称“我没有权力使任何英国属民不忠于政府”[⑤]。马继业强调这两点颇有深意，第一点他意在扩大影响，逐渐建立其个人的威信；第二点则表明他对新疆政府关于获释后留新英奴应为中民持有异议，这其实已经表明马继业释放英奴另有深意，就是这些获释后的英奴将成英国在新疆的侨民，成为英国进一步扩大在新疆影响的社会基础，也是马继业立足新疆的基础。

---

① 大英图书馆印度事务部档案，L/P&S/7/70，马喀特尼（在喀什噶尔执行特殊事务）致克什米尔英国驻点官，1893 年 3 月 5 日。

② C. P. 斯克莱因、P. 奈婷格尔：《马继业在喀什噶尔》，第 53 页。

③ 大英图书馆印度事务部档案，L/P&S/7/78，印度政府外交部致女王陛下印度事务大臣（1895 年，第 57 号，密件，边疆），（附件）英国驻吉尔吉特代表致克什米尔代表处。

④ 大英图书馆印度事务部档案，L/P&S/7/70，印度政府外交部致女王陛下印度事务大臣（1895 年，密件，边疆），（附件）英国驻吉尔吉特代表致克什米尔代表处。

⑤ 大英图书馆印度事务部档案，L/P&S/7/75，印度政府外交部致女王政府印度事务大臣，（附件）马继业致英国驻克什米尔代表（1894 年 2 月 1 日）。

新疆省政府和喀什噶尔道台商议并形成了释奴的政策，其要点如下。（1）先释放英奴，其他地方的奴隶暂缓释放。（2）关于赎金问题，新疆时任巡抚陶模，对英国颇为友好，在释奴赎金上他拒绝了马继业最初所提出的方案，即英国可以支付一半，如果必要可以支付全部的建议。他提出了新的方案，即在新疆的英奴应该分为两部分，那些和本省有家室联系的，应该作为中国属民留下来，他们的赎金全部由中国支付；那些和新疆没有家室联系的，应该返回英属印度，其赎金应该由英属印度政府支付。根据这一方案，叶尔羌县进行了调查，几乎所有英奴在新疆都有家室联系。这样中国政府几乎要承担所有的赎金。（3）关于获释英奴的去留问题，愿意留新疆的英奴，作为中国属民在当地登记；愿意返回原籍的英奴，发放护照。[①]（4）关于奴隶赎金数额：16 岁以上每人 20 两，16 岁以下每人 10 两。陶模提出由中方支付赎金政策的根本在于他想借此使英国不在新疆留下隐患。

不过，该政策还没有来得及实施，情况就起了变化，总理衙门不同意由中国支付赎金的方案。陶模很被动，但又不愿朝令夕改，便指示喀什噶尔道台以及莎车州知州“小规模行动，规模越小越好”，而且也只限于释放莎车州的英奴，对喀什噶尔其他地方的英奴暂不释放。[②] 于是在小范围内，释放英奴的费用全由中国支付，如 1894 年在塔什库尔干释放的 51 名英奴，色勒库尔释放的 59 名英奴。[③] 莎车是蓄奴大州，4 月 2 日，马继业来到莎车监督英奴的释放。莎车州自己查清有 107 名英奴，知州特地为此申请了 1600 两银子。不过知州告诉马继业，只要是在莎车的英奴，他都愿意支付赎金，要马继业一再核查。马继业经过调查，除了色勒库尔以外，共有 124 名，大部分在新疆有家室，获释后留在新疆；只有 4 名坎巨提人、3 名吉尔吉特人和 3 名奇特拉尔籍人要求返乡。最后，马继业为防止遗漏，特地要求知州又发布一则通告，通告如下：

---

① 大英图书馆印度事务部档案，L/P&S/7/75，印度政府外交部致女王政府印度事务大臣，（附件）马继业致英国驻克什米尔代表（1894 年 2 月 1 日）。

② 大英图书馆印度事务部档案，L/P&S/7/75，印度政府外交部致女王政府印度事务大臣，（附件）马继业致英国驻克什米尔代表（1894 年 2 月 1 日）。

③ 大英图书馆印度事务部档案，L/P&S/7/77，印度政府外交部致女王政府印度事务大臣，（附件）印度政府外交部致女王政府印度事务大臣，（附件）英国驻克什米尔代表柏尔（Bare）致印度外交部大臣（1894 年 7 月）。

由和田长官及叶尔羌执行长官潘发布的通告[①]

关于赎出被卖至本地的不同外籍部落的奴隶，巡抚已经批准起草的规定。

被这样卖至此地，并且仍然在世的奴隶以及他们的妻儿现在应予以赎身。

不过，那些已经去世的奴隶，如果他们的孩子仍然为奴，则他们的后代不在此规定之列。他们应该等待新的规定出台，这样的规定将由更高的长官（巡抚和道台）发布的通告所公布。

根据目前的规定，我现在正在进行调查。一些奴隶已经获释。由于担心在城外以及不同村子里有要释放的奴隶，但他们却已经被其主人藏匿起来而未能获得释放，我特发布此通告，要求本州所有伯克、头人以及蓄奴者依照执行。

那些拥有根据规定应获赎身奴隶的蓄奴者，理应在10天之内分别向各自的伯克报告，而伯克则应该把他们带到衙门，以便查验购买票据，奴隶可以相应被赎身。逾此10天期限，所发现的奴隶，将不支付赎金。那些被其主人藏匿的奴隶，一经发现，将不付赎金而获释，且其主人将因为藏匿奴隶而受惩罚。

至于那些并不在目前规定内要赎身的奴隶，他们应该平静地一如平常地为其主人服务，应该耐心地等待关于他们获释通告的发布，而不应该不加选择地呈递诉状。

光绪二十年四月二十日

另外，莎车直隶州州府所在地叶尔羌城的释奴问题得到了解决，也是由中国政府支付了所有的赎金。[②]

中国新疆政府为什么要拒绝英国付费，而采取这种最后几乎全由自己支付赎金的政策，颇值得思索。就英方档案所反映出来的仅仅是，新疆省

---

① 大英图书馆印度事务部档案，L/P&S/7/75，印度政府外交部致女王政府印度事务大臣（密件，边疆），（附件）马喀特尼致英国驻克什米尔代表（1894年6月6日）。

② 大英图书馆印度事务部档案，L/P&S/7/77，印度政府外交部致女王政府印度事务大臣，（附件）印度政府外交部致女王政府印度事务大臣，（附件）马喀特尼致英国驻克什米尔代表。

巡抚陶模对英国非常友好，该解释过于简单和表面化。诚然，当时正值中英俄帕米尔交涉，中方一直希望“借力于英”来对付沙俄[①]，马继业之父马格里时在伦敦辅佐薛福成，处理好英奴之事，对此时中英大局自然有益，但这不是问题的实质。问题的实质可能是，当时陶模想借机彻底解决好英奴问题，考虑到英奴大多在新疆已有家室，如果获释后仍以英民身份居留新疆，势必成为英国在新疆扩大势力的借口。因为此前清政府一直以英国在新疆没有侨民、没有贸易为由拒绝英国在新疆开设领事馆。陶模想由中国政府出钱赎出这些奴隶，如果他们愿意居留在中国，当然就应该是中国人，以此断绝英国在新疆可能有侨民的机会，也就使马继业丧失了长期留在新疆的借口，也使英国失去了在新疆开设领事馆的前提。

2. 英国全额支付赎金

就在陶模刚下令由中国支付全部赎金释放所有英奴后，总理衙门通知新疆省政府，认为“中国支付费用是没有道理的”[②]，“于理不符”[③]。但是，陶模刚刚下达过命令，不便收回，于是只是要求缩小释奴范围。

1894 年 3 月，和马继业关系良好的李宗宾调离，黄光达再次出任喀什噶尔道台。马继业早在 1 月就得知此消息，便根据过去的经验，要求英国外交部请中国驻英国公使薛福成给黄光达写信加以引荐。依马继业当时的实际情况，他想要维持在喀什噶尔的地位，并对英国发挥更大的作用，“在很大程度上依赖于地方当局良好的意愿，内政长官的更替诚如可以想象的那样，对我来说是一件多少有些焦虑的事情”[④]。英属印度政府自然明白，极力予以支持。马继业很快就和喀什噶尔新道台黄光达建立起很好的个人关系，在释奴问题上获得支持，这使马继业乐观地认为释奴不会有太大的困难。但是，此时马继业并不知道在释奴资金上正面临着困难，黄光达也不便说明。马继业想在叶城、和田、喀什噶尔城、英吉沙及巴楚同时

---

① 中国第一历史档案馆，“电报档”，2036（五），光绪十八年五月十五日军机处发出使薛大臣电。

② 大英图书馆印度事务部档案，L/P&S/7/75，印度政府外交部致女王政府印度事务大臣，（附件）马继业致英国驻克什米尔代表（1894 年 2 月 1 日）。

③ 大英图书馆印度事务部档案，L/P&S/7/77，印度政府外交部致女王政府印度事务大臣（密件，边疆），（附件）马喀特尼致英国驻克什米尔代表处。

④ 大英图书馆印度事务部档案，L/P&S/7/74，马继业致英国驻克什米尔代表（1894 年 1 月）。

进行，释放所有的英奴，但是黄光达建议他先在叶城进行，并且告诉他该地已经申请了释奴资金。

马继业在叶城释奴遇到了困难，难以进行下去。马继业不明其因，坚持要黄光达告诉实情。黄光达“为了政府的荣誉”，一直遮遮掩掩，此时看到困难实在解决不了，便据实相告。如前所述，陶模由于在释奴问题上和总理衙门意见相左，向中央结算释奴费用已经不可能，而新疆财政困难，一直依赖内地“协饷”的支持。陶模想出了不需要向中央结算的办法，下令由莎车直隶州长官和叶城县知县自己出赎金。但是，叶城县王知县就释奴提出建议，其核心是释放那些已经为奴 5 年和 10 年的英奴[①]，其意大概是要减少释放奴隶的数量，减少开支。尽管喀什噶尔道台黄光达已经“非正式批准”[②]，不过最后黄光达和莎车州知州还是没有正式批准该计划，仍令执行巡抚命令。莎车县和叶城县却迟迟不见动静。黄光达告诉马继业实情后，询问马继业能否出一半的赎金，以使释奴一事顺利进行。马继业初则声称这种变更使他难以向英属印度政府解释，继则提出变通办法，即只释放印度、克什米尔、奇特拉尔、坎巨提、那噶尔和巴尔提籍的奴隶；后来，考虑到中国政府的实际困难以及蓄奴主的要求，马继业同意出一半的赎金[③]。这样，马继业和喀什噶尔道台黄光达最后商定，英属印度政府支付喀什噶尔释放英奴所需赎金的一半。

到 8 月初情况又起了变化。陶模得知叶城释奴的方案后，并没有反对，但是考虑到还有其他县要释奴，首先，他表示，尽管总理衙门反对由中方付赎金释放英奴，但是如果能够弄到赎金，他并不反对；其次认为由当地官员自己出赎金不合适。鉴于此，黄光达建议由英国出全部赎金，如果马继业请示得到同意，即可照此立即进行。马继业对此反复颇为不满，认为无法交待。但是在向英属印度政府的汇报中，他认为在当时情况下只有如

---

① 大英图书馆印度事务部档案，L/P&S/7/78，印度政府外交部致女王政府印度事务大臣（密件，边疆），（附件）英国驻克什米尔代表中国事务特别助理致英国驻吉尔吉特代表（1894 年 11 月）。

② 大英图书馆印度事务部档案，L/P&S/7/78，印度政府外交部致女王政府印度事务大臣（密件，边疆），（附件）英国驻克什米尔代表中国事务特别助理致英国驻吉尔吉特代表（1894 年 11 月）。

③ 大英图书馆印度事务部档案，L/P&S/7/77，印度政府外交部致女王政府印度事务大臣（密件，边疆），（附件）马喀特尼致英国驻克什米尔代表处。

此才能够使释奴顺利进行，英属印度政府研究后同意出全部赎金。[①] 根据马继业的估算，英属印度政府批准了1万卢比作为赎金。[②] 英国之所以同意支付全部赎金，固然希望释奴得以顺利进行，同时也是由于当时俄国在帕米尔进逼正殷，不愿看到因为释奴引起中国新疆当局和当地关系紧张，也不愿看到马继业和喀什噶尔地方当局关系出现裂痕，因为英属印度政府认为，此事如果处理得好，还会导致“可能有一名英国代表留在那儿”[③]。

在马继业和黄光达就释奴赎金进一步交涉的时候，叶城县释放英奴的方案得到确定，即由马继业和该县王知县各付一半赎金。经王知县查明，该县有32名英奴，在马继业的督促下很快都获得了释放。但是，经过此事，叶城县王知县显然对释放英奴一事有更为深层的考虑，他提出了一个办法，分别致信莎车直隶州长官、喀什噶尔道台、巡抚以及省财政部门，陈述了他的意见，该信译文如下：

叶城县王长官致叶尔羌长官、喀什噶尔道台、省财政厅及巡抚的信

关于我以前建议释放所有奴隶，应该永远废除奴隶制的报告，巡抚已经传令如下：

“南疆各地的蓄奴是件坏事情，但是它存在已久。除了那些从英国统治下的各部落卖到此地的奴隶外（因为正在采取对其释放的措施），中国应该发布一个公告禁止奴隶制；此事应该从需要加以实施的角度进行考虑”。

至于英国治下6个部落奴隶的赎金，英国官员马继业已经同意支付一半。他于本月13日来到叶城（1894年11月9日），昨日我们已经一起进行了调查，并已经赎出了约32名男女奴隶，我们两人各支付一半赎金，当场付清。调查表明，来自英国治下的这6个部落里的奴隶很少。不过，唯恐有关他们的信息不可靠，我已经下令传唤本县所有奴隶，不管他们是哪

① 大英图书馆印度事务部档案，L/P&S/7/77，印度政府外交部致女王政府印度事务大臣（密件，边疆），以及附件“马喀特尼致英国驻克什米尔代表处”（1894年8月9日）。

② 大英图书馆印度事务部档案，L/P&S/7/98，印度政府副大臣致英国驻克什米尔代表，（附件）英国驻克什米尔代表致印度政府外交部大臣（1897年11月6日）。

③ C. P. 斯克莱因、P. 奈婷格尔：《马继业在喀什噶尔》，第65页。

个部落的，或者不管他们实际上是被卖到新疆或者是他们的后代，要其一致拿出证据，并查看其购买证书。至于那些已经和其主人一直和谐生活的，在支付赎金后，仍允许他们有为其原主人继续工作的自由。至于那些抱怨受虐的奴隶，即使他们不属于英国治下的这6个部落，如果得知他们申诉要求获释放，那么要对他们的请求施以同情。像这样的奴隶被赎身后，要毁掉购买他们的契约。

所有奴隶要获得同样的同情。那些来自英国治下部落里的奴隶正在获释；并且其他奴隶一代代地继续他们目前的可悲状况是很不公平的。阁下知道，缠回沉溺在这种不良的蓄奴活动已经很长时间了。如果不赶快采取行动对这些奴隶施以帮助，那么何时才能结束这种罪恶？我建议所有奴隶，不管他们原来来自何部落，都可相应分成两类：那些确实来自外邦的奴隶，应根据来自英国治下部落里那些奴隶起草的规定妥为释放，即按每人20两赎身。不过，他们的孩子应该是每人10两，而他们孩子的孩子则每人5两。但是对那些尚未成年的奴隶其赎身费用应该减半。至于那些被卖到新疆的奴隶，他们已经去世或者已经被赎身，他们的孩子每人的赎金为10两；孩子的孩子可以和其父母一起被释放，而不用交赎金。再者，蓄奴主如果丢失其购买证据，那么和从外邦购入的奴隶，但现已死亡的奴隶的孩子用相同方式办理。

所需要的释放奴隶的基金由我自己出。在实施此工作时，要给奴隶颁发自由证书，同时赎金要付给原主人。获释的奴隶愿意和他们的原主人在一起的可以自由这样做。而那些不愿意的则可以自己另行安排，但是他们的原主人不允许扣留和干扰他们。没有土地耕种的奴隶，将由我购买土地提供给他们。至于所花费用，在释奴完成后，这些费用将会和获释的奴隶一起张榜公布。当此释奴生效后，在本县将没有一个奴隶了；并且此后将禁止购买奴隶，购买奴隶将被视为犯罪，可受到法律惩罚。我提交该计划，以获得所需要的命令来铲除奴隶制的罪恶。类似的请求已经提交给了其他上级。①

① 大英图书馆印度事务部档案，L/P&S/7/78，印度政府外交部致女王政府印度事务大臣（密件，边疆），（附件）英国驻克什米尔代表中国事务特别助理致英国驻吉尔吉特代表（1894年11月）。

叶城知县的这一建议有以下三点新意。第一，彻底废除奴隶制。政府应该发布公告，禁止奴隶制。第二，和废除奴隶制相一致，主张释放所有奴隶，不管他是哪国人，也不用付给蓄奴主赎金。第三，对要释放的奴隶及其后代区分得更细，赎金的支付也区分得更仔细。马继业认为叶城县知县是出于担心自己经济上受损失，所以提出这种不用支付给蓄奴主赎金的建议。其实不尽然，应该说叶城县知县的建议不是偶然的，他的建议和清政府在新疆的废奴政策是一致的。我们知道，清王朝统一新疆后，一直反对奴隶制。新疆建省后，1887 年更是下令废除奴隶制；蓄奴本已与法律相背，因此他所建议的方法也不是没有道理的。从实际情况来看，当时蓄奴主毕竟已经很少，清政府所担心的引起整个社会震动的可能性不大。叶城知县的这封信对以后的释奴有着积极影响。

3. **通告释放全部奴隶**

在释放南疆英奴的交涉上，尽管 1894 年底马继业和黄光达达成了由英国出赎金的协议，不过，新疆省政府似乎还在争取由中方出赎金，虽然现在还难以看到更多的中方档案，但是由新疆巡抚陶模在 1895 年 1 月 14 日写的一份关于莎车释奴的奏折中可见此情况，该奏折如下。

莎车等属收买英属各部为奴丁口给价赎出以示矜恤片

奏为莎车等户民收买英属各部为奴丁口，拟恳给价赎出，以示矜恤，恭折仰祈。

圣鉴事，窃查喀什噶尔西南一带，与英属印度各部毗连，南路缠民，罔识例禁，有力之家，向蓄奴婢，多系各部转售，旋将男女配合，生有子女，永充贱隶，甚至递相承买，苛虐情形，最为可怜。前据莎车直隶州知州潘震署和田直隶州黄袁禀称，该各属蓄奴最多，正欲查明禀办，适据英员马继业请将印度各部及什克南等处出卖与莎车和田为奴丁口一律释放等情，当饬喀什噶尔道黄光达查办去后，兹据查明，莎车等属户民收买英属各部为奴男女共 171 丁口，应请释放为良，其愿回者给照护送出卡，愿留者编入户籍，永为华民。惟从前收买之家，均给有身价银两，并请大口由公中酌给 20 两，小口 10 两作为取赎之资，以顺舆情。计共需银 2800 余两，由善后项下开支造报。咨由布政使饶应祺详情具奏前来。查取赎奴婢各节，公中所费无多，而释贱为良，足示朝廷一视同仁之意，与睦邻之道亦属相宜，礼合恭折具奏。伏乞皇上圣鉴训示。谨奏。

光绪二十年十二月十九日[①]

该奏折反映的几个问题与英档此时的记载有些出入，第一，关于莎车英奴的数量。前面已经说明，1894 年上半年，马继业在莎车共释放英奴 124 名，其中有 10 名返回英属印度，即到 1897 年释奴全部结束，根据英方统计莎车也只有 138 名英奴。而该奏折则称莎车有 171 名英奴，这一不同由于缺少更详细的中方档案，尚无法解释其中原因。第二，关于英方记载的在莎车释奴进展和该奏折反映的进展的差异问题。前面已经叙述，由于清政府不同意由中方支付赎金，陶模指示黄光达要马继业尽可能小规模地释奴，马继业在黄光达的支持下，到 1894 年 6 月先后在莎车、色勒库尔和塔什库尔干等地共释放英奴 234 名，但是陶模这封写于 1895 年 1 月 14 日的奏折只是请示要释奴，这与实际情况相去甚远。这可能是由于，马继业和黄光达释奴的详细情况陶模并不太清楚，或者是陶模已经获知释奴的实际进展，但由于和衙门的指示相悖，只得请求皇帝的同意。第三，说明陶模还在为其释奴方针进行努力。这些差异尚需进一步研究。

不过后来的形势发展说明第三点可能是有道理的，因为 1896 年底，新疆巡抚采纳叶城县知县的建议，下令释放新疆境内的所有奴隶。喀什噶尔道台黄光达把命令转发给所属各厅州县，要求释放所有奴隶，不管是中国籍的或者是外国籍的，并且免除赎金；还严禁以后再行蓄奴。

随着通告的公布，马继业释放英属印度籍奴隶的事情进展非常顺利。自 1897 年 4 月到 6 月，马继业先后在英吉沙、和田、叶城和喀什噶尔新城等地释放奴隶。马继业每到一地，就和地方当局协商、调查，弄清英奴的实际数目及其去留意向，详细加以登记，然后和当地中方官员共同释放。而且在每个地方释放奴隶后，马继业还要求当地政府发布汉、维吾尔文通告，以杜绝隐匿不报或者可能遗漏的奴隶。该类公告大致相似，下面是英吉沙厅在释放奴隶后所发布的通告。

---

① 马大正、吴丰培：《清代稀见奏牍汇编》（中册，同治、光绪、宣统朝卷），新疆人民出版社，1997，第 982 页。

通 告

今年一月二十九日，厅官接到喀什噶尔黄道台的函令，称“英国官员马继业在新旅游，他在光绪二十一年五月十五日的一封信中要求应该给厅官指示，调查英吉沙是否有来自英国保护国的奴隶。马继业先生随身携带着必需的赎金，急于释放任何这样的奴隶。

三月二日，英国政府在喀什噶尔代表马继业先生写信给厅官，说他打算到此赎出奴隶。

根据厅官官署前任陈厅官文件中列的名单，下面7人是外籍奴隶，即古尔·拜比（Gul Bibi）、吐尔迪·拜比（Turdi Bibi）、派简·拜比（Pai－jeh Bibi）、恰姆斯提（Chiamu－si－tih）、阔加什（Khojash）及阔卡·古力（KhokaGuli），他们已经由其主人释放。已故包苏噶（Bosugha）伯克的父亲艾萨（Aisa）买了5名，即伊噶穆·巴迪（IgamBardi）、哈舒尔·拜比（HashurBibi）（前者的妻子）以及他们的三个孩子，分别叫阿尔玛·拜比（Alma Bibi）、阿纳尔·拜比（Anar Bibi）和土尔逊（Tursun）。另外两个是左拉·拜比（Zora Bibi）和伊布拉海穆（Ibrahim），已经分别被阿采（Ah－tseh）和帕拉特（Palat）所购买的。包苏噶伯克和其他伯克现在联合向厅官声明，他们已经拥有这7名奴隶很多年了，现在要释放他们，毁掉购买他们的契约，并且不要求赎金。厅官为他们声明的真诚所打动，批准了他们的行动。

本通告说明所有的奴隶案件都是厅官在英属印度政府官员马继业的协调下办理的。

获释后的奴隶愿意留在中国的，要给与必要的证件，使他们能够居留下来；愿意返回原籍的，将发给护照。以后人们不得蓄奴或者购进奴隶。违令者要被迫释放其所拥有的奴隶，并且没有赎金，还有可能因匿藏奴隶而遭到惩罚。

光绪二十三年三月初三（1897年4月4日）　该通告张贴在县城和各村

（盖印）[①]

① 大英图书馆印度事务部档案，L/P&S/7/98，克什米尔驻点官中国事务特别助理致克什米尔驻点官，附件“英吉沙厅官张志芳（Chang Chi－fang）1897年4月7日发布的通告”。

表1是自1893年到1897年6月新疆释奴统计情况，马继业以各种方式释放英奴525名，经过通告释放其他籍奴隶1525人。

表1　1893年7月到1897年6月16日喀什噶尔道台释放奴隶一览

地点	获释的印度、克什米尔（包括奇特拉尔等地）籍奴隶数目	除了第二栏中的以外由通告获释的奴隶数目	总数	备注
叶尔羌（莎车）	138	200	338	1893～1897
色勒库尔	59		59	1894
叶城	300	533	833	1894～1895
喀什噶尔（旧城）		100	100	1896～1897
英吉沙	6	50	56	1897
和阗		600	600	1897
巴楚	13	40	53	1897
喀什噶尔（新城）	9	2	11	1897
合计	525	1525	2050	

资料来源：大英图书馆印度事务部档案，L/P&S/7/98，印度政府副大臣致英国驻克什米尔代表，（附件）“英国驻克什米尔代表中国事务特别助理致英国驻克什米尔代表”（1897年9月6日）。

在释奴基本结束后，喀什噶尔道台又用汉、维文发布了一则公告，对此次释奴做了总结，其中对伯克的表现和合作深表赞赏，并警告以后无论谁都不得再行蓄奴，否则将依法惩处。该通告正文翻译如下。

通　告

蓄奴并贩入奴隶人的风俗有悖于法律。

道台在调查中发现，他的辖区内有从英国控制的诸邦里买入并蓄有的男女奴隶。而且，印度政府在喀什噶尔的代表马（继业），在谈判中已经要求通过赎身来释放奴隶。道台相应地已经把此情况报告给巡抚和省财政厅，结果命令下发给所有州官、厅官和县官，以采取行动释放奴隶。

这些官员现在报告说，经过释放后，这些奴隶要么已经被地方作为中国属民登记，要么已申领护照返回原籍。奴隶名单也一同上报，仔细审阅可见许多原主人都自愿释放其所拥有的奴隶，而没有要任何赎金。他们的行为证明他们淡漠金钱、热爱美德，值得褒扬。不过，由于担心随着时间的流逝，有人忘记过去的命令，又开始私下蓄奴，有必要颁布此通告，以示警告。基于此考虑，喀什噶尔商人和其他人要引起注意，在此通告颁布后，禁止蓄奴或者贩入奴隶，不论该奴隶是当地的或者是外邦的。任何违令者都要依法受惩，不会包庇。务使人人遵守。

光绪二十三年八月四日（1897 年 8 月 31 日）[1]

三　释放英奴的影响

至 1897 年 8 月，持续几年的英奴问题得到彻底解决。新疆省政府不但释放了羁留新疆的所有英奴，而且也彻底解决了新疆境内残留的奴隶制，没有引起新疆社会的混乱和震动。从新疆社会的发展历史来看，释奴无疑有利于新疆建省后社会的变革，也符合新疆的社会发展的要求。但是，从当时英国和新疆的关系而言，我们应该看到，马继业通过释放在新疆的英奴，使其在新疆的存在获得了从新疆地方政府到清中央政府的认可，并使其威信得到提高，在新疆英侨对其依赖感加强。马继业对中国官员，特别是喀什噶尔道台黄光达的合作深表感谢，并要求英属印度政府通过外交渠道向清政府表示对黄光达的嘉许[2]，由此马继业更密切了他与中国新疆地方官员的关系。马继业事实上逐渐成为英属印度驻中国新疆的官员。在新疆的这些英奴，其实是英国身份特殊的旅居侨民。马继业释放英奴的活动本身就是英国在新疆扩展其势力的重要一环，而且，这些获释的英奴成为马继业在新疆建立和扩大英国社会基础潜在的组成部分，后来英俄争相在新疆发展侨民，这些获释奴隶都是马继业重要的发展对象。

（原刊于《西域研究》2003 年第 3 期）

---

① 大英图书馆印度事务部档案，L/P&S/7/98，印度政府副大臣致英国驻克什米尔代表，（附件）“英国驻克什米尔代表中国事务特别助理致英国驻克什米尔代表”（1897 年 9 月 6 日）。

② 大英图书馆印度事务部档案，L/P&S/7/98，印度政府副大臣致英国驻克什米尔代表，（附件）英国驻克什米尔代表中国事务特别助理致英国驻克什米尔代表（1897 年 9 月 6 日）。

试论杨增新时期英国和中国新疆间的贸易（1912～1928）*

杨增新主政新疆时期（1912～1928），正是国内、国际形势急剧变化之际。在纷繁复杂的背景下，英国和中国新疆之间的贸易关系呈现出平稳运行—快速发展—走向衰退的走势。这种走势不仅说明了英国对中国新疆贸易的变化，而且还反映出英俄/苏在新疆竞争关系的实质。对于这一课题，学界尚未给予充分关注。本文根据英国有关档案和其他历史资料，试就此期英新贸易阶段的划分、贸易结构的变化、英国对中国新疆贸易的利润以及俄/苏新贸易和英新贸易关系做简要分析，以期描述出此期英新贸易关系的轨迹、特点及实质。①

一　英新贸易的三个阶段

从中华民国成立到1928年，新疆处于杨增新主政时期。此期英国和中国新疆的贸易关系，先是清代英新贸易关系的延续，继而又在新形势下经历演变，其内涵发生巨大变化。根据国内外形势的变化，结合英新贸易额的情况，可以将此期英新贸易分为三个阶段，即1912～1917年的平稳运行阶段、1918～1926年的快速发展阶段和1927～1928年的走向衰退阶段。

---

* 为叙述方便，本文将英国、俄国（苏联）及阿富汗和中国新疆之间的贸易分别简称为英新贸易、俄/苏新贸易和阿新贸易。

① 本文所使用的英国档案主要是印度事务部档案（Indian Office Record，简称IOR），特别是其中的“政治及秘密通讯”（L/P&S）档案，该档案保存在英国大英图书馆的东方及印度事务部（Oriental & Indian Office）中。此外，本文还参考了英国国家档案馆（Public Records Office，简称PRO）的部分档案。

（一）平稳运行阶段（1912～1917）

平稳运行阶段是指英国和中国新疆贸易环境平稳，贸易额维持在相对稳定的状态。

这种情况是马继业[①]在中国新疆长期经营的结果。1890 年马继业到新疆后，为保证英国和中国新疆贸易的发展，采取了一些措施。其一，他请求英属印度政府整顿其北部边疆地区克什米尔及周边诸山邦之间的交通、税收，沿途设立旅馆以保证供应，改善英属印度和中国新疆贸易的后方环境。其二，他设法使从列城经喀喇昆仑山口到中国新疆皮山的商路保持畅通，同时通过英国控制坎巨提，确保经坎巨提到中国新疆的另一条商路的安全。其三，1897 年，他允许英属印度在中国新疆的商人自行选择其阿克萨卡尔[②]，并逐渐建立起阿克萨卡尔网络。阿克萨卡尔网络既是英国侨民在中国新疆的管理体系，也是商业销售和情报网络。其四，他使英国在中国新疆获得领事裁判权和英属印度商品的免税权。就商业和政治的关系而言，英属印度通过稳定的贸易关系，得以维持英国在中国新疆的政治存在；通过阿克萨卡尔系统，发展并管理大批英属印度侨民，进一步稳定了英国在中国新疆的社会基础。其五，在他的长期努力下，英国政府于 1911 年 3 月将驻喀什噶尔领事馆升格为总领事馆，这标志着英国势力在新疆正式立足。此外，自 1907 年英俄签订《关于波斯、阿富汗、西藏问题的专约》后，两国在中国新疆的政治竞争走向缓和，贸易竞争也趋于平稳。马继业的努力和英俄关系的相对稳定，为英国和中国新疆贸易的发展创造了较好的条件，英国和中国新疆贸易基本上稳定地维持在 250 万卢比左右。[③]

---

① 马继业（George Macartney）是中英混血儿，其父马格里（Hallid Macartney）曾长期为清政府服务；其母为太平天国纳王部永宽之后。1890 年，马继业被英国派驻中国新疆喀什噶尔，长期以游历官名义驻在喀什噶尔。1908 年英国驻喀什噶尔领事馆成立，马继业任领事；1911 年，喀什噶尔领事馆升格为总领事馆，他升任总领事；1918 年退休返回英国。许建英：《近代英国和中国新疆（1840—1911）》，黑龙江教育出版社，2014，第四章。

② 阿克萨卡尔（akskal）为突厥语，在中亚一带原指长者。后在我国新疆南疆阿克萨卡尔则指负责管理外籍侨民事务的人，汉文称之为乡约。此处指英属印度在新疆侨民社会各方面事务的管理者，带有一定的行政意味。后来马继业进一步将阿克萨卡尔转变为英国驻喀什噶尔（总）领事在各地的代理人，从某种意义上讲，可以说是英属印度的官员。

③ 许建英：《近代英国和中国新疆（1840—1911）》，黑龙江教育出版社，2014，第 276～277 页，表 3。

由此可见，在清亡以前英国在中国新疆建立了颇为稳定的贸易环境，英国和中国新疆贸易处于平稳运行状态。

民国初期，英国在中国新疆的贸易关系保持着这种稳定状况。从表 1 我们可以看出，从 1912 年到 1917 年，英国对中国新疆贸易额的平均值为 270 余万卢比，贸易额保持在 200 万卢比到 300 万卢比之间，每年的增减也基本在几十万卢比之间，起伏较小，维持着较为稳定的贸易关系。英国在中国新疆的贸易竞争对手仍然是沙俄——尽管此期双方关系较为缓和。可见，民国初年英国和中国新疆贸易的这种状况及清末英国和中国新疆贸易情况一致，可以说是清代英国和中国新疆贸易关系的延续。

表 1　1912 ~ 1928 年英属印度和中国新疆的贸易统计

单位：卢比

年份	对中国新疆出口	从中国新疆进口	合计	较上一年增减
1911 ~ 1912	1599444	1358580	2958024	718137
1912 ~ 1913	1410206	1182554	2592760	-365264
1913 ~ 1914	1614949	1335524	2950473	357713
1914 ~ 1915	1341824	1138831	2480655	-469818
1915 ~ 1916	1263133	970041	2233174	-247481
1916 ~ 1917	1146694	1680218	2826912	593738
1917 ~ 1918	2793853	2690020	5483873	2656961
1918 ~ 1919	3529947	3439013	6968960	1485087
1919 ~ 1920	4478533	3067864	7546397	577437
1920 ~ 1921	4348922	2705368	7054290	-492107
1921 ~ 1922	2199638	1271875	3471513	-3582777
1922 ~ 1923	2211024	1987558	4198582	727069
1923 ~ 1924	2444980	2335250	4780230	581648
1924 ~ 1925	1416742	2610448	4027190	-753040
1925 ~ 1926	1824561	2356582	4181143	153953
1926 ~ 1927	2398254	3281464	5679718	1498575
1927 ~ 1928	1186766	2014565	3201331	-2478387
1928 ~ 1929	926129	1165724	2091873	-1109478

资料来源：Kashgar Trade Report（1937），Enclosure I，IOR：L/P&S/12/2354.

（二）快速发展阶段（1917～1926）

1917 年，俄国爆发十月革命，建立了世界上第一个苏维埃社会主义国家。苏联的建立，使原来俄国和中国新疆之间的贸易关系陷入混乱。从 1917 年起苏联对新疆贸易范围就开始急剧缩小，因为当时苏联境内白匪①在和中国新疆北部边疆接壤的地区集结，苏联中亚地区毗邻新疆喀什噶尔的边疆一带也颇为混乱，仅剩新疆伊犁地区和苏联保持贸易关系，但也仅仅是偶尔有些小批量的贸易。至 1920 年 5 月底，苏联对中国新疆贸易完全中断。②

在对新疆贸易上，作为英国重要贸易竞争对手的苏俄突然退出，为英国提供了前所未有的机会。英国抓住时机，采取积极措施，加紧扩大对中国新疆的贸易，使其对中国新疆的贸易额迅速增加。英国增加了以往英俄间具有竞争性的商品（如各种棉布及棉制品）等的出口量。英国驻喀什噶尔总领事多次要求英属印度政府进一步改善从列城到叶尔羌的商路③；英国驻喀什噶尔总领事埃瑟顿和喀什噶尔道尹达成协议，从吉尔吉特和奇特拉尔商路前往喀什噶尔的英国商人，不用在当地等候喀什噶尔地方当局的批准，可直接前往喀什噶尔；英国驻喀什噶尔总领事每周和喀什噶尔道尹会面一次，就贸易事项进行协商④。为扩大英国在中国新疆的权益，更好地保护英商的商业活动，英国政府于 1920 年特地制定了适用于中国新疆（包括科布多地区）的《对外裁判权》规章，通令英国驻喀什噶尔总领事执行。该规章共 7 部分 71 条，旨在继续维持英国在中国新疆的领事裁判权。⑤

从表 1 可看出，1917～1926 年的 10 年间，英国对中国新疆贸易年平均额达到 530 多万卢比，特别是 1918～1920 年，英国对中国新疆贸易达到

---

① 俄国十月革命后，原沙皇军队被称为“白匪”，当时有相当一部分活动在苏联靠近中国新疆的边疆地区，甚至有不少流窜到中国新疆。

② 〔苏〕奥·布克施泰因：《苏联与新疆的贸易（1913—1926）》，吴永清译，林荫成校，中国社会科学院近代史研究所“国外中国近代史研究”编辑部编《国外中国近代史研究》第 8 辑，中国社会科学出版社，1985，第 306～307 页。

③ Kashgar Diary，1918，IOR。历任英国驻中国新疆喀什噶尔游历官、领事和总领事，坚持写工作日记，后分别按年整理成卷，俗称《喀什噶尔日记》，现在均保存在英国大英图书馆的“东方及印度事务部”档案部中。

④ Kashgar Diary，1918，IOR.

⑤ Foreign Jurisdiction，The China（Kashgar）Order in Council，1920，IOR：L/P&S/12/2373.

600 万至 700 多万卢比，平均额为 720 多万卢比。纵观 19 世纪 60 年代到 20 世纪 20 年代末 60 多年的英国对中国新疆贸易，这种情况是绝无仅有的，它形成了英国对中国新疆贸易的峰顶。①

（三）走向衰退阶段（1927～1928）

1927 年，英国对中国新疆贸易额再度大幅下降，回落到 320 多万卢比；1928 年，则进一步下降到 200 多万卢比。如果我们再查阅一下相关资料，1928 年后，英国对中国新疆贸易又回到了 1917 年前的状态，保持在 250 万卢比左右的水平。②

这种情况和苏联对中国新疆贸易的发展有密切关系。1922 年后，苏联对中国新疆贸易得以恢复并逐渐加强，苏联货物逐渐出现在中国新疆不少地方。此后苏联一再谋求扩大和中国新疆之间的贸易关系。1924 年 4 月 27 日，中国和苏联达成通商协议，约定除伊犁外，迪化、喀什、塔城和阿山一并对苏联开放。1924 年 5 月 31 日，中苏恢复邦交后，杨增新提出以中华民国的名义在苏联沿边城市开设 5 处领事馆，同样，苏联在新疆伊犁、喀什、迪化、塔城和阿尔泰道尹驻地也派驻了领事。这些措施加快了苏联对中国新疆贸易的发展。1924 年，苏联对中国新疆贸易出现大的转折，1926 年度即趋于正常水平，贸易额达到第一次世界大战前的 64%。③ 1925 年，苏联对外贸易人民委员部第 51 号令进一步放宽苏联对中国新疆贸易政策，规定中国新疆几乎所有的原料商品和牲畜都可免税自由运入苏联。苏联还放宽了其产品对中国新疆的自由出口。1926 年苏联对外贸易人民委员部又颁布第 24 号令，对苏联对中国新疆贸易做了微调。这样一来，随着苏联工业的恢复、经济部门的完善、交通和通信的改善，苏联对中国新疆贸易全面恢复。随着苏联商品对新疆市场的重新占领，英国对中国新疆贸易退回到十月革命前的状况。实际上还不仅如此，它是英国对中国新疆贸易

---

① G. J. Alder, *British India's Northern Frontier*: *1865 - 1895*, Plymouth: The Bowering Press, 1963, p. 319; also see, Kashgar Trade Report (1937), Enclosure Ⅰ, IOR: L/P&S/12/2354.

② G. J. Alder, *British India's Northern Frontier*: *1865 - 1895*, p. 319.

③ 奥·布克施泰因:《苏联与新疆的贸易（1913—1926）》,《国外中国近代史研究》第 8 辑，第 316 页。

大衰落的开始。

二　英国对中国新疆贸易结构分析

研究英国对中国新疆贸易结构是了解英国对中国新疆贸易的重要一环，下面我们对英国对中国新疆贸易的进出口额、商品种类和商品销售比例等方面加以分析，以梳理此期英国对中国新疆贸易的结构及特点。

首先，我们分析一下英国对中国新疆贸易进出口的总体结构。从表1英国对中国新疆双方的进出口量来看，1912～1928年这17年中，英国对中国新疆贸易有11年是出超，1916、1924～1928年这6年是入超。近代以来，英国对中国新疆贸易总体结构的重要特征是英国对中国新疆贸易出超。[①] 但是，此期有连续5年是中国新疆对英国出超，这在以往是没有的。所以出现这种情况，是和英国当时极力维持英国对中国新疆贸易平衡，以扩大对新疆贸易，力图阻止苏联商品进入中国新疆有关。此期苏联多方努力，试图恢复和中国新疆间的贸易。英国此时加大进口，不过是一种对抗政策而已，并不是英国对中国新疆产品的需求量真的增加了。这一点从双方进出口商品的结构也可以得到证实。

其次，我们分析一下英国对中国新疆双方的商品结构。英国对中国新疆出口的商品有：棉线和棉纱，棉制品（欧洲产），奎宁，薄荷油，苏打，酒石酸，酸，樟脑，靛青，兽皮，牲畜皮，珊瑚，绿松石，麝香，雪茄和香烟，丝织品，香料（黑胡椒、桂皮、生姜、小豆蔻等），茶叶。在这些商品中，最主要的是：棉制品、丝织品、茶叶、珊瑚。这些产品占英国输往中国新疆商品额的绝大部分（见表2）。其中棉织品在英俄/苏间存在竞争，主要是英国的产品质量较好，但是花色单一，缺少新疆当地各民族喜爱的式样；俄/苏产品虽然质量稍差，但其价格低廉，式样更符合新疆各少数民族的喜好，所以销量好。不过，从表2可知，1918～1921年，苏联对中国新疆贸易减弱时，棉织品成为英国扩大对中国新疆贸易的主要产品之一。

---

① 许建英：《近代英国和中国新疆（1840—1911）》，黑龙江教育出版社，2014，第276～277页，表3。

表 2　英国输往中国新疆的亚洲产丝织品销售情况

单位：两（银）

品名	产地	长度	1916 年价格	1917 年价格	备注
丝绸印花棉布	日本	25 码	—	20	需求量很小
丝绸印花棉布	日本	25 码	—	15	需求量很小
丝绸印花棉布	日本	1 码	—	2	需求量很小
丝质货物	日本	1 码	—	1.5	需求量很小
丝光印花布	日本	1 码	—	0.9	需求量很小
金考布锦	印度苏拉特	1.5 码	5.5	6	需求增加快
织锦	印度贝拿勒斯	1.5 码	12	21	需求量为零

资料来源：Report on the Trade of Eastern Turkistan（for the year ending the 31st March 1917），IOR：L/P&S/99.

表 3　1912～1928 年英属印度对中国新疆主要出口货物

单位：卢比

年份＼货物	棉织品	丝织品	毛织品	茶叶	珊瑚	颜料染料	金银财宝
1912	812312	385089	16521	39317	17228	49747	10775
1913	642530	426173	30156	46727	—	30006	—
1914	319723	373924	32525	33335	24675	27798	11020
1915	508343	425422	9787	29460	10200	10582	—
1916	514158	388941	—	42511	—	—	—
1917	495103	264376	—	23920	—	—	—
1918	1410816	615194	23745	45206	32531	42490	25252
1919	2039029	503141	32918	50047	—	187506	—
1920	2547953	419257	12775	71359	—	527200	—
1921	1260593	443582	—	86420	—	1126982	—
1922	501275	269723	12924	64567	—	513284	18358
1923	960810	153007	9000	24948	—	483427	—
1924	1064070	149500	20374	—	—	798864	12804
1925	699946	255063	14187	19620	—	262035	40496
1926	753811	373603	20361	32791	—	360351	37255
1927	676754	487791	55475	48893	—	665576	54824
1928	288116	215593	42000	68048	—	226254	64518

资料来源：Kashgar Trade Report（1937），Enclosure Ⅰ，IOR：L/P&S/12/2354.

丝织品是英国对中国新疆贸易的重要商品。英国输往中国新疆的丝织品有相当大部分并不是英国或印度生产的，而是欧洲大陆或者日本生产的，经英属印度销往中国新疆。欧洲大陆出产的丝织品主要是天鹅绒，大多产自德国，一部分产自法国。在第一次世界大战前，实际上所有输入中国新疆的天鹅绒都是德国生产的，这些天鹅绒占英国对中国新疆出口的所有商品的25%。英国输往中国新疆的另一部分丝织品是包括印度在内的亚洲一些国家生产的，它们在中国新疆的需求和销售情况见表4。这些丝织品在新疆的需求量并不大，价格也一般。

中国新疆对英国输出的商品主要是原料性商品，有个别手工产品。它们大致可分为三类：一是动物类；二是金银财宝类；三是其他各种商品。这些商品在英国对中国新疆贸易中扮演着不同的角色，起着不同的作用。

动物类。主要是马、骡子和驴。从叶尔羌返回英属印度的商人，都要购买乘用马，这些都是小马。返回英属印度后，这些马都在拉达克或者克什米尔出售。也有少数马匹选来运货，被带到西姆拉和霍什阿普尔。由于这些马最初是用于乘坐的，所以英属印度商人出售它们并不指望获得多少利润。第一次世界大战爆发后，英属印度对骡子的需求量增加，但是新疆骡子的供应量有限。输往英属印度的骡子都是由政府运输部门购买，销售价格都高，利润在75%～100%。[①] 驴被商队带往列城，主要用于驮运马匹所需的饲料，只是由于不愿再带回新疆才在列城出售。所以驴的出口对英属印度并无意义，也无利可获。可见，除了骡子外，马和驴主要并不是直接被当作商品输往英属印度，而是首先作为商队的运输工具。

表4　1912～1928年英属印度从新疆主要进口货物

单位：卢比

货物 年份	大麻脂	生丝	生羊毛羊绒	毡	毯子	动物	金银财宝
1912	254854	575470	17238	52691	—	28650	223934
1913	559093	488434	19055	40808	—	28270	175763
1914	377107	418186	—	37736	—	45207	220113
1915	294369	533924	—	17506	10989	21780	52260

① Kashgar Trade Report（1917），IOR：L/P&S/11.

续表

年份＼货物	大麻脂	生丝	生羊毛羊绒	毡	毯子	动物	金银财宝
1916	306512	577025	25463	17506	—	31745	348567
1917	265520	592412	26835	32331	—	41610	854395
1918	415897	971530	40756	95759	—	32520	1335459
1919	425325	406810	39674	136052	—	60590	1094640
1920	604373	802137	35112	217173	45570	52760	695861
1921	273687	393792	26029	184647	24025	32400	181502
1922	263818	1033675	41776	137264	26595	75895	138226
1923	108320	1441787	29164	150173	66651	100521	215034
1924	47651	1501964	32681	109722	30222	90480	590313
1925	52078	941410	16142	207693	32564	77208	890916
1926	55831	694853	—	252272	19350	157890	1607091
1927	96434	742654	17288	358451	25524	112768	489925
1928	174252	484096	—	292163	19788	25365	—

资料来源：Kashgar Trade Report（1937），Enclosure Ⅰ，IOR：L/P&S/12/2354.

金银财宝类。所谓金银财宝，主要是指金子及中国银圆。英国商人购买金子和银圆，主要是由于中国新疆可输往英属印度的商品太少，无法平衡双方贸易，购买金银财宝是为了维持英国对中国新疆贸易的正常开展。其实，早在清代，从中国新疆购买金银财宝就一直是英国用来平衡英国对中国新疆贸易的重要手段。① 从表 4 可以看出，在英国对中国新疆贸易额较高的几年里，金银财宝对英属印度的输出占了相当大的比例。1916 年是 348567 卢比，而此后则上升很快，1917 年为 854395 卢比，1918 年为 1335459 卢比，1919 年为 1094640 卢比，分别是 1916 年的 2.45 倍、3.83 倍和 3.14 倍。而 1926 年，中国新疆对英属印度金银财宝的输出额则是 1916 年的 4.61 倍。由此可见金银财宝在英国对中国新疆贸易中所起的平衡作用之大。

其他商品类。包括黄铜、生丝、土布（包括装饰布）、鞍垫、毡毯、中药材、瓷器、玉石、羊毛、羊绒、皮革、毛制品、动物、大麻脂等。

在这些商品中，最主要的是大麻脂、生丝和金银财宝。从表 4 可知大

① 许建英：《近代英国和中国新疆（1840—1911）》，黑龙江教育出版社，2014，第 282、283 页。

麻脂、生丝和金银财宝占有极为重要的地位。大麻脂和生丝都产自南疆，大麻脂主要产于叶尔羌一带，生丝主要产于和田、皮山和叶城一带，喀什和叶尔羌等地也有少量生产。在清末，这两种商品像金银财宝一样，也承担着调节英新贸易的作用。[①] 进入民国后，这种功能减弱了，但是依然是中国新疆对英属印度出口的最重要商品。1910 年，新疆省政府严禁种植大麻，但是并没有真正禁止。1917 年，新疆省政府规定每 100 斤大麻脂交 4 两银子的税，税后便可出售给英国商人。这意味着大麻种植的解禁。[②]

从英国和中国新疆双方进出口商品的分析可以看出，英国可以输往中国新疆的商品种类要比中国新疆输往英属印度的多，而且以工业品为主，尽管这些工业品大多是日常生活用品和材料，如布匹、茶叶和染料等。

中国新疆输往英属印度的商品不仅品种少，而且基本都是原料性的，偶或有一些手工产品。这反映出英国对中国新疆贸易的实质性差别。双方进出口的商品还有一个特点，即基本上是轻便而易于携带的产品，这反映出双方贸易在交通上存在困难。英属印度在不同阶段都有维持贸易平衡的努力，在 1917 年前，基本上通过生丝、大麻脂等昂贵商品的进口来维持与中国新疆贸易的平衡；但是在 1917 年后的头几年里，单靠生丝和大麻脂的进口仍无法实现贸易平衡，于是扩大金银财宝的进口来平衡贸易。

三　英国商人的资金和利润

从事英国对中国新疆贸易的英商数量缺乏准确统计，其资金状况更是没有详细记载，兹据有关资料简要说明。据清末统计，全疆共有 1295 户、3120 名英国侨民（包括阿富汗人在内）。[③] 虽然没有具体的商人数字，但是根据后来英国驻喀什噶尔总领事的统计和分析，此期英属印度在中国新疆直接经商的人数约占其总侨民数的 1/5 强[④]，也就是说大概有 600 多名英国商人。这些

① Ladakh Trade Report（1905），IOR：L/P&S/7/185.

② Kashgar Diary，1917，IOR.

③ 王树枏、王学曾：《新疆图志》第 58 卷（影印本），“交涉”六，上海古籍出版社，1992，第 516～520 页。该统计中所用的“商民”一词与实际情况不符，因为有的并不经商，如在乌鲁木齐的侨民，显然指是英国传教士的胡进洁等，以及数量相当的务农者，故称其为“侨民”，似乎更为妥当。

④ Kashagr Trade Report（1937），Enclosure Ⅰ，IOR：L/P&S/12. 2354.

商人分为两类，一类往来于英属印度和中国新疆之间，另一类则是住在新疆经商。此外，还有一批所谓的“商人”是高利贷者，他们四处放贷，谋取暴利。[①]

英国商人的资金一般并不是很充裕，拥有 1 万卢比以上的商人数量不多，大多数是仅有 1000 卢比左右的商贩。[②] 他们的资金来源也颇为复杂，其中相当一部分商人的资金是由居住在印度的资本家提供的。他们并不了解中国新疆的情况，对其委托人缺乏全面支持，只是一味地追求丰厚利润。而那些作为代理人的商人很多都是赊账销售，追求高利率。

英国对新疆贸易的利润一向都很高。根据英国的统计，早在 19 世纪 60 ~ 70 年代，英国和阿古柏进行贸易时，英国对中国新疆出口商品的利率就比较高，例如就其中 16 种布类统计，其平均利率为 63. 1% ，最高的达到 100% ，茶叶利率约为 67. 8% ，各种香料的利率约为 89% ，颜料的利率高达 158% ，军火的利率也高得惊人，例如小雷管的利率为 158% 。[③] 而从中国新疆出口到英属印度的产品，由于多为原料类，其利率则低得多，平均约 35. 2% 。[④] 阿古柏以后，特别是马继业到新疆后，英国对中国新疆贸易得到很大的发展。英商仍然可获得高额利润，特别是高利贷者，一度曾频繁引起英商和中国新疆当地居民间的纠纷。

杨增新主政新疆后，这些英国商人依然故我，无论是经商还是放高利贷，都在寻找机会谋求暴利。1916 年，俄国卢布在喀什噶尔贬值，英国商人乘机大获其利。1917 年，英国货物在中国新疆脱销，英商趁机以高价售货，获取丰厚利润。据英国驻喀什噶尔总领事馆统计，在印度价值 1 卢比的货物，加上运到叶尔羌的运费，价格会达 1 两（即 16 天罡[⑤]）。这意味

---

① C. P. Skrine and Pamela Nightingale, *Macartney at Kashgar*, *New Light on British and Russian Activities in Sinkiang*, *1890 - 1918*, London: Methuen & Co. Ltd. , 1973, p. 148.

② Kashagr Trade Report (1937), Enclosure Ⅰ, IOR: L/P&S/12. 2354.

③ T. D. Forsyth, *A Mission to Yarkund in 1873*, Calcutta: The Foreign Department Press, 1875, p. 490.

④ T. D. Forsyth, *A Mission to Yarkund* in 1873, p. 489.

⑤ 天罡最初是阿古柏入寇新疆时所使用的货币，虽有金、银、铜 3 品，但以天罡银币铸量最大，流通最广，版式最多。清政府在光绪年间收复新疆后，曾仿阿古柏小天罡铸造五分小银币系，形制相似，图文不同，被称为光绪小天罡，和阿古柏小天罡混用。后来，新疆各地还铸造天罡银圆。在民国初期，杨增新仍沿用清代币制，天罡银圆和红钱同为平行本位，特别是在南疆，天罡银圆在喀什与和田铸量颇大。

着其利润率达到400%。[①] 同时，英商返回时输往印度的货物也可获得极好的利润，表5是生丝在和田和阿姆利则的价格。

表5 生丝在和田和阿姆利则价格

生丝品名	和田的购买价格	阿姆利则的销售价格
坦　达	每西阿（98托拉）7.5两银子	每西阿17～20卢比
阿卡克	每西阿7.5两银子	每西阿15～17卢比
塔菲尔	每西阿6.25两银子	每西阿15～17卢比

由于卢布贬值，卢比、卢布、天罡和银子的汇率混乱，英商经过几次兑换，实际1两银子还折合不到1卢比。这样他们在印度销售后获利可达250%左右。再如皮子。雪豹皮在新疆每张8两银子，而在印度则售40～50卢比，其利润率达到500%～625%。[②]

向中国新疆销售鸦片是英商谋取暴利的另一手段。往新疆输入鸦片的主要是阿富汗商人，高峰时期，10个在新疆的阿富汗人中就有9个经营鸦片生意。他们从巴达克山贩运鸦片，经瓦罕走廊运进中国新疆[③]。由于利之所驱，一些英属印度商人也向新疆贩运鸦片。他们将叶尔羌作为鸦片的中转站，一部分销售给南疆的吸食者，另一部分则运往北疆，甚至运往内地。鸦片在南疆销售就已经可以获得很高利润，运往北疆更能牟取暴利。越往北鸦片越贵，在阿克苏获利是8倍，在乌鲁木齐获利则是20倍。如果运往内地，就更贵了，所以在1917年前后，有大量鸦片输往内地。[④]

据后来英国驻喀什噶尔总领事调查，在新疆的英国商人大多数是印度霍什阿普里人，还有少数克什米尔人和一些巴爵尔贩毒者。“毫无例外，所有这些人都是低贱之人，性情贪婪、狡诈，又无知无能。其贪婪表现在：他们认为500%是正当的利润，抱怨现在仅能获得200%的利润，认为‘生意完了’。”[⑤] 这个调查报告写于20世纪30年代中期，当时苏联已经控

① Kashgar Diary, 1917, IOR.

② Report on the Trade of Eastern Turkistan (for the year ending the 31st March 1917), IOR: L/P&S/99.

③ Indo－Pakistan－Sinkiang Trade Routes, PRO: WO252/1088.

④ Report on the Trade of Eastern Turkistan (for the year ending the 31st March 1917), IOR: L/P&S/99, .

⑤ Kashgar Trade Report (1937), Enclosure Ⅰ, IOR: L/P&S/12.2354.

制中国新疆对外贸易的90%，英国对中国新疆贸易受到极大冲击。但就是在这种情况下，其贸易利润率仍然在200%，足见长期以来英国对中国新疆贸易的利润之高。

除了商人在贸易上追求高利率外，那些高利贷者更是暴利的追逐者。据英国驻喀什噶尔总领事记载，英商在中国新疆放高利贷的利率高达400%～600%。[1] 高利贷一直是英属印度什卡普里人以及少数巴爵尔人在中国新疆从事的“生意”。清末，一般高利贷利率在120%[2]，高的达到400%～500%，就是说10两银子的本金，一年后就是40～50两。[3] 这不但致使借贷人负债累累，走向破产，而且引起各种社会矛盾和纠纷。[4] 迫于各方压力，1909年马继业和莎车知府汪步端订立《取缔英商放账章程》[5]，此后英商放账一度收敛，也没再出现纠纷。[6] 但是，民国时期，英商放高利贷又死灰复燃，甚至愈演愈烈，不但利率升高，而且手段更为残酷。他们要地照、房契做抵押。如到期不能归还本息，就将抵押的房产、田地接管，然后反客为主，以很贵的租金，将田地租给原农民耕种，收取地租；将房产租给原主居住，收取房租。[7] 这些高利贷者对还不起钱的债务人进行奴役，连英国驻喀什噶尔总领事都认为过分，希望立即终止这种可耻的盘剥行为。[8]

英国商人贪婪成性，一味追求暴利，是阻碍英国对新疆贸易扩大的原因之一，也是英国和沙俄1896～1906年在中国新疆进行贸易竞争失败的原因之一。至20世纪20年代后半期，当苏联和英国在中国新疆展开新的贸

---

① Kashgar Diary, 1919, IOR.

② Correspondence from G. Macartney, Special Assistant for Chinese Affairs to the Resident in Kashmir, IOR: L/P&S/7/207.

③ Correspondence from G. Macartney, Special Assistant for Chinese Affairs to the Resident in Kashmir, IOR: L/P&S/7/113.

④ Aurel Stein, *Sand－buried Ruins of Khotan: Personal Narrative of a Journey of Archeological and geographical Exploration in Chinese Turkestan*, London: T. Fisher Unwin Press, 1903, p. 151.

⑤ 李新春主编《新疆通志·商业志》，新疆人民出版社，1998，第73页。

⑥ 王树枏、王学曾：《新疆图志》第55卷，“交涉”五，第513页。又见 C. P. Skrine and Pamela Nightingale, *Macartney at Kashgar, New Light on British and Russian Activities in Sinkiang*, 1890－1918, p. 159。

⑦ 中国人民政治协商会议新疆维吾尔自治区委员会编《新疆历史资料》，新疆人民出版社，1979，第165页。

⑧ Kashgar Diary, 1919, IOR. 在该处，作者误将债务人写成债权人。——笔者注

易竞争时，这个问题再次成为英国所要面对的重要问题。[①]

四　英国对中国新疆贸易和俄/苏对中国新疆贸易的关系

在英国对中国新疆贸易关系上，俄/苏始终是个重要因素。俄/苏对英国对中国新疆贸易关系的影响，既体现在商业上的互补、合作和竞争，又体现在政治上的角逐。

从商品结构来看，英俄/苏对中国新疆贸易具有互补性。在十月革命前，根据中国新疆中俄通商局通商报告的统计，沙俄出口到中国新疆的主要货物是金属、金属制品、各种洋布、蜡烛、杂货、火柴、糖、石油、调料、镜子、呢绒、香牛（羊）皮、药材、纸、染料、牛胶、棉、丝线、玉石、蜂蜜、土布、鸡蛋、清油、褡裢布、各种帽子、干鲜果品、碱、牛皮、各种靴鞋、成品烟、烟草、各种成衣、酒类、马、羊、马具、毡子、肥皂、食品类、玻璃、缝纫机、苜蓿籽、各种机械、搪瓷器具、机器油、毯子、茶叶、麻绳等，从中国新疆进口的商品有羊皮、羊毛、各色毛皮、绸缎、瓷器、土布、褡裢布、各种口袋、杂货、羊羔皮、牛（马、驼）皮、马鬃（尾）、生丝、干鲜果品、药材、牛、羊、棉（丝）线、地毯、丝毯、毡子、香牛皮、棉花、毡、皮帽、粮油食品、白矾、砖茶、烟叶、各种成衣、羊皮袄、桑皮纸、犁铧、羊肠子、麻绳、毛绳、煤炭、马、靴皮、毡袜、坎土镘、红铜茶壶、夹帽、花椒等。[②] 俄国对中国新疆出口的货物大致上可分为日常生活用品和工业品，原料产品很少，而中国新疆出口到俄国的产品大多是原料性的，有少部分手工产品。在十月革命后，苏联对中国新疆出口的产品基本上还是这些，只是工业用品，如砂糖、纺织品、硅酸盐、金属制品、石油产品、纸张、火柴和烟叶制品持续增加。[③] 中国新疆对苏联出口的产品几乎没有什么变化。

在前面我们已经叙述了英新贸易的商品。将英俄/苏对中国新疆出口

① Kashgar Trade Report（1937），Enclosure Ⅰ，IOR：L/P&S/12/2354.

② 转引自厉声《新疆对苏（俄）贸易史：1600—1990》，新疆人民出版社，1993，第149～151页。

③ 奥·布克施泰因：《苏联与新疆省的贸易（1913—1926年）》，《国外中国近代史研究》第8辑，第315页。又见曾问吾《中国经营西域史》，商务印书馆，1936，第700、703页。

产品加以对照，我们可以看出，除了棉织品、牲畜皮和茶叶等少数产品外，英俄/苏对中国新疆出口的产品是不冲突的。就是棉织品，英国产品和俄/苏产品也不抵触，因为英国出口到中国新疆的产品和俄/苏产品的质量及花色都差别较大。这种贸易商品结构上的差异是英国多年来根据交通运输条件和生产优劣势的比较后刻意制定的。1895～1906年，英俄在中国新疆第一次贸易竞争时，英国驻喀什噶尔的游历官马继业就清楚地认识到了这个问题。他向英国政府汇报说："我们已经逐渐不在对俄国有利的商品上进行竞争，最后只是把贸易限制在那些我们是唯一制造者的商品上，这些商品没有竞争。"[①] 可见，英国刻意避开和俄/苏在商品结构上的冲突。英国侧重于那些轻便、价值高、易于运输，而且俄/苏没有的商品上。如果双方都有，那么英国在质量上要争取高于俄/苏的产品，如棉织品和丝织品。而俄/苏则是利用其便利的运输条件和地缘优势做文章，其产品品种几乎包括人们日常生活和工农业生产的各个方面，特别是那些大型和笨重设备的供应更是为其所独占。两国从中国新疆进口的商品差别就更大了，俄/苏进口产品面广、量大，英国则侧重于高价值、易携带的商品。虽然在生丝、茶叶、牲畜和皮革上有一致的地方，但是仔细分析，它们还是有差别的。例如，生丝主要产于南疆和田等地，英国在此影响力较大。俄国向中国新疆输入的茶叶多是中国茶叶，他们利用运输和税收上的优势"倒灌"回中国；而印度输往中国新疆的茶叶是印度本地产的，在品种上和俄国的不一样。俄国进口牲畜主要是其国内市场需要，而英国进口则首先用作运输工具，其次才是作为商品在英属印度销售。皮革方面，俄/苏进口的多是牛羊驼皮，而英国进口的多是水獭等兽皮。因此，从对新疆贸易的产品结构上来看，迫于俄/苏的运输和地缘优势，英国避开同俄/苏竞争，形成互补。

就此期而言，英俄/苏对中国新疆贸易还存在合作和相互利用的方面。如前所述，在十月革命前，英俄在中国新疆的关系处于一种较稳定的状态。由于中国新疆当时货币不统一，各地流通着不同的货币，例如喀什噶尔就有纹银、喀票、红钱和天罡，而且当时俄国卢布和英属印度卢比及中国纹银都是喀什噶尔当地的硬通货。俄国华俄道胜银行在喀什噶尔开的支

① Trade Report (1897), IOR.

行甚至也发行货币，使卢布成为英属印度卢比和中国纹银之间兑换的中介。[①] 卢布的升值或者贬值对英国和中国新疆贸易影响巨大。同时，这种情况还为善于做金钱买卖的英国商人提供了“商机”，有英国商人在喀什噶尔专门设立金钱店，做兑换金钱的买卖。他们整天在纹银、喀票、红钱、天罡、卢比和卢布之间倒换，大量收买现纹银，再运往印度倒卖。[②] 俄国在喀什噶尔的银行、邮局等机构为英国进行汇兑等提供极大帮助。1914 年，英国成立安利洋行，每年从伦敦汇款，信托华俄道胜银行伊犁支行，订购中国新疆的羊毛或者棉花。而华俄道胜银行则予以全面代办，用俄帖购买。[③] 在平衡英国对中国新疆贸易上，英国通过俄国邮局和华俄道胜银行喀什噶尔支行购买汇票也是其手段之一。[④] 英苏商人之间在竞争中也有相互利用的时候。十月革命后，原来沙俄在中国新疆的阿克萨卡尔网络不复存在。苏联对中国新疆贸易开始发展的时候，特别是 1925 年后，英国在中国新疆的阿克萨卡尔系统则与苏方进行合作，有的英商甚至充当苏联贸易代表，将其控制的产品资源提供给苏联，例如有个英国商人控制着巴楚—和田 90% 的羊毛，就将其收购的羊毛销售给苏联商人。[⑤]

作为中介，卢布的增值或者贬值对英国对中国新疆贸易影响巨大。1917 年俄国卢布在喀什噶尔大幅贬值就是一个典型的例子。1914 年，在喀什噶尔 1 卢布兑 1.8 两银子[⑥]，在英属印度 1 卢比合 0.5 两银子[⑦]。1917 年卢布大幅贬值时，喀什噶尔当地流通的几种主要钱币汇率如下：在印度 1 卢比 =0.27 两银子；在喀什噶尔 1 卢比 =16 天罡，16 天罡 =4.6 卢布（在喀什噶尔按每 1 纸卢比兑 3.75 天罡计算），4.6 卢布 =4 卢比 1 安那 10 派萨（在孟买按每 1 卢布兑 13.5 安那计算，1 安那等于 1/16 卢比）。[⑧] 当时俄国卢布在喀什噶尔贬值，一方面是由于沙俄在第一次世界大战中经济衰退，大量卢布涌入中国新疆购买新疆货物，而对新疆出口额降低；另一方

① Ladakh Trade Report（1905），IOR：L/P&S/7/185.

② 通宝：《外商在新疆的洋行》，《新疆历史资料》，第 166 页。

③ 通宝：《外商在新疆的洋行》，《新疆历史资料》，第 162 页。

④ Kashgar Trade Report（1917），IOR：L/P&S/11.

⑤ Kashgar Trade Report（1937），IOR：L/P&S/11.

⑥ 厉声：《新疆对苏（俄）贸易史：1600—1990》，第 158 页。

⑦ Kashgar Trade Report（1917），IOR：L/P&S/11.

⑧ Kashgar Trade Report（1917），IOR：L/P&S/11.

面，更重要的是由于华俄道胜银行在中国新疆的各支行，为弥补沙俄对新贸易逆差而大量印发俄国纸币，如新疆票、伊犁票、塔城票和喀什噶尔票等[①]，致使俄国卢布在喀什噶尔泛滥，大幅贬值。[②] 但是，华俄道胜银行在中国内地，如汉口等地卢布仍维持较稳定的汇率，在英属印度孟买也是如此。这样为英国开展对中国新疆贸易提供了新的商机。

根据上述喀什噶尔几种货币的汇率情况，我们可简要分析如下。第一，由于卢布在喀什噶尔和印度的差价，英国商人就大量携带卢布返回印度，或者在喀什噶尔利用华俄道胜银行直接购买印度卢比的汇票，以此谋取暴利。在喀什噶尔 1 卢比可换 4.6 卢布，而在印度几乎是 1 卢布兑 1 卢比，其纯利润在 400% 以上。1917 年，就有 100 万卢布这样交易，如此大的交易额在以往是没有的。[③] 第二，由于卢布在喀什噶尔和中国内地也存在着巨大的差价，许多商人将大量卢布从喀什噶尔运往内地，换取银圆，这样流入内地的大批卢布又以银圆形式流回喀什噶尔。喀什噶尔银圆大量增加，使银圆对卢比的汇率下降[④]，但在印度银圆对卢比却维持着较高汇率。英国商人也利用这种差价，用卢比购买银圆，再运回印度。根据上述汇率，在喀什噶尔 1 卢比可以兑换 1 两纹银，而在印度 0.27 两纹银就可以换 1 卢比，其纯利润近 400% 。因此喀什噶尔大量纹银就流入印度。第三，喀什噶尔几种货币汇率上的大幅变化，对英国货物的销售也带来了巨大商机。因为，英国商人的货物在喀什噶尔都是以当地货币回款的，实质上使印度商品价格普遍上升。[⑤]

由于俄国卢布贬值，英国商人以货币兑换谋取暴利，一度使英国对英国与中国新疆贸易相当乐观，甚至认为，“如果像这样通过兑换卢布获取暴利可以长时间持续的话，那么大麻脂、和田丝和羊绒都会成为普通的对印度出口货物”[⑥]。卢布大幅贬值也是英国对中国新疆贸易在 1917 年和 1918 年快速增长的重要原因。

---

① 吴冈编《旧中国通货膨胀史料》，上海人民出版社，1958，第 32 页。

② 钟镛：《西疆交涉志要》下卷，“通商”，1909 年刻本，出版者不详。

③ Kashgar Trade Report（1917），IOR：L/P&S/11.

④ Owen Lattimore, *Pivot of Asia*, Boston：Little, Brown and Company, 1950, p. 59.

⑤ Kashgar Trade Report（1917），IOR：L/P&S/11.

⑥ Kashgar Trade Report（1917），IOR：L/P&S/11.

尽管英国对中国新疆贸易和俄/苏对中国新疆贸易有互补和合作的一面，但也存在竞争，尤其是十月革命后，英国对中国新疆贸易和苏联对中国新疆贸易打破了十月革命前的那种相对稳定的局面，体现更多的则是其竞争性。

十月革命后，作为社会主义国家的苏联反对沙俄和中国签订的所有不平等条约，主张和中国在政治上建立友好关系，经贸上保持经常往来。[①]同时，苏联也急需解决其工业产品外销和扩大原料来源的问题。这些为中国新疆和苏联贸易的平等互利发展提供了条件。杨增新抓住时机，制定了和苏联代表的谈判原则，即废除旧约、照章纳税、确定商埠和双方平等。[②]他指示伊犁道尹许国桢和苏联代表谈判，双方于1920年5月27日签订《伊犁临时局部通商条约》。该条约的根本点在于废除沙俄时代俄商在中国新疆享有的免税特权和俄国在中国新疆享有的领事裁判权。1924年5月31日，中苏恢复邦交，签订了《中苏解决悬案大纲协定》。依据该协定，苏联提出要在中国新疆设立领事馆。杨增新坚持"新疆方面亦拟以中华民国政府名义，在苏联沿边各地区开设中国领事馆，以符相互平等之原则"[③]。苏联和中国新疆的这些协议，特别是关于废除原来沙俄在中国新疆谋到的经商免税和领事裁判权，固然是苏联新的社会制度所决定的，而从苏新贸易的角度看，则源于苏联与英国竞争的现实需要。1917年卢布在中国新疆大幅贬值，双方贸易额仅为百万卢布。[④] 十月革命后，苏联对中国新疆贸易急剧下降。1918年双方贸易范围更加缩小，加上边疆不宁，双方贸易仅限于伊犁地区，不久后完全中断。[⑤] 1920年签订《伊犁临时局部通商条约》后，双方贸易稍有恢复，但仍限于伊犁地区。1921～1923年也没有大的起色。

与此同时，英国对中国新疆贸易大幅增长，不但贸易总额创历史纪

---

① 《中俄边界条约集》，商务印书馆，1973，第136、137页。

② 《电复伊犁许道尹喀什与塔什干交涉机关暂从缓议文》、《电复伊犁许道尹通商税率应照新疆税章办理文》和《电复伊犁许道尹与俄新党代表会商交涉事件文》，杨增新：《补过斋文牍续编》卷11，1934年印行，出版者不详。

③ 《电呈政府中苏互设领事双方交涉情形文》，杨增新：《补过斋文牍三编》卷5。

④ 陈慧生：《杨增新主新期间的对外贸易》，《新疆社会科学》1988年第2期。

⑤ 奥·布克施泰因：《苏联与新疆的贸易（1913—1926）》，《国外中国近代史研究》第8辑，第303页。

录，而且英国加大进口力度，英国对中国新疆贸易首度出现入超，这可能会引起中国新疆经济对英国的依赖。在苏联看来还有一个不利因素，就是欧美（也包括英国）资本从中国内地打入新疆，它们是沿着北京至乌鲁木齐和上海至乌鲁木齐的商路进入中国新疆的。自1918年起，欧美商品开始出现在中国新疆市场上，同时中国新疆商品也从中国内地输往欧美。英国甚至在天津设有专门经营对中国新疆贸易的公司。① 1920年中国新疆和欧美国家的贸易额不断增加，1921年中国新疆运往内地的商品值达到4500乌鲁木齐银两，1922年仅从伊宁运往天津等地的商品值就达到6万乌鲁木齐银两，这其中就包括相当大一部分欧美资本。1923年，仅美国商行运往天津的各种毛皮总值就达到72万乌鲁木齐银两，1924年欧美商行甚至在新疆办起肠衣加工厂。② 考虑到当时苏联的国内战争和外国的武装干涉，苏联对欧美贸易都受到限制，而杨增新统治下的新疆"孤悬塞外"，恢复和中国新疆的贸易，无疑会加强中国新疆在经济上对苏联的依赖性，可以避免欧美反苏势力染指中国新疆，有利于苏联的安全。事实上，苏联和中国新疆间这些贸易协议的签订，的确对英国对中国新疆贸易产生了影响。

在中国新疆和苏联签订《伊犁临时局部通商条约》后，杨增新奉总统1921年1月9日命令和财政部1月21日指示，采取了两项措施。第一，1921年3月6日电令喀什噶尔道尹朱瑞墀照会英国驻喀什噶尔总领事，"不能再援照最惠国待遇之例"，"自本年（1921年）4月1日起，所有英商在新疆各处运售货物，应照俄商一律完纳进口税，以昭公允，而挽利权"。③ 第二，电呈北京政府，请求外交部照会英国驻京公使，要求他与英国政府交涉，让英国政府"转行驻喀英领知照，一体照章完税。如英公使与英政府抗议，即祈据理力争"④。鉴于苏联商人已经按照新的条约纳税，英国失去了免税的借口，不得不同意纳税。但是，关于废除领事裁判权一事，英国坚持中英条约，维持其在中国新疆的领事裁判权，还于1922年专门颁行章程和命令以继续行使其在中国新疆的领事裁判权。可见，英国和

---

① Eric Teichman Report, Mission to Urumqi, IOR: L/PS/2336.

② 奥·布克施泰因：《苏联与新疆的贸易（1913—1926）》，《国外中国近代史研究》第8辑，第308、309页。

③ 杨增新：《补过斋文牍续编》卷11。

④ 杨增新：《补过斋文牍续编》卷11。

苏联此时在中国新疆贸易竞争的背后隐藏着更为深刻的政治因素。

英国在其他方面也进行努力，试图加强其贸易地位，延缓甚至排挤苏联对中国新疆贸易的发展。其实，早在1918年，英国就开始加强其力量，特地从在中国内地服务的领事人员中抽调一人，担任英国驻喀什噶尔总领事馆的副领事。1924年，苏联对中国新疆贸易出现根本性转变[①]，苏联的影响也逐渐扩大，英国深感苏联的压力。1925年，英国驻喀什噶尔总领事向英国政府建议，在乌鲁木齐设立领事馆，以扩大英国在北疆地区的政治和商业影响，对抗苏联。[②] 但是，英国外交部和英属印度总督并没有给予重视。[③] 1926年，苏联对中国新疆贸易增长更快，达到了战前的64%，从中国新疆进口则达到了战前的122%。面对苏联对中国新疆贸易咄咄逼人的势头，英国驻喀什噶尔总领事要求英国政府向喀什噶尔派驻一名商务代表，以指导英国对中国新疆贸易，并要求英国政府改善印度到中国新疆之间的交通，甚至设想派遣技术人员到中国新疆，一方面指导当地肠衣等产品的精加工，另一方面建立工厂，就地生产。[④]

针对苏联贸易和政治影响在中国新疆的扩大，英国还利用新疆省政府的有关政策，希望与中国新疆联合对付苏联。杨增新对英俄在中国新疆的势力采取的是一种平衡政策，使其相互牵制。十月革命后，杨增新对苏联采取的是中立的态度，对苏联在中国新疆日益增长的影响，他仍然想利用英国来加以牵制，使其和苏联达成平衡。[⑤] 英国对杨增新的政策心知肚明，也乐于主动配合。例如1921年4月，英国驻喀什噶尔总领事在拜访喀什噶尔道尹时，得知苏联塔什干再度要求向喀什噶尔派代表，英国总领事就和道尹商议要对苏联进行抵制。[⑥] 而杨增新则在人事安排等方面细心配置，以求能够形成平衡局面。为此目的，1924年苏联在中国新疆影响扩大之时，杨增新借除掉喀什噶尔提督马福兴的机会，让亲英的马绍武统领南

---

① 奥·布克施泰因：《苏联与新疆的贸易（1913—1926）》，《国外中国近代史研究》第8辑，第310页。

② Kashgar Trade Report（1925），IOR.

③ Telegram from Secretary of State to Viceroy，Dated 2nd，October，1925，IOR：L/PS/12/2333.

④ Kashgar Trade Report（1926），IOR.

⑤ Karshgar Diary，1921，IOR.

⑥ Kashgar Diary，1921，IOR.

疆，并将南疆的军权也交给他负责。杨增新此举的重要意图就是要其“继续维持并提高和英国的友好关系，细心平衡喀什噶尔各族之间的关系”①。

在加强贸易手段、争取政府政策和联络新疆省政府之外，英国还抓紧扩大其在中国新疆的社会基础，极力扩大英国“侨民”的数量。1921 年，英国驻喀什噶尔总领事馆为巩固并扩大其在南疆的势力，再度进行英民统计，将相当数量的当地人登记为英民②，并且不顾新疆当地政府的反对，一直到 1922 年还在登记③。

五 结语

杨增新主持新疆始于 1912 年，终于 1928 年。此期清朝初亡，民国始兴，内地政局动荡，军阀混战。新疆“孤悬塞外”，协饷断绝，和内地的贸易也无起色。发展和俄/苏、英属印度以及阿富汗的贸易，成为满足新疆人民生活需要和发展生产的重要手段，也是解决新疆省政府财政的重要途径之一。所以，此期贸易形势在很大程度上能够决定新疆政治上的倾向性。

此期新疆贸易的波动又使这种倾向性复杂化。这种波动体现在新疆和内地、俄/苏、英属印度及阿富汗贸易的剧烈变化上。虽然内地和新疆之间的贸易没有系统的记录，但从所得到的资料仍可做如下基本分析。十月革命前，新疆和这几个方面贸易额的排序大致是俄新、内地与新疆、英新以及阿新。④ 十月革命后，一度为内地与新疆、英新、阿新和苏新。1927 年排序则为苏新、英新、新疆与内地以及阿新。可见此期新疆贸易呈现出巨大的波动性，特别是和内地贸易的滞后，使得英俄/苏都认识到，控制中国新疆的贸易就意味着控制了新疆的财政，甚至经济，也就意味着在新疆政治上获得相应的支配权。这也从一个侧面说明为什么杨增新坚持以英制衡俄/苏的原因。正如尼曼在研究新疆此段历史时所宣称的那样，“在一

---

① Lars - Erik Nyman, *Great Britain and Chinese, Russian and Japanese Interests in Sinkiang, 1918 - 1934*, Lund Studies in International History 8, Printed in Sweden, 1977, pp. 83 - 85.

② Karshgar Diary, 1921, IOR.

③ Karshgar Diary, 1922, IOR.

④ 张觉人：《新疆对外贸易的研究》，《边事研究》1934 年创刊号。

定时间和地区内商业影响和政治影响是相互关联的"①。

杨增新时期的英国对中国新疆贸易是英国对中国新疆贸易史上最好的时期。从贸易背景来看，它是杨增新对外平衡政策的受益者，又正值沙俄衰落和苏联建立时期，有 7 年几乎是没有竞争对手。因此，尽管在此期的三个阶段里，英国对中国新疆贸易有些波动，但是英国对中国新疆贸易额和利润率等方面都达到了历史最高峰。在 1924 年后，英国对中国新疆贸易和苏联对中国新疆贸易展开了新的竞争，并在竞争中退回到其在 1917 年前的水平。这反映出英国对中国新疆贸易政策的失败，更反映出英国对中国新疆政策的僵硬。

从英国对中国新疆贸易的政治内涵来看，如果说英国对中国新疆贸易最初是为了与沙俄在中国新疆的竞争中获得一份贸易利益②，到 19 世纪末和 20 世纪初是为了在政治上立足中国新疆的话③，那么，此期英国对中国新疆贸易则和苏联对中国新疆贸易走向对抗，这种对抗不仅在于英苏双方的经济利益，更在于它们在中国新疆政治利益中的定位，即英国希望在南疆既有政治影响的基础上，能将其影响扩展到整个新疆；苏联则希望排除英国在中国新疆的影响，独自控制整个新疆。因此，英国对中国新疆贸易和苏联对中国新疆贸易走向对抗的实质是政治性的，是英俄在中国新疆角逐的翻版，是英苏在中国新疆角逐的表现形式，反映出英苏争夺中国新疆的开始。

（原刊于《近代史研究》2004 年第 5 期）

① Lars - Erik Nyman, *Great Britain and Chinese, Russian and Japanese Interests in Sinkiang, 1918 - 1934*, p. 29.

② Lawrence Anthon Franklin, "The Response to British and Russian Encroachment in Northwest China", Ph. D Dissertation, St. John's University, 1978, p. 97.

③ 许建英：《近代英国和中国新疆（1840—1911）》，黑龙江教育出版社，2014，第 200～215 页。

近代以来新疆艺术述论（1840～1999）

新疆有着久远的艺术传统、丰富多彩的艺术形式和杰出的艺术成就。这与其作为“亚洲枢纽”的地理环境有着密切关系。从地理上看，新疆西面和以伊斯兰文化为主的中亚接壤；南面毗邻印度次大陆，历史上这里曾经是佛教文化的发祥地；西南方向与阿富汗接壤，这里和现今巴基斯坦北部则是犍陀罗佛教艺术的发祥地；东南方向和中国西藏相连，藏传佛教（喇嘛教）对新疆蒙古族影响巨大，与黄教相关的艺术承其文化底蕴；东面则通达内地，中原艺术传统与之保持着深厚的联系。

近代以来，新疆艺术仍然受其地理环境的影响，只是内地传统艺术和现当代艺术对其影响更为深刻和全面。遗憾的是迄今有关该时期新疆艺术的研究十分缺乏，资料更没有得到应有的整理。本文根据所搜集的资料，认为此期新疆艺术和中国政治、社会巨变相一致，大致经历了下列三个阶段：（1）晚清时期，即1840年到1911年；（2）民国时期，即1912年到1949年；（3）新中国时期，即1949年到1999年。兹就新疆艺术在上述各个阶段的演变和特点做简要述论，以期描绘出它的基本发展轨迹。

一　晚清时期（1840～1911）

进入近代后，新疆南部先是不断受到和卓势力的侵扰，继而爆发全疆农民反清起义，随之又遭受浩罕阿古柏入侵，各族人民的生活长期受到严重影响。作为人民生活和生产重要组成部分的艺术创作活动也受到困扰。1878年收复新疆后，清政府一方面稳定社会，发展生产；另一方面在新疆建省，推行新政。新疆社会又逐渐恢复稳定，生产得以发展，人民生活得以改善。

该时期艺术发展一是体现在新疆民间艺术的恢复和延续上（新疆民间

艺术主要是指新疆各少数民族的民间工艺美术、建筑和乐舞），二是内地艺术在新疆得到较快发展。

（一）民间工艺美术

地处东、西方交通要冲的新疆是多民族聚居的地方，东、西方和当地各民族的诸种民间工艺美术都在此得到吸收与融合。新疆民间工艺美术内容丰富，其中玉雕、地毯和丝绸等是其代表。

玉雕主要是维吾尔族的传统工艺。新疆自古就出产优质玉石，“昆仑玉”和“和田玉”都享誉海内外。清代统一新疆后，新疆玉无论是开采规模还是雕刻工艺水平都有扩大和提高，乾隆、嘉庆年间尤为突出，例如，乾隆年间，和田曾经采集到重达5吨多的青玉，运往北京后被制作成世界上最大的玉雕品。此后，清王朝内府养了一批玉工，新疆玉雕销往内地的渐少。至19世纪后半叶，虽然玉雕在新疆仍然不失为重要行业，但是高档玉雕费工多、成本高，在内地和国际市场上已失去竞争力。新疆玉雕艺人除了特殊情况外，一般只是以简易技术加工昆仑玉，琢磨加工一些装饰性的戒指、文具、杯盘之类的小件玉雕工艺品。①

新疆地毯主要是维吾尔族编织的栽绒地毯，又以和田地毯为佳，历史悠久，极具艺术价值。

新疆地毯图案以井字、田字、米字格为基础排列布局，由各种中心主体纹样、角隅纹样和各种大小花纹构成宽窄不同、层次丰富的边框。中心主体纹样，其间添加各种花卉，用二方或四方连续使图案富于变化，结构严谨。各地地毯的图案则又有所区别，和田地毯纹样变化较多，颜色较深沉；喀什地毯纹样细腻严谨，色彩雅淡和谐；莎车地毯纹样细致多变，色彩火红鲜艳。同时，新疆地毯用色丰富，一般地毯需用15种颜色，多则数十种，但主要是红、蓝、墨绿、黄等色。

新疆地毯的种类是以用途、纹样、产地而分类命名的。根据用途可分为床用毯、炕用毯、拜毯、伊坦达斯地毯（马鞍、椅、床、炕上用的小毯）、长地毯；根据产地定名则有伊朗式地毯、夏木式地毯、博古式地毯和库车地毯等；按图案内容定名则可分为石榴花地毯、五朵花瓣地毯、散

① 参见罗绍文《新疆玉雕艺术》，《新疆艺术》1990年第3期。

花式地毯、美术式地毯、坎勒昆地毯。可见其种类丰富，涉及日常生活的各个方面。

除了地毯外，维吾尔花毡也很别致，主要有锁绣花毡、补花毡、擀花毡和印花毡。花毡主要产在和田、喀什、库车和英吉沙。虽然各地的花毡式样和颜色各异，但是都有主要花纹图案，如各种花卉、枝、叶、蕾和果实等，几何纹样和自然形象，飞禽走兽的头、角、眼、掌、蹄和冠等图案，甚至连生活用具都可构成花毡的图案。

除了传统维吾尔地毯和花毡外，服饰方面也别具特点。其中，最重要的当属艾德莱斯绸。艾德莱斯绸主要产地在和田和喀什，其传统原料均为蚕丝，染色原料是矿物和植物颜料。艾德莱斯绸主要分为四大类，即黑艾德莱斯、红艾德莱斯、黄艾德莱斯和综合式艾德莱斯。

黑艾德莱斯绸主要是黑色，其纹样主要是流苏、项链、人头、花窗格、公羊角、镰刀和花卉等，多为黑底白图案。红艾德莱斯是黄底或者白底，红图案，其纹样主要有梨子、苹果、锯子、植物叶、小花、热瓦甫、巴旦木杏等。黄艾德莱斯是红底配黄色图案，主要纹样有苹果、栏栅、巴旦木杏等。综合式艾德莱斯则综合了上述三种纹样，用传统的变体，条格被缩小编排成六格一幅，仍分上、中、下三个层次，形成一种色与色之间的多色组合形式。

无论是地毯、花毡还是艾德莱斯绸，此期基本仍旧沿用传统的原料和技术，其图案也是如此。

新疆其他民族也有着各自的工艺美术，例如哈萨克族的马鞍、服饰，柯尔克孜族的服饰，回族的刺绣、木雕和剪纸画，锡伯族的民间绘画和绣花艺术等，都内容丰富、极具特色。

（二）建筑艺术

在建筑艺术方面，新疆各民族各有其特点。维吾尔族民居建筑继承了古代传统工艺，并带有浓郁的伊斯兰风格。以城市居住为主的乌孜别克、塔塔尔人的民居建筑风格与维吾尔族相类似。回族住房借鉴了汉族以及维吾尔族、哈萨克族等民族民居的特点，并根据本民族的生活需求与审美情趣加以改造。

清代新疆伊斯兰教建筑主要为寺院、麻扎和塔楼。这些建筑使用琉璃砖面包裱外墙，从而形成其外部轮廓的特点。室内入口均为大龛形。墙上使用石膏雕花，柱、梁、门、窗大多使用雕刻方法制成。藻井使用彩绘。清代晚期，新疆新建、扩建多座寺院和麻扎。

哈萨克族、柯尔克孜族、蒙古族与部分塔吉克族民居因受自然地理环境影响，多居住移动式毡房，故其建筑工艺呈现出草原游牧民族特色。崇信佛教、道教、东正教与萨满教的民族如锡伯、达斡尔、满、汉、俄罗斯等族，住房多为土木或者砖木结构建筑，均自成院落，方形或者长方形平房。

除此之外，随着经济发展和各族人民流动与交往的增多，此期各类宗教建筑都有较多的建造，不过总体上看仍然是伊斯兰教建筑发展最快，建筑也更富有特色，如乌鲁木齐塔塔尔寺和伊宁、塔城等地的清真寺，在寺的平面布局和建筑艺术造型上都各具特色。从地域上看，北疆的一些城市里，其他宗教如佛教、道教、景教、天主教等，也都有为数不少的建筑；而南疆仍以伊斯兰教建筑占绝对优势。

清真寺的建筑形制与风格主要有两种：一是中国传统木结构伊斯兰教建筑形制与风格（简称中国式），二是近似中亚、伊朗建筑形制与风格（简称中亚—新疆式）。此期无论何类形制都发展成熟，并且新疆化了。

中国式形制与风格。这种清真寺建筑形成了完全中国化的平面设计和建筑造型，并形成定制在全国各地兴建。此期该类形制在新疆的代表是乌鲁木齐陕西大寺、伊宁陕西大寺和阜康土墩子大寺。其特点是，具有强烈的中轴线，中心线上没有设宣礼楼，一般为亭阁式的三层重檐歇山顶。礼拜殿为纵深性凸字型平面，由卷棚顶、卷棚歇山（或称歇山）顶及楼阁式的六角或八角形钻尖顶等三部分组成勾连塔结构。礼拜殿前的庭院左右两侧是带前廊的卷棚顶或者硬山顶的房屋，这些房屋多为讲经、宗教事务办公及婚礼、丧礼礼仪接待用。

在建筑的造型艺术处理方面，清真寺入口是高矗夺目的宣礼塔，庭院里整个礼拜殿的屋顶波浪起伏，礼拜殿的“后窑”是形态多姿的高大楼阁，构成了整个清真寺的特殊造型。建筑群的建筑空间和天际线形成的建筑艺术形象，无论从哪个角度观赏，都鲜明地反映了清真寺的建筑和其他宗教寺院、庙祠建筑的不同艺术特征。

近似中亚—伊朗伊斯兰教建筑形制与风格。由于新疆毗邻中亚，中亚的伊斯兰教建筑风格自然传入新疆。当然，这种建筑形制在新疆又经过发展，形成了其自己的特色。其主要是：第一，礼拜寺呈开敞型或半开敞型，不做全封闭围合形制。第二，礼拜寺因地制宜，不强求绝对对称轴线。第三，礼拜寺内只在一个部位布置礼拜殿，圣龛位置必须在麦加克伯尔的方位。第四，礼拜殿横向布局，继承和发展了西亚、中亚初始形制，做半开敞形式，以木质列柱廊形成礼拜外殿，且在整个礼拜殿的中后段设立一个呈横向礼拜内殿；它是殿堂式的，以此适应新疆的气候特征。第五，礼拜寺门殿位置因地制宜，并且多数不设穹隆顶。即使因门殿空间尺度大，需要穹隆顶解决跨度问题时，也不设鼓座暴露穹隆顶形象，而是将穹隆顶用高大的长方形体全部遮挡；该长方形体中部设凹廊形伊斯兰风格拱券大龛，两端设小柱，上冠以典型标志性小亭。这种设计避免了中亚穹隆顶半露半遮的缺点。第六，大中型清真寺，除了供礼拜用外，都具有与伊斯兰教教义有关的综合性功能。第七，门殿里面，长方形墙面中央设伊斯兰凹部大龛，但不做钟乳拱，也无绳纹，大龛上部和左右增设 5 ~7 个长方框套小龛。长方形墙面上两角设立柱上小亭（光塔），但是这高矗的塔身不做凸出分节的装饰。清真寺外面也不做高贵华丽装饰。第八，礼拜殿内仅做重点装饰。第九，大中型礼拜寺庭院内，挖不规整的水池，围池种植树木。

此外，麻扎也是新疆伊斯兰教建筑的重要方面。所谓麻扎本来指“圣地”或者“圣徒墓”，此处指纪念型的建筑——陵、墓。新疆的麻扎主要集中在南疆，沿塔里木盆地南缘一直到帕米尔东部塔什库尔干一线，随处都能见到外观和形式各异、规模大小不一的麻扎，其中和田地区最为集中。新疆的麻扎在 15 世纪基本形成定制，不过，麻扎的建筑群布局和建筑本身的艺术性方面直到 16 世纪还显得有些不成熟。19 世纪中期，新疆麻扎的艺术性才获得较大发展。19 世纪末和 20 世纪初，新疆麻扎一方面吸收内地建筑文化，另一方面将已经吸收的中亚等地的建筑风格逐渐新疆化。此时陵墓建筑采用内地传统木结构形式（混合式），同时继续发展以伊斯兰拱顶曲线为特征的龛形空间及穹隆顶技术和艺术，形成基本成熟的新疆麻扎建筑特征。

佛教建筑艺术突出的当是伊犁昭苏县昭苏圣庙，该庙是新疆境内一座重要的喇嘛庙。1889 年再次兴建时，蒙古族人民从北京请来建筑师和工匠，历时 4 年，耗资 10 万两白银建成。该庙成为一座典型的喇嘛庙建筑，有8座建筑沿中轴线对称布局，错落有致。除了照壁、山门、前殿、大殿、后殿按中轴线建筑外，左右还有硬山顶配殿和八角形双层双檐亭阁。其中，大雄宝殿是主体建筑，殿宽17米，7开间，平面正方形，大出檐，高举折，四角飞檐呈龙头探海之势，檐下斗拱，为多层桃枋肩之。工程精细，鎏金沥粉，雕梁画栋，金碧辉煌。巨柱擎起的殿廊上绘有猛虎雄狮、金鹿麒麟、凤凰猕猴等珍禽异兽，千姿百态、栩栩如生。大殿正壁还绘有二龙戏珠、凤凰比翼、子牙钓鱼、苏武牧羊等中华传统风格的壁画。在大殿内还陈设有许多祭祀物品，有数百个大小佛像；佛楼上的蒙古包里，摆设着祭坛，上面放着各种神像和大小金银杯。庙里还悬挂着各种古钟，钟声洪亮悦耳。整个庙占地数百亩，气势雄伟，古朴庄严。

（三）乐舞艺术

新疆自古就是一个乐舞极为盛行的地方，古代所谓“焉耆国……爱音乐”①，喜舞蹈。于阗人善歌舞。龟兹以本地乐舞为主，吸收中原及西亚和印度等地音乐，形成著名的龟兹乐。②

经过历史演变，到19世纪末，新疆乐舞艺术中集音乐、舞蹈和诗歌大全的《十二木卡姆》，是在古龟兹乐、于阗乐和疏勒乐等新疆古乐的基础上，吸收并融合阿拉伯、波斯等的乐曲，逐步形成的一种大型民间套曲。它共包括12套大曲，每套大曲都是由“琼拉克曼”“达斯坦”“麦西莱甫”组成。歌词则多为名诗、歌谣和民间故事。在发展和演变的过程中，它得到多次整理，其中19世纪一次系统整理是在1879年，由喀什艺人艾里·赛力木和莎车艺人赛提瓦尔地主持，增加了当地民间流行的“达斯坦”“麦西莱甫”，从而使《十二木卡姆》规模更为宏大。这次整理在《十二木卡姆》发展史上占有重要的地位。

（四）汉风绘画和庙宇在新疆的发展

清末，汉风绘画主要体现在杨柳青年画上。当时，从杨柳青到乌鲁木齐赶大营的穷苦人，把年画运到乌鲁木齐，在西河坝形成了“小杨柳青”。

---

① 《北史》卷97。

② 参见周菁葆《丝绸之路的音乐文化》，新疆人民出版社，1987，第122页。

杨柳青年画又从这里行销到新疆各地。从其内容来看，既保持有杨柳青的传统内容，也有反映新疆当地各族人民生活的，例如亭台楼阁画和表现新疆民族风俗的《伊犁图》就深为各民族喜爱。

需要特别指出的是，19 世纪末到 20 世纪初，作为新疆古代艺术瑰宝的佛教艺术遭到帝国主义列强的巧取豪夺。当时，西方国家许多科学家、艺术家和官员借游历、探险、考古、传教等名义潜入新疆，进行文化侵略，劫掠走大量弥足珍贵的历史文物，其中包括为数众多的各个时期的艺术品。据日本人石田干之助在《中亚探险之经过及其成果》一文中的统计，自 1856 年到 1910 年间，有德、俄、法、日、瑞典、美和匈牙利等 8 个国家 70 多批次的考古学家、探险队先后来过新疆，以考古发掘和从民间收购等方式劫走数以万计的古代艺术品。这些艺术品包括佛教石窟壁画、塑像，墓室绢画，木雕、尼木俑，各种古代毛织、丝织品与民间工艺美术品。尽管这些被盗掠的艺术品对新疆古代艺术的研究和宣传起到了一定的促进作用，但是这些历经一千多年的艺术珍品毕竟遭到无法恢复的洗劫。

1840 年到 1911 年是新疆艺术发展历史上一个非常特殊的时期，长时间的战乱影响了新疆艺术的发展，造型艺术基本处于停滞状态，也没有产生成就突出的艺术家，同时大量珍贵的佛教艺术遭到破坏。但是，民间艺术特别是音乐艺术取得了较为突出的成就。在建筑艺术方面，内地建筑艺术和新疆建筑艺术得到有机融合，特别是伊斯兰教建筑艺术走向成熟。因此，可以说这段时期新疆艺术的特征，一方面表现在其艺术体系的特色鲜明，艺术品呈现出新颖的独创性；另一方面，进行艺术创作的诸项准则在形象和形式的延续中显示出稳定性和持久性，而且和中东及中国内地诸先进艺术流派和潮流之间形成了广泛联系。①

二　民国时期（1912～1949）

民国时期，新疆或处于封闭的割据状态，或陷于军阀混战，艺术无法获得长足的进展。这种情况在造型艺术方面尤为突出，现代艺术和内地的

① 参见〔俄〕普加琴科娃·列穆佩《中亚古代艺术》，陈继周、李琪译，新疆美术摄影出版社，1994，第 1 页。

中国传统绘画艺术都未能在新疆得到发展。倒是音乐舞蹈和民间美术方面，仍以其固有的步伐，有所变化和发展。

在杨增新时期，由于他实行严格的封闭政策，任何新的艺术潮流都不能进入新疆。盛世才统治新疆的前期，联合中共，靠拢苏联，一度使全国各地不少文学艺术人才来到新疆，如茅盾、赵丹、王为一等，使一些新的和现代的艺术形式得以在新疆传播。1934～1939 年，新疆先后成立了哈柯、回、维吾尔、蒙古、汉、塔塔尔、乌孜别克、俄罗斯和锡索满等 9 个文化促进会。各文化促进会下面多设有剧团，汉族以演话剧、京剧为主，少数民族以演歌舞为主。1939 年 10 月，赵丹等人成立了新疆第一个职业话剧团和新疆实验剧团。

在抗日战争初期，这些文化团体在宣传抗日救国的同时，极大地促进了新疆现代艺术的发展。美术方面形成了以漫画为主的全疆启蒙运动，编辑出版了新疆第一本漫画刊物《时代》。民间剧种秦腔、京剧、新疆曲子和新疆民族歌舞，在原有基础上也编排了富有时代精神的新剧目，如《郑成功抗日》《台儿庄》《抓汉奸》等。新的剧种在实验剧团的带动下，先后演出《屈原》《武则天》《法西斯细菌》《雷雨》《扬子江风暴》等。苏联归国人员将苏联的戏剧形式和维吾尔族的爱情长诗等相结合，排练出大型话剧《艾里甫与赛乃姆》《热比亚—赛丁》《阿娜尔汗》《货郎与小姐》等，在全疆各地演出。

国民党接管新疆后，于 1947 年将原设在兰州的“西北文化建设协会”迁至新疆，同时，创办了实验剧团，出版画报和丛书，并筹组了作家协会和戏剧、音乐和美术三个研究会，邀请内地画家赵望云、毛志义和音乐家马思宏、喻宜萱、黄源尹等来新疆举办画展和演出。1947 年 10 月后，“新疆青年歌舞访问团”成立，它是在汇集新疆维吾尔和哈萨克等民族歌舞人才的基础上，邀请全国各地的歌舞和演奏人才而组成的。它成立后，编排了一批颇有特点的新疆歌舞，在全国多个省市演出。这极大地促进了新疆民间音乐舞蹈艺术和现代音乐舞蹈艺术的结合，也促进了新疆艺术和内地艺术的交流。

随着内地艺术人才来新疆工作，新疆出现了一批画家，如攻山水花卉的汪步端、李子昭，攻白描山水的郑联棚，攻花卉人像的王鲁瞻，回族画家陈寿和严馨庵则擅长花鸟人物。抗日战争爆发后，大批文化艺术人才来到新疆，新疆的美术事业进一步得到发展，一些知名画家和美术家为新疆美术发展起到了重要作用，例如漫画家戴鹏荫和鲁少飞及国画家胡白华、史琨、俞鹤侣、吕风、丁希浓以及画家司徒乔、韩乐然、赵望云、毛志义等都深入南北疆，创作了一大批反映边陲风情的佳作，在乌鲁木齐和伊犁等地举办画展。

民间工艺美术方面。虽然在杨增新和金树仁统治新疆时期，新疆文化处于封闭状态，现代艺术没有传入新疆，但是民间工艺美术和音乐艺术却仍然活跃。

建筑艺术方面，这一时期发展不大，主要有乌鲁木齐南大寺。该寺建于 1929 年，坐落在乌鲁木齐解放南路。寺院坐西朝东，由大门侧房和礼拜殿、沐浴室等组成。全寺占地面积为 3164 平方米。礼拜殿是砖木结构，勾连塔形制，平面呈凸字形，是回族礼拜殿的典型形制；前沿设廊、单檐、歇山顶、铁皮屋面，斗拱镂空雕桃木替代斗拱做法，柱间做有歇斗拱，为西北地区典型木作。前廊两侧山墙及内侧用青砖雕巨幅图案。梁、枋、壁上用鲜艳的蓝、绿、红、黄、黑、白等色彩绘制成的花草、云纹、铭文和山水等图案，形成中国式回族伊斯兰教建筑风格。

从 20 世纪 20 年代初开始，新疆地毯业有较大的发展，在和田设立了地毯厂，特别是 30 年代，和田及洛浦办起了 2000 人规模的地毯厂。虽然这一时期新疆地毯生产规模扩大，但是地毯的风格及花纹设计等工艺却变化不大。

三　新中国时期（1949～1999）

1949 年 10 月，新疆和平解放。此后，新疆进入一个全面发展时期。随着内地建设人员大批来到新疆以及政府对新疆各民族文化艺术的重视，新疆艺术事业得到了前所未有的大发展。不但传统的民间美术和音乐艺术得到整理和提高，富有价值的民族建筑得到保护和修缮，而且内地多种艺术形式和现代艺术也迅速在新疆传播和发展，形成了一支由各民族组成的著名艺术家队伍。艺术教育也得到良好的发展，成立了专门的艺术学院、画院和艺术系，推动了新疆艺术的发展。

1. 工艺美术

这一时期新疆工艺美术无论是在规模或者工艺上都得到快速发展，特别是玉雕和地毯。作为传统工艺美术，新疆玉雕得到政府大力支持，得以规范和形成规模。一批玉雕人才脱颖而出，有的成为著名的玉雕家，同时产生了不少有较高艺术价值的作品。

新中国成立后，机械采玉的运用使玉石产量大幅度提高，同时为振兴新疆历史悠久的玉雕艺术而改进了玉雕工艺。先是在 20 世纪 50 年代，政府组织流散的民间艺人，采用传统琢玉工艺，利用自然红砂以手工脚踩磨玉机琢磨各种简单的玉石器具和装饰品；随后，成立玉雕合作企业。1964 年成立了集体所有制的新疆玉雕厂，在和田也建立起玉雕厂，雕琢人物、鸟兽、鱼虫、花卉、瓶素（炉、瓶、薰、碗、杯和文具）等多种工艺品和饰品，并雕琢出了具有时代气息的高档玉雕工艺品，如“牧羊”“舞蹈”“采葡萄”等。1966 年计划扩大生产，特地从北京等地玉雕厂聘请玉雕师。“文革”开始后，新疆玉雕厂被迫停产。1978 年新疆轻工业厅投资 150 万元兴建新玉雕厂。新疆玉雕厂的建立使新疆传统的作坊式玉雕生产形成规模化，而从内地聘请玉雕师，一方面对迅速提高新疆玉雕业的工艺水平有很大的促进，另一方面促进了内地和新疆玉雕艺术的交流，新疆玉雕受内地玉雕风格影响更为显著。

在聘请内地玉雕师方面最著名的当是玉雕家王云祝。王云祝 1941 年出生于北京，从小就在北京玉器社学徒，1964 年进入北京玉雕厂，1966 年被新疆玉雕厂聘请，1978 年后历任新疆玉雕厂副厂长、厂长，后任中国工艺美术协会理事、中国工艺美术协会玉器委员会副主任委员、乌鲁木齐工艺美术研究会理事和副会长。王云祝以设计和雕琢瓶素及仿古器皿见长。他的作品认料准确、用料谨慎、造型突出，表现出粗犷、简练、概括和雄伟的北方风格，琢工极为精细。其作品主要有“青玉凤纹继瓶”“碧玉雷纹鼎”“翡翠短祖炉”“松石鸟纹琏瓶”“松石提果卣”“白玉单练凤壶”“水银浸白玉背壶瓶”“血浸白玉仿古狩尊”“水晶龙凤洗”等，多件作品获得全国大奖。如“水晶龙凤洗”（又名水晶花薰），这是王云祝 1980 年设计琢制的。该作品直径 10 多厘米，设计新颖，工艺精湛。内膛所琢盘龙，玲珑剔透，晶莹光洁。“秋声佳色”是王云祝的另一件代表作，设计雕琢于 1985 年，是一个葫芦里插着菊花并有两只蝈蝈的玉雕品。雕刻家巧妙地利用糖色雕成菊花，一只蝈蝈在葫芦里口上，一只爬在葫芦外面，菊花金黄，生机盎然；蝈蝈振翅，似乎能听到其鸣叫声，有声有色，栩栩如生。

2. **民间工艺美术**

民间工艺美术也得到整理和发展。以地毯为例，新疆地毯在生产规模、工艺和图案等方面都得到前所未有的发展。在生产规模方面，进入20世纪50年代，新疆地方政府组织流落各地的织毯艺人，在和田办起了第一家地毯厂。随后，在30多年里，和田、洛浦、莎车、叶城、喀什、阿克苏、巴音郭楞和乌鲁木齐等地办起了30多家地毯厂，新疆传统地毯进入现代化生产时代。就生产工艺而言，在羊毛的选择上非常讲究，并且逐渐革新生产工艺，特别是到20世纪80年代推广了新疆独有的热烫光新工艺。就地毯的纹样和图案而言，在继承新疆传统纹样和花纹的基础上，进一步吸收国外和内地的图案纹样，设计出既富有民族风格又具有时代特色的图案纹样。

新疆地毯在国内多次获得全国工艺美术百花奖，并广销世界各地。值得特别提出的是，北京人民大会堂、怀仁堂及新疆维吾尔自治区会堂都挂有精美的新疆地毯；香港和澳门回归时，新疆维吾尔自治区政府赠送的新疆艺术地毯“天山欢歌”和“喀纳斯风光”，充分代表和展示了新疆地毯的高超织毯技艺和丰富的艺术内涵。

3. **建筑艺术**

建筑艺术的发展表现在两个方面，一方面是对历史上重要的佛教、伊斯兰教寺院和洞窟进行保护和维修，另一方面是现代建筑的迅速发展。

一些著名佛教石窟被列为国家级文物保护单位，其中的壁画得到保护、维修和研究。例如克孜尔千佛洞和库姆吐拉千佛洞。克孜尔千佛洞被誉为“艺术宝库”，位于拜城县克孜尔乡，共有263个洞窟，其壁画为公元3世纪到8世纪末的佛教作品。这些壁画主要绘于供僧徒礼佛观像和讲经、说法的支提窟中，虽然原来的艺术主体即塑像大多数被破坏，但是尚保存有5000多平方米的壁画，其题材主要是佛传、因缘和本生故事，也有一些反映弥勒说法和僧人习禅的题材，还有表现耕种、狩猎、商旅往来、音乐歌舞及民族风貌的作品。这些壁画构图讲究，图案富有装饰性。人物形象多用线条勾勒和色彩晕染相结合的表现手法，有的先用硬笔刻画出人体的主要部位，然后再描线敷色，所绘人物均极写实传神，极具立体感，有着鲜明的地方民族特色，具有很高的艺术价值。作为中国境内建造较早、现有规模较大的一座石窟，它特殊的窟型、壁画题材和艺术风格，深刻地反映出古代龟兹民族文化艺术水准，其丰富的壁画内容则从一个侧面反映出当时的生活情景。克孜尔石窟在新疆古代艺术史上占据重要地位，同时对研究中国古代的社会历史、佛教文化和中西关系都有重要意义。

和克孜尔千佛洞齐名的库姆吐拉千佛洞，位于库车县境内，背山面水，佛窟鳞次栉比，现存112个洞窟。库姆吐拉石窟大约开凿于公元4世纪以后，吸收了当时已经形成并传入新疆的犍陀罗佛教艺术，也吸收了中原艺术，形成极具时代特点和民族风格的艺术。其绘画技法被称为“用笔劲紧，如曲铁盘丝”。库姆吐拉壁画极具地方艺术风格，其特点是既有中原绘画丰富多变的线条，又有凹凸晕染，并使二者有机地结合在一起。它运用菱格表现本生、因缘故事，画面形象生动、色彩丰富、动静结合，既有人物图案，也有动植物图案。

克孜尔石窟和库姆吐拉石窟在1961年均被中国政府列为重点文物加以保护，20世纪80年代后新疆地方政府成立了相应的研究机构，从事相关的研究和保护工作，并取得了较大的成效。

新疆一些有着历史价值和艺术价值的重要建筑也得到政府的修缮和保护。例如，伊犁昭苏圣庙和伊宁回族大寺等寺庙都得到良好维护和修缮。特别是伊犁昭苏圣庙被列为自治区重点文物保护单位，经过认真修缮，圣庙更加金碧辉煌。

这一时期以乌鲁木齐等城市为代表的现代城市快速发展，现代建筑艺术应运而生。这种现代城市建筑既吸纳了大量汉族建筑风格，也吸纳了西方建筑特点，同时还融合新疆各民族特别是维吾尔族的建筑精华，形成别具艺术特色的新疆现代建筑。

4. 现代美术

新中国成立后，新疆美术事业得到快速发展。除了古代艺术遗迹得到保护和研究、民间工艺美术得到恢复和发展外，美术创作呈现出一派繁荣景象，美术出版和教育也取得了可观的成绩。

新疆画院成立以来，作为新疆美术创作的专业机构，为新疆美术事业的发展起到了重要作用，各民族画家创作了一批有影响的作品，其中多幅作品在国内外获奖并被收藏。

新疆现代美术创作经过40余年的发展取得了重要的进步，国画、油画、版画、指画、漫画、年画、水彩和水粉画、雕塑得到全面发展，各画种都涌现出一批重要的作品和画家，同时还出现了一批美术教育家。著名的新疆画家有以下几位。

徐庶之，国画家，擅长山水、人物、动物，在技法上注重吸取古今名家之长，题材多以新疆风土人情入画，构思新颖，质朴而饱含诗意，作品多次入选全国、西北及新疆的美术作品展览并获奖，也曾在美国、法国、日本、澳大利亚及中国港澳地区等地展出，其中一些作品为国内外多家美术馆和艺术馆收藏。代表作有《保畜》《高原行医》《丰收时节》《早发》《黄沙红柳走鸣驼》《早春》等。

谢家道，国画家，擅长以新疆山川风貌入画，重视传统技法，其画构图饱满，笔墨浑厚仓润，气势磅礴。作品多次入选全国及新疆美术展览，部分作品为国内外美术馆和艺术馆收藏。

吴奇峰，国画家，擅长人物画，尤其以工笔见长。作品为多家美术馆收藏。代表作有《绿洲放新歌》《看电影去》《亲切的关怀》《任重道远》《迎来春色》《放歌白云间》《乡村教师》《晴雪》等。

龚建新，国画家，擅长人物画，以水墨肖像画见长，多次参加国内外画展。代表作为《瑶池会》等。

李烁，国画家，擅长人物和山水花鸟画。作品多次入选全国和新疆美术展，并参加国外展览。代表作为《金秋社鼓》《油田恋歌》《毡房客至》《戈壁风餐》《夜歌图》《清风》《日光色行》等。

此外还有国画家林峰、龙清廉、申西岚、舒春光、叶毓中、崔谷平、雷中岫等，以及吐尔地·依明和巴依曼依力等少数民族画画家。

这一时期特别值得一提的是涌现出一批各民族的艺术家，特别是一批穆斯林美术家。他们突破伊斯兰教的传统束缚，坚定地走上了艺术创作的道路，以不同的艺术形式及时、深刻地表现了各民族在时代进程中的真实情况，取得了引人注目的成绩。例如，维吾尔族油画家哈孜·艾买提的《罪恶的审判》《麻合穆德·喀什噶里》和《木卡姆》；哈萨克族油画家阿曼的《刁羊》《天上新路》《巩乃斯上游》；维吾尔族油画家艾尼·吾甫尔的《维吾尔姑娘》《客》《晨》；维吾尔族油画家克里木·纳斯尔丁的《麦西莱甫》《哈密麦西莱甫》《摇篮曲》；蒙古族油画家巴根的《鲜奶献新人》《赛里木湖》；俄罗斯族油画家阿里克赛的《复活节》《垦荒曲》《军垦农家三部曲》；维吾尔族国画家吉力力·阿不力孜的《军民团结》《慰问》。

在表现内容上，各民族美术家充分施展其艺术才华，既有表现新疆瑰丽的自然景色、丰富多彩的人文景观和民族风情的作品，也有表现各民族的现实生活、工作和建设的作品，大多数具有鲜明的时代特色和生活气息，这与这一时期的时代大背景一致。还需要指出的是，内地不少成为国家级乃至世界级的画家都有曾在新疆长期生活的经历，有表现新疆独特和富有魅力的题材的作品，例如以画毛驴闻名国内外的著名画家黄胄。

1952 年，新疆学院成立艺术系，1958 年在原新疆学院艺术系的基础上，成立了新疆艺术学校，后改名为新疆艺术学院。20 世纪 80 年代，新疆师范大学成立美术系。一批少数民族美术家逐渐成长起来，成为新疆艺术创作的骨干。

除了专业美术的发展外，业余美术创作队伍不断壮大。民间美术创作也出现新气象，麦盖提县等地的农民画便引起了画坛的注意，还出版了农民画家的专集。

在美术出版方面，新疆先后整理出版了一大批各民族的民间图案集，有的是黑白图案，有的为历数十年心血精心收集绘制的彩绘，有的还配有研究专论。例如，由新疆人民出版社出版的《哈萨克民间图案集》《维吾尔民间图案纹样集》等，由民族出版社出版的《维吾尔建筑艺术图案集》，由新疆美术摄影出版社出版的《锡伯族民间图案集》《维吾尔民间图案集》等。除了这些反映各民族民间美术的图书外，一批包括钱币艺术、佛教艺术和壁画艺术在内的大型画册得以整理、翻译出版，其中都包括相当深入的研究，例如由文物出版社出版的《新疆古代民族文物》，由新疆人民出版社出版的《高昌—吐鲁番古代艺术珍品》《吐鲁番柏孜克里克石窟壁画艺术》，由新疆美术摄影出版社出版的《中国美术分类全集——新疆石窟壁画》（8 卷）以及《中国新疆古代艺术》《龟兹佛窟人体艺术》《新疆钱币》《中亚佛教艺术》《犍陀罗佛教艺术》等。

此外，作为一个新的艺术门类，摄影艺术得到巨大发展。新疆地域广阔、地貌独特、地理特征复杂多样等，加上又是多民族聚居地，人文景观也丰富多彩，为摄影艺术的发展提供了极好的条件。在摄影艺术工作者的艰苦努力下，产生了一批有影响的摄影作品，出版了多部摄影艺术集，如《塔里木盆地》和《准噶尔盆地》等大型摄影画册。

5. **乐舞艺术**

被誉为维吾尔族“音乐之母”的大型古典音乐套曲《十二木卡姆》，一直采取口耳相传的形式，并无文字版本，新中国成立前已濒于失传。20世纪50年代，新疆地方政府将其列为重点抢救的艺术品种，组织力量搜集、整理，并于1960年正式出版。这为《十二木卡姆》的规范和广泛传播奠定了良好基础。《十二木卡姆》已由半个世纪前仅有两三个艺人能够较完整地演唱，发展到成立木卡姆艺术团、木卡姆研究室，并广泛传播。

新疆民歌基础广泛而深厚，这一时期以王洛宾为代表的音乐家们进行了艰苦的创造性工作，搜集、改编和创作大量新疆民歌，并且使新疆民歌曲调变得更为优美，歌词变得更为精炼，从而使其在国内广为传唱，并流传到国外，有的民歌成为20世纪中国歌曲的经典。新疆民歌艺术已经成为新疆艺术百花园中的奇葩。

纵观1840年到1999年这100多年，新疆艺术的发展离不开新疆的政治与社会的发展。一方面，它仍然保持着其融合性和多样性的特点，吸收多种艺术素养和艺术手法，既继承当地各民族的传统艺术，又在不断融合内地和现代西方艺术中寻求着自己的新的艺术轨迹；另一方面，它也表现出创新性和包容性，各种新艺术形式在新疆得以形成、扎根和发展。

（原刊于《中国边疆史地研究》2005年第2期，与厉声合著）

坛庙与神祇：清代新疆汉族移民的社会文化构建

关于中国边疆与内地一体化进程，学界以往从政治、军事和经济等方面论述较多，偏重于政治治理层面一体化，而论述民间社会文化构建者则较少。就新疆研究而言，近些年有学者有所关注，但是对个别神祇、人物、社会风俗以及清政府政策角度论述的较多①，而缺乏对内地诸多入疆神祇的梳理，也鲜有从民间社会文化与内地一体化的视角进行专门论述的。本文以内地坛庙和神祇进入新疆及其在新疆的传播为视角，综述新疆内地坛庙的建设和种类，梳理内地神祇传入新疆的基本情况，分析内地移民社会对其在现实生活和精神文化生活双重层面的需求，探索清代新疆内地移民社会文化的构建及其与内地一体化进程。

一　坛庙的种类及其分布和数量

所谓坛庙系泛称，也可叫作祠庙，是指宗教庙宇和偶像崇拜的祠堂、祭坛，前者是指原始宗教庙宇、上古宗教庙宇、佛寺、道观、文庙等，后者是指对各种历史人物或者神话人物等的崇拜祭祀祠堂、露天祭坛等。坛

---

① 关于新疆关帝庙及关羽崇拜的研究有几篇文章，请参见齐清顺《清代新疆的关羽崇拜》（《清史研究》1998年第3期）、陈旭《新疆的关帝庙与关帝崇拜》（《世界宗教文化》2009年第4期）和唐智佳《清代伊犁多神崇拜初探——以关帝庙为中心》（《伊犁师范学院学报》2011年第4期）。关于新疆内地庙宇的研究文章较多，如魏长洪《乌鲁木齐文庙历史说》（《新疆地方志》2001年第3期）、黄达远《清代镇西“庙宇冠全疆”的社会史考察》（《新疆社会科学》2008年第6期）、刘向权《清代新疆汉族移民民间信仰研究》（《丝绸之路》2010年第10期）。此外，齐清顺《清代新疆汉民族的文化生活》［见《新疆大学学报》（哲学社会科学版）1996年第4期］、王聪延《清代新疆汉族社区的形成与发展》（《兵团党校学报》2012年第1期）也有所论述。

庙及其所体现的文化主要是内地的汉文化，是内地民间文化的重要形式，既有民间信仰的精神内涵，也有生产生活的需要。

就现在所看到的资料，清王朝政府统一新疆后，随着内地汉人移民新疆数量的不断扩大，分布范围的日益广泛，内地各种坛庙逐渐在全疆传播开来，遍布天山南北。早在清嘉庆年间，遣戍新疆的名士洪亮吉所著《天山客话》记载道："塞外虽三两家，村必有庙，庙皆祀关神武，香火之盛，盖接西海云。"

（一）坛庙的种类

由于清代新疆汉族移民来自内地不同省份，清代新疆内地坛庙的种类颇为丰富，根据其性质作简要划分，大致包括下列六大类。

一是原始宗教庙宇，诸如三皇庙、风神庙、虫王庙（刘猛将军祠）、羊会、骆会、牛王宫、马王庙和石人子庙。二是上古宗教庙宇，诸如土地庙、城隍庙、山神庙、定湘王爷庙。三是儒教庙宇，主要是文庙。四是佛教寺庙，诸如地藏寺、观音阁、无量庙、娘娘庙、天山庙、武圣人庙。五是道教宫观，诸如老君庙、仙姑庙、三官庙。六是偶像崇拜祠堂，诸如孙子庙、嫘祖庙、药王庙、鲁班庙、案牍庙、廒神庙、三公祠、钟馗庙、左公祠、昭忠祠、万寿宫、老窑庙。

实际上，清代新疆内地坛庙种类复杂。最主要表现为佛道不分或者是多种信仰兼有，民众对佛教、道教偶像崇拜等的区别并不是十分关心，因此有些坛庙是佛道兼容，致使佛教的菩萨、道教的神仙和其他偶像崇拜对象都被共同信仰和崇拜，诸如观音、弥勒、玉皇、真武、龙王、财神和关帝等都被崇拜，人们请神拜佛、烧香求签、祈求平安。出现这种情况的原因主要是由于清代新疆汉人移民社会特点突出，来自内地五湖四海的移民，其文化背景存在较大差异，而新疆当时内地移民村庄现实不可能满足其所有需要，不可能建造所有种类的宗教庙宇。当然，有些民间宗教诸神在内地经过长期发展，原本彼此相互就有所融合。

"行政城市的建立以建造城墙为标志，其他标志还有城墙内的一座城隍庙，一所学宫和城墙外的至少一座官方露天祭坛，这似乎是这个县最低行政级别的最低标准。”[①] 此外，还常见关帝庙和文庙，前者是由民间信仰转而为官方所吸收，并加以规范和推广，后者则是政府用于笼络士人。

（二）坛庙的分布和数量

清代内地坛庙遍布天山南北，其中尤以北疆、东疆汉族移民聚居地为甚，南疆地区分布相对较少。就笔者所查阅到的资料记载，清代新疆坛庙建设有三个较为集中的时段，分别是乾隆、嘉庆和光绪时期。

1. 北疆地区（乾隆至嘉庆年间）。巩宁城坛庙共有33座，其具体情况如下：关帝庙6座、文昌宫1座、城隍庙1座、无量庙3座、娘娘庙1座、菩萨庙4座、赤帝宫1座、文庙1座、斗母宫1座、龙庙祠1座、先农坛1座、玉皇庙1座、地藏庙1座、三皇庙1座、虫王庙1座、五圣宫1座、牛王庙1座、罗真庙1座、老君庙1座、社稷坛1座、东岳庙1座、财神庙1座、火神庙1座；这些坛庙建筑或重修时间为乾隆三十七年（1772年）至嘉庆六年（1801年）。迪化城共有20座，其具体情况为：关帝庙4座、三宫庙2座、娘娘庙1座、仙姑庙1座、城隍庙3座、财神楼1座、菩萨庵1座、龙王庙1座、真武庙1座、大佛寺1座、罗真人庙1座、药王庙1座、老君庙1座、马王庙1座；这些坛庙建筑时间为乾隆四十四年（1779年）至嘉庆四年（1799年），其中绝大部分建于乾隆年间。[②]

伊犁坛庙最多的是两座满城，即惠远城和惠宁城。据编纂于乾隆年间的《伊江汇览》记载，伊犁各城坛庙基本情况如下：惠远城共有11座，即万寿宫1座、关帝庙1座、八蜡庙1座、刘孟将军庙1座、火神庙1座、老君庙1座、城隍庙1座、龙王庙1座、风神庙1座、子孙圣庙1座、喇嘛庙1座，均建于乾隆二十六年（1761年）至四十年（1775年）间，喇嘛庙又于乾隆五十七年（1792年）重修；惠宁城有1座关帝殿；绥定城有1座关帝庙；空俄尔博（煤山）有1座老君庙，建于乾隆二十六年。另外，伊犁的塔勒奇、绥定、宁远、惠远和惠宁各城，均有内地穆斯林移民所建筑的清真寺。[③]

---

① 〔美〕斯蒂芬·福伊希特旺：《学官和城隍》，〔美〕施坚雅主编《中华帝国晚期的城市》，叶光庭等译，中华书局，2000，第791页。

② 和宁：《建制门》，《三州辑略》卷2，第79～82页。

③ 格琫额纂，吴丰培整理《伊江汇览》，第212～224页。

2. 嘉庆时期统计南疆各城坛庙。喀什噶尔城共有坛庙2座，分别是1座关帝庙和1座万寿宫；英吉沙尔城共有坛庙4座，分别是关帝庙2座、万寿宫1座、廒神庙1座，建于乾隆四十年左右；叶尔羌城共有3座，分别是关帝庙2座、龙王庙1座，建于乾隆四十年；乌什城共有坛庙7座，分别是关帝庙1座、万寿宫1座、马祖1座、火神殿1座、观音阁1座、韦驮殿1座、山川社稷坛1座，建于乾隆三十年（1765年）；阿克苏共有坛庙4座，分别是关帝庙1座、万寿宫1座、观音阁1座、风雨神庙1座，建筑日期不详；库车共有坛庙2座，分别是关帝庙1座、万寿宫1座，建筑日期不详；喀喇沙尔城共有坛庙3座，分别是关帝庙1座、龙神庙1座、万寿宫1座，建于乾隆二十六年；吐鲁番共有坛庙4座，分别是关帝庙1座、万寿宫1座、风神祠1座、龙神庙1座，建筑日期不详；哈密城共有坛庙7座，分别是关帝庙1座、文昌宫1座、火神庙1座、财神庙1座、无量庙1座、罗真庙1座、城隍庙1座，建筑日期不详。和阗城则没有内地坛庙。[①]

3. 光绪时期，内地向新疆移民出现高潮，新疆建设更多内地坛庙，坛庙种类繁多。据《新疆乡土志稿》记载，新疆坛庙种类共有53种，分别是：文庙、武庙、火神庙、城隍庙、文昌宫、定湘王庙、刘猛将军庙、万寿宫、先农坛、财神楼、地藏王庙、玉皇阁、龙神庙、社稷坛、神祇坛、方神坛、土地狱神祠、娘娘庙、马王庙、廒神庙、菩萨庙、五圣庙、三圣庙、牛王庙、二宫庙、大佛寺、山西会馆、凉州庙、秦州庙、鲁班庙、三皇庙、雷祖庙、赞化帝君阁、萧曹庙、五凉庙、地藏庙、海神祠、承化寺、三教庙、牛王宫、魁星楼、山神庙、东岳庙、吕祖庙、祈谷坛、仙姑庙、观音庙、三尊庙、三官庙、老君庙、七星庙、无量庙、药王庙。[②]

（三）坛庙及其对应的神祇

清代新疆坛庙种类繁多，比较复杂，每座坛庙都有相应的神祇。据学者研究，清代北疆地区昌吉至吉木萨尔地区的庙坛和对应的神祇情况大致如下[③]：文庙（文圣孔子）、武庙（武圣关羽）、魁星楼（魁星）、文昌宫

① 和宁：《回疆通志》。

② 马大正、黄国政：《新疆乡土志稿》，新疆人民出版社，2010。

③ 王鹏辉：《清末民初新疆镇迪道的佛寺道观研究》，《昌吉学院学报》2013年第3期。

（文昌帝君）、娘娘庙（三霄娘娘、送生娘娘、偷生娘娘、三圣母、观音等）、八腊庙（神农、后稷、田畯、邮表畷、猫虎、坊、水庸、昆虫八种神）、火神庙（火神祝融、火德真君等）、关帝庙（关羽）、土地庙（土地神）、狱神祠（狱神）、城隍庙（城隍神）、廒神庙（仓神）、财神庙（财神端木赐、范蠡、管仲、白圭、关公、比干、赵公明等）、观音庙（观音菩萨）、文殊庙（文殊菩萨）、普贤庙（普贤菩萨）、地藏庙（地藏菩萨）、五圣庙（北帝、天后、龙母、伏波、三界五位神）、药王庙（扁鹊、邳彤、孙思邈、韦慈藏）、老君庙（太上老君）、龙王庙（龙王）、大佛寺（释迦牟尼诸佛教神祇）、玉皇庙（玉皇大帝）、马王庙（马王爷）、定湘王庙（善化县城隍神）、刘猛将军庙（刘承忠将军）、方神庙（方神）、东岳庙（泰山神东岳大帝）、仙姑庙（仙姑娘娘）、风神庙（风神）、风雨神庙（风神雨神）、三官庙（天、地、水三官神）、吕祖庙（吕洞宾）、凉州庙（凉州城隍神）、秦州庙（秦州城隍神）、三皇庙（伏羲、神农、黄帝）、钟馗庙（钟馗）、乾州庙（乾州城隍神）、苏武庙（苏武）、雷祖庙（九天应元雷声普化天尊，即雷雨神）、牛王宫（牛神）、萧曹庙（萧何、曹参）、赞化帝君庙（赞化帝君）、无量庙（无量祖师，即真武帝君）、三清庙（玉清元始天尊、上清灵宝天尊、太清道德天尊）、孙膑庙（孙膑）、海神祠（巴里坤湖海神）、七星庙（不明）、武威庙（武威城隍神）、山神庙（山神）、真武庙（真武大帝）、罗真人庙（罗真人）、菩萨庙（菩萨女神）、玄真观（玄武大帝）、罗祖庙（罗祖）、北斗宫（道教诸神）、铁瓦寺（佛教诸神）、博克达山庙（博克达山神）、千佛寺（释迦牟尼涅槃）、太阳宫（太阳神）、岳王庙（岳飞）、三教庙（孔子、太上老君、释迦牟尼）、将军庙（不明）、鲁班庙（鲁班）、树神庙（树神）。

从上面简述可以看出，清代内地坛庙在新疆传播甚广，基本与内地移民分布相一致。

二　内地众神入疆

所谓神祇是泛指供于上述诸种坛庙中的神灵、神话偶像、神化了的人物等。新疆各地坛庙供奉的神祇种类众多，前面仅仅罗列北疆部分地区坛庙中的神祇，实际上远较此丰富得多。就笔者所见，目前并没有此方面的详细研究，有关资料也甚少记载，因此究竟有多少内地神祇随着汉族移民进入新疆，尚不得而知。

2006 年，笔者一行赴芬兰赫尔辛基参加探险家马达汉（C. G. Mannerheim）新疆考察研讨会，在芬兰博物馆偶然见到一本资料集①，其内容是马达汉清末在新疆收集到的各种神祇。这些资料由芬兰著名马达汉研究者哈里·哈伦（Harry Halen）等整理、分类，并绘制出所有神祇的素描像。该书十分珍贵，由此可以对清代新疆坛庙神祇有较为全面的了解。该书所罗列的神祇包括佛、道教人物等共计 18 类，约 430 多个，兹详细罗列如下。

1. 佛教人物：一是菩萨类，共计 24 尊。分别是狮公菩萨、玉象菩萨、接引菩萨、白衣菩萨、月光菩萨、千佛菩萨、福生千佛菩萨领袖、莲生菩萨、水月真菩萨、三大菩萨、三大佛姑、鹿鸣菩萨、金丹菩萨、地藏王、十殿阎王陈公王一、十殿阎王马汉章二、十殿阎王赵良三、十殿阎王周汉四、十殿阎王钱要祖五、六殿阎王、七殿阎王、八殿阎王、九殿阎王、十殿阎王。

二是保护神和金刚：共计 30 尊。分别是韦陀班神、纣朝天王李金（靖）、佛家（教）进宝神、佛教象祖、东佛教登高纲神一、南登高纲神二、北登高纲神三、西登高纲神四、中央登高纲神五、金丁法正佛教、护法班神佛教、一周将军东稍门外方神、朱将军二东稍门外方神、姬将军三东稍门外方神、佛教法神、佛教纲生法师、佛教户神、佛教李洪庄严寺一、佛教麦神三将军、佛教麦神四将军、利市大仙佛教米神二、花神、莲花真人、达摩佛、佛教布袋财神、佛僧长老、佛教慈一佛、佛教刚生、刚生长老。

2. 道教人物：共计 90 尊。一是三清真人，老子真人、太工老祖、玉骨真人。二是三代表（或者三统治者），即三官爷天官、水官、地官。三是阴阳人物，即姑姑供王月我、道教祖师、伏羲神。四是尘世到宇宙神祇，即道童祖师、圣浓（神农）、公曹神；五行及其他天星宿，即金星、木星、水星、火星、土星、老天官、真武祖师、文昌、道教文天君、伯骨道人、儒人供魁星、寿星、南极掌教班神。五是不朽人物和其他道教神

① Harry Halenand Bent Lerbak Pedersen, *C. G. Mannerheim's Chinese Pantheon*, *Finno - Ugrian Society*, Helsinki, 1993.

祇，诸如带先娘娘、酒坊供神、花姑真人、道教法正道人、广华道祖、五道神狮公供、道教刘真人、道教念经供、显道神方弼、姚秀道教会神、道教法正祖师、道教法神真君张照、道教法神真君王金、道教法神真君念经堂供、道教会仙宫八真人马元、帅神邓金、正官祖师、会仙宫门神、会仙宫送子真人、会仙宫米（朱?）稍蓝、会仙进宝大士、会仙周忠、师忠帅神、多文天星魔礼海、魔礼红、风、调、雨、顺、国、太、民、安、道教后门神、李兴霸帅、高休（优）乾帅神、杨森户神、王魔方神、道教真人、张仙、八爷方神、皂力天神、关夫子财神、二郎神、土地神、土将军、郁垒、神荼、灵官、前、送日真君、送子娘娘、五虎上将一班神、虎位神、方神白马天尊、西（齐）天大圣马号供神、陈公王方神、朱一德、周公。

3. 地煞神：共计 71 尊。分别是地杰星呼百颜、地魁星陈继贞、地英星孙祥、地文星革高、地阖星刘衡、地辅星张奇、地佑星鲍龙、地微星陈元、地奇星王平、地止（正）星老（考）隔、地俊星袁鼎吉（相）、地佐星黄丙庆、地暗星余忠（惠）、地（猛）星百（柏）忠（患）、地孟（威）星须成、地隐星宁三益、地满星卓公、地敖星黄元宁（地杀星景元）、地明星方吉、地飞星叶中、地然（默）星周庚、地海（佐）星黄丙辰（庆）、地（阚、僻）星李遂（燧）、地孟（猛）星百放（柏有患）、地勇星贾成、地作星祖师道教四公草神、地门（幽）星段清、地空星萧电、地短星蔡公、地藏星关斌、地奴星孔道灵、地键星叶景昌、地刑星秦祥、地魂星徐山、地狗星陈梦庚、地壁（僻）星祖林、地姚（妖）星翼（龚）青（倩）、地魔星李跃、地伏星门道正、地孤星吴四玉、地角星蓝虎、地平星龙成、地察星张焕、地数星葛方、地壮星武衍公、地作（耗）星姚烨、地贼星孙吉、地劣星范斌、地损（阴）星焦龙、地捐（恶）星李信、地囚星宋禄、地全星一（匡）玉、地彗星车坤、地灵星颜己（郭巳）、地会星鲁芝、地强星夏祥、地遂星孔成、地廷（走）星胡（颜）宗、地进星徐吉、地猖星齐公、地镇星梦（姜）忠、地乐星汪祥、地异星余邹（知）、地僻星祖林、地妖星翼（龚）倩、地劣星范斌、地阴星焦龙、地损星黄乌、地囚星宋禄。

4. 天罡星神：共计 27 尊。分别是天灵（罡）星黄真、天富星黎仙、天勇星姚公孝、邓玉金吉星、伴鬼门神小神、相（柏）林、杨信、奎木狼、李雄、沈庚、金牛、李引（弘）、赵白高、胃土鸡（雉）、未庚、吴坤、高而（丙）、吕能、周宝、黄仓、姚公伯、侯六星（太乙）、心月狐、苏元、毕月乌、魁星帅神赵、会仙宫狗生大士。

5. 水德星：共计4尊。分别是小（水）德星鲁雄、轸水光（蚓）胡道元、叁（参）水猿孙祥、壁水榆（貐）方吉（清）。

6. 五斗君星：共计5尊。分别是五斗君星吉里（曜）恶煞名讳（东斗星官苏亲）、西斗星官黄天禄、中斗星官鲁仁末（杰）、南斗星官周杞（纪）、北斗星官黄天祥。

7. 九耀星神：共计8尊。分别是刘禁生斗部、玉（王）佛帅神、李济佛家帅神、斗部韩鹏、斗部高紊（系）平、斗部崇应彪、斗部彭九元帅神、斗部九君帅神李三益。

8. 其他星宿：共计25尊。分别是桑（丧）门（神）、吉度星、乐坡星、玄武星徐坤、太阳星徐盖、天宝星姬叔乾、天喜星纣王、天赦星赵启、木府星昔申（邓华）、力土（士）星戴礼、勾陈星孙伯、龙德星洪锦、土府星土行孙、卷舌星尤浑、天马星庞虎、月德星康泰（夏招）、天嗣星石章、宝（宅）龙星姬叔德、龙须虎、南中星金镇、魁星帅神张、斗母帅刘、斗母帅神王、斗母帅伸张、斗母帅神、斗本家。

9. 时间神：共计22尊。分别是阳金星（开路神）方相、真日星（直日神）周登、真月星（直月神）黄承之乙、真（直）时神刘洪、真年星（指年神）李丙、增福星（神）韩素（毒）龙、本部供一十二星子、丑、寅、卯、辰、巳、午、未、申、酉、戌、亥、杨公癸祀道教供、鸡神庙供、朱雀。

10. 游神：共计5尊。分别是日报神、日道（游）神乔明（温良）、夜报神、夜游神姚盆（乔坤）、玉魁班。

11. 山神：共计3尊。分别是山神、郎公山门神、马灵官。

12. 雷暴天部：共计10尊。分别是雷部总神文（闻）天尊、雷神、雷电女神、风神、雷珠大真人、八满、马昭雷部一十位、文岳雷部帅神元、邓信雷部帅神一十二位、张桃雷部帅神一十一位。

13. 水部天神：共计20尊。分别是海神龙王神、申公秀海神、三龙王、四海龙王、七河龙王、八河龙王、龙神泉真人、龙神、姚真龙福将军、龙女真人、黄元真人、黄元真井神、黄有忠井神、黄南道泉神、纲生金泉神、纲生福人、纲生吉人、管泉禄神、毛房神、洋四将军。

14. 火天部：共计 23 尊。分别是火德真君、火部五位正神尾火虎一刘环、火部朱招二、火部三宝火猪、火部高震四、刘爷铁斗、药王班神、药王班神药铺供、药未（味）天尊、程三益卖丸药、程三德卖丸药、和瘟道孙通、李真人药神、管略医生供、瘟神、劝善大帅（师）陈庚、南方行瘟使者李竒、东方行瘟使者间（周）信、北方主痘正神余先、西方主痘正神余德、南方主痘正神余光、东方主痘正神余（达）、祛瘟祠朱卞（米?）、三公祛瘟祠朱元。

15. 财神：共计 15 尊。分别是财神、财宝神、约宝（纳珍）天尊曹宝、诰（招）宝天尊萧升、招财使者乔有明（陈九公）、方神赵生虎、伴官、黑虎财神班神、黑虎财神、鬼神、鬼金卒、为财神、善（招）财童子、利市仙官姚遂益（少司）、吉神工人供。

16. 匠人保护神：共计 36 尊。分别是圈神、姜太公、玉班真人、玉班真人毡匠供、雨正祖神、雨正祖师、吾道子画匠供、柳杨祖师酒房、马祖、鱼将军酒房供、方元金裁姑衣供、徐道生珠宝客供、吕虎银匠甫、李昌银匠甫、朱永生、夏祥众地供、会仙宫雨水大士、会仙宫念径（经）佛生、会仙宫陈生、车匠供周永、罗祖真人、路神庐文、鲁班祖师木匠供、鲁班祖师木匠、赵老鲁班弟子走外洋、张祖师鲁班弟子、宋祖师鲁班弟子、王祖师班神鲁班弟子、小木匠帅神、小木匠周章帅神、小木匠周章、申百塔纯匠神、邸荣饼甫、葛真饼甫、魏永生饼甫、李公生饼甫供神四位。

17. 商人保护神：共计 11 尊。分别是武侯菸房供（诸葛亮）、张请卖鱼人供神、关兴铁甫、吴永卖锅供、唐公望卖头匠神、汪吉卖针供一、汪亨（真?）卖针供二、张三德卖刀供、弓甫供神陈明、弓甫蔡稍宗。

18. 军事保护神：共计 13 尊。分别是纲都钱武士供、武师刘公、武师供张公、岳武神武官供、岳武章武官供、巡人供秦公神班头、周公班头供神、吉神班头供、晏公班头供神、张公班头什子供、掠福神薛恶虎、张祖师弓匠供、箭神。

上面罗列这 18 类 430 多尊内地神祇和受人崇拜的神话人物，遍布新疆各地的坛庙，可谓内地各种神祇蜂拥入疆，孕育新疆内地移民社区的精神与现实生活。上述这些新疆坛庙中的神祇，是内地传统文化中的典型代表，有些带有浓厚的地域性。这反映出内地移民的广泛性，从另一个角度来看，内地众神入疆使得内地民间信仰在新疆占有一席之地，使清代新疆宗教更具多元性，使清代新疆文化更具多样化。

三　坛庙与神祇的相关活动及其影响

内地坛庙和诸种神祇进入新疆，在南北疆广泛传播，可以说凡是有内地移民的地方就有坛庙和神祇。清人记载："塞外虽两三家，村必有一庙，庙皆祀关神武，香火之盛，盖接于西海云。"[①] 可见，坛庙和神祇分布之广，数量之多。那么，这些坛庙和神祇究竟起到何种作用？有何种意义？下面从当时人们的生活以及内地与新疆一体化的角度加以分析。

（一）主要的相关活动

1. 官方祭拜神坛和神祇。清代新疆有几种情况是官方要祭拜神坛和神祇的，一是清末各县知县上任要到首府迪化城隍偶像前焚香叩拜，长跪发誓"廉洁奉公"。祭拜仪式带有效忠清王朝，廉政为民的宣誓性质。这种宣誓式的祭拜一直延续到民国初期，杨增新治新时期也基本沿用，直到金树仁时期才改变，可见其作用和影响之大。二是官方祈求风调雨顺，庄稼丰收。清代新疆各地官员在每年开春之时，都要率领部属到先农坛"行耕之礼"，祈求神保佑丰收。而修建的有些祠庙，则是为了祈求上天免受自然灾害，例如，伊犁屯垦之初，蝗灾严重，当地军民建起八蜡庙、刘将军庙，庙中"供先穑神农、司穑后稷、水庸、水房、猫虎、昆虫、农畯、邮表、暇神位九"[②]，以供祭祀灭蝗保禾。乌鲁木齐建有八蜡祠，纪昀说："旧有田鼠之患，自祠八蜡迄今，数岁不闻。"[③] 三是祭祀文庙，例如迪化早在乾隆三十四年（1769）就获准设立文庙，甚至在文庙建成前，要求地方政府"暂行搭棚致祭"。[④] 四是官民混合祭祀。"定湘王庙"原是湖南地方的城隍，后成为庇佑湘军神祇而受其崇拜和祭祀。左宗棠收复新疆时候，"定湘王庙"随湘军进入新疆，特别是湘军转业到迪化等地后，在迪

---

① 洪亮吉：《天山客话》，《古西行记选注》，宁夏人民出版社，1987，第381页。

② 格琫额：《伊江汇览·坛庙》。

③ 吴蔼宸：《历代西域诗钞》，新疆人民出版社，2001，第82页。

④ 佚名：《乌鲁木齐政略之"祀典"》，王希隆：《新疆文献四种辑注考述》，第21、22页。

化以及南北疆不少地方均按照其家乡习惯建起“定湘王庙”，农历五月十八日为定湘王诞辰，湘籍文官武将、商贩行旅，都前往拜祝布施；随后欢宴看戏，联谊乡人。

2. 军人祭拜以祈求降服敌人，保护新疆平安。在清代新疆军人的祭拜中，尤以对关帝庙的崇拜为甚。拜祭关帝庙是清代汉族人民间普遍的信仰习尚。“关帝”就是三国时期蜀国大将关羽，后来被逐步神话为护法天神，是中国道教与佛教共有的偶像。在道教中，关羽被封为“三界伏魔大帝神威远镇天尊关圣帝君”。在佛教中，关羽则被列为十八伽蓝神之一。清代统治者推崇关羽，认为正是关帝保佑其入主中原。顺治皇帝特地加封关羽为“忠义神武灵佑仁勇威显护国保民精诚绥靖佑赞宣德关圣大帝”，成为清朝的军神和保护神，列入国家祭奠。

关帝庙在新疆产生较大影响，不少地方流传着关帝显灵的传说，帮助清军抗敌守土，除暴安良。例如，乾隆三十三年（1768），昌吉遣犯暴乱，攻击乌鲁木齐，“忽见关帝立马云中，断其归路”①，遂四散而逃，被清军歼灭。1826年清军平定张格尔叛乱时，长龄将军屡获胜仗，他在上朝廷奏折中将此归于关羽显灵助阵，帮助清军取得胜利。清廷为此还专门发布上谕，称：“我朝定鼎以来，关帝屡彰灵佑……上年张格尔煽乱，遣其党扰近阿克苏，当官兵冲击之时，陡起大风，尘沙飞扬，该逆等遥见红光烛天，遂被歼擒……次早接仗时，据活贼佥供，又见红光中，兵马高大，不能抵敌，即各窜逸。此皆仰赖关帝威灵显赫，默褫贼魂，用克生擒巨憝，永靖边围。”② 对于远离故土、征伐于西域荒漠中的清军来说，关羽既是保护神，又是战神。对于民众来说，关羽既是保护神，又是精神寄托。官府所修建的关帝庙遍布南北疆，例如南疆的喀什噶尔、叶尔羌、英吉沙、阿克苏和乌什等地汉族军民集中居住的汉城，均建有关帝庙。在一些交通线路上也建有关帝庙，多为汉族个人捐资修建，例如道光二十五年林则徐在库木什军台就看到后山上有新建的关帝庙，“乃前岁惠诗塘过此，因病祈祷获应，倡捐以酬者也”。③

传说关帝形象既是武神又是财神，具有司命禄、佑科举、治病消灾、

① 纪昀：《阅微草堂日记》，第492页。

② 《清宣宗实录》卷132。

③ 林则徐：《乙巳日记》。

诛伐叛逆、庇护商贾、招财进宝等广大的法力，因此也深受民众广泛崇拜。新疆各地凡是清军驻扎和汉族军民屯垦之地，几乎都建有关帝庙。例如，伊犁惠远城的关帝庙建于乾隆二十八年（1763）；绥远称建有两座关帝庙；奇台关帝庙建于乾隆五十七年（1792），并被一直完好保存至今。

3. 民间广泛祭拜。清代新疆汉人大都敬拜神灵，汉人居住之所基本都修建坛庙，进行祭拜，其数量堪称庞大，形成的祭祀规模大，产生的社会影响极大。尤其是在北疆地区的东北部更是如此，汉族人口相对稠密，修建的坛庙众多，烟火隆盛。例如，在迪化城，“环城寺庙颇多，难以备述”。[①] 在巴里坤、木垒至奇台镇西汉城，汉人庙宇就多达50多座。新疆汉人庙宇众多，神祇也非常多，儒释道都信，民间信仰兼具，农历正月初一和十五是汉人坛庙上香拜神之日。

民间祭拜最大的特点是将自己的生活、生产，甚至命运都与坛庙神祇相结合，形成多姿多彩的“家庭－坛庙－生产”模式，构成新疆汉族移民社会生活文化网络。这种网络是一体化的，集家庭、信仰和生产于一体，具有满足个人心理需求、家庭和谐和社会稳定的功能，当然也寄托着新疆汉族移民对故土的眷恋和思念，深刻地体现出中国历史长期形成的传统文化积淀，成为新疆汉人移民精神文化的组织成分。因此，清末新疆凡是有汉人的地方，都有坛庙及其祭拜与相关的活动。

除了上述各种内地坛庙和神祇外，汉族将其对自然神祇的崇拜也带到新疆。清代新疆汉族移民自然崇拜的主要是河神、山神甚至湖神。新疆地域广袤，高山、湖泊和大川众多，加之很多地方荒无人烟，没有可以祭祀的坛庙，于是自然崇拜成为理所当然。当内地汉人来到新疆后，对新疆众多的大山、辽远的大河和静谧的高山大湖，往往怀有崇拜之情，视之为诸神主宰之地。例如，乌鲁木齐的汉族对附近巍峨挺拔、终年积雪的博格达峰甚为崇拜，将其视为山神，每年“祝文祭祀”，祈求神灵保佑新疆社会安定、生产风调雨顺、人民生活平安。再如伊犁地区，汉族和当地诸民族一起祭祀境内的15处高山、大河和湖泊，它们分别是厄楞海毕尔山、格登山、阿布拉尔山、阿尔坦厄莫尔都图山、塔尔奇山、伊

① 达林、龙铎纂《乌鲁木齐事宜之“城池”》，王希隆：《新疆文献四种辑注考述》。

犁河、阿里麻图河、哈什河、空集斯河、撒麻尔河、奎屯河、察汉乌苏河、霍尔果斯河、赛里木湖、匡俄尔额博等。每年农历二月和八月，伊犁大小官员、军民都要设坛祭祀，摆设贡品，诵念祝文，祈求诸神保佑地方。[①]

4. 形成众多丰富多彩的庙会。所有坛庙都有自己传统的庙会日，庙会日是固定的，俗称过会、出会，内容丰富，热闹欢庆纷呈。例如，清末每年农历六月初六是迪化龙王庙会，当时迪化的两座龙王庙同时过会，竞相搭台唱戏，分别为龙王酬戏3～5天，以保佑风调雨顺；戏剧种类较多，包括京剧、秦腔、新疆小曲子等。此外，庙会也是人们休闲娱乐的场地，人们可携带酒菜野餐，亲人朋友聚会观戏品餐。

庙会的发展也为各民族交流提供了平台。例如建于红山顶上的玉皇阁是迪化的佛教中心，每年都有几次隆重的敬佛典礼，诸如农历四月初八释迦牟尼诞辰日、二月初八佛祖出家日、十二月初八成道日、三月十五涅槃日等节日，寺内全堂诵佛，钟鼓齐鸣。特别是四月初八大佛寺庙会，当地豪商与寺庙出资搭台演戏，酬神3～5日。而四月十五日的玉皇庙会持续长达半个月之久，寺庙群前的广场上锣鼓喧天，有民间艺人的杂耍、中幡、秦腔、京剧、河北梆子、湖南花鼓戏、说书、新疆的小曲子等[②]轮番演出；而沿乌鲁木齐河东岸，有维吾尔族、回族、汉族独特的“赛走马”竞演。可以说庙会成了新疆各民族交流与交融的平台。

（二）主要影响

人是文化的重要载体，清末新疆汉族移民将内地坛庙和神祇带入新疆，构建起新疆汉族移民的社会文化环境，而这种遍布新疆的内地民间文化结构的构建，不但孕育着内地移民社会，而且也促进新疆少数民族对内地文化的认可与趋同。内地坛庙在新疆的广泛建筑，内地众多神祇在新疆的广泛传播，各种相关活动的广泛开展，对清代新疆宗教、民族、文化、社会、经济和政治都产生了重要而深刻的影响。

---

① 薛宗正：《中国新疆古代社会生活史》，新疆人民出版社，1997，第666页。

② 新疆小曲子是清末在新疆产生的，是集陕、甘、宁、青诸省区的戏曲、歌谣逐步形成的小曲子戏，深受汉、回、锡伯等民族的喜欢。

1. **加强了清代新疆多种宗教和多元文化的格局**

新疆历来是多种宗教和多元文化的交会地，诸如佛教、袄教、景教、藏传佛教、伊斯兰教和道教等，只是16世纪后伊斯兰教影响日益增大，占据主要地位，其他宗教则日渐式微。就文化而言，新疆深受游牧文化、中原文化、伊斯兰文化和印度文化影响，形成多元文化的格局，只是至清代伊斯兰文化处于强势地位。清代统一新疆后，内地诸种宗教和民间信仰在新疆得以广泛转播，与之相关的内地移民文化也得以深深扎根，加强了新疆多元文化格局。

应该予以指出的是，清王朝统一新疆后，与坛庙文化相伴的儒家政治思想深入新疆，其深度与广度都是前所未有的。乾隆帝御制诏曰“斯声教益溥于要荒，将惠恺愈覃于海寓”；要求“凡五岳四渎、历代王陵、先师孔子阙里等”，“应遣官致祭，著照例行”。[①] 这些都与新疆坛庙建设及其活动密切关联。

2. **奠定新疆作为中华文化圈的坚实基础**

新疆作为中华文化圈早在西汉就初步形成，此后历代延续不辍。自西汉王朝统一西域起，汉之军人、商人往来于中原与西域，在此情况下，汉文化不言而喻地也随同他们进入西域。现当代新疆各地的考古不断发现在木简、绢上记载的书籍，如历法、占卜、药方、兵学、算学、小学等，汉语语言绵延不断使用等，都说明汉文化在古代新疆的深入传播和广泛使用。魏晋南北朝以后，纸质书籍，无论数量还是种类都大大增加，出土的经史、诗文以及佛、道之典籍，遍及新疆各地。此外，还有历代钱币在新疆的流通，例如早在汉代新疆使用汉佉二体马钱，表明汉文与少数民族文字在遥远的古代就在新疆并行使用。日本学者羽田亨的结论是：“在这种情况下，谁也不能否认汉文化从古以来就已及于此地的事实。”[②] “中原王朝的顽强活力使得天山山脉成为东西文化的接触点，从这个意义上讲，这条山脉实际上就是东西亚洲的分水岭。”[③]

清代统一新疆后，内地各种坛庙及其相关文化在新疆广泛传播，使内地移民可以拥有与其原籍地相近的文化生态，这种民间信仰和供奉大

---

① 《清高宗实录》，乾隆二十四年十一月辛亥条。

② 羽田亨：《西域文化史》，耿世民译，新疆人民出版社，1981，第77页。

③ 松田寿男：《古代天山历史地理学研究》，陈俊谋译，民族出版社，1987。

量偶像的坛庙及其活动，最终奠定新疆作为中华文化圈的坚实基础，扎下深厚的根系。从现在残存的几十种清末新疆乡土志记载来看，清代新疆各县，甚至于维吾尔族聚居的南疆各县，都修建有文庙、孔祠、昭忠祠等，这是清以前所未有之现象。尤其令人感兴趣的是，全疆各地还普遍建有关帝庙，生动地说明了以儒家精神为内涵的中华文化在新疆影响深远。

3. 奠定清代新疆内地移民社会稳定的文化结构

清代新疆的内地移民有多种类型，大致可概括为以下五种。一是军户，指驻守新疆的各族清军将士及其家眷，他们是天山北路各城镇的主要居民，其中尤以绿营兵为主，满洲八旗和索伦营等则居其次。这些军户有相当部分又被称作屯兵，因其从事屯田，以弥补当地农业劳动力之匮乏。屯兵及其家属的生活方式介于市民与农民之间，春夏主要是在地里耕作，秋收以后则入城居住。二是遣户，也是城中居住，城外耕作。三是自发前来北疆经商和屯田的民户。四是各种流户，包括从事各种酿制及其他日用品生产的匠人。五是妓女和各种艺人等。① 此外，还有掌握权力的官员阶层，他们遍布新疆天山南北各级政府，特别是新疆建省后，官员队伍进一步扩大。可见，清代新疆内地移民社会包括各个阶层，群体甚为庞大。

从前文对坛庙的叙述可以看出，内地坛庙及其相关文化代表着内地民间信仰和习俗，反映着新疆内地移民社会的方方面面，构成其稳定的精神基础，促进新疆移民社会结构的完善。

4. 促进新疆民族交流与交融

内地坛庙及其文化内涵深厚，形式鲜活，深植于民间，很大程度上构成了新疆各民族交流的平台，对促进民族交流和社会稳定意义重大。内地各省移民在新疆生活、工作，一方面促使其内部地域文化的相互消解和吸收，形成新疆内地移民独特的文化精神特质；另一方面也促进了与新疆当地各少数民族间交流交融。

例如，新疆小曲子戏也深受维吾尔族喜欢，产生了演唱新疆小曲子的演员；还有喜欢唱京剧、秦腔的维吾尔族艺人，能将唱词用汉维双语演

---

① 黄达远：《清代新疆北部汉人移民社区的民间信仰考察》，《宗教学研究》2009 年第 2 期。

绎，被称为“维汉合璧”。清代新疆著名诗人肖雄，曾记述了一段婚礼上的唱词，维汉双语，非常有意思，唱词如下：

依昔克塔卡也道门关上（依昔克，门；塔卡也道，关上），
契拉克央尕尔道灯点上（契拉克，灯；央尕尔道，点上），
克克斯色都尔道毡铺上（克克斯，毡；色都尔道，铺上），
约提尕也尔道被子盖上（约提尕，被子；也尔道，盖上）。

实际上，新疆各地少数民族也欣赏汉族风格的戏剧，不但观看汉族风格的戏曲，而且不少地方还演出汉族剧目。这些在清末西方赴新疆的探险家、传教士和外交官的著述中多有记载，例如瑞典的约翰·陶伦奎斯特、英国驻喀什噶尔总领事马继业（G. Macartney）等都有所记载。一些民国时期来新疆的外交官和传教士等对清代新疆汉族坛庙的形成也有所记载，例如英国外交官斯克莱因（C. P. Scrine）和瑞典传教士贡纳尔·雅林的著述中也多有描述。其中清末就在新疆喀什噶尔地区传教的瑞典传教士约翰·陶伦奎斯特曾撰写了《在中国中亚地区的汉族宗教》，介绍了新疆尤其是南疆地区的汉族宗教及庙宇；后来贡纳尔·雅林更是生动地记载了喀什地区穆斯林陶醉于汉族寺庙中的戏剧，维汉各族民众每逢戏剧演出，都蜂拥前往坛庙中看戏，大家分别摆桌品茶，和谐欢悦。[①] 可见清代坛庙及其相应的活动受到维吾尔族等少数民族的喜爱。

再如，内地移民在生产和生活方式上吸收很多新疆当地少数民族的文化，诸如放牧牲畜、日常食用牛羊肉、吸莫合烟、穿皮衣、喝马奶酒等，而新疆当地少数民族也吸收内地移民精耕细作的农业生产方式，促进了新疆农业发展，所谓“农桑辐辏，阡陌成群”，内地农耕文化以前所未有的广度和深度深植于新疆古老的大地上。

清代新疆内地坛庙及内地众多神祇进入新疆，反映出新疆内地汉族移民社会的信仰和文化的构建历程。这些坛庙文化既体现出内地移民社会的信仰，也反映出民间信仰与社会组织的有机结合，表现为精神上的深刻联系；这种民间信仰又借助于和人们日常生活密切相关的节日、农时、人生

---

① 贡纳尔·雅林：《重返喀什噶尔》，崔延虎、郭颖杰译，新疆人民出版社，1999，第297、298页。

礼仪、重大灾难和危机事件等，利用社区、业缘、地缘等组织开展活动，形成新疆内地移民的民间文化生态，促进了新疆内地移民社会的形成。这种文化生态与内地广大而深厚的民间文化传统一脉相承，有力地促进了新疆文化与内地文化的一体化。它具有深厚的传统和广泛的民众基础，不但体现和加强了新疆文化作为中华文化有机组成部分的实质，而且也反映了新疆成为中华大家庭不可分割组成部分的内在血脉关系。

（原刊于《云南师范大学学报》2014 年第 3 期）

二　近代外国势力与中国新疆

从英俄角斗场到亚洲枢纽的新疆

辛亥革命终结了中国绵延2000多年的封建王朝，中华民国应运而生。在从1912年至1949年长达38年的中华民国历史中，由于各种原因，内地长期陷入战乱；而地处偏远的新疆直到1942年都为拥边自重的军阀割据一方。新疆的地缘位置又使其迭受国际势力的侵扰，英国势力就是其中重要者之一，长期与俄（苏）互为竞争对手，对民国时期中国新疆影响颇巨，本文就是对此期英国和中国新疆关系进行系统梳理。为便于了解民国时期英国和中国新疆关系背景，更好地从整体上认识其演变和实质，下面分别将清代英国在新疆势力的演进、民国时期新疆外国势力的竞争以及英国与中国新疆关系发展阶段加以概括。

一

民国时期新疆的英国势力是从清代沿袭下来的，是英俄在包括中国新疆在内的中亚地区进行大角逐的结果，也是衰败的清王朝留下的历史遗产。在讨论民国时期英国和中国新疆关系之前，有必要对清代英国势力在新疆形成和存在状况加以简要叙述。

新疆地处中亚腹地，在清王朝建立的时候，它处在蒙古准噶尔部落的统治之下。清王朝对准噶尔部落进行多年战争，1759年最终打败准噶尔部落，并平定大小和卓的叛乱，统一新疆。清政府依照其治理边疆的理念，设伊犁将军，以军府制度统辖全疆；在行政制度上，因俗而治，分别在乌鲁木齐以东汉人较为集中的地区实行州县制；在天山以北的游牧民族蒙古族和哈萨克族以及吐鲁番以南的哈密和吐鲁番维吾尔族中，实行“札萨克制”；在南疆地区，则采用“伯克制度”。大清帝国结束了西域长期的分裂局面，统一了新疆；同时，借其鼎盛时期强大力量辐射并影响着其周边地区，确立起清王朝在该地区的影响。

清王朝走向兴盛之时，也正是西方资本主义勃兴和对外进行殖民扩张、争霸世界之际，英俄分别从不同的方向向包括中国新疆在内的中亚地区渗透和扩张。

随着工业革命的成功，英国凭借洋枪洋炮和铁甲战船开始在全球范围内建立殖民地，寻求原料资源和商品市场。17 世纪初英国建立东印度公司，开始在印度扎根；至 1757 年英国在印度拥立傀儡政权后，正式将印度视为其在东方进行殖民扩张的基地。此后，英国在印度继续向北、向西扩展，通过 1839～1842 年的第一次阿富汗战争，英国将其势力扩展到阿富汗境内；经过 1845 年和 1849 年两次对锡克人的战争，英国将旁遮普纳为印度的一个省。自此，英国将其扩张的锋芒直逼中亚地区和中国新疆，欲将其势力范围延伸到上述地区。1857 年，英国正式将印度直接纳入其统治之下，英属印度成为大英帝国在东方进行殖民活动的根基。英属印度和中国新疆接壤后，英国和中国新疆的关系拉开序幕。

几乎与英国在南亚次大陆扩张同步，沙俄也在向中亚地区急剧扩张。19 世纪初完成对哈萨克草原和高加索地区征服后，沙俄先后以“科学考察”的名义派遣军事人员或者使节，赴中亚各地广泛收集各种情报。18 世纪 30 年代末，沙俄在哈萨克地区建立军政制度，加强对哈萨克草原的统治，随后开始对中亚诸汗国的征服活动。经过不断的蚕食和多次战争，1867 年，沙俄建立突厥斯坦总督区。1868 年，浩罕被迫与沙俄签订条约，成为沙俄的附庸国。沙俄随后派遣考察队和使团逆奥瑟斯河而上，以寻求通往阿富汗和咸海的通道。

沙俄在中国新疆活动频繁，逐渐建立其势力范围。在 1844 年沙俄派员到中国新疆的伊犁和塔尔巴哈台等地调查贸易，1845 年和 1847 年沙俄要求在中国新疆的伊犁、塔尔巴哈台及喀什噶尔建立通商关系，1851 年中俄经协商签订《伊犁、塔尔巴哈台通商章程》；此后沙俄在新疆北部贸易快速发展，沙俄势力在北疆逐渐形成。1860 年沙俄与清政府签订《北京条约》，沙俄贸易扩展到南疆喀什噶尔，并想在此地建立贸易圈，只是阿古柏遽然入侵新疆打破了沙俄的梦想。

沙俄在中亚的扩张使英国非常不安，认为其战略目标是和英国争夺中亚，进而威胁英属印度的北部边疆安全。[①] 由于英国忙于巩固对英属印度的统治，在中亚采取较为保守的政策，即压服阿富汗，向中亚诸汗国派遣使团、考察队和传教士进行温和渗透，同时交好沙俄。此时，在沙俄的进逼下英国不得不逐渐改变其对中亚的政策，在对中国新疆的政策上，亦是如此。

面对沙俄兼并中亚的攻势和对新疆的渗透，特别是 1865 年阿古柏入侵新疆所带来的新局面，英国逐渐改变其较为保守的政策。梅约任英属印度总督后，英国确定要建立从阿富汗经中国新疆（阿古柏控制的南疆）到西藏的缓冲地带，这样中国新疆成为英俄角逐的焦点。[②] 为达此目的，英国和沙俄对阿古柏展开激烈的争夺，争相派遣使团和签订条约，其中以英国尤为突出，福赛斯两度受命出使阿古柏政权，并签订政治性条约，派遣公使。

阿古柏伪政权覆灭后，英俄在中国新疆的争夺再次激烈，帕米尔成为其争夺的焦点。为防止沙俄经帕米尔南下英属印度，英国先是以武力夺取中国属邦坎巨提，使之成为中英两属；次则派遣马继业长期留驻新疆喀什噶尔；再则英国与中俄为勘定帕米尔展开三方交涉，英国最后伙同沙俄私自划分帕米尔。英俄私分帕米尔在一定程度上缓解了英俄在中国新疆的竞争。此后，由于德、日等国的崛起，英俄关系逐渐走向缓和，特别是 1906 年《中英续订藏印条约》的签订，进一步缓和了英俄彼此间的猜疑；1907 年 8 月 31 日英俄达成《关于波斯、阿富汗和西藏问题的专约》，双方划分了在波斯的势力范围，俄国承认阿富汗在俄国势力范围之外，双方承认西藏在中国主权之下的“隔离带”作用。该协约的签订使英俄关系缓和，英俄在中国新疆的角逐也是如此。此后，英国驻中国新疆喀什噶尔总领事馆顺利设立，英国在新疆的地位得以稳固，英俄势力在新疆得以实现共存。

纵观清代英国在中国新疆立足过程，可以看出英国势力在中国新疆的出现、发展和最终确立，是英俄两个帝国主义国家在包括中国新疆在内的中亚地区大角逐的结果。就英国自身来说，它向中国新疆扩展势力，既是

① G. J. Alder, *British India's Northern Frontier, 1865 - 95: A Study in Imperial Policy*, London, Longmans Green Co. Ltd., 1963, p. 34.

② 许建英：《近代英国和中国新疆（1840—1911）》，黑龙江教育出版社，2004，第 112 ~ 114 页。

出于维护英属印度北部边疆安全的具体需要，更是出于其称霸世界的战略考虑。对中国来说，在并非条约口岸的新疆喀什噶尔与英国通商并允许其建立总领事馆，既说明面对英帝国主义列强的无奈，在某种程度上也反映了欲借助英国牵制沙俄的策略，即所谓“以夷制夷”。因此，清末英俄势力在中国新疆共存的局面，既是英俄在中国新疆大角逐的结果，在某种程度上说也是清王朝衰落的历史遗产。

自1840年鸦片战争后，长期闭关锁国所造成的结果使清政府政治逐渐腐败，国力严重下降，中英俄三个帝国在中亚相遇的时候，英俄力量处于上升阶段，而中国则处于危机四伏的衰败之际。从西方的观点看，深居亚洲腹地的中国新疆是处在西方列强触角之外的真空地带；19世纪中后期，英俄向新疆加紧扩张，实际上形成了中英俄三个帝国的角逐，英俄势力在新疆的共存使所谓“真空”状态不复存在。不过，当时英俄对中国新疆的争夺主要限于政治、经济、贸易和考察竞争，尚未借助输入新思潮以动员民众。

二

辛亥革命的成功突然而急促，并没有经过充分的全民动员，以袁世凯为核心的清王朝旧官僚集团便取而代之，成为中华民国的统治者。在新疆，也典型地反映出这种更替，作为清王朝旧官僚的杨增新一跃而成中华民国新疆省的都督。杨增新执政新疆时期，对内地实行严密的封锁政策，内地北洋军阀混战和国民党的北伐战争并没有影响到新疆。在对外关系上，杨增新竭其心力，巧妙平衡英俄（苏）势力，化解德国间谍在南疆煽动阿富汗人反英的活动，消弭白俄势力对新疆的冲击，维持新疆的稳定。

金树仁统治新疆时期，英苏在新疆复活了19世纪英俄大角逐，英国势力难以制衡苏联，金树仁在北疆地区引入德法势力，即德国为首的西方传教士力量和德法贸易，希望以多元化的对外政策制衡苏联，以德国为主的西方传教士等势力一度获得相当影响力。但是，内乱骤起暴露出金树仁腐败的内政，1933年马仲英乘机进入新疆，使局势更为复杂化，金树仁在政变中被赶下台，盛世才依靠军队在混乱中渔利，登上新疆最高统治者的宝座。苏联借助对盛世才的帮助，取得对新疆政治、经济的强势，一度形成新疆外国势力独大的局面。

马仲英犯新和盛世才上台使新疆形势更趋于复杂。得不到国民政府信任和支持的盛世才转而依靠苏联稳定其统治，具有国民政府背景和雇用日本间谍作顾问的马仲英则进一步刺激盛世才对苏联的依赖。早在第一次世界大战后，日本总参谋部的观察人员就被派往新疆，计划为伊犁地区提供日本军事教官，但是该项目由于缺乏资金而失败。[①] 20 世纪 30 年代，日本对中国新疆事务兴趣加大，一些日本间谍通过德国向新疆渗透。对南疆伪政权，日本也表现出过度关注，日本驻阿富汗大使秘密接见其使者。同时，从当时日本对华入侵态势来看，1933 年 2 月底 3 月初，日本以摩托化纵队在极短的时间内就侵占了热河省，这对盛世才及其所依赖的苏联都印象深刻，也成为盛世才利用苏联机械化部队进驻从内地包括内蒙古进入新疆的必经之地哈密的重要借口之一，希望以苏联的机械化部队防堵日本摩托化部队的奔袭。[②] 因为日本“已经持续运作反对苏联，特别是在中国新疆”。[③]

20 世纪 30 年代早期，英国势力在与苏联竞争的同时，对日本染指中国新疆的企图采取绥靖政策，这与其当时对华态度完全一致，“英国正表现出明显的亲日倾向”。[④] 一方面英国担心日本侵蚀其在中国内地的利益，另一方面则希望日本能够在中国新疆承担起英国反对苏联的部分作用。所以，泰克曼总结英国此期在中国新疆形势的时候，对日本半是抱怨、半是同情。[⑤] 尽管如此，英国并没有达到其目的，日本并没有进攻中国新疆，更没有从此方向进攻苏联。相反，盛世才成功地将英国与日本同列入威胁中国新疆的帝国主义，英国在中国新疆的利益一度被压缩在喀什噶尔—叶尔羌—和阗一线。英国对中国新疆的政策，徘徊于利用日本势力和新疆穆斯林狭隘民族主义势力维持其影响和联络民国中央政府确保新疆为中国所

---

① P. T. Etherton, *In the Heart of Asia*, London, Constable and Company Ltd., 1925, pp. 125 – 126.

② Owen Lattimore, Introduction to Martin R. Norins, *Gateway to Asia*: *Sinkiang*, New York, The John Day Company, 1944, p17.

③ Joseph C. Grew, *Ten Years In Japan*, New York, Simon & Schuster, Inc., 1944, pp. 123 – 125.

④ Joseph C. Grew, *Ten Years In Japan*, p. 125.

⑤ Sir Eric Teichman, *Journey to Turkistan*, London, Hodder and Stoughton, 1937, p. 191.

有之间。

盛世才转向国民政府后，英美势力被引入以迪化为中心的北疆地区，美国势力的进入使中国新疆的局势更趋复杂化。世界反法西斯战争胜利后，世界政治格局正在向以意识形态为分水岭的资本主义阵营和社会主义阵营转变，英美势力入驻北疆地区，使冷战在中国新疆呈现出具体化的态势。苏联及其支持下的三区革命与中国共产党所领导的新民主主义革命相呼应，而英美国家与国民党政府相联络，中国政治走向在某种程度上对两大阵营的力量对比，特别是在东方势力的确立上起着举足轻重的作用。因此，此期两大阵营交织和争夺的中国新疆成为“亚洲的枢纽”，肇始于西方的民族主义思潮和源于苏联的世界殖民地革命论此时都不过是双方赖以介入的理论着力点。

综观此期新疆外国势力的特点，可谓风云际会，既牵动着各相关大国在中国新疆的现实利益，更关系到其争雄世界的霸权野心。新疆从传统的英俄（苏）大角逐，转而成为亚洲的枢纽。

三

民国时期英国和中国新疆的关系，受制于多种因素，从英国与中国新疆关系自身的演变轨迹来看，大致可以分为下列五个阶段。

第一个阶段是从 1912 年到 1927 年，该阶段是英国与中国新疆关系稳定和发展时期，是民国时期英国与中国新疆关系的黄金阶段，英国与中国新疆关系维持稳定并有较快发展。清末英俄达成协议后，列强在中国新疆的大角逐趋于缓和，形成英俄势力共存的局面。中华民国建立后，受益于杨增新对外平衡政策，英国与中国新疆关系维持稳定状态。随着俄国因国内矛盾激化，英国在中国新疆势力逐渐强于俄国。俄国十月革命后，俄国势力退出中国新疆，英国与中国新疆关系获得快速发展。英国与中国新疆贸易达到历史最高水平，英国政治势力也一度填补了因俄国退出而留下的真空。迫于新疆社会稳定和制衡外国势力的需要，杨增新于 1924 年同意中国新疆与苏联贸易，苏联势力随之逐渐出现。英国与中国新疆贸易受到苏联对中国新疆贸易的发展而逐渐恢复常态，但是英国与中国新疆关系仍维持较为稳定的状态。

第二个阶段是从1928年到1933年，为英苏竞争时期。杨增新执政后期，随着苏联势力在中国新疆的扩张，英苏竞争逐渐展开。金树仁上台后，为制衡苏联，在南疆维持英国势力以牵制苏联；在北疆则发展与以德国为首的西方国家关系，期望以此在北疆制衡苏联势力。但是，新疆内乱使得金树仁对外多元政策破产，转而欲依赖苏联。英国向中国新疆省政府出售军火，试图加强和省政府最高当局的联系，支持新疆省政府平定暴乱，维持新疆省当局的权威。

第三个阶段是从1934年到1942年，英国与中国新疆关系陷入低谷时期。盛世才靠苏联支持稳定政权后，在政治、经济和军事等方面都与苏联保持密切关系，制定亲苏排英的对外政策，对苏联可以说是一边倒。特别是1937年南疆麻木提和马虎山暴乱进一步加深盛世才对英国的猜疑和排斥，大量英侨被排挤回英属印度，英国与中国新疆贸易逐渐中断，禁止英国领事人员外出活动，关闭英国与中国新疆之间的商路等。英国或专门派遣外交人员赴中国新疆斡旋，或直接与国民政府直接交涉，或命其驻喀什噶尔总领事从中活动，但是都没有结果，英国与中国新疆关系陷入最低谷。

第四个阶段是从1943年到1947年，为英国与中国新疆关系的复苏阶段。苏德战争爆发后，盛世才在苏联战事紧张的关头，适时转向国民政府。盛世才的转向既表明盛世才政权与苏联之间存在深层矛盾，也成为英国与中国新疆关系复苏的契机。国民政府扩大英国影响，将英美两国势力引入北疆地区，邀英美在中国新疆省会迪化建立领事馆，用以制衡苏联。由于盛世才时期英新关系交恶而积累下颇多问题，需要逐步加以解决，英国与中国新疆关系的复苏也并非一帆风顺。一方面，英国与中国新疆省政府交涉解决历史遗留问题，英国与中国新疆双方积极开通商路、恢复贸易，商议解决财产损失等问题；另一方面，英美驻迪化领事馆受到中国新疆省政府的高度重视，关系颇为密切，参与或关注中国新疆省政府的各种重要政治活动。在这个阶段，印度与巴基斯坦分别独立，英国在中国新疆南部失去存在基础，英国与中国新疆关系的内涵发生了新变化。

第五个阶段是从1948年到1949年，英国与中国新疆关系终结。随着1948年原英国驻喀什噶尔总领事馆转交给印度与巴基斯坦，英国和中国新疆关系从传统的以南疆为中心，转移到以北疆为焦点；英国在中国新疆的利益也发生质的改变，传统的维护英属印度安全、维护英侨利益和英国与中国新疆贸易关系不复存在，英国与中国新疆关系成为英国对华整体关系的组成部分。最重要的是，第二次世界大战结束后，以英美为首的资本主义阵营和以苏联为主的社会主义阵营之间矛盾凸显，冷战渐次展开。在此背景下，苏联及其支持的三区革命与中国共产党领导的新民主主义革命相呼应，从而和英美及其扶持的中国国民政府形成两个阵营，中国的政治方向攸关世界冷战力量的消长，因此新疆演化为冷战前沿的枢纽。

综观民国时期英国与中国新疆的关系，可以总结其特点如下。

一是，英国与中国新疆关系受到多种觊觎新疆的外国势力的影响，尤其是深受英俄（苏）竞争的影响。民国时期的中国新疆不再像清代那样，被西方认为是真空或者半真空地带，各怀目的之外国势力都欲染指中国新疆。英国、俄国（苏联）、日本、德国、美国甚至阿富汗等国家，都在政治、贸易、宗教、考察等不同方面与中国新疆发生关系，英国与中国新疆关系就处在多种外国势力角逐的复杂局势中，其中英俄（苏）竞争影响尤为深刻。需要说明的是，多种外国势力角逐的局面不但凸显了中国新疆地缘地位越发重要，也使英国与中国新疆关系更为复杂并包含更为丰富的意蕴。

二是，英国与中国新疆关系受世界重大事件的影响。这个时期世界上的重大事件都以不同的方式影响到中国新疆，第一次世界大战德国间谍案、俄国十月革命、中国抗日战争、第二次世界大战、中国新民主主义革命、印度和巴基斯坦独立，甚至资本主义阵营和社会主义阵营的冷战，都在中国新疆留下烙印。

三是，从思潮来看，英国与中国新疆关系也深受当时世界思潮的影响。民国时期的新疆已不复独立于世界之外，也深受世界性思潮的影响。民国时期正是世界新思潮潮起潮落最为激荡汹涌之际，“泛伊斯兰主义”、“泛突厥主义”以及由俄国十月革命所点燃的殖民地半殖民地革命思潮都因为地缘之便，影响到中国新疆。其中，前两者主要是从土耳其传播而来，其内涵已经被奥斯曼帝国封建上层改造成一种具有偏激宗教狂热和民族沙文主义的社会思潮，成为“超阶级、超国家、超民族的极端宗教观和民族观”①；后者则是苏联一度对中国新疆推行的“错位的‘民族解放运

① 厉声主编《中国新疆：历史与现状》，新疆人民出版社，2004，第167～168页。

动’”①。这些思潮为新疆分裂主义势力所利用，先后成为于1933年和1944年分别在喀什噶尔与伊犁建立两个分裂政权的思想武器。这两个伪政权的建立都影响到英国与中国新疆关系，特别是前一个分裂政权的影响尤为引人注目。

英国档案资料表明，民国时期英国对中国新疆的政策主线是支持中国政府在新疆建立一个强有力的政府，维持对新疆的主权。此主题在不同阶段为英国政府外交部一再提及，也贯穿英国驻喀什噶尔总领事馆和驻迪化领事馆的整个时期，基本上成为历任总领事和领事的首要职责。从民国时期新疆的历史来看，杨增新治新时期英国势力被用以平衡俄（苏）；金树仁时期虽然推行多元对外政策，但是英国势力也仍然是用以制衡苏联的最重要角色，英国也是金树仁最现实的可资依赖的国家；国民政府控制新疆后，英美势力共同成为国民政府制衡苏联的力量。因此，从总体上来看，在新疆的外国势力中，英国可以说始终以一种平衡力量而得以存在，起着制约作用。

当然，英国出于与俄（苏）竞争的需要，维持甚至扩大在中国新疆的势力，侵害中国主权；英国也极力维持和继续历史上所延续下来的种种特权，在政治、经济、探察和传教等方面侵害中国主权，这是我们必须看到和绝不容忽视的地方。

［本文摘录于《民国时期英国与中国新疆（1912—1949）》前言，新疆人民出版社，2008］

① 厉声主编《中国新疆：历史与现状》，新疆人民出版社，2004，第184～188页。

十九世纪后期英俄在中亚的角逐与英国侵占洪扎述论

洪扎自乾隆二十六年（1761 年）成为清朝藩属，每年到新疆向清朝进贡“沙金一两五钱”，清朝则给予丰厚回赏，并对洪扎事务进行一定管辖。同治三年（1864 年）浩罕军官阿古柏窃据新疆，洪扎与清朝的宗藩关系一度中断。光绪四年（1878 年）左宗棠率领清军收复新疆，洪扎与清朝的传统关系得以恢复。此时，新疆周边的地缘政治局势正在发生剧烈演变，俄国势力步步南下，逐渐吞并中亚广大地区；英国占据印度殖民地后，也未停止侵略扩张，试图控制整个南亚次大陆，将统治深入印度西北和阿富汗。两国势力最终相遇并展开激烈角逐。俄国和英国的侵略扩张和相互角逐改变了中亚地区的地缘政治局势和当地传统部落的命运。这些部落大多是清朝的西北藩属，此期或者完全被英俄两国吞并，或者成为两国附庸。在此形势下，洪扎也被卷入英俄角逐的旋涡中，与清朝的宗藩关系受到严重威胁。其结果，英国在光绪十七年（1891 年）侵占洪扎，经清廷极力交涉，洪扎终成中英两属之邦。洪扎与清朝的传统藩属关系表面上得以延续，实际被英国所控制。本文试就此过程加以简要梳理，对有关事件加以简要论述。

一　俄国在中亚地区及英国在印度西北地区的扩张

英国对洪扎的侵占是英国与俄国在中亚地区的侵略扩张和相互角逐引起的。进入 19 世纪后，随着英国和俄国在亚洲的侵略扩张，彼此之间的利益发生关联和冲突，于是双方逐渐在亚洲内陆地区展开争夺和角逐。19 世纪中叶以后，俄国先后吞并了波斯北部、哈萨克草原、布哈拉、撒马尔罕、费尔干纳等地区，势力扩张到帕米尔地区。此后，沙俄持续不断地派遣考察队，向中国新疆南部和后藏、坎巨提等地活动，如1887年沙俄考察家格罗姆-格尔日马伊洛兄弟考察队。

沙俄在中亚的扩张使统治印度半岛的英帝国十分不安。英国担心英属印度北部边疆的安全，历史上拿破仑曾经试图与沙俄联合从北方进攻印度。[①] 英国也在印度1857年民族大起义之后，废除了以东印度公司管治印度殖民地的方式，对印度次大陆实行直接统治。俄国在中亚逐步南下的强烈攻势使英属印度感受到严重威胁，为了防卫英属印度的安全，英国将其在印度次大陆的防御体系逐步向北和西北地区推移，企图建立从波斯、阿富汗、中国新疆南部、中国西藏到萨尔温江的漫长防护带。

印度次大陆西北地区分布着众多独立性很强的土邦，不存在统一的政权。当莫卧儿帝国强盛时，这些土邦多数臣服于莫卧儿帝国的皇帝。18世纪中叶，莫卧儿帝国走向衰落，该地区大多被阿富汗人占领。18世纪中后期，锡克政权在旁遮普地区崛起，驱逐了阿富汗人，将被占领的地区纳入其统治下，并且扶植查谟的道格拉人贵族古拉伯·辛格为查谟王公。古拉伯·辛格野心勃勃，逐渐壮大自己的势力，先后于19世纪30年代和40年代吞并了北方的拉达克和巴尔提斯坦，并试图摆脱锡克政权的束缚。1839年，锡克君主兰吉特·辛格去世，锡克政权开始衰弱，英国东印度公司趁机扩张到旁遮普地区。古拉伯·辛格投靠英国，英国东印度公司也拉拢古拉伯·辛格，一起削弱锡克人的势力，并最终消灭了锡克政权。英国人将从锡克人手中得到的克什米尔等地转卖给古拉伯·辛格，扶植其建立起克什米尔土邦。事后，英国逐步加强对克什米尔的控制，先是利用其搜集中亚和中国新疆地区的情报，并以其作为与上述地区贸易的通道；后来又向克什米尔统治下的斯利那加、列城、吉尔吉特等地派遣驻扎官，一方面干涉和控制克什米尔的内政和经济，另一方面加强英属印度西北地区的防务。1867年英属印度政府（以下简称“英印政府”）向拉达克首府列城派遣特派员，1877年，又在邻近洪扎和帕米尔的吉尔吉特设立政治代理处，1881年因形势变化而撤销。19世纪80年代，英印政府开始帮助克什米尔训练现代化的军队，并将英军派驻吉尔吉特，以受训过的精锐的克什米尔

---

① Gerald Morgan, *Anglo - Russian Rivalry in Central Asia*: *1810 - 1895*, London, Frank CASS and Company Limited, 1981, pp. 6 - 9.

部队驻防该地。最终，1889 年，英印政府以克什米尔大君管理无能为名，剥夺其权力，成立一个政务委员会，由英印政府驻扎官员领导。这样，英国全面接管了克什米尔事务，克什米尔完全被英国控制。[①] 与此同时，英国也将阿富汗变为其附属国。

二　英国和俄国《格伦威尔－戈尔恰科夫协定》

沙俄在中亚的南下和英帝国在南亚次大陆的北进，使双方的关系趋于紧张。沙俄的强大攻势对阿富汗和英属印度构成严重威胁，英国自感无力抵抗沙俄的势力，希望能够缓和这种局势，通过谈判与沙俄划分各自在中亚的势力范围。从 1869 年开始，英国和沙俄先后多次进行谈判，最终于 1873 年达成协议，双方同意在俄占中亚与英属印度之间建立一个缓冲地带，俄国确保希瓦汗国和布哈拉汗国的独立，英国则维持阿富汗和“阿古柏政权”的独立，并以东起萨雷库里湖、西至和扎萨赖，以奥克苏斯河（阿姆河上游）及其上游喷赤河和帕米尔河作为阿富汗的北部边界线，这就是英俄《格伦威尔－戈尔恰科夫协定》。

英俄《格伦威尔－戈尔恰科夫协定》表明沙俄不反对英国主张的巴达克山和瓦罕地区属于阿富汗北部领土。[②] 实际上，该协议只是 1869 年至 1873 年英俄谈判过程中达成的口头声明，是对阿富汗的北部边界的大致确认，并没有签订具体的条款，也没有划定明确的边界线。[③] 日后，随着形势的演变，英国抛弃了该协议；但是俄国却坚持以该协议作为划分阿富汗北部边界的原则，并且将其表述为以喷赤河来划分英俄势力范围的界线，即“格伦威尔－戈尔恰科夫线”。对于俄国这样理解《格伦威尔－戈尔恰科夫协定》，英国一直拒绝认可，因为该协议并没有将喷赤河右岸的地区划为俄国的势力范围。[④]

---

① 李强：《英属印度西北边疆政策和中国西部边疆危机》，博士学位论文，暨南大学，2005，第 145 页。

② H. 兰斯代尔（H. Lansdell）：《穿越中亚》（*Through Central Asia*），附录，伦敦，1887。

③ 许建英：《近代英国和中国新疆（1840—1911）》，黑龙江教育出版社，2004，第 364～365 页。

④ 许建英：《近代英国和中国新疆（1840—1911）》，黑龙江教育出版社，2004，第 365 页。

三　英俄在帕米尔地区的角逐及对帕米尔周边地区的考察

1878 年初，左宗棠率领清军收复南疆，“阿古柏政权”败亡，清朝的影响力重又回到中亚地区。1878 年 11 月，英国发动第二次阿富汗战争，迫使阿富汗沦为英国附庸。这样，英俄《格伦威尔－戈尔恰科夫协定》的基础不复存在。1882 年，英国要求与俄国就中亚的势力范围重新进行谈判，俄国坚持以《格伦威尔－戈尔恰科夫协定》作为划分基础，以喷赤河作为俄国的南部边界，英国不予同意。1883 年底，英国唆使阿富汗占领了什克南和罗善，并占据瓦罕，进入帕米尔东部，试图封锁俄国从中亚到达印度的通道。俄国迅速做出反应，立即在中亚对英国采取攻势，于 1884 年 2 月占领谋夫，威胁阿富汗的西北地区。同时，1883 年，俄国开始与中国勘定中国新疆喀什噶尔与俄属费尔干纳省的边界，于 1884 年按照“现管”原则签订了《中俄续勘喀什噶尔界约》，强迫清政府接受沙俄在阿古柏窃据新疆时期强占的中国新疆领土，并将双方的边界划到乌孜别里山口，还规定俄国的边界线自乌孜别里山口转向西南，中国的边界线则自乌孜别里山口一直向南，而乌孜别里山口以南属于清朝管辖的帕米尔地区被划为“待议区”。[①] 俄国通过《中俄续勘喀什噶尔界约》从帕米尔地区切开了一条进入英属印度的口子，化解了英国试图利用阿富汗占领帕米尔西部地区来封锁俄国从中亚南下印度通道的谋略，给英属印度造成极大威胁，这势必使英国回到《格伦威尔－戈尔恰科夫协定》的基础上重新与俄国划分中亚的势力范围。[②]

19 世纪 80 年代以后，英俄两国都集中展开对帕米尔地区、兴都库什山东段及新疆南部地区地形、道路及山口的考察，为各自的侵略扩张及日后的勘界做准备。俄国的考察活动最初主要在阿姆河沿线进行，1884 年开

① 许建英：《近代英国和中国新疆（1840—1911）》，黑龙江教育出版社，2004，第 366～367 页；李强：《英属印度西北边疆政策和中国西部边疆危机》，博士学位论文，暨南大学，2005，第 154～156 页。

② 张大军：《新疆风暴七十年》第 4 册，台北，兰溪出版有限公司，1980，第 1754 页；李强：《英属印度西北边疆政策和中国西部边疆危机》，第 156 页。

始转向帕米尔地区。1884 年至 1887 年，俄国探险家格罗姆—格尔日马伊洛兄弟勘测了一直到兴都库什山的整个帕米尔地区。[①] 英国也在从事同样的工作。1885 年，为了尽快勘定阿富汗东北部的边界，英印政府总督杜弗林勋爵（Lord Dufferin）分别派遣由驻拉达克专员伊利亚斯（Ney Eliyas）和洛克哈特上校（Colonel Lockhart）率领的考察团去调查帕米尔和兴都库什山东段的地形和道路，并测绘地图。伊利亚斯考察团勘测了从新疆莎车（即叶尔羌）一直到巴达克山伊什卡希姆（Ishkashim）的通道和山口，探明中国、俄国、瓦罕、巴达克山之间的边界。洛克哈特使团则前往奇特拉尔，建立起英印政府与奇特拉尔统治者之间的友好关系，并勘测了翻越兴都库什山进入奇特拉尔的各山口和道路。与此同时，李奇微上校（Colonel Ridgeway）带领的勘界委员会也被派到阿姆河上游勘测阿富汗在此的边界。[②] 经过这些勘测活动，英印政府发现自身在阿姆河上游和帕米尔地区处于不利的境地，因为阿富汗国王在这里的统治很不稳固，并且帕米尔西部地区瓦罕、巴达克山、罗善、什克南、达尔瓦兹等土邦大部分分布在俄国坚持的《格伦威尔 - 戈尔恰科夫协定》分界线的俄国部分。英国试图重新与俄国划分阿富汗东北边界的立场发生动摇，只得做出让步，于 1887 年与俄国签订阿富汗东北以赫里卢德河至喷赤河一线为界的议定书，从形式上确认了在阿姆河上游按照《格伦威尔 - 戈尔恰科夫协定》划界的原则。[③] 英俄 1887 年协议签订后，英俄双方角逐的焦点转移到帕米尔地区，与帕米尔毗邻的洪扎日益受到重视，英俄两国都想拉拢洪扎为己所用。

四　英国和俄国在洪扎的活动

英国对洪扎觊觎已久，早在英印政府开始控制克什米尔时已经对洪扎产生兴趣。克什米尔王国建立后，多次入侵洪扎，并于同治四年（1865 年）左右迫使洪扎名义上臣服于自己。此后，洪扎王每年向克什米尔大君

① G. J. Alder, *British India's Northern Frontier*: *1865 - 95*, London, Longmans Green Co. Ltd., 1963, p. 217；李强：《英属印度西北边疆政策和中国西部边疆危机》，第 156 页。

② 李强：《英属印度西北边疆政策和中国西部边疆危机》，第 156 ~ 157 页。

③ 李强：《英属印度西北边疆政策和中国西部边疆危机》，第 158 页。

进献20盎司沙金、两匹马、两只细狗等贡物，克什米尔大君则每年给予洪扎王1500卢比的补助金。[①] 英印政府认为，既然克什米尔是英国的臣属，洪扎又臣服于克什米尔，洪扎自然也是英国的臣属。以此为由，英印政府试图占领洪扎，以其作为与俄国在中亚地区进行争夺的据点。[②] 但是洪扎王一直对英国持不合作甚至敌视的态度，并与俄国发展暧昧关系。1884年《中俄续勘喀什噶尔界约》将乌孜别里山口以南属于中国的帕米尔地区划为"待议区"，俄国可以通过这一"空缺"直接进入洪扎，威胁英属印度。洪扎成为英属印度西北边界上一个极为薄弱的环节，英印政府控制洪扎的企图更加强烈。

光绪十二年（1886年），英印政府拟议修筑一条公路经过洪扎直达帕米尔，于是派遣洛克哈特上校率领考察团访问洪扎。洛克哈特考察团从吉尔吉特进入洪扎，与洪扎王艾赞木汗（Mohammad Ghazan Khan Ⅰ）进行谈判，想要穿行洪扎进行考察，遭到艾赞木汗的百般刁难。最终，双方谈妥，洛克哈特以向艾赞木汗支付一大笔资金，并赠送艾赞木汗及其儿子和大臣们金钱、武器、锦缎、呢绒等众多物品为代价拿到穿行洪扎的通行证。据估计，洛克哈特赠送给洪扎贵族的礼品至少价值三万卢比。同时，为了考察团的安全，洛克哈特将艾赞木汗之子穆罕默德·纳辛汗（Mohammad Nazim Khan）及洪扎首相之子作为人质送往吉尔吉特。尽管如此，考察团仍然在洪扎遇到重重阻碍。艾赞木汗逮捕了陪同考察团的一些脚夫，并将其卖给帕米尔的柯尔克孜人和萨雷阔勒人；艾赞木汗还容许居民恣意偷窃考察团的财物，对考察团的食宿收取高昂费用。[③]

洛克哈特考察团在洪扎时，还与艾赞木汗就修筑公路的问题进行谈判，艾赞木汗要求以归还查尔特要塞及其附近村庄为条件。查尔特与邻近

① 胡祥镂辑《帕米尔辑略》，"棍杂"条，中国西北文献丛书编辑委员会主编《中国西北文献丛书·二编》第2辑，甘肃省古籍文献整理编译中心编《西北史地文献》第14卷，第349页；〔德〕艾尔门特罗德·米勒—斯特勒里查特：《罕萨与中国的贡属关系》，朱炳耀译，《中国边疆史地研究导报》1989年第2期，第32页；许建英：《近代英国和中国新疆（1840—1911）》，第393页。

② 张大军：《新疆风暴七十年》，第1753页。

③ 关于洛克哈特考察团在洪扎的遭遇，见勃·柳·格罗姆勃切夫斯基《我们在帕米尔的利益》，甘肃师范大学历史系编印、袁席箴译《帕米尔资料译丛》，1979年油印本，第6页。关于穆罕默德·纳辛汗做人质的情况是陆水林先生从巴基斯坦乌尔都文著作中看到后，告知笔者的，特此致谢。

的查普罗特两个要塞是吉尔吉特、洪扎和那噶尔三个部落交界的险要据点，三方对两地一直争夺不休。那噶尔借助克什米尔的力量夺得两地，并交由克什米尔军队驻守。洛克哈特答应艾赞木汗的要求，劝导那噶尔撤离在查尔特及其附近地区的军政人员。正值此时，1886 年，洪扎发生政变，艾赞木汗被其长子赛必德哎里汗（Safdar Ali Khan）所杀，赛必德哎里汗继承洪扎王位。由于艾赞木汗容许洛克哈特考察团入境，并表现出与英国人合作的姿态，洪扎内部敌视英国的势力形成以艾赞木汗长子赛必德哎里汗及首相达杜为首的强大反对派，他们乘机谋杀了艾赞木汗。[①] 政变发生后，赛必德哎里汗立即将此事禀报清朝驻喀什噶尔官员，清朝对赛必德哎里汗继位予以承认，并赏给四品顶戴花翎。[②] 赛必德哎里罕汗借此巩固了权位，稳定了境内秩序。光绪十四年（1888 年），洪扎和邻邦那噶尔联合起来，一致对敌。两部不满于英国殖民者对其内政的干涉，合力将克什米尔在查尔特和查普罗特的驻军驱逐出境，占领两要塞。不久，吉尔吉特的克什米尔军队重新占领查尔特和查普罗特。

1887 年，在帕米尔地区探险的俄国格鲁姆 - 格尔日马伊洛兄弟潜入新疆叶尔羌河上游和洪扎河谷，考察了从帕米尔和喀喇昆仑山西段进入印度的道路和山口。当年，俄国皇家地理学会又派遣格罗姆切夫斯基上尉（Captain Gromchevsky）率领“帕米尔考察团”前往帕米尔、新疆南部、后藏及洪扎等地从事考察活动。[③] 趁英国与洪扎的关系陷入紧张之际，1888 年秋，经俄国陆军大臣批准，格罗姆切夫斯基考察团进入洪扎。[④] 洪扎王赛必德哎里汗在王宫中接见了格罗姆切夫斯基一行，赛必德哎里汗为了获得俄国的军事援助，向格罗姆切夫斯基表示愿意效忠俄国，试图依靠俄国来抵御英国。格罗姆切夫斯基以自己不负有政治使命，建议赛必德哎里汗去找俄国驻喀什噶尔的领事。赛必德哎里汗便派遣使团携带给俄国驻喀什噶尔领事、俄属突厥斯坦总督及俄国外务大臣的亲笔信前往喀什噶尔，俄

---

① 张大军：《新疆风暴七十年》，第 1754 页；勃·柳·格罗姆勃切夫斯基：《我们在帕米尔的利益》，甘肃师范大学历史系编印、袁席箴译《帕米尔资料译丛》，第 6 页。

② （清）刘锦棠：《刘襄勤公奏稿》，《请赏坎巨提头目翎顶片》，沈云龙主编《近代中国史料丛刊》第 24 辑，台北，文海出版社印行，第 1639 ~ 1640 页。

③ 吕一燃主编《中国近代边界史》上卷，四川人民出版社，2007，第 457 页。

④ 勃·柳·格罗姆勃切夫斯基：《帕米尔诸汗国的政治现状及其同克什米尔的边界》，甘肃师范大学历史系编印、袁席箴译《帕米尔资料译丛》，第 25 页。

国驻喀什噶尔的领事扣留了洪扎王的信件，洪扎王未能如愿。[①] 根据英国人的报道，洪扎王与格罗姆切夫斯基达成了一项协议，允许俄国在洪扎首府巴勒提特设立一个哨所，并帮助洪扎训练一支军队，以对付英国人。[②]

俄国在帕米尔、兴都库什山、喀喇昆仑山尤其是在洪扎的活动引起英国的警惕。1888 年，英国整顿和加强了在兴都库什山南部的军力。1889 年，英印政府在吉尔吉特重新设立政治代理处，英国外务大臣莫提梅·杜兰德爵士（Sir Mortimer Durand）的兄弟艾吉农·杜兰德上尉（Captain Algernon Durand）被任命为政治代表，一支 6000 人的克什米尔守备军被派遣到吉尔吉特驻防，以监视洪扎和那噶尔。[③] 并且，英印政府开始修筑连接吉尔吉特与克什米尔首府斯利那加的公路。[④] 杜兰德上尉被任命为吉尔吉特政治代表后，率领考察团前往洪扎，洪扎王赛必德哎里汗拒绝考察团入境。于是，英印政府派遣了一支庞大的克什米尔部队开赴吉尔吉特与洪扎边界，英国人以战争相要挟，坚持入境。洪扎王不得不在巴勒提特接见了杜兰德考察团。结果，双方达成协议，洪扎和那噶尔表示愿意接受英印政府的辖制，允许来访的英印官员自由通行境内，并承诺停止在莎车商道及其他各地的抢劫活动；洪扎和那噶尔王除了继续享受克什米尔君主馈赠的 1500 卢比补助金，另外分别获得英印政府给予的 2000 卢比补助金。为了笼络洪扎王，使其顺从英国，赠予洪扎王的补助金后来又增加 500 卢比。英印政府还邀请洪扎王访问英国，但是被洪扎王拒绝。[⑤]

1889 年夏，英印政府派遣荣赫鹏（Francis Younghusband，即杨哈斯班）去调查从帕米尔和喀喇昆仑山进入洪扎的道路和山口，荣赫鹏在叶尔羌河上游遇到在此活动的格罗姆切夫斯基考察团及其哥萨克骑兵。完成任务后，荣赫鹏经洪扎回到印度。

---

① 勃·柳·格罗姆勃切夫斯基：《我们在帕米尔的利益》，甘肃师范大学历史系编印、袁席箴译《帕米尔资料译丛》，第 2～3 页。

② G. J. Alder, *British India's Northern Frontier*: *1865 – 95*, p. 160.

③ G. J. Alder, *British India's Northern Frontier*: *1865 – 95*, p. 160; E. F. Knight, *Where Three Empires Meet*, New York and Bombay, 1897, p. 316.

④ C. P. Skrine & Pamela Nightingale, *Macartney at Kashgar*, Methuen, 1973, p. 14; E. F. Knight, *Where Three Empires Meet*, p. 286.

⑤ 勃·柳·格罗姆勃切夫斯基：《我们在帕米尔的利益》，甘肃师范大学历史系编印、袁席箴译《帕米尔资料译丛》，第 8 页，张大军：《新疆风暴七十年》，第 1755 页。

五 英国和俄国在帕米尔地区争夺的白热化

为了将俄国的势力阻挡在帕米尔北部，封锁其从帕米尔地区南下的通道，光绪十六年（1890 年）夏，英印政府指使一支小规模的阿富汗武装分队入侵清朝管辖下的阿尔楚尔帕米尔，攻占了位于伊西洱库尔湖西部苏满塔什的一个卡伦。8 月，英印政府又派遣荣赫鹏和马继业（George Halliday Macartney）到莎车与清朝驻当地官员交涉中国与阿富汗在帕米尔地区的边界，同时分别通过清朝驻英公使和英国驻华公使向清廷提出交涉。清廷认为“英俄皆属强邻，帕米尔近接俄疆，恐启争端”[①]，不愿与英国在帕米尔地区勘界，并且指出阿尔楚尔帕米尔是中国领土，责令英国将阿富汗军队从苏满塔什撤走。9 月，英印政府以调查阿富汗与中国在帕米尔地区的主权行使情况为由，再次派遣荣赫鹏进入帕米尔进行考察，荣赫鹏游历了塔格敦巴什、和什库珠克和阿尔楚尔等帕米尔后，于 11 月回到喀什噶尔。[②]

阿富汗军队入侵苏满塔什和荣赫鹏在帕米尔的游历引起俄国的不安。光绪十七年（1891 年）七月，俄国最终决定派遣杨诺夫上校（Colonel Yanov）带领骑兵、步兵和炮兵共一百多人侵入帕米尔地区。俄军一路南下，先后进犯朗库里、阿克塔什、阿尔楚尔、塔格敦巴什、布才拱巴什等地。在此过程中，杨诺夫率领骑兵越过兴都库什山窜入雅辛河流域，最后折回瓦罕。在塔格敦巴什与阿克塔什边界的毕依比山口，俄军竟贴告示，招抚当地的中国柯尔克孜人，宣称当地已经归属俄国。在苏满塔什，俄军甚至强迫当地的中国驻军撤离，并劫走了乾隆皇帝平定西域纪功碑。针对俄国的上述行动，英印政府立即派遣荣赫鹏和戴维森中尉分别前往布才拱巴什和苏满地区监察俄军的活动。两人在当地遭到杨诺夫的驱逐，被迫返回印度。在清廷的一再抗议下，俄军才在 9 月撤离。俄军驱逐荣赫鹏等人的行为遭到英国政府的强烈抗议，英国政府指出苏满塔什并非俄国领土，否认俄国对帕米尔地区的权益。随即，英国唆使阿富汗军队

① 中国第一历史档案馆编《光绪朝朱批奏折》第 111 辑，《外交 · 坎巨提》，光绪十八年七月十八日《奕劻等奏为筹办新疆西南边外情形折》，中华书局，1996，第 314 页。

② 吕一燃主编《中国近代边界史》上卷，第 458 ~ 459 页；李强：《英属印度西北边疆政策和中国西部边疆危机》，第 160 页。

占领苏满塔什。

六　英军入侵洪扎

英俄在帕米尔的竞争凸显洪扎与那噶尔的重要性，而洪扎与那噶尔内部对英俄的态度加重英国的疑虑。自1889年与英国达成协议后，洪扎和那噶尔虽然接受克什米尔和英印政府的补助金，但并未遵守协议。协议签订不久，洪扎王赛必德哎里汗就暗中派遣使者前往中亚地区寻求俄国军事援助，但因当时俄国政府并不愿与英国公开交恶，洪扎王的要求未能实现。[①] 对于洪扎和那噶尔违背协议、背叛英国的行为，英印政府十分恼火。洪扎和那噶尔决定先发制人，于1891年5月联合进攻查尔特要塞，并截留时在帕米尔考察的荣赫鹏与吉尔吉特英印官员的往来信件。[②] 同年11月，英国军官杜兰德上校写信给洪扎王和那噶尔王，再次要求开通经洪扎到帕米尔的道路，以便进入帕米尔防御俄军。洪扎王和那噶尔王拒绝英国人的要求，侮辱来使，还聚集部众，积极整军备战。英国遂决定以武力侵占坎巨提，确保对其控制。

英国经过艰苦的准备，由杜兰德上校负责进攻坎巨提。英国的进攻并不顺利，遭到洪扎和那噶尔的激烈反抗，杜兰德本人受伤。1891年12月1日，杜兰德上校率领驻扎在吉尔吉特的军队侵入那噶尔，从那噶尔进攻洪扎。[③] 直到12月20日，英军才攻入洪扎王宫所在地巴勒提特，洪扎王和那噶尔王率家眷、部众400余人逃往中国新疆的塔什库尔干境内。英军派遣军队追击，但是并没有追上。随后几天内，英军占领洪扎和那噶尔全境。[④] 此后，英军将600名步兵驻守在洪扎和那噶尔，由陶谢德（Townshend）任长官，其余部队于1892年1月7日离开洪扎撤回吉尔吉特。[⑤]

① 张大军：《新疆风暴七十年》，第1755页。

② E. F. Knight, *Where Three Empires Meet*, pp. 353 – 354.

③ E. F. Knight, *Where Three Empires Meet*, p. 384.

④ E. F. Knight, *Where Three Empires Meet*, pp. 443 – 451.

⑤ E. F. Knight, *Where Three Empires Meet*, p. 515；中国第一历史档案馆藏《军机处汉文录副奏折》，民族类，003 – 165 – 8128 – 43，000633 – 000634，《陶模奏英兵入坎巨提头目逃窜各缘由折》。

七　洪扎成为中英两属之邦

从1761年至1891年，洪扎臣属清朝成为藩属已经130年，清朝对洪扎拥有宗主权和管辖权，不能容忍英国侵占洪扎，尽其所能维护自身权益。早在1891年夏秋，英国人在吉尔吉特边界修筑炮台防御洪扎和那噶尔，洪扎王赛必德哎里汗就派遣使者到喀什噶尔告急。当时，清朝驻英公使薛福成曾就此事质询英国外务部。[①] 1891年12月，英军侵入那噶尔，洪扎与那噶尔联合抗拒英军。洪扎王自知力量单薄，遣使到喀什噶尔求援。洪扎使臣尚未返回，洪扎处境已经危急。洪扎王再次遣使奔赴喀什噶尔告急求援。[②] 但由于英军攻势猛烈，清政府及新疆地方尚未及采取有效举措，洪扎和那噶尔即被英军占领，洪扎王和那噶尔王只得率众出逃新疆。[③]

清政府在英军入侵时虽未能及时给予洪扎援助，但是对于英军入侵洪扎，清政府反应非常强烈，得知消息后，积极进行交涉和处理，以图挽回局面和损失。当时署喀什噶尔道员李宗宾接到洪扎告急求援消息，迅速禀报新疆巡抚陶模。[④] 陶模闻知后，一面向总理衙门发电报筹商应对措施，一面命提督董福祥派遣官兵前往塔格敦巴什安置洪扎与那噶尔逃众。为防范英军进一步入侵，董福祥派遣骑兵防守色勒库尔、帕米尔一带边界卡伦。[⑤] 同时，陶模又照会英军领兵官及英属印度总督，质问英军入侵缘由，并于光绪十八年正月初七日（1892年2月5日）将情况电告总理衙门。[⑥]

---

① 中国第一历史档案馆编《光绪朝朱批奏折》第111辑，《外交·坎巨提》，光绪十八年闰六月十九日《出使大臣大理寺卿薛福成折》，第313页。

② （清）王树枬编纂《新疆国界图志》卷5，《坎巨提旧头目赛必德哎里供单》，陶庐丛刻二十三，宣统元年（1909）十月刊行，第17~18页。

③ E. F. Knight, *Where Three Empires Meet*, p. 443 – 451.

④ 《军机处汉文录副奏折》，民族类，003 – 165 – 8128 – 43，000633 – 000634，《陶模奏英兵入坎巨提头目逃窜各缘由折》，中国第一历史档案馆藏。

⑤ 《军机处电报档汇编》，2 – 02 – 12 – 018 – 0008，004 – 0592，《收新疆巡抚陶模电，为坎巨提部逃亡者暂住卡外并照会英方询问事》，中国第一历史档案馆藏；《军机处汉文录副奏折》，民族类，003 – 165 – 8128 – 43，000633 – 000634，《陶模奏英兵入坎巨提头目逃窜各缘由折》，中国第一历史档案馆藏。

⑥ 《军机处电报档汇编》，2 – 02 – 12 – 018 – 0008，004 – 0592，《收新疆巡抚陶模电，为坎巨提部逃亡者暂住卡外并照会英方询问事》，中国第一历史档案馆藏。

总理衙门接报后，1892 年 2 月 13 日电告清朝驻英公使薛福成，要求薛福成就此事与英国外务部进行交涉。[①] 1892 年 2 月 17 日，薛福成带领驻英使馆英文参赞马格里到达英国外务部，向英国首相兼外务大臣索力斯伯里（Salisbury）、外务副大臣山特生、英国印度事务部副大臣贝雷质询英军入侵缘由和意图。[②] 此后，为进一步解决有关问题，薛福成又先后于 2 月 22 日和 3 月 5 日到英国外务部进行交涉。经过薛福成与英国外务部的三次交涉，清政府与英国政府达成基本协议。英国原以为清政府对洪扎这种小部落必定“度外置之”[③]，不予重视，更不会采取有力举措与英国力争，一度否认洪扎与清朝的宗藩关系，企图完全占领洪扎。出乎英国所料，清政府坚持洪扎为中国属国并力求派员册立洪扎新王，维护对洪扎的权益。英国不得不让步，承认中国对洪扎保有宗主权，同意由清政府派员和英国政府共同册立洪扎新王。清政府通过交涉，维持了洪扎对中国的属国地位及中国对洪扎事务的管辖权，并为此后中国干预洪扎王位更替留下余地。但是清政府也做出重大让步，承认了英国对洪扎的宗主权，接受了洪扎成为中英两属之邦，并默认了英国对洪扎的实际占领。[④]

光绪十八年七月二十五日（1892 年 9 月 15 日），清朝喀什噶尔驻军都司张鸿畴、阜康县知县田鼎铭一行，与英国驻吉尔吉特政治代表罗伯特森少校（Major Robertson，旧译热布生）在洪扎首府共同册立赛必德哎里汗之弟穆罕默德·纳辛汗为洪扎新王。洪扎旧王赛必德哎里汗及其家眷则被清朝安置在新疆，落户为民。[⑤]

---

① 《军机处电报档汇编》，2 - 02 - 12 - 018 - 0022，《发出使英国大臣薛福成电，为查明新疆坎巨提部与英交战缘由事》，中国第一历史档案馆藏。

② 薛福成：《论英兵入坎巨提意在谋帕米尔书》，丁凤麟、王欣主编《薛福成选集》，上海人民出版社，1987，第 354 页。

③ 中国第一历史档案馆编《光绪朝朱批奏折》第 111 辑，《外交·坎巨提》，光绪十八年闰六月十九日《出使大臣薛福成奏为坎巨提回部被英兵攻击与英外部商议中英两国会立坎巨提头目折》，第 313 页。

④ 关于清朝驻英公使薛福成就英国入侵洪扎一事与英国外务部进行的三次交涉详情，见许建英、陈柱《清政府对英国侵占洪扎的交涉及有关问题的解决》，《社会科学研究》2013 年第 5 期，第 159 ~ 162 页。

⑤ 关于清朝对洪扎旧王赛必德哎里汗等逃众的处置及对洪扎新王的册立，见许建英、陈柱《清政府对英国侵占洪扎的交涉及有关问题的解决》，第 162 ~ 164 页。

八 结语

英国侵占洪扎及洪扎与清朝宗藩关系的剧变，是西方列强为建立亚洲新秩序对中国传统宗藩体制挑战的结果，是亚洲局势变迁和中亚地区地缘政治形势演变的产物。它反映出西方资本主义列强在亚洲的侵略与扩张，反映出中国在清朝后期的衰弱及对中亚地区传统影响力的衰退。19 世纪中叶以前，清朝统治下的中国几乎是整个东亚世界的中心，以清朝皇帝为核心的庞大的同心圆式的宗藩体系是当时亚洲东部国际关系的主要形式。清朝不但在边疆地区拥有众多藩部，而且在周边地区散布着众多属国和属部。随着资本主义列强在亚洲的侵略扩张，19 世纪中叶以来，清朝周边的属国和属部逐渐丧失，日本吞并琉球，法国占领越南，英国侵占缅甸和廓尔喀，拉达克被克什米尔兼并成为英国附庸，哈萨克和布鲁特则基本被沙俄蚕食。这些政权或部落最终完全脱离与清朝的宗藩关系，沦为列强的殖民地或附庸。至 19 世纪晚期，洪扎成为清朝除朝鲜之外唯一的属部，但仍未免被英国侵占的命运。

在不断遭受列强侵略的过程中，清朝统治下的中国也从传统帝国向近代国家转变。对近现代国际关系和主权国家观念懵懂无知的清帝国逐渐觉醒，开始增长主权国家和领土主权意识，并对近现代国际关系的基本原则日益了解。不幸的是，清帝国的这种觉醒似乎来得太迟，其沦丧的领土和主权已经太多，属国和属部几乎全部丧失，洪扎成了唯一剩下的属部。有鉴于此，当英国入侵洪扎后，清政府一反常态地积极进行争夺和交涉，不肯放弃对洪扎的宗主权和管辖权。英国本以为只要像往常在其他地方那样制造占领洪扎的既成事实，清政府就不得不接受现实，放弃洪扎。但是，清政府的反应和做法大出英国所料，对在洪扎的权益丝毫不肯放弃，据理力争，坚持不懈。然而，由于清朝处理国际关系的方法和策略仍然十分不成熟，加之国家贫穷虚弱，清朝仍然不得不对英国做出妥协，承认英国对洪扎的部分宗主权，洪扎也由专属中国变为中英两属之邦。清朝丧失了对洪扎的专有宗主国地位，但是仍保持了对洪扎的部分权益，洪扎与中国的传统宗藩关系仍在形式上维持下来，并一直延续到民国时期。

（原刊于《云南师范大学学报》2015 年第 6 期，与陈柱合著）

清政府对英国侵占洪扎的交涉及有关问题的解决

洪扎（Hunza）在中国文献中又被称为乾竺特、坎巨提（Kanjut）、棍杂等，位于今中国新疆西南巴基斯坦吉尔吉特—巴勒提斯坦（Gilgit - Baltistan）的北部，是连接中国、中亚、南亚和西亚的一个枢纽，有着重要的战略地位，历史上与中国的关系十分密切。乾隆二十六年（1761 年），洪扎向清朝称臣纳贡，成为中国的属国。自此，除少数年份，洪扎每年向清朝进贡“沙金一两五钱”。19 世纪中叶后，英国和俄国在中亚展开大角逐。1891 年 12 月，英国以防备俄国南下入侵英属印度为名，借口洪扎阻碍英国修筑经其境内通往帕米尔的道路，入侵并占领洪扎及其邻邦那噶尔。

英国侵占洪扎对洪扎与清朝的传统关系造成巨大冲击，清政府对英国的侵略行径深感震惊。为维护对洪扎的权益，清政府竭力与英国进行交涉，据理力争，但是终因内忧外困，力量悬殊，又不谙外交，不得不承认洪扎为中英两属。本文以中文档案为基础，结合其他文献资料，较为详细地考察了清政府对英国侵占洪扎的交涉过程。

一　清政府对英国入侵洪扎的反应

作为洪扎的宗主国，清政府积极保护自身及洪扎的权益，一开始就英国入侵做出及时反应。早在 1891 年夏秋，英国人在吉尔吉特边界修筑炮台防御洪扎及其邻邦那噶尔，洪扎王赛必得哎里罕（Safdar AliKhan）曾派遣使者到喀什噶尔告急。[①] 清朝驻英公使薛福成就此事质询英国外务部。英

① 出使大臣大理寺卿薛福成折（光绪十八年闰六月十九日），中国第一历史档案馆编《光绪朝朱批奏折》第 111 辑，《外交·坎巨提》，中华书局，1996，第 313 页。

国外务部告知薛福成，英国在洪扎边境修筑炮台并非想侵略洪扎，只是为了防御俄国，因当时俄军正在帕米尔地区游弋。[①] 薛福成就此事质询英国政府应是秉承清政府的旨意办理的。

光绪十七年十一月初一日（1891 年 12 月 1 日），英军侵入那噶尔，洪扎与那噶尔联合据险对抗英军。洪扎王赛必得哎里罕自知势力单薄，派遣使者代尔乌希到清朝驻喀什噶尔提督和道员两处请求援助，希望清政府资助铅丸弹药。代尔乌希尚未返回，洪扎已经处境危急，洪扎王又相继派遣库吉更奇和阿拉宛提两人奔赴喀什噶尔告急，请求喀什噶尔地方官派兵救援。[②] 但是英军攻势猛烈，清廷及新疆地方政府尚未来得及采取有效举措，洪扎和那噶尔即被英军占领，赛必得哎里罕和那噶尔王乌孜尔汗（Raja Uzr Khan）率众逃往新疆。[③]

清政府对英军侵占洪扎反应强烈，态度鲜明。得知消息后，清政府积极交涉，以图挽回局面。当时署喀什噶尔道员李宗宾接到洪扎告急求援的消息后，立即将情况及时禀报新疆巡抚陶模，筹商办理措施。[④] 陶模接报后，先后向总理衙门发电文禀明情况，商议解决办法。光绪十七年十二月初五日（1892 年 1 月 4 日），陶模接到喀什噶尔道官员送来的报告，得知英军与洪扎、那噶尔交战经过及洪扎、那噶尔部众逃至新疆塔格敦巴什卡伦外的情况后，饬令提督董福祥派遣官兵前往塔格敦巴什，暂时将洪扎与那噶尔逃众安置在塔格敦巴什卡伦外。由于洪扎邻近大小帕米尔，为防范英军进一步入侵，董福祥又派遣骑兵分别驻扎在色勒库尔、帕米尔一带边界卡伦，严密防守，并要求遇到英军必须按照国际关系条约

---

① 薛福成：《（光绪十七年）七月十七日递天津》，《出使公牍·奏疏》卷 10，电报，沈云龙主编《近代中国史料丛刊》第 81 辑，台北，文海出版社，第 709 ~ 710 页。

② 《坎巨提旧头目赛必得哎里供单》，王树枏编纂《新疆国界图志》卷 5，《陶庐丛书刻十三》，1909 年（宣统元年）十月刊行，第 22 页。

③ E. F. Knight, *Where Three Empires Meet*, New York and Bombay, Longmans Green Co. Ltd., 1897, pp. 443 - 451；萧贻曾：《坎巨提述略》，中华民国二十五年蒙藏委员会印行，马大正主编《民国边政史料汇编》第 24 册，国家图书馆出版社，2009，第 44 页。对于清朝在洪扎遭受英国入侵、情况危急之时没有给予洪扎援助，《坎巨提述略》一书将其归咎于清朝对“外藩相争，以不过问为国策”，笔者以为并非如此，认为这主要归因于英军攻势迅猛，清廷尚未来得及采取措施。

④ 陶模奏英兵入坎巨提头目逃窜各缘由折，中国第一历史档案馆，军机处汉文录副奏折，民族类，003 - 165 - 8128 - 43，000633 - 000634。

与之理论，不得擅自动武[①]。同时，陶模照会英军领兵官及英属印度总督，向其质问英军入侵洪扎的缘由。随后，陶模于光绪十八年正月初七日（1892年2月5日）将此事电告总理衙门。[②] 次日，总理衙门给陕甘总督杨昌濬及新疆巡抚陶模发电，肯定陶模对此事办理得很妥当。[③]

此后，清朝驻英公使薛福成先后三次就英国侵占洪扎一事与英国外务部交涉，质询事情缘由，商谈解决办法，积极维护和争取清朝作为洪扎宗主国的权益。经过三次交涉，清政府与英国政府达成处理洪扎问题的基本协议。下面就这三次交涉情况加以梳理。

二　薛福成与英国外务部的三次交涉

（一）薛福成与英国外务部的第一次交涉

清朝总理衙门闻知英军入侵洪扎及洪扎王赛必得哎里罕率部众出逃新疆塔格敦巴什的消息后十分惊讶，光绪十八年正月十五日（1892年2月13日）电告清朝驻英公使薛福成，督促其与英国进行交涉。总理衙门指责英国的侵略行为，要求薛福成诘问英国外务部入侵洪扎的缘由。[④] 薛福成接到电报后，于光绪十八年正月十八日（1892年2月16日）从巴黎赶赴英国。2月17日，薛福成带领清朝驻英使馆英文参赞马格里[⑤]（Halliday Macartney）到达英国外务部，与英国首相兼外务大臣索力斯伯里（Salis-

---

① 收新疆巡抚陶模电为坎巨提部逃亡者暂住卡外并照会英方询问事，中国第一历史档案馆，《军机处电报档汇编》，2-02-12-018-0008，004-0592；陶模奏英兵入坎巨提头目逃窜各缘由折，军机处汉文录副奏折，民族类，003-165-8128-43，000633-000634。

② 收新疆巡抚陶模电为坎巨提部逃亡者暂住卡外并照会英方询问事，中国第一历史档案馆，军机处电报档汇编，2-02-12-018-0008，004-0592。

③ 发陕甘总督杨昌濬电为新疆妥办坎巨提部与英交战等事，中国第一历史档案馆，军机处电报档汇编，2-02-12-018-0010。

④ 发出使英国大臣薛福成电为查明新疆坎巨提部与英交战缘由事，中国第一历史档案馆，军机处电报档汇编，2-02-12-018-0022。

⑤ 马格里（Halliday Macartney），苏格兰人，乾隆年间率英国使团访华的马嘎尔尼（George Macartney）家族后人。第二次鸦片战争时期，马格里随英国侵略军来华，结识英国军官戈登；太平天国运动时期，在常胜军供职，后入淮军成为李鸿章幕僚，加入中国籍，长期协助李鸿章办理洋务运动。清朝在伦敦设立驻英使馆后，马格里被任命为驻英使馆英文参赞。后来长期担任英国驻中国新疆喀什噶尔领事馆总领事的马继业（George Halliday Macartney）是马格里长子，其母为太平军李秀成部将纳王部永宽侄女（或说其女）。

bury)、外务副大臣山特生、英国印度事务部副大臣贝雷交涉，质询此事。[①]

面对薛福成的质询，一方面，索力斯伯里表示英国并不想阻碍洪扎向中国进贡，也不想妨碍中国对洪扎的所有权。他称，英国修路通到洪扎与吉尔吉特边界的炮台，经洪扎修路通往帕米尔，只是为了保护英属印度西北边疆地区不被俄国侵占，也可保护中国的疆界。他声称："因疆界若无别人侵占，英国亦不欲出兴都哥士山（引者注：兴都库什山）界线之外有所举动。倘俄人于兴都哥士山界线上占一地方，则界线东之华地，亦必被俄占据，不啻撤我藩篱。"[②] 另一方面，索力斯伯里责怪中国面对俄国在帕米尔咄咄逼人的扩张态势既不在洪扎驻军，又不在洪扎采取必要的防守措施，因此英国只得亲自采取行动保护自身的疆界。另外，索力斯伯里还表示，洪扎王通报中国的情况很多都不是实情；洪扎王赛必得哎里罕轻慢英国官员，违背与英国达成的协议。他指出，英国曾经明确告知洪扎王英国修路是为守护印度门户，也是为保护洪扎；但是洪扎王坚持不与英国合作，并联合那噶尔王阻挠英国的行动，攻击修路之人，因此英国才出兵洪扎。[③]

薛福成随即对索力斯伯里宣示清朝对洪扎的立场，表示洪扎是清朝藩属，受清朝辖制，英国无论以何种理由入侵洪扎都是不对的。他称，洪扎王即使有错，英国政府也应该先与中国政府商议再采取行动，不应出兵侵占洪扎。对此，索力斯伯里声称"事机紧迫"，不能拖延等待。[④]

随后，薛福成向英国外务部官员询问英属印度政府在洪扎的修路情况。英国外务部官员竟然装作对此事一无所知，英国印度事务部副大臣贝雷声称："印度政府之意，欲筑至坎巨提城。须察看情形，或竟筑至兴都哥士山口进门处，以便扼守山口。现此路或已筑进去，或已全成，均未可定。"[⑤]

---

① 薛福成：《论英兵入坎巨提意在谋帕米尔书》，丁凤麟、王欣之编《薛福成选集》，上海人民出版社，1987，第354页。

② 《英兵入坎巨提意在谋帕米尔书》，丁凤麟、王欣之编《薛福成选集》，第354～355页。

③ 《英兵入坎巨提意在谋帕米尔书》，丁凤麟、王欣之编《薛福成选集》，第355页。

④ 《英兵入坎巨提意在谋帕米尔书》，丁凤麟、王欣之编《薛福成选集》，第355页。

⑤ 《英兵入坎巨提意在谋帕米尔书》，丁凤麟、王欣之编《薛福成选集》，第355页。

索力斯伯里询问薛福成洪扎对清朝进贡是否为“十年一贡”、每次“仅沙金一两五钱”。薛福成立即予以纠正，告知索力斯伯里洪扎对清朝进贡是每年一贡，不是“十年一贡”。他强调清朝对洪扎贡物要求不高是因为清朝对藩属十分体恤，只要藩属对清廷忠顺臣服，并不苛责贡物的多寡厚薄。[①] 索力斯伯里坚称英国无意阻碍洪扎对清朝的进贡，也不想妨碍清朝对洪扎的所有权。

关于如何处置洪扎王赛必得哎里罕，贝雷称，先前英属印度总督已来信告知，英属印度政府并不想干预洪扎内政，只因洪扎王赛必得哎里罕“弑父母、杀兄弟，罪恶多端”，所以英属印度政府决意废除赛必得哎里罕，扶立其子继位；至于当时实际情况怎样，英国外务部尚未得知。[②]

最后，薛福成表示要将这些情况告知清朝总理衙门，等总理衙门做出决议后再与英国外务部交涉。索力斯伯里补充说，英国政府对洪扎事务如何处理都要与英属印度总督商议，不能独自做出决定；英国外务部所了解的情况都是此前英属印度总督报告的，英属印度政府具体如何处理洪扎问题英国外务部还不了解。他称：“据我看来，印督或不至改易前意，且英廷苟可合中朝之意，无不竭力。”[③]

在薛福成与英国外务部的这次交涉中，英国外务部措辞既冠冕堂皇，又闪烁不定。一方面，英国外务部表示英国并不想阻碍洪扎向清朝进贡，也不想妨碍清朝对洪扎的所有权；宣称英属印度政府在洪扎境内修路既可保护洪扎，又可保护清朝疆界。另一方面，英国外务部俨然置身事外，一再强调所了解的情况都是英属印度总督此前的报告，至于当前英属印度政府如何处理洪扎事务尚未得知，既不了解英属印度政府在洪扎修路的进展，也不了解英属印度政府要如何处置洪扎王。英国外务部宣称关于洪扎问题的一切事务都要与英属印度总督商议，貌似与英属印度政府在洪扎的行动毫无干系。英国政府显然是在为争夺对洪扎的权益和全面控制洪扎保

---

① 《英兵入坎巨提意在谋帕米尔书》，丁凤麟、王欣之编《薛福成选集》，第355页。

② 《英兵入坎巨提意在谋帕米尔书》，丁凤麟、王欣之编《薛福成选集》，第355页。

③ 薛福成：《论英兵入坎巨提意在谋帕米尔书》，丁凤麟、王欣之编《薛福成选集》，第355、356页。上述薛福成与英国外务部的交涉另可见薛福成《（光绪十八年）正月十九日递北京》，《出使公牍·奏疏》卷10，电报，沈云龙主编《近代中国史料丛刊》第81辑，第715页。

留余地和制造借口。不过，英国外务部的言辞也确实表露出英国入侵洪扎的根本目的在于防御俄国南下扩张，保护英属印度的西北边疆。在这次交涉中，清政府也鲜明地表达出对洪扎的态度，即洪扎是清朝藩属，清朝对洪扎拥有宗主权和管辖权，不能容忍英国侵占洪扎。

（二）薛福成与英国外务部的第二次交涉

光绪十八年正月二十二日（1892 年 2 月 20 日），薛福成接到总理衙门回电，电文内容是：总理衙门认为洪扎归属中国已百余年，英国政府处理洪扎问题应当与中国商谈办理；对于俄军在帕米尔游弋及英国政府意欲防止俄国占领帕米尔，总理衙门已电告中国驻俄使臣许景澄责问俄国外务部。总理衙门称：洪扎归中国回疆管辖，与帕米尔事同一体，俄国现在并未占领帕米尔，英国也不应该占领洪扎；责令薛福成督促英国尽早从洪扎撤军。①

正月二十三日（2 月 21 日），薛福成再次带领马格里到英国外务部，与英国外务大臣索力斯伯里、外务副大臣山特生、印度事务部副大臣贝雷进行交涉。在这次交涉中，索力斯伯里声称英国与洪扎发生争端起因于英国想在洪扎境内修路，并反问薛福成此路是否应该修，如果英国不修，中国是否会修。索力斯伯里责难中国“凡紧要边境，平时并不防备，竟似开门待贼；直至有人经理，偏又出而阻之”。他劝告薛福成告知清廷，“坎巨提乃中英最要门户，可以直达帕米尔，不能不及早经营也!”薛福成回答说，清朝总理衙门已要求新疆地方官员在帕米尔境内设立界牌，修筑墩台，不时派兵巡逻防守；并且正在进一步探查当地实际情况，妥商防御措施。索力斯伯里称对清廷的这些举措表示满意，他希望清廷在帕米尔对俄国做好防备。②

针对总理衙门所称“坎部归中国回疆管辖，与帕米尔事同一体”，索力斯伯里承认中国对帕米尔的所有权，但是他认为洪扎与帕米尔情况不同，宣称“坎巨提服属克什弥尔已久，向听印度总督号令。其于中国不过年例进贡，沙金一事，为数甚微，似不能说与帕米尔一样”。薛福成表示，

---

① 《英兵入坎巨提意在谋帕米尔书》，丁凤麟、王欣之编《薛福成选集》，第 357 页。

② 《英兵入坎巨提意在谋帕米尔书》，丁凤麟、王欣之编《薛福成选集》，第 356 ~ 357 页。

中国对于属国，重在其是否臣属，不重贡物的轻重多寡；并且洪扎入贡中国，远在洪扎臣服于印度之前，中国不可能置之不顾，否则“于中国体面大有关碍”[①]。

索力斯伯里争辩道，中国向来对于属国的政治等事务及一切利害关系，并不经营管理，与欧洲各国的情况大不相同，“欧洲所谓属国，均有管理政治之权”。他质疑中国与洪扎的属国关系。薛福成则晓以中英俄之间的利害关系，“英若占坎巨提，俄必再入帕米尔，中国断无辞以阻之。若英专恃兵力，则英俄战争方始，亦未见两国之利也”。索力斯伯里表示将立即给英属印度总督发电要求其妥善处理洪扎问题。薛福成遵照总理衙门之命，告诫索力斯伯里：“万一坎酋有废立之事，必应会商中国办理，方昭公允。”[②] 随后，薛福成将这次交涉情形电告总理衙门。[③]

在这次交涉中，清政府对洪扎问题据理力争、不肯妥协退让的态度出乎英国所料，英国政府以清政府向来并未实际管理洪扎事务及洪扎臣属于克什米尔为由，试图设法阻挠清政府介入对洪扎问题的处理，企图独自操纵洪扎事务。

（三）薛福成与英国外务部的第三次交涉

光绪十八年正月二十七日（1892 年 2 月 25 日），薛福成致信总理衙门，就洪扎问题与英国外务部交涉情况加以总结，认为英国试图强占洪扎蓄谋已久。[④] 早在光绪十四年四月（1888 年 5 ~ 6 月），英属印度所属的一个部落入侵洪扎，试图夺取洪扎占领的查普罗特（Chaprot）要塞。而洪扎联合那噶尔一同抵抗入侵，并向清廷禀报情况。当时，清廷就此事与英国政府交涉。当年 6 月，英国驻华全权公使华尔生（Sir John Walsham）照会清廷，声称此事并非英属印度部落攻击洪扎，而是洪扎事先联合那噶尔攻击英属印度所属的克什米尔，占领查普罗特炮台，并试图继续深入，被英

① 《英兵入坎巨提意在谋帕米尔书》，丁凤麟、王欣之编《薛福成选集》，第 357 页。

② 《英兵入坎巨提意在谋帕米尔书》，丁凤麟、王欣之编《薛福成选集》，第 357 ~ 358 页。

③ 薛福成：《（光绪十八年）正月二十四日递北京》，《出使公牍·奏疏》卷 10，电报，沈云龙主编《近代中国史料丛刊》第 81 辑，第 715 页。

④ 薛福成：《论与英争坎巨提事及滇缅界务书》，《出使公牍·奏疏》卷 3，书函；沈云龙主编《近代中国史料丛刊》第 81 辑，第 271 页。

属印度军队击退。[①] 华尔生在照会中称洪扎久属克什米尔，并“年呈贡献，岁受赐金”[②]。不知何故，清廷对于华尔生此言论并未做出反驳，因而被英国政府官员引以为洪扎不属清朝的借口。[③] 1891 年，俄国派兵在帕米尔游弋，英国政府派人送给清廷帕米尔地图，提醒清廷防备俄国；又派华尔生前往总理衙门探问消息。当时清廷也未对英国政府做出回应，英国政府以为清廷将帕米尔置之度外，不予重视。于是，英军乘机强占洪扎，“为先发制人之计，免被俄人侵占”[④]。英国政府处处留心占领洪扎的机会，以为清政府对洪扎置之度外、不予重视，一旦找到机会便悍然入侵，结果引起清政府上下激烈反应和严正交涉。

光绪十八年二月初三日（1892 年 3 月 1 日），薛福成接到总理衙门电报[⑤]。总理衙门主张由清廷选派官员会同英国政府共同处理洪扎问题。二月初五日（3 月 3 日），薛福成回电总理衙门，反映英国政府的态度。英国政府以 1888 年驻华公使华尔生照会清廷“洪扎久属克什米尔”而清廷未予反驳，且清廷向来不管洪扎事务，认为清廷现在干涉是多事，不愿清廷干预洪扎事务。[⑥]

薛福成与英国外务部两次交涉后，守候半个月等待英国外务部通告英属印度政府方面的消息。后来，薛福成直接收到英属印度总督来电，称英属印度政府决定保留洪扎而另立赛必得哎里罕之子为洪扎王。按常理，英国外务部应先于薛福成得知英属印度政府的决定，但英国外务部并不遵照前两次交涉中与薛福成达成的协议，没有将此事及时通告薛福成。薛福成前往英国外务部质询，英国外务部推脱说英属印度政府有新决议，因此没

---

① 倪志书：《中英两属之坎巨提》，《新亚细亚》1934 年第 5 期，第 72 页。查普罗特，文中作喀普骆驼。

② 薛福成：《论与英争坎巨提事及滇缅界务书》，《出使公牍・奏疏》卷 3，书函，沈云龙主编《近代中国史料丛刊》第 81 辑，第 272 页。倪志书：《中英两属之坎巨提》，《新亚细亚》1934 年第 5 期，第 72 页。

③ 薛福成：《（光绪十八年）二月初五日递北京》，《出使公牍・奏疏》卷 10，电报，沈云龙主编《近代中国史料丛刊》第 81 辑，第 716 页。

④ 薛福成：《论与英争坎巨提事及滇缅界务书》，《出使公牍・奏疏》卷 3，书函，沈云龙主编《近代中国史料丛刊》第 81 辑，第 273 页。

⑤ 薛福成：《论争回坎巨提两属体制书》，丁凤麟、王欣之编《薛福成选集》，第 294 页。该书编者在《论争回坎巨提两属体制书》标题中标明该文写作时间为 1890 年，有误，应为 1892 年。

⑥ 薛福成：《（光绪十八年）二月初五日递北京》，《出使公牍・奏疏》卷 10，电报，沈云龙主编《近代中国史料丛刊》第 81 辑，第 716 页。

有告知此事。[①]

薛福成推测，英国外务部不告知英属印度政府的决定，是因为清廷先前对于琉球、越南、缅甸等属国任由列强吞并，不能尽力做有效的争夺，以致英国政府以为清廷对于洪扎必定不会力争，至多不过口头交涉。但是出乎英国政府所料，清廷极力坚持对洪扎的宗主权，要求派员与英国官员共同处理洪扎问题。英国政府十分不情愿。[②]

光绪十八年二月初九日（1892 年 3 月 7 日），薛福成又接到总理衙门电报。薛福成第三次到英国外务部进行交涉。在此次交涉中，清廷对洪扎的态度已经退让到承认洪扎为中英两属之国。薛福成以华尔生照会中只是认为洪扎两属，并非只属英属印度为凭据，诘问索力斯伯里英属印度政府废立洪扎王为何不事先与中国商议，认为这样有违“两属之体”。索力斯伯里答以洪扎王继位，中国从来不曾派员册立，现英国要另立洪扎新王，中国却要派员参与，不合惯例。薛福成答以英国废立洪扎王更不合惯例。[③]薛福成称历来洪扎王继位，中国是否由喀什噶尔道就近派员册立，一时无从查考，但是此次英国入侵洪扎并试图废立洪扎王“事属非常”，中国必须派员，“以作两属之证”。[④] 于是索力斯伯里稍做退让，提出“若中国派员会立坎酋，将来不沿为常例，或可与印督相商”。薛福成认为事已至此，再争无益，只得见好就收，答应在此基础上再做商谈。于是双方达成协议，此次洪扎新王由中国派员参与册立，往后洪扎王继位中国是否派员则查照旧章办理。[⑤]

二月十六日（3 月 14 日），薛福成将第三次交涉情况电告总理衙门，要求总理衙门尽快选派册立洪扎新王的官员，以免英国节外生枝，并建议总理衙门电告喀什噶尔道员从彼处派员较为便捷。[⑥] 次日，薛福成再次电

---

① 薛福成：《（光绪十八年）二月初五日递北京》，《出使公牍·奏疏》卷 10，电报，沈云龙主编《近代中国史料丛刊》第 81 辑，第 716 页。

② 薛福成：《论争回坎巨提两属体制书》，丁凤麟、王欣之编《薛福成选集》，第 294 页。

③ 薛福成：《论争回坎巨提两属体制书》，丁凤麟、王欣之编《薛福成选集》，第 294 页。

④ 薛福成：《咨总理衙门并北南洋大臣李刘与英外部议会立坎巨提新酋》，《出使公牍·奏疏》卷 1，咨文，沈云龙主编《近代中国史料丛刊》第 81 辑，第 91 ~92 页。

⑤ 薛福成：《论争回坎巨提两属体制书》，丁凤麟、王欣之编《薛福成选集》，第 294 页。

⑥ 薛福成：《（光绪十八年）二月十六日递北京》，《出使公牍·奏疏》卷 10，电报，沈云龙主编《近代中国史料丛刊》第 81 辑，第 716 ~717 页。

告总理衙门，要求总理衙门就洪扎问题照会英国外务部定案，告诫英国外务部在中国所派人员到达之前，不得公布所立洪扎新王名字。[①]

经过薛福成与英国外务部的这三次交涉，清政府与英国政府就洪扎问题达成基本协议。英国原本以为清政府对洪扎这种蕞尔小邦必定“度外置之”[②]，不予重视，更不会采取有力举措与英国力争。清政府坚持洪扎为中国属国并力求派员册立洪扎新王的态度出乎英国所料，英国不得不让步，承认中国对洪扎保有宗主权，同意由清政府派员和英印政府共同册立洪扎新王，日后洪扎王的更替清政府是否派员册立则仍按照旧例办理。清政府通过交涉，维持了洪扎对中国的属国地位及中国对洪扎事务的管辖权，并为此后中国干预洪扎新王更替留下余地。但是清政府也做出重大让步，承认了英国对洪扎的宗主权，接受了洪扎成为中英两属之邦，并默认了英国对洪扎的实际占领。

三　清政府争取会立洪扎新王

（一）对处置洪扎旧王赛必得哎里罕的交涉

英军入侵洪扎后，洪扎王赛必得哎里罕向清朝求援未果，自身又无力抵抗，遂率领家眷、王室及大批臣民，协同那噶尔王乌孜尔汗及其部众，共计500余人逃到新疆色勒库尔地方塔格敦巴什卡伦附近。清朝新疆地方政府一面派员赴塔格敦巴什赈济安抚[③]，一面派遣军队驻守色勒库尔及帕米尔沿边各卡伦，以防不测。[④] 对于如何安置这些逃众，新疆地方官员颇费踌躇。署喀什噶尔道员李宗宾建议照会英国，进行排解，先酌量发给那噶尔逃众口粮，遣送出卡，令其返回；对洪扎王及其部众分批给予钱粮，

---

① 薛福成：《（光绪十八年）二月十七日递北京》，《出使公牍·奏疏》卷10，电报，沈云龙主编《近代中国史料丛刊》第81辑，第717页。

② 《出使大臣薛福成奏为坎巨提回部被英兵攻击与英外部商议中英两国会立坎巨提头目折（光绪十八年闰六月十九日）》，《光绪朝朱批奏折》第111辑《外交·坎巨提》，第313页。

③ 《陶模奏英兵入坎巨提头目逃窜各缘由折》，中国第一历史档案馆，军机处汉文录副奏折，民族类，003－165－8128－43，000633－000634。

④ 《收新疆巡抚陶模电为坎巨提部逃亡者暂住卡外并照会英方询问事》，中国第一历史档案馆，军机处电报档汇编，2－02－12－018－0008，004－0592。

遣送回原部。陶模不同意此处理办法，认为那噶尔与清朝没有藩属关系，“非中国所管之人”，而是附属于英属印度，应当即刻遣送回去；而洪扎是清朝属国，现在其国王及部众正值流离逃亡，清朝应当设法为其排解困难，暂时安置，这样才符合清朝抚绥藩属的原则。于是，陶模和喀什噶尔道员派遣都司张鸿畴发给那噶尔王及其部众口粮，将其遣送回去；而洪扎王及其家眷、部众则被转移到色勒库尔城中，等候具体处置办法。[①]

由于当时尚不了解英国侵占洪扎的原因和真实意图，清廷与英国的交涉也刚刚开始，陶模不能确定赛必得哎里罕是否能够返回洪扎复位。陶模表示：“此次英兵进驻坎部并未先行知会该道，亦未接英官覆文，能否撤兵退地，俾赛必德哎里罕率众归部，仍复旧业，尚未可知。”[②] 为了筹商处置洪扎逃众的办法，陶模上奏清廷，咨呈总理衙门，并请英国驻中国公使就此与英国政府进行交涉。

在清廷与英国的交涉过程中，英国要求废除赛必得哎里罕王位。总理衙门认为洪扎为中国藩属，洪扎王绝不能任由英国擅自废立。总理衙门从新疆巡抚的文书中得知，洪扎与英国开战的主要原因在于英军企图经过洪扎修路而被洪扎所阻，总理衙门认为双方开战过错不全在洪扎一方，坚决不同意英国擅自废黜赛必得哎里罕。对此，总理衙门多次与英国驻华公使进行口头和书面论争，但是英国坚持要求废除赛必得哎里罕另立洪扎新王，毫不退让。到光绪十八年三四月间（1892 年 4～5 月），陶模经调查得知：赛必得哎里罕在洪扎与其大臣买卖塔力“同恶相济”，不修国政，作恶多端，深为其部民所痛恨；对外则私通俄国，企图引导俄国势力从帕米尔进入洪扎，并多次挑拨英国和俄国之间的矛盾，从中渔利；在色勒库尔城中安置期间，赛必得哎里罕又屡次图谋出逃俄国，为清兵所阻。[③] 于是，清政府对赛必得哎里罕的态度发生转变，对其家属及逃众的处置做了重新安

① 《坎巨提旧头目赛必得哎里供单》，王树枬编纂《新疆国界图志》卷 5；萧飏曾：《坎巨提述略》，中华民国二十五年蒙藏委员会印行，马大正主编《民国边政史料汇编》，第 24 册，国家图书馆出版社，2009，第 45 页。

② 《陶模奏英兵入坎巨提头目逃窜各缘由折》，中国第一历史档案馆，军机处汉文录副奏折，民族类，003－165－8128－43，000633－000634。

③ 王树枬：《勘界公牍》，《新疆国界图志》卷 5，第 18 页；《总理衙门大臣奕劻等奏为新疆派员会立坎巨提头目事竣折（光绪十八年十一月十六日）》，《光绪朝朱批奏折》第 111 辑，《外交・坎巨提》，第 315 页。

排。新疆地方政府及总理衙门不再坚持让赛必得哎里罕返回复位，而是将他及其大臣买卖塔力分别解送到新疆省城迪化（今乌鲁木齐）进行审讯和看管；其家属则被安置到莎车热瓦奇庄[①]；赛必得哎里罕之弟穆罕默德·纳辛汗（Mohammad Nazim Khan）[②]因受洪扎部民爱戴被陶模遣送返回，暂时代理洪扎王事务，以安抚洪扎部众；而跟随赛必得哎里罕一同逃来的洪扎部众则被悉数遣返，由穆罕默德·纳辛汗带回洪扎。[③]此后赛必得哎里罕及其家眷一直留在新疆，落户为民，受当地政府管辖。[④]

（二）争取派员会立洪扎新王

根据清政府与英国达成的协议，由新疆喀什噶尔道选派官员与英国政府代表会同册立洪扎新王。清政府积极确定会立洪扎新王的具体办法，以维护自身权益。其实，清政府十分清楚，表面上洪扎新王是由中英两国共同册立，实际上洪扎新王的选择权完全操纵在英国手中，中国参与册立只是为清廷挽回颜面，"稍存体制"。对此，薛福成看得十分清楚："稍欲争回体制，已若登天之难，争回一分，即保全一分，不过求勿损上国声名，勿使他国效尤耳。"[⑤]

关于洪扎新王的具体人选，清廷并不十分在意，认为只要是洪扎王家族成员即可。英属印度政府鉴于逃至新疆的洪扎旧王赛必得哎里罕敌视英国、作恶多端，绝不允许其复位；清廷也认为赛必得哎里罕"声名素劣，势难必使复位"[⑥]。英属印度政府起初拟议扶立赛必得哎里罕之子为王，但赛必得哎里罕举家逃亡新疆，不敢回去。英属印度总督遂决定先让洪扎的

---

① 新疆莎车所属热瓦奇地方有洪扎王的世袭田庄，该田庄是道光二十七年洪扎王沙哈咱帕尔因协助清军平定"七和卓之乱"有功，道光皇帝赏赐的。

② 穆罕默德·纳辛汗在汉文文献中多被译为摩韩美德拿星，有时又译为买卖提艾孜木。

③ 王树枏：《勘界公牍》，《新疆国界图志》卷5，第18页；陶模：《废黜坎巨提旧酋片》，《陶勤肃公奏议遗稿》卷1，新疆一，中国西北文献丛书编辑委员会主编《中国西北文献丛书》第103册；杨建新主编《西北史地文献》第28卷，兰州古籍书店，1990，第424页。

④ 《甘肃新疆巡抚陶模奏委员会立坎巨提新酋事竣并拟安置旧酋各情形折》，中国第一历史档案馆，军机处汉文录副奏折，民族类，003－165－8128－044，000635－000636；《甘肃新疆巡抚潘效苏奏请将坎巨提废酋及其家属分别编入户籍事折》，宫中朱批奏折，04－01－01－1066－16。

⑤ 薛福成：《论争回坎巨提两属体制书》，丁凤麟、王欣之编《薛福成选集》，第295页。

⑥ 《出使大臣薛福成奏为坎巨提回部被英兵攻击与英外部商议中英两国会立坎巨提头目折（光绪十八年闰六月十九日）》，《光绪朝朱批奏折》第111辑，《外交·坎巨提》，第313页。

一位旧臣暂时摄政，并设法召回赛必得哎里罕之子。后来，英属印度总督又因赛必得哎里罕之子年纪幼小，担心其难以召回，最终决定另从赛必得哎里罕的兄弟子侄中选立一人。[①] 为维护清廷体面，清廷向赛必得哎里罕掩饰了确定洪扎新王人选是英国政府的决断。薛福成请求总理衙门电告新疆巡抚或者喀什噶尔道员，告知赛必得哎里罕清廷不让其复位是由于"中国最重孝悌之道"，而赛必得哎里罕"平日所为悖于伦理"，所以与英属印度政府商定从其家族中另选一人为洪扎新王；并告知此次废立是清廷所定，而不是英属印度政府之意。[②]

清廷十分重视此次派员会立洪扎新王，并通过会立洪扎新王尽力维护对洪扎的权力。清廷与英国外务部达成的最初协议为：此次洪扎王的废立事属非常，中国必须派员与英属印度政府一同册立；至于往后洪扎王继位中国是否派员，清廷不得援引此次情况为例，而由清廷查照旧章办理。但是英国驻华全权公使华尔生刻意曲解，将以后"不得援以为例"解释为清廷仅限于此次派员册立洪扎王，以后洪扎王继位，中国不得参与。[③] 华尔生将清廷派员会立洪扎新王解释为"只不过是请清廷派员到场"，淡化清廷参与"会立"的政治意义。[④]

华尔生妄图夺取中国对洪扎王位继承的参与权，剥夺清朝对洪扎的所属权。驻英公使薛福成对华尔生的用意看得十分清楚，为挽回清朝对洪扎的权益，他严厉驳斥华尔生的曲解，多次向总理衙门阐明协议原意，派遣英文参赞马格里到英国外务部质询，并照会英国外务部解明和重申协议原意。薛福成先是电告总理衙门，劝诫不要为华尔生的臆说所蒙混；并向总理衙门阐明，往后洪扎王继位中国是否派员应该查照旧章办理，如果旧章中洪扎王继位中国有派员的惯例，则往后中国仍要派员；如果旧章中没有惯例，则不援引此次派员为例；但是，如果往后洪扎王位继承出现异常情

① 薛福成：《论商立坎巨提新酋书》，《出使公牍·奏疏》卷3，书函，沈云龙主编《近代中国史料丛刊》第81辑，第301～302、313页。

② 薛福成：《论商立坎巨提新酋书》，《出使公牍·奏疏》卷3，书函，沈云龙主编《近代中国史料丛刊》第81辑，第301～302页。

③ 薛福成：《与英外部解明会立坎巨提酋之事》，《出使公牍·奏疏》卷8，洋文照会，沈云龙主编《近代中国史料丛刊》第81辑，第599页。

④ 薛福成：《咨总理衙门并北南洋大臣李刘与英外部议会立坎巨提新酋》，《出使公牍·奏疏》卷1，咨文，沈云龙主编《近代中国史料丛刊》第81辑，第92～93页。

况，英国必须与中国会商，中国也必须派员参与。[①] 不久，薛福成又寄函总理衙门，重申此前电文内容，指出必须驳正华尔生的言论，以免被英国政府作为把柄，给日后处理洪扎事务增添麻烦。[②] 薛福成为此派遣马格里赴英国外务部就华尔生的言辞进行质询，英国外务部称并未变更前此达成的协议。[③] 为慎重起见，薛福成照会英国外务部，解明“后不为例”的原意，强调“会同”字样[④]；还亲赴英国外务部说明如果能够选立赛必得哎里罕之子为新王更为妥当，重申中国派员未到时不得公布所立新王名字。英国外务部表示已将照会及双方面谈内容电告英属印度总督知晓。[⑤]

后来，华尔生声称如果洪扎再行闹事，英国自会办理，中国不得过问。随即，薛福成再次派遣马格里赴英国外务部申明前说，并诘问华尔生出此言论究竟何意。英国外务部副大臣山特生称英国外务部电文中并没有这种言论，推脱说这是华尔生误会，表示英国外务部并无阻挠“将来中国援别理以争会立坎酋之事”，清廷不必多虑。山特生还称，对于往年洪扎王继位中国是否派员，英属印度总督已电令英国驻洪扎官员探访呈报。[⑥] 至此，关于日后中国能否参与洪扎王位更替一事方才谈定。

（三）选派册立官员和确定册立仪节

光绪十八年三月中下旬（1892 年 4 月中旬），英属印度政府最终确定选立赛必得哎里罕之弟穆罕默德·纳辛汗为洪扎新王。[⑦] 早在赛必得哎里

---

① 薛福成：《（光绪十八年）二月二十四日递北京》，《出使公牍·奏疏》卷 10，电报，沈云龙主编《近代中国史料丛刊》第 81 辑，第 717 页。

② 薛福成：《论商立坎巨提新酋书》，《出使公牍·奏疏》卷 3，书函，沈云龙主编《近代中国史料丛刊》第 81 辑，第 313 页。

③ 薛福成：《咨总理衙门并北南洋大臣李刘与英外部议会立坎巨提新酋》，《出使公牍·奏疏》卷 1，咨文，沈云龙主编《近代中国史料丛刊》第 81 辑，第 92 ~ 93 页。

④ 薛福成：《咨总理衙门并北南洋大臣李刘与英外部议会立坎巨提新酋》，《出使公牍·奏疏》卷 1，咨文；《与英外部解明会立坎巨提酋之事》，卷 8，洋文照会，沈云龙主编《近代中国史料丛刊》第 81 辑，第 92 ~ 93、599 ~ 600 页。

⑤ 薛福成：《论会立坎巨提新酋书》，《出使公牍·奏疏》卷 3，书函，沈云龙主编《近代中国史料丛刊》第 81 辑，第 313 ~ 314 页。

⑥ 薛福成：《咨总理衙门并北南洋大臣李刘与英外部议会立坎巨提新酋》，《出使公牍·奏疏》卷 1，咨文，沈云龙主编《近代中国史料丛刊》第 81 辑，第 92 ~ 93 页。

⑦ 薛福成：《（光绪十八年）三月二十二日递北京》，《出使公牍·奏疏》，卷 10，电报，沈云龙主编《近代中国史料丛刊》第 81 辑，第 720 页。

罕率领王室及部众逃往新疆，新疆地方官员对其进行安置时，新疆巡抚陶模即已认为穆罕默德·纳辛汗“素得人心”，饬令喀什噶尔道员李宗宾下令派遣穆罕默德·纳辛汗带领洪扎难民返回洪扎，并命其暂时代理洪扎事务，以安抚民众。① 英属印度政府选定穆罕默德·纳辛汗为洪扎新王，新疆喀什噶尔道员对此表示认可。英国外务部接到英属印度总督这一决定后，告知了薛福成。

薛福成获知洪扎新王选定消息后，于光绪十八年三月二十二日（1892 年 4 月 18 日）电告总理衙门，敦促总理衙门电告喀什噶尔道员尽快选派官员赶赴洪扎参加洪扎新王册立仪式。5 月中旬，英国外务部向薛福成询问清廷选派官员的官衔和姓名。四月二十一日（5 月 17 日），薛福成向总理衙门发电要求将确立的人选告知以便转告英国外务部。② 6 月上旬左右，新疆巡抚及喀什噶尔道员选定补阜康县知县田鼎铭作为清政府代表赶赴洪扎查看情况，参与册立洪扎新王。③ 薛福成得知后，于五月二十日（6 月 14 日）电告总理衙门，表示田鼎铭（正七品）官职太低，必须加派级别更高的官员。薛福成建议喀什噶尔道火速派遣参将、游击等级别的官员赶赴洪扎，或者允准田鼎铭在洪扎以知府职衔行事也可。④ 最终，新疆巡抚按照薛福成的建议增派喀什噶尔驻军都司张鸿畴（正四品）率领二三十名随员，由当时在喀什噶尔的马格里之子马继业担任翻译，前往洪扎。⑤

为尽力维护清朝体面与尊严，光绪十八年闰六月初（1892 年 7 月底），薛福成与英国外务部商定中英会立洪扎新王的详细仪节，确定清朝官员位次最尊，届时在册立仪式上居右在前，英属印度政府官员位次接清朝官员之后，英属印度所属克什米尔官员位次居左稍下，新立洪扎王穆罕默德·

① 陶模：《废黜坎巨提旧酋片》，《陶勤肃公奏议遗稿》卷 1，新疆一，中国西北文献丛书编辑委员会主编《中国西北文献丛书》第 103 册；杨建新主编《西北史地文献》第 28 卷，兰州古籍书店，1990。陶模折片中称穆罕默德·纳辛汗为买卖提艾孜木。

② 薛福成：《（光绪十八年）四月二十一日递北京》，《出使公牍·奏疏》卷 10，电报，沈云龙主编《近代中国史料丛刊》第 81 辑，第 720 页。

③ 陶模：《废黜坎巨提旧酋片》，《陶勤肃公奏议遗稿》卷 1，新疆一。

④ 薛福成：《（光绪十八年）五月二十日递北京》，《出使公牍·奏疏》卷 10，电报，沈云龙主编《近代中国史料丛刊》第 81 辑，第 722 页。

⑤ 薛福成：《（光绪十八年）五月二十二日递柏林》，《出使公牍·奏疏》卷 10，电报，沈云龙主编《近代中国史料丛刊》第 81 辑，第 722 ~ 723 页。

纳辛汗位次最低，居克什米尔官员之后。[①] 册立仪节订立后，薛福成从伦敦将仪节明细托英国外务部直接寄往洪扎首府，交给到此的清朝官员。[②]

（四）册立洪扎新王

英属印度政府最初拟定于光绪十八年闰六月二十三日（1892 年 8 月 15 日）举行洪扎新王册立仪式[③]，后因英国外务部当时正与清政府交涉滇缅界务，册立洪扎新王的日期延迟一个月[④]，最终定于七月二十五日（9 月 15 日）进行。[⑤]

9 月 15 日，清朝与英属印度政府册立洪扎新王穆罕默德·纳辛汗的仪式按照双方商定的仪节在洪扎首府举行。参加仪式的清朝代表为喀什噶尔驻军都司张鸿畴、阜康县知县田鼎铭等一行，英属印度政府代表为英国驻吉尔吉特政治代表罗伯特森少校（Major Robertson，旧译热布生），英属印度所属克什米尔政府也选派官员出席。仪式上，先由清朝代表都司张鸿畴等宣布大清皇帝恩德，赏给穆罕默德·纳辛汗大缎等物品，谕令穆罕默德·纳辛汗以后照旧向中国进贡，并督促其镇抚部民，不得再像以前洪扎王那样任意劫掠行旅、滥杀无辜。穆罕默德·纳辛汗表示俯首听命。[⑥] 清政府与英国正式册立穆罕默德·纳辛汗为洪扎新王。

四　结语

英军入侵洪扎后，清政府反应强烈，积极采取措施，与英国政府进行

---

① 《陶模奏委员会立坎巨提新酋等由折》，中国第一历史档案馆，军机处汉文录副奏折，民族类，003－165－8128－044，000635－000636。

② 薛福成：《（光绪十八年）闰六月初八日递喀什噶尔》，《出使公牍·奏疏》卷 10，电报，沈云龙主编《近代中国史料丛刊》第 81 辑，第 731～732 页。

③ 《出使大臣薛福成奏为坎巨提回部被英兵攻击与英外部商议中英两国会立坎巨提头目折（光绪十八年闰六月十九日）》，《光绪朝朱批奏折》第 111 辑，《外交·坎巨提》，第 313 页。

④ 薛福成：《（光绪十八年）闰六月初二日递北京》，《出使公牍·奏疏》卷 10，电报，沈云龙主编《近代中国史料丛刊》第 81 辑，第 731 页。

⑤ 陶模：《废黜坎巨提旧酋片》，《陶勤肃公奏议遗稿》卷 1，新疆一；中国西北文献丛书编辑委员会主编《中国西北文献丛书》第 103 册；杨建新主编《西北史地文献》第 28 卷，兰州古籍书店，1990。陶模折片中称穆罕默德·纳辛汗为买卖提艾孜木。

⑥ 《陶模奏委员会立坎巨提新酋等由折》，中国第一历史档案馆，军机处汉文录副奏折，民族类，003－165－8128－044，000635－000636。

交涉，据理力争。清朝新疆地方政府迅速采取行动救助和安置洪扎逃众，加强边界巡守。在清朝总理衙门筹办和指示下，清朝驻英公使薛福成先后三次与英国外务部交涉，达成处理洪扎问题的基本协议，英国承认中国对洪扎保有宗主权和管辖权，不妨碍洪扎向中国进贡，同意由清政府派员和英国政府共同册立洪扎新王，而日后洪扎王位更替清政府是否派员册立则仍按照旧例办理；清政府则承认英国也对洪扎享有宗主权，接受了洪扎为中英两属之邦的现实，默认了英国对洪扎的占领。同时，清政府尽力争取妥善处置洪扎旧王和参与册立洪扎新王，在形式上维护了对洪扎的宗主地位。

英国对洪扎的入侵使清朝与洪扎的传统关系发生巨变。一方面，清朝保住了对洪扎的宗主权和管辖权，洪扎对中国的属国地位和朝贡在形式上得以维持；另一方面，清朝不得不接受洪扎成为中英两属之邦，英国攫取了对洪扎的宗主权，洪扎在实际上为英国所控制，与中国的关系渐行渐远。

（原刊于《社会科学研究》2013 年第 5 期，与陈柱合著）

试析清政府在帕米尔交涉中的对策

帕米尔问题，即中英俄帕米尔交涉和英俄私分帕米尔，一百多年来，人们对其进行了广泛而深入的研究。从帝国主义侵华史的角度进行综合研究的，有林竞《新疆问题》、曾问吾《中国经营西域史》、编写组编写的《沙俄侵略中国西北边疆史》、中国社会科学院中国近代史所编写的《沙俄侵华史》等著作。从中国近代边患和疆域变迁的角度研究的，有葛绥成《中国近代边疆沿革考》、苏演存《中国境界变迁大势考》、华企云《中国近代边疆沿革史》《中国近代边疆界务志》《中国问题》等。考证中国对其拥有主权和进行防务的，有付角今《帕米尔应为中国领土说》、吴敬之《帕米尔为中国属地见于中邦考》、黄盛璋《清代帕米尔设卡伦考》《清代在帕米尔的管辖范围及其变迁》、苏北海《强加在帕米尔地区的俄英帝国主义地名考》。从帕米尔问题的形成研究的，有倪志书《帕米尔与帕米尔问题》、苏演存《帕米尔问题》。对清政府交涉人员的交涉及清政府的立场进行研究的，有关玲玲《许景澄与帕米尔交涉》、朱新光《英俄私分帕米尔与清政府的立场》。总之，学者们从多个角度充分证明了帕米尔自古以来就是中国的领土。但是，对于清政府在帕米尔交涉中的对策，学者们研究得却很少，因此特撰写本文，以就教于方家。

一　帕米尔问题的起源及清政府的最初反应

1. 帕米尔问题的起源

帕米尔，中国古代称之为葱岭，位于新疆西南，东起塔什库尔干，西到阿姆河上游的喷赤河，南抵兴都库什山，北达阿赖岭。帕米尔自古就是中国领土，从2000多年前的西汉起，中国历代政府，包括统一的中央政府和分裂的地方政权，都在此设官置守，有效地行使主权。清乾隆二十四年

(1759) 平定大小和卓时，清军深入帕米尔，三战三捷，一捷于和什库珠克（在霍尔果什帕米尔），再捷于阿勒楚勒（即阿尔楚尔帕米尔），三捷于叶什勒库勒（即伊西洱库尔湖区）。在伊西洱库尔湖以北 5 公里处的苏满竖置御制纪功碑，其碑文载："伊西洱库尔淖尔者，我副将军富德等穷追二酋至拔达克山之界，获其降者万人，二酋仅以身免，而遣使索俘，遂得献酋振旅，以成茂绩也。"[①] 光绪年间，收复新疆后，刘锦棠即在帕米尔设卡置守，派官管理；稍后又不断增设边卡，以进一步加强对帕米尔地区的军政管理。帕米尔居住的主要是塔吉克族和柯尔克孜族（清代称之为布鲁特），清政府在官员任命、司法和征收赋税等各方面进行有效的管理。帕米尔是从中国新疆通往西方的重要交通孔道，古代著名的丝绸之路南道就穿越其地。一直到 19 世纪 90 年代初英俄入侵前，中国在帕米尔的主权都得到充分的行使。

帕米尔问题的产生是英俄两个帝国主义对外实行殖民扩张的结果，是它们在中亚进行"大角逐"的结果。俄国自 18 世纪末东扩至太平洋以后，就开始向中亚扩张，力图威胁英属印度的北部边疆。1834～1863 年沙俄越过哈萨克大草原，进入中亚后，先后征服中亚的布哈拉（Bukhara）、希瓦（Khiva）和浩罕（Kokand），进而又把侵略的矛头指向帕米尔北部的阿赖谷地，直对中国的帕米尔。这样，中国为保卫领土而不得不和沙俄在帕米尔面对。而同时，沙俄对中亚的疯狂入侵使得统治着印度半岛的大英帝国十分不安，一方面英国殖民主义者对其英属印度北部边疆安全担心，因为他们不会忘记当年拿破仑曾试图和沙俄联合从北方进攻印度的构想[②]；另一方面，更重要的是，沙俄的进逼，使得英国在中亚包括在中国新疆的利益受到威胁。英国于 19 世纪中叶已经蚕食了整个印度次大陆，并使阿富汗成为其保护国。1873 年英国还极力扶持窃据中国新疆的阿古柏政权，妄图使阿古柏成为英国对抗沙俄的一个力量，使之成为阿富汗以东英俄之间的另一个缓冲国。[③] 清政府粉碎了英国的幻想之后，英俄又在阿富汗展开了

① 转引自张大军《新疆风暴七十年》第 4 卷，台北，兰溪出版社，1980，第 1679 页。

② Gerald Morgan, *Anglo - Russian Rivalry in Central Asia: 1810 - 1895*, England, 1981, pp. 6 - 9.

③ G. J. Alder, *British Indian's Northern Frontier (1865 - 1895)*, Frank CASS and Company Limited, England, 1963, pp. 37 - 39.

激烈的角逐。英国通过1878～1880年的第二次英阿战争彻底控制了阿富汗。英俄两国通过所谓“1872～1873年协议”，于1884年议定以阿姆河为英俄两国的边界。沙俄和中国在1884年签订了《中俄续喀什噶尔界约》，中俄两国的边界在乌孜别里山口以北均划定，而该山口以南则规定俄国边界转向西南，中国边界则向南。这样中英俄在帕米尔相遇，本来属于中国的帕米尔，此时成了英俄争夺的焦点，并且中国也被卷进来了。

2. 政府的最初反应

19世纪80年代末90年代初，帕米尔地区的财政由旗官张鸿筹掌管，牙合甫夏担任收税官，牙合甫夏经常来往于六尔阿乌等地。在《中俄续喀什噶尔界约》签订后，中国认识到沙俄“图帕”的野心，于是在帕米尔有关地方增兵设卡，以严守边防。1888年清政府在六尔阿乌卡伦和阿克苏河流域增派兵力，1889年护理新疆巡抚魏光焘派旗官张鸿筹带队“巡查内外卡伦”。[①] 张鸿筹一直巡查到伊西洱库尔湖附近的苏满，并在此设立苏满卡。张鸿筹于同年还在伊斯提克湖边的伊斯里克设立伊斯里克卡，在塔什库尔干、布伦库里、布伦口等地设立哨所，并选派当地牧民守卫重要的山口；同时还修建驿道、开荒种地，以保证物资供应。

上述情况，说明清政府对沙俄的侵略意图是有认识的，在帕米尔交涉开始以前，无论清中央政府还是新疆地方政府为加强帕米尔的保卫都做了许多重要的准备工作。果不其然，沙俄于1891年6月以到帕米尔打猎为名开始了对帕米尔的武装侵略。

帕米尔交涉的具体时间，应起于1891年6、7月沙俄以打猎为名向帕米尔派兵，止于1895年3～5月英俄签订私分帕米尔协议及中国发表严正声明。在这段时期里，中英俄关于帕米尔的交涉大致可以划分为四个阶段，随着每个交涉阶段形势的变化，清政府的交涉对策也不断调整，兹分述如下。

二　帕米尔交涉的第一阶段（1891年6～12月）：帕米尔地为中属，但三国各不占

在此阶段的交涉中，清政府采取的对策是：帕米尔地为中属，但三国

① 王彦威编《清季外交史料》光绪朝，第87卷，第3页。

各不占。该政策来自清政府驻俄公使许景澄。1891 年 7 月 27 日，“俄马兵分三起越界，一赴塔敦巴什与阿黑素睦尔瓦（亦译作阿克苏），一赴雪底拉，一驻伯什拱拜孜，其步队驻苏满。又于阿克塔什、塔敦巴什交界之毕依比大阪，竖杆粘贴，安抚布回，今已属俄国百姓。张鸿畴询及，则称查勘道路”[①]。俄兵侵入中国卡伦，所作所为，“殊出情理之外”[②]。清总署电许景澄向俄政府查询，俄国则矢口否认。1891 年 7 月和 8 月，许景澄凡四次向俄国询问此事，俄一直否认。[③] 直到许景澄于 1891 年 9 月 1 日第 5 次探询，此时俄军已经完成使命返回塔什干，俄外交部副大臣基斯敬始承认俄兵越界入帕米尔一事，但同时又对帕米尔归属问题提出疑问，称“该处地方分界不甚清楚，或云属英，或云属归俄国保护之布喀尔，此次俄兵所到之处，中国虽以为中国界，尚难决定”[④]。其实这已经道出俄国的侵略图谋。俄国这次远征，历时两个月，行程一千多公里，其目的一是要进一步了解、补充有关帕米尔的资料；二是助力俄国对帕米尔的控制，因为他们撤掉了清朝当局委派的一些当地乡长的职，任命了一些亲俄分子，要他们服从俄国的管辖[⑤]；三是向中英两国表明，俄国“一点儿也没有放弃帕米尔的意思”[⑥]。而此时许景澄及清政府还认为“即在俄国亦非欲扼其地修备，只以生齿日繁，藉为游牧之所尔”[⑦]。所以许景澄于 1891 年 9 月 23 日就帕米尔交涉向清总署提出自己的看法：“帕部并非回族另一种类，全部皆山，其山高一千七百余英尺，地壤荒脊，一无殖产，迥非布鲁哈萨之比……回西四城幅员辽阔。喀城西北二边皆与俄之费尔干省接界。袤连数百里，揣度目前人材兵力，但令严保我界，时时巡查，弗令强邻侵轶一步，此即边圉之福，若须兼顾界外荒瘠之部，断断鞭长莫及。万一俄人因我意存牧庇，谋下先着，遽以兵取，我将何以为应，恐不惟不能遏之，转激而速

---

① 王树枏：《新疆图志》“国界志四”，第 2 页。

② 光绪十七年八月二十二日收北洋大臣电。转引自甘肃师范大学历史系编《帕米尔资料汇编》，第 87 页。

③ 许景澄：《许文肃公遗集·遗稿》卷 6，第 13、16 页；卷 10，第 3 页。

④ 许景澄：《许文肃公遗集·遗稿》卷 6，第 20 页。

⑤ 伊斯坎达罗夫：《十九世纪下半叶的东布哈拉和帕米尔》，第 280 ~ 283 页，参见甘肃师范大学历史系编《帕米尔资料汇编》，1978，第 81 ~ 82 页。

⑥ 捷连季耶夫：《征服中亚史》卷 3，第 399 ~ 404 页，转引自甘肃师范大学历史系编《帕米尔资料汇编》，第 84 页。

⑦ 许景澄：《许文肃公遗集·遗稿》卷 12，第 1 ~ 2 页。

之，若谓加以虚声，聊相笼摄，则动而无应，启其易我之心。将来边疆更易生事，揆之事势，似宜详慎。窃意英与我同有忌俄日辟之心，不若即与密商，能将此部土地约同中、英、俄三国彼此均不侵占，略如巨文岛前案，似亦英所乐从，如能办到最为稳著。次则俟查明俄国果有事于帕部，告以该部居中、俄、英之间，于中国边界最近，若俄谋占取，有碍中国边防，拟请敛兵勿动，两国各守本界，以全睦谊，示以实情，彼知我不与争其地，本非可欲，或冀可以纾缓，脱有参差，我之进退亦稍有余地，将来英若生心，亦可以此阻之，似亦一策。”① 此时许景澄对帕米尔尚认识不足，认为其地在喀部以西，中国一向很少过问，难以防守，主张三国各不相占，使之作为瓯脱之地。

清政府将此策加以研究，经过出使英国大臣薛福成向英国试探，英国初并不反对②，于是清政府就把“帕米尔地为中国所属，今中英俄三国各不相占”作为交涉的对策（只是希望这一瓯脱地在苏满卡所在地的雅什里库尔湖以西），并认为这“公平极矣”③。清政府希望借力于英国解决帕米尔问题的初步设想因此而出台。但是，当许景澄将此解决办法告于俄国时，俄国则“不以为然”④，于是清总署电薛福成取消此策。

清政府在交涉初期所以采取此策，其原因耐人寻味。笔者认为，第一，清政府对帕米尔的认识不足，认为其地荒远，以往对之经营不足。第二，清政府长期积弱，担心无法守卫。以上两点从上面引述许景澄的分析即可得知。第三，则是对英国有误解，认为帕米尔既然荒远难守，得失并不影响边防的拱卫，而中俄相争，反是英国获利。许景澄于 1891 年 10 月 27 日致总理衙门的函中说得十分清楚：“英人前阿富汗分界与俄立约，就阿母河一水分尽南北，各不相越。兹俄人在该河上源以东之地往来游弋，在英不便过问，乃怂恿中国使与俄相持。其实俄得此部可以通道印度，乃英人唇齿之忧，若与我回疆限以葱岭，天险依然，本不赖此部为藩蔽，逐

---

① 许景澄：《许文肃公遗集·遗稿》卷 6，第 17～18 页。

② 参见中国第一历史档案馆“电报档”，2036（二），光绪十八年二月初二发出使薛大臣电。

③ 中国第一历史档案馆“电报档”，2036（五），光绪十八年五月十五日军机处发出使薛大臣电。

④ 中国第一历史档案馆“电报档”，2036（五），光绪十八年五月二十四日军机处发出使薛大臣电。

鹿徼外，未至损我边防。英之谆谆全为自谋，此形势一定之征，不必藉他人见闻多所却愿者也。”[①] 清政府怕为英国所用，所以认为自己不必全力以赴，而是竭力引英国入局，使英国可以牵制俄国并有助于帕米尔之争的解决，“借力于英或可如愿”[②]。而沙俄认为中英联合制俄，因此不同意三国各不相占之说。这样，清政府的这一对策便告失败。

三　帕米尔交涉的第二阶段（1892 年 1 ~6 月）：中英俄三方会勘分地

此说最初是由俄国人提出的。1891 年 10 月 14 日，中俄会晤时，基斯敬主动提出“中俄英三国到帕米尔勘明地界”。许景澄再次追问基斯敬：“如中国愿意派员前往分界，贵国有同心否?”基斯敬再次做了肯定回答，并请中国政府将“三国勘界”的建议转告给英国方面，因为中国和英国比较好说话一些。中俄双方先行约定：待今冬过后、明年春暖时共同派员前往帕米尔勘界。[③] 不久，英国也同意了上述建议，英国报纸还报道：明年春，英国、中国、俄国要共同勘分帕米尔边界。[④]

清政府研究后，认为符合其既定的牵引英国入局的设想，认可了这一提议，并且迅速为此做了准备。一是整顿了苏满卡伦的防备；二是调集《中俄续喀什噶尔界约》等有关的法律、历史资料，作为勘界的凭证；三是清理沙俄造成的混乱，1892 年 1 月 9 日，中国方面还正式照会俄国方面：“为带兵官伊鄂诺（即杨诺夫）留有谕帖两张在中国卡伦……内有某处及某处以西属俄，以东属中国等语，中国国家不能认该官分界之事，特嘱本大臣转告贵外部。”[⑤]

客观地说，中英俄协议“三国勘界”，不失为当时解决帕米尔问题的一种比较现实的、合理的途径。清政府对此持真诚、积极的态度。但

① 许景澄：《许文肃公遗集·遗稿》卷 6，第 22 页。

② 中国第一历史档案馆“电报档”，2036（五），光绪十八年五月十五日军机处发出使薛大臣电。

③ 许景澄致总理衙门总办函，附录问答节略，《许文肃公遗集·遗稿》卷 6，函牍二，第 23 ~24 页。

④ 许景澄：《许文肃公遗集·遗稿》卷 6，函牍二，第 29 页，参见军机处收北洋大臣电。

⑤ 许景澄光绪十七年十二月初十日照会底稿，《许竹筠先生出使函稿》卷 5，第 15 页。

是，英国此时对俄国的提议却狐疑良深，对清政府的不坚定表现也深感难以为用。于是在1891年底，英国抢先占领现在位于巴基斯坦境内的坎巨提。坎巨堤事件使帕米尔交涉走向了复杂化，使“三国勘界”的设想破产了。

坎巨提（另译作坎巨堤，又称洪扎、罕萨，中国旧书称其为棍杂、乾竺特）在新疆的西南角，是中国的藩属国。坎巨提实际上是洪扎和那噶尔两个山邦的统称，它处在由帕米尔通往印度北部的要道上，以袭击商队和贩卖奴隶为其经济的重要来源。阿古柏入寇新疆时，应英属印度政府保障列城到莎车商路安全的要求，一度制止了坎巨提对商队的袭击，坎巨提经济因此受到打击，转向克什米尔寻求帮助。受英国控制的克什米尔，乘机通过向坎巨提提供补贴来干涉其内政，并且又于1888年使其成为英国的保护国。[①] 1891年12月英国乘坎巨提内乱进兵占领，坎巨提首领携数百人逃到中国卡伦附近，要求清政府出兵保护。新疆巡抚陶模当即向英属印度总督发出照会，同时向清廷具奏：“该处距大小帕米尔不远，亦应预防。”[②]英国突然侵占坎巨提，使清廷颇感意外，不知英国是何意图。因此陶模奏称：“惟此次英兵进驻坎部，并未先行知会该道，亦未接准英官覆文，能否撤兵退地，俾赛必德艾里罕率众归部，仍复旧业，尚未可知。”[③] 清廷一面加强帕米尔防务，阻止英兵由坎巨提深入帕米尔，一面紧急电令驻英公使薛福成与英国交涉。清廷向薛福成指出：“英意在帕，（我）保坎即以保帕，俄意亦在帕，（我）拒英即亦拒俄。”[④] 这表明，清廷认识到坎巨提事件与帕米尔问题的关系，并且看到了英俄争夺不断升级的严重后果。“与对俄国在帕米尔的入侵提出异议的同时，中国向英国警告：它不能对英国在洪扎的行动保持沉默。”[⑤]

中国驻英公使薛福成于1892年2月17日和21日两次向英国交涉。英方表示：英国并不想妨碍中国对坎巨提的所有权，只是担心俄国可能会占领兴

---

① C. P. Skrine and Pamela Nitingale, *Macartney at Kashgar*, England, 1973, p. 12.

② 中国第一历史档案馆，“电报档”，2036（一），光绪十八年正月初七收新疆巡抚电。

③ 马大正、吴丰培主编《清代新疆稀见奏牍汇编》（中册），陶模“英兵入坎巨提情形折”，新疆人民出版社，1997，第941页。

④ 第一历史档案馆，“电报档”，2036（一），光绪十八年正月二十二日发出使薛大臣电。

⑤ Dorothy Woodman, “Himalayan Frontiers: A Political Review of British”, *Chinese, Indian and Russian Rivalries*, New York, Praeger, p. 91.

都库什山一线。[①] 薛福成说："坎部向归中国回疆管理，与帕米尔事同一体"，"英若占坎巨提，俄必再入帕米尔，中国断无辞以阻之"[②]，并要求英方撤军。英方对此表示满意和理解。几经会晤后，1892 年 4、5 月中英双方就原则问题达成协议，中国仍对坎巨提保有宗主权，中英双方派员"共同会立"坎巨提新米尔。坎巨提事件就绪后，中国向英国提议：由英国出面筹商，"三国之议，即须开议"。[③] 中国要求恢复中英俄"三国勘界"，解决帕米尔问题。

英国所以占领坎巨提，一是因为其地理位置极为重要，它扼守由帕米尔南入印度的门户，占领它对保护印度的安全极为有利；二是由于坎巨提处在商道上，经常袭击英属印度来往于新疆的商人，英国一直想解决它，以保障其贸易的安全；三是在这次关于帕米尔的交涉上，英国通过前一阶段中俄之间的交涉，看到清政府并不坚决，认为靠不住，因为"彼前送帕米尔地图（即 1891 年 8 月底给中国方面的分界草图），华使赴钧署探问消息，未见动静，疑我竟置帕米尔度外，遂欲趁此下手，为先发制人计，免被俄人侵占"[④]。可见英国已经确信清政府只是想引英国入局制衡俄国，而不是主动从根本上解决帕米尔问题，于是更加坚信了"对跨奥瑟斯河两岸争端的最终解决，（英国）需要俄国而不是中国的合作"[⑤]。所以英国就先下手为强，夺得它所觊觎的战略要地，然后再等待和沙俄谈判的时机。

但是，英国侵占坎巨提后，问题变得复杂了，俄国要利用坎巨提事件大做文章。俄国声称"英国占领坎巨提使兴都库什和帕米尔地区的局势更加紧张了"，并决定向帕米尔派出小分队，"要坚定不移地捍卫对帕米尔地区的权力"[⑥]，甚至威胁要占领中国色勒库尔作为对英国占领坎巨提的回

---

① 参见薛福成《光绪十八年正月十九日与英外部议坎臣堤事问答节略》，《庸庵全集》出使公牍，第 3 卷，第 31 页。

② 薛福成：《光绪十八年正月二十三日与英外部议坎臣堤事问答节略》，《庸庵全集》出使公牍，第 3 卷，第 36 页。

③ 中国第一历史档案馆，"电报档"，2036（三），光绪十八年三月十五日发出使薛大臣电；"电报档"，2036（五），光绪十八年五月二日军机处发出使许大臣电。

④ 薛福成：《致总理衙门函：论与英争坎巨提事及滇缅界务书》，《庸安全集》出使公牍，第 3 卷，第 26 页。又见清档光绪十八年正月二十五日收薛福成电。

⑤ C. P. Skrine and Pamela Nitingale, *Macartney at Kashgar*, England, 1973, pp. 82 – 83.

⑥ 〔俄〕哈尔芬：《中亚归并与俄国》，莫斯科，1965，第 396 页。转引自甘肃师范大学历史系编《帕米尔资料汇编》，第 88 页。

应。[①] 沙俄从1892年1~4月底，迭次召开特别会议，专门讨论帕米尔问题，会上俄军方意见占上风，决定向帕米尔派兵，和英国勘界谈判的基础是英俄“1872~1873年协议”。[②] 而英国侵入坎巨提后，清政府执行妥协政策，使坎巨提名为中英双属，实则为英国所控制。英国侵占坎巨提既为扼守护卫印度的战略要地，反获中国退让，结果俄国对清政府颇怀狐疑，并以此为借口，逼中国退出在苏满之兵。而所商议的“三国勘界”的解决办法也随之宣告流产。

四　帕米尔交涉的第三阶段（1892年7~12月）：中俄分界

中英俄“三国勘界”的方案失败后，根据形势的变化，清政府又提出了中俄勘界的对策，以期解决帕米尔问题。

该方案的确定有一个过程，虽然早在1892年初就曾提出，但是直到1892年7月后才实际上与俄国交涉。清政府早在1889年前后就已经置苏满卡，并且在其附近驻兵巡逻；1891年夏，俄国入侵帕米尔后，新疆巡抚魏光焘又派兵驻守界内各卡，以应俄国的行动；1891年冬在英国入侵坎巨提后，中国“派员带马队半旗驻扎苏满外卡库尔一带”[③]。英国侵占坎巨提后，俄国借口中国对英国让步，屡次催中国撤出苏满之兵，然后才和中国勘界，诡称“帕地既须公商，中国不撤卡伦，便是先占其地”[④]。中国向俄国交涉声明：苏满有满汉碑文，确系中界；何况随着英国入侵坎巨提，“苏满乃原驻扼要之区，应驻兵防英，未便撤回”。[⑤] 但是俄国并不理会，仍催中国撤兵。至1892年6、7月，英国担心中国撤兵，又唆使阿富汗进

① C. P. Skrine and Pamela Nitingale, *Macartney at Kashgar*, England, 1973, p. 58。

② 〔俄〕哈尔芬：《中亚归并与俄国》，第396~398页；捷连季耶夫：《征服中亚史》卷3，第406~408页；伊斯坎达罗夫：《十九世纪下半叶的东布哈拉和帕米尔》，第287~289页。参见甘肃师范大学历史系编《帕米尔资料汇编》，第88~92页。

③ 光绪十八年二月初三日总署收陕甘总督电，转引自甘肃师范大学历史系编《帕米尔资料汇编》，第102页。

④ 许景澄：《许文肃公遗集·遗稿》卷7，第7页。

⑤ 光绪十八年二月初三日总署收陕甘总督电，转引自甘肃师范大学历史系编《帕米尔资料汇编》，第102页。

夺苏满，清政府遂以此为借口，称拒阿富汗即是帮助俄国拒英国，不能撤兵。但是俄国外交部称英俄已有成约，没必要担心阿富汗。[①] 尽管清政府电示许景澄“（俄国）似此得步进步，漫无限制，万难轻允”[②]，许景澄也在和俄国交涉中严正指出，中国“现留卡伦原设已久，仅有巡查之兵在彼，何至于会勘事有碍”，但是俄国威胁中国，若不撤兵就无法和中国勘界。此时清政府处在“结俄拒英”和“借英拒俄”的夹缝中，势成骑虎，两面难处。原想不示弱于人，此时反而显出自己虚弱和处境的尴尬：既已让英国于坎巨提，又获疑于俄国；如撤兵则又不受信于英国，而不撤兵又不能和俄国勘界。俄国继续施压，称只有中国军队撤离距俄国边界很近的阿尔楚尔卡伦，才有利于中俄勘界，还声称俄国不愿英国参加勘界。清政府勘界心切，加上俄国的威胁，清政府驻扎在苏满的军队，受命撤离各卡所，这样苏满外卡全为阿富汗所占领。接着清政府又在俄国的威胁下，于1892 年 6 月把帕米尔的军队全部撤出，放弃了有利的形势，这就刚好使沙俄达到目的，因为俄国此次行动就是要“占领整个帕米尔”[③]，所以俄国则迅速加以占领。至此清政府始觉上当，但已无奈，只得请求俄国商量两国划界之事，而且开始认真筹备中俄划界事宜，确立划界的原则，即勘界从乌孜别里往南划分。[④] 这个分界原则显然是有条约根据的。因为 1884 年 6 月中俄签订的《中俄续勘喀什噶尔界约》第三条规定，从乌孜别里山口起，“俄国界线转向西南，中国界线一直往南，所有界线以西，及顺该处河流之西，归俄国属辖，其界线以东，及顺该处河流之东，均归中国属辖”。这是中俄两国勘分帕米尔未定界地区的唯一条约规定，所以中国当时所持的划界立场是有根据的。而俄国则不愿遵守此条约，它的交涉底线则与此大不一样，想以萨雷阔勒岭为界。[⑤] 其实俄国的这一交涉底线早在 1891 年就已确定了。[⑥]

---

① 许景澄：《许文肃公遗集·遗稿》卷 7，第 7 页；又见中国第一历史档案馆“电报档”2036（五），光绪十八年五月二十日发出使薛大臣电。

② 光绪十八年四月二十三日总署发许景澄电，转引自甘肃师范大学历史系编《帕米尔资料汇编》，第 111 页。

③ 鲍里斯·塔格耶夫：《在耸入云霄的地方》，薛蕾译，商务印书馆，1975，第 26 页。

④ 王彦威编《清季外交史料》卷 86，第 1～4 页。

⑤ 许景澄：《许文肃公遗集·遗稿》卷 7，第 25 页。

⑥ 1891 年荣赫鹏在帕米尔勘察被俄国杨诺夫扣留时，曾看到俄国出示的一份当年所绘制的地图，俄国的国界标在萨雷阔勒岭上，参见 D. Woodman, *Himalayan Frontiers: A Political Review of British, Chinese, Indian and Russian Rivalries*, New York, Praeger, p. 97。

由此可见中俄勘界一开始就注定难以谈成，也许这本身就是俄国人的计策：利用这种相去甚远的谈判底线使与中国的谈判拖延下去，争取时间和英国谈判。因为俄国发现英国所争者只有小帕米尔，甚至“即小帕地界，英亦酌量割让”，小帕米尔以北地方英国听由俄国处置。[①] 这一方面可见英国争帕米尔的确在于保护印度，另一方面俄国觉得英国“胃口”小，对实现俄国以萨雷阔勒岭为界的目标更为有利，双方更易于达成协议。俄国之所以坚持以萨雷阔勒岭为界，不愿让中国获得该山脉以西的地方，“是因为阿克拜塔河和阿克苏河流过上述山岭的山麓，紧靠着这两条河的流域沿线，有一条不仅是通往帕米尔去的最方便的道路，而且是唯一的道路。没有这条道，和这一地区的交通联系也就没有了”[②]。可见沙俄不仅要占有帕米尔，而且还在谋划着如何保有帕米尔。

1892 年 11 月，中国驻俄公使许景澄奉命会见俄国外交部的格必尼斯，就中俄勘界之事协商。双方在勘界原则上各持己见，会谈毫无进展。由于俄国已经占领了帕米尔的险要地区，度中国不敢先开边衅，于是十分蛮横，格必尼斯声称“分界之事乃中国先愿相商，我们并不着急，现已电复噶使暂且停议”[③]。此后中国又和俄国交涉数次，俄国并不理会，而且俄国驻扎在郎库里和阿克塔什一带的军队始终坚持不撤。英国得知此时俄国并无意南犯，于是对俄国也便不加理会。[④] 至此中国陷入十分被动的地步：俄国既不撤兵，又不和中国划界；而英国也不再和中国一道与俄国交涉。形势的变化实出清政府的意料，被动而又孤立无援的清政府只好承认撤兵划界的失败，暂时不得不“据约诘论，不予定界”，同时“严兵自守，杜敌内犯”[⑤]。

此阶段清政府和俄国的交涉逐渐走向被动，沙俄假意答应中国撤兵可以划界，骗得清政府撤兵后，立即抢占帕米尔险要，作为既成事实，然后强词夺理，拒不认 1884 年的《中俄续勘喀什噶尔条约》中关于帕米尔划界的约定，同时开始和英国勾结；而中国原想结英拒俄的一厢情愿想法，和英国的目的相去甚远，英国看到俄国无意南犯后，和俄国有了协商的基

---

① 许景澄：《许文肃公遗集·遗稿》卷 8，第 24～26 页。
② 伊斯坎达罗夫：《十九世纪下半叶的东布哈拉和帕米尔》，第 314～315 页。
③ 许景澄：《许文肃公遗集·遗稿》卷 7，第 28 页。
④ 许景澄：《许文肃公遗集·遗稿》卷 7，第 29 页。
⑤ 许景澄：《许文肃公遗集·遗稿》卷 7，第 32 页。

础。这样英俄逐渐进行接触，秘密商议瓜分帕米尔。

五　帕米尔交涉的第四阶段（1893 年 1 月至 1895 年 5 月）：三国同议

“三国同议”勘分帕米尔是英国提出的，清政府迫于英俄私商勘分帕米尔的情况，同意和英俄共同商议。1893 年，清政府就已不断听说英国和俄国就帕米尔在商议定界之事。是年夏天，庆常和英国外交大臣索尔兹伯里会面，索尔兹伯里称英俄正在交涉，沙俄不愿意放弃小帕米尔通往印度之门户，而中国和俄国所争的乌孜别里山以东也包括小帕米尔在内，所以俄国绝不会让步。[①] 1893 年 12 月，清廷听说英国可以对俄国酌让小帕米尔，一方面感到俄国非常得势[②]；另一方面又十分气愤，认为“英只顾阻俄不越小帕山岭，而将中国界线内地擅让与俄，阳为联络，阴便私图，且英俄既有成议，则自阿克塔什以南中俄之界更难定”。所以清政府曾指示驻英、俄公使探寻如何进行“三国同议”，希望通过“三国同议，以期补救而昭公允”[③]。但是此时英国反复无常，竟然否认曾经提议过“三国同议”[④]。

此时英俄就帕米尔私商正殷，庆常在俄交涉十分困难。1893 年 12 月，俄国外交部大臣噶尔斯在交涉中一方面指责中国在交涉原则上不让步，仍然以《中俄续勘喀什噶尔界约》中的约定为交涉根据，逼俄国就范；另一方面，俄国威胁庆常，“现在英俄商议帕事，英国虽争小帕，而小帕以北地方听俄处置，英不与闻。即小帕地界，英亦酌量割让，是英国受商而中国不受商。与其同中国作无谓之周旋，不如与英国商定一切，以符兵部初议”[⑤]。这其实清楚地表明了俄国的真实心迹，而且与英国要和俄国划定帕米尔的论调如出一辙，可以说英俄双方在撇开中国解决帕米尔问题上达成了“共识”。此时清政府处在英俄私自商议瓜分帕米尔的夹缝中，几乎被

① 许景澄：《许文肃公遗集·遗稿》卷 7，第 23 页。

② 光绪十九年十一月二十日总署收北洋大臣电，参见甘肃师范大学历史系编《帕米尔历史资料汇编》，第 147 页。

③ 光绪十九年十一月二十三日总署发出使薛大臣电，转引自甘肃师范大学历史系编《帕米尔历史资料汇编》，第 148 页。

④ 中国第一历史档案馆“电报档”，2038（十），光绪十九年十一月二十六日收出使许大臣电。

⑤ 许景澄：《许文肃公遗集·遗稿》卷 8，第 24～26 页。

完全排除在外，甚至连有关的消息也得恳求于人。1894 年 1 月，驻英公使薛福成来电称，“英愿以小帕划与中国”，并要求清总署电知驻俄公使许景澄，“西界专与俄商，较易措手”①。而许景澄询及俄国外交部大臣噶尔斯时，他亦称“南界自萨湖及阿克塔什以南，英俄已有成议，中俄关涉乃是东界，仍请钧署指出西界地名再商等语。近探悉英割罗、什二部，俄允以小帕北岭为界已确，是我西南出路及小帕地界俄已无涉，将来另与英商南界，事局较轻松”②。清政府还在想着如何办理与俄交涉之时，1894 年 2 月英俄已经就瓜分帕米尔地区达成协议，只是双方还未正式换文和具体标界。英国原本答应把小帕还给中国，此时清政府却不敢索要，因为“中俄界未定，俄未必答英”，还担心英国有变，“求之过急，又恐启英索报之心”③。不过清廷仍在坚持向俄国交涉。1894 年 3 月，庆常又受许景澄的派遣和俄国外交大臣噶尔斯交涉，说明中国愿意稍做退让。④ 但是郎库里、阿克塔什全境和阿克苏河一带，双方都极为注重，难以达成协议。由于中日甲午战争爆发在即，清政府还要借助俄国对付日本，所以无力再进一步与沙俄交涉，只得决定暂行搁置。这刚好也符合此时俄国的需要，因为它便于俄国伙同英国完成勘定萨雷库里以东的瓜分线。1894 年 4 月初，俄国外交大臣向许景澄提出“两国各不进兵以作调停”⑤。接着双方从 1895 年 3 月 11 日到 4 月 23 日，连续进行了四个换文，规定双方互约止兵，“直到俄国和中国间对帕米尔划界问题得到最终解决为止”。⑥ 英俄利用这段时间，相互换文，完成了对帕米尔的瓜分。英俄瓜分的情况为：从萨雷库里湖向东至中国边界划一直线作为南北分界线，线的南面归为英国保护的阿富汗所有，线的北面为俄国所管辖。⑦ 随后双方立即组成勘界委员会，进行勘界。从 1895 年 7 ~ 9 月，这个勘界委员会完成了俄英瓜分帕米尔的勘界工

① 光绪十九年十二月二十五日总署发北洋大臣转薛大臣电，转引自甘肃师范大学历史系编《帕米尔历史资料汇编》，第 147 页。

② 光绪十九年十二月十八日总署收北洋大臣电，转引自甘肃师范大学历史系编《帕米尔历史资料汇编》，第 148 ~ 149 页。

③ 光绪二十年一月二十七日总署收北洋大臣电，转引自甘肃师范大学历史系编《帕米尔历史资料汇编》，第 149 页。

④ 中国第一历史档案馆“电报档”，2039（一），光绪二十年一月十七日收出使许大臣电。

⑤ 许景澄：《许文肃公遗集·遗稿》卷 8，第 22 页。

⑥ 《中俄边界条约集》，甘肃师范大学历史系编《帕米尔历史资料汇编》，第 129 页。

⑦ 参见《沙俄侵略中国西北边疆史》，人民出版社，1979，第 338 ~ 339 页。

作。中国帕米尔地区除了塔克敦巴什帕米尔和郎库里帕米尔的一部分以外，就这样被英俄瓜分了。清政府对英俄私分帕米尔十分愤慨，“英俄不顾中国允认与否，遽行定界，迹近强占，尤出情理之外”，[①] 并且向英俄多次提出抗议，郑重声明中国坚持《中俄续定喀什噶尔界约》中的原则，“日后必重申前说”[②]。

此期间清政府提出的“三国同议”共同勘分帕米尔，看起来和第二阶段对策一样，实际则相去甚远。交涉第二阶段“三国勘界”可以说是清廷所提的“三国各不占”之对策的发展，清政府处于主动地位，只是期望借助于英国实现对帕米尔的勘分；而这次则是清政府优势尽失，为英俄算计遭冷遇后，迫于无奈而提出的，完全被动。其结果英俄均不理会，仍然私下瓜分帕米尔。

六　结语

中英俄帕米尔交涉，最终以英俄私分帕米尔、中国据约相拒，遂成悬案而搁置。斗转星移，转瞬已是百多年。从以上对交涉过程及清政府对策的简要叙述中，笔者认为此次交涉是清政府的一次失败，其教训是深刻的，以下几点是笔者的看法。

第一，在交涉的策略上，清政府一味因循“以夷制夷”的传统理论。“以夷制夷”千百年来一直是中国中央王朝在处理和边疆部落关系以及对外交涉中常用的武器，在近代以前可以说曾经屡试不爽，成为封建王朝处理与藩属之间关系的成功法宝。但是近代以后，时移势异，这种理论则受到极大挑战，证明已经落后，而清政府却仍然僵硬地用它来对付绝非原始落后蛮夷之邦的近代西方列强。在帕米尔交涉中，清政府就是仍然按照这种理论形成的思维模式进行交涉，致使交涉渐入被动，为人所用，悬案终成。1890 年因为俄兵游弋帕米尔，窥探并侵扰我帕米尔边地，使中俄关于帕米尔交涉乍起，但是清廷认为自己势单力薄，难以抗衡俄国，便极力牵引英国入局，期望借英国之力，制衡沙俄。正是这种策略导致交涉初期

① 《总理各国事务衙门致新疆巡抚书》，转引自《新疆图志》“国界志”，第 20 页。

② 王彦威编《清季外交史料》卷 113，第 16 页。

“三国各不占”“三国勘界”以及清政府对英国入侵坎巨提的让步对策的制定，结果使交涉渐陷于复杂，清政府反而自暴弱点于人，使英俄均得以利用，导致被动和最终失败。“以夷制夷”在对待比自己力量弱小的对手或者实力相当的对手时，为保存自己实力，引而用之，或许颇有道理；但是在对待比自己强大的对手时，仍然一味地因循使用，难免适得其反，即使侥幸成功，其险也是如履薄冰。

第二，失察良多。首先，清廷对英国目的的认识上有误。我们知道英俄近代一直在中亚角逐，对俄国而言，它认为英属印度是大英帝国的最薄弱之处，于是利用自己在中亚侵略的锋芒，极力想南下帕米尔，以威胁英国的软肋，获取战略上的优势；对英国而言，印度是它在东方的根基，必须重点加以保护，无论是对阿富汗的两次战争还是扶持阿古柏立国，主要目的都是想在英属印度北部边疆的外围建立一个缓冲地带，以免和俄国直接面对，而其和沙俄角逐中亚，首要就在于保护印度的安全。因此当帕米尔问题出来后，英国最初即明确告诉中国，希望中国能够守有帕米尔，或者中国和阿富汗能够分有该地，可见其用意仍然是避免英俄相遇。但是清政府则生怕为英国所利用，许景澄对此说得很明白。其次，传统的羁縻政策使得清政府缺乏清楚的边界概念。当时清政府和出使俄国公使对帕米尔的地理方位认识模糊，甚至于笼统地以为帕米尔在“葱岭”以西，对领土边界的确切界线不清楚；对清政府和英俄进行交涉的目的只是限于不“示弱于人”，而不是保卫疆土。这其实是清政府一贯对边境少数民族地区进行羁縻管理的反映，边界只是一个宽泛的地带，而不是一条清晰的边界线，所以清政府还想“拟以属部羁縻，意在杜人侵逾”①，仍然不想把界划清楚。清政府的这种思想和英俄的近代国家观念相去甚远，更不符合当时英俄在帕米尔争夺的实际情况。

第三，应对措施多有不当。基于上述两点，清政府在和英俄进行谈判时所采取的应对措施多有不当。在交涉之初，清廷主张三国各不占，认为帕米尔“是我属地而愿三国各不占，公平极矣”②。从上文的分析可知，该对策完全是一厢情愿，缺乏对英国意图的了解。英国由于担心俄国南下，

---

① 许景澄：《许文肃公遗集·遗稿》卷6，第22页。

② 《总理各国事务衙门致新疆巡抚书》，转引自《新疆图志》“国界志”，第20页。

希望和俄国相分开，而清政府的这个对策，仍然在英俄之间留下真空地带，这并没有解决问题，隐患依然存在，这是英国所极不愿意见到的。当英国见清廷难以为用，便出兵侵占由帕米尔通往英属印度的战略孔道坎巨提，而清政府为了笼络英国以“结英”，妥协让步，结果引起了俄国更多的怀疑，并使俄国用为借口，以撤兵勘界为诱饵，迫使清政府撤兵苏满，俄国则乘机加以占领，取得主动。坎巨提事件使帕米尔交涉形势更为复杂，并且使中国丧失主动，成为中英俄三国交涉帕米尔到英俄私分帕米尔的转折点。

帕米尔问题的形成固然是英俄帝国主义扩张的结果，使中国在帕米尔主权受到严重的侵害，但是清政府并不是没有机会，如果清政府在交涉一开始就能认清形势，了解英俄实际心态，抓紧和俄国勘界分地，而不是一味地“导使两雄之自争，冀免二敌之并受”[①]，或者“撇开英国，势不能行”[②]，如此百年悬案或可免矣。

（原刊于《中国边疆史地研究》2002年第3期）

① 许景澄：《许文肃公遗集·遗稿》卷7，第13页。

② 中国第一历史档案馆，“电报档”，2036（五），光绪十八年五月二日军机处发出使许大臣电。

英国驻喀什噶尔总领事馆对苏俄的情报活动

——以1917～1922年为中心

1917年十月革命爆发后至1922年底，英国驻喀什噶尔总领事馆成为英国搜集苏维埃俄国（以下简称“苏俄”）中亚情报和对苏俄宣传的基地。本文以英属印度事务部档案为主，结合有关文献，对这段时间内英国驻喀什噶尔总领事馆及其总领事的活动加以研究。所以选择该段时间，主要是因为：首先，此期是十月革命爆发后英国以中国新疆为基地对苏俄中亚进行情报搜集和宣传最为重要的阶段；其次，此期英国驻喀什噶尔总领事馆的情报和宣传活动涉及英国对苏俄政策；再次，该问题涉及英国对中国新疆的政策，所以，对其加以探讨也是我们研究此期英国在新疆活动的组成部分。

一　马继业与贝利使团

马继业是英国驻喀什噶尔总领馆的开创者，俄国十月革命期间，其作为赴苏俄中亚贝利使团的重要成员之一，较早地参与了对苏俄情报活动。

1918年7月，第一次世界大战仍在进行之中，新生的苏维埃政权使英国对中亚地区颇为担心，因为德国和土耳其极力向中东和中亚渗透，其结果会威胁并控制该地区重要的资源，并有可能在印度引起政治混乱。鉴于此，英国决定派出两个军事使团，加强情报搜集工作。一个使团是由维尔弗里德·马里森将军率领的小部队组成，前往伊朗北部；另一个使团则由弗里德里克·贝利、L. 斯图瓦特·布莱克和珀斯·艾瑟顿三名军官组成，前往喀什噶尔。

由于缺乏明确的指示，马里森使团超越权限，在跨里海地区和反苏维埃的军队一起进行军事行动。1919年1月后，该使团本来是进行反德国活动，结果却变成了遏制苏维埃政权。马里森所率军队规模小，与之联合的反苏势力并不可靠，马里森不久便受命撤退，其任务只限于搜集情报。1919 年，阿富汗新政权试图获得苏俄支持进行反英活动，这使得马里森使团的作用显现出来。马里森使团深入中亚南部腹地，获得较为重要的情报，而且很快上报给英属印度政府。此外，该使团也截获苏俄无线电信息，其中经常包含一些重要情报，特别是当西伯利亚白俄势力切断塔什干与莫斯科之间铁路和电报线路的时候。

前往喀什噶尔的布莱克和艾瑟顿都有在俄国旅行的经历，而且艾瑟顿会俄语。该使团表面上声称赴苏俄是为了解塔什干的真实情况，并希望和当地苏维埃政权建立良好关系，以便阻止中亚棉花运往德国。虽然当时塔什干和喀什噶尔之间有通信联系，但是英国驻喀什噶尔总领事馆并不清楚塔什干到底发生何事，对布尔什维克的意识形态也不甚了解。马继业长期在新疆工作，对新疆和苏俄中亚地区都有较大影响，但将要退休，贝利请马继业随行，艾瑟顿留在喀什噶尔，接任马继业的职位。

贝利使团到达塔什干后，由于通信所限，并不知道马里森使团当时已在跨里海地区和苏俄交火。因此，马里森使团的军事干预使得贝利使团不获苏俄信任，只得回撤。马继业和布莱克先回英属印度，贝利则又设法在当地停留到 1919 年下半年。马继业和布莱克也在中途分头行动，马继业先撤回新疆塔什库尔干，然后返回英属印度。

贝利使团并不成功，只是获取了一些情报，并没有和塔什干苏维埃政权取得任何联系。从后来贝利、艾瑟顿和布莱克的书信中可知，贝利和布莱克以及艾瑟顿之间关系颇不协调。不过，贝利和布莱克都对马继业尊敬有加。1922 年 9 月，布莱克给《泰晤士报》的信中提到马继业在这次代表团中的作用时说："乔治爵士的谦虚使人们不太了解他，正是他的人品、学识和他在新疆的经验以及在苏维埃的名声，使他成了塔什干代表团无可争议的首席代表。"虽然职务上并不是这样。可见，在贝利使团的苏俄中亚之行中，长期任驻喀什噶尔总领事的马继业起到重要作用。

二　艾瑟顿对苏俄情报活动

艾瑟顿接任英国驻喀什噶尔总领事，其任期是 1918 年 6 月到 1922 年 7

月。这段时间是英国利用驻喀什噶尔总领事馆对苏俄进行情报活动的最重要时期，而作为总领事的艾瑟顿表现极为活跃，使英国在此时对苏俄情报活动达到高潮。

扩大并完善情报网络。新疆和苏俄中亚毗邻，历史上双方存在着宗教、民族和贸易等多方面的联系，加上苏维埃政权建立初期，中亚地区有大量沙俄残余势力，这些都成为英国利用新疆进行情报活动的基础。艾瑟顿接任总领事后，在马继业所建立的阿克萨卡尔系统基础上，大力发展谍报人员，建立起遍及新疆、延伸至苏俄中亚地区的庞大的情报网络系统，其组成情况如下。

1. 阿克萨卡尔系统。所谓英国阿克萨卡尔即英国在新疆的乡约体系，该体系成为英国驻喀什噶尔总领事馆下属的代理人。英国在新疆的阿克萨卡尔系统是由马继业建立起来的。[①] 进入民国之后，马继业又将该系统加以扩充，其阿克萨卡尔遍及南疆，甚至伸延到北疆的伊犁地区，达13个之多。[②] 这些阿克萨卡尔分散于新疆各城镇，与周边邻国边疆地区的富商有密切的联系。[③] 搜集情报是其重要职责之一，所以此时英国利用该网络覆盖广、渠道畅通、人员可靠的特点，搜集苏俄中亚地区的情报。

2. 原沙俄在新疆的阿克萨卡尔系统。沙俄在新疆共设有5个领事馆，其乡约系统遍布南北疆。十月革命后，沙俄的乡约体系都成为反苏维埃政权的中坚，其中很多都愿意为英国提供情报。这使得艾瑟顿可以从北疆伊犁、迪化和塔城搜集到有关苏俄的消息，甚至还可以搜集到远至今天哈萨克斯坦和蒙古边疆地区沿线的情报。

3. 居住在喀什噶尔的沙俄政权的逃亡者。十月革命后沙俄政权不少官员和贵族逃亡到新疆境内，喀什噶尔也是其中的重要聚居地。这些逃亡人员都反对苏俄政权，都保持着跨边界的联系，都是有价值的情报源。

4. 驻扎在中苏边界苏俄境内的白俄军队。当时在中亚地区仍有不少白俄军队并未被苏维埃政权控制，他们驻扎在苏俄靠近中国边界的附近，一般都较乐意为英国提供信息。例如，在帕米尔的穆尔尕比地区，一名原沙

---

① 许建英：《近代英国和新疆（1840～1911）》，黑龙江教育出版社，2004，第279页。

② Kashgar Diary，May，1916.

③ IOR L/P&S/10/741. fol/198v，艾瑟顿1919年1月1日致印度政府外交和政治部第5号电报，附关于“喀什噶尔最富裕的三名商人之一巴都丁”从费尔干纳发来的一篇报告。

俄军官为艾瑟顿提供情报[①]；1919 年 6 月 6 日，艾瑟顿收到一名沙俄军官关于帕米尔哨所的情报[②]；艾瑟顿甚至还和沙俄驻喀什噶尔总领事馆（当时仍在俄国旧政权控制之中）从驻伊尔克什塘沙俄军队中培养了一名间谍，以其同情苏维埃政权之名将其遣送回奥什，搜集情报。[③] 在新疆塔什库尔干靠近苏俄边界处驻扎有一支白俄军队，其中一名哥萨克军官长期为艾瑟顿提供情报。[④]

5. 边境地区的一些部落。在帕米尔等地有不少部落，实际上都是跨界民族，与中、苏、阿都有密切联系，这为英国搜集情报提供了机会。艾瑟顿在帕米尔地区培植部落头领，由他们提供苏俄在边界驻军信息。不过，直到 1920 年 2 月下旬，该计划以及在帕米尔进行的一般性监视仍停留在计划阶段。英属印度政府颇担心苏维埃政权的谍报人员和宣传活动从帕米尔渗透到英属印度北部边疆，曾就此致函艾瑟顿及吉尔吉特的政治代表，寻求遏制渗透的建议。[⑤] 在色勒库尔高原和瓦罕走廊，艾瑟顿利用当地部族情报人员颇多，包括塔吉克人伊斯玛里斯（阿伽汗的追随者）。艾瑟顿报告说这些人都在做对英国有益的事情。[⑥] 但是，伊斯玛里斯建立覆盖帕米尔地区完整组织的时间较晚，应该在 1921 年底以后。[⑦]

6. 艾瑟顿派遣的一些特别情报人员。除了利用当地同情英国利益的人员外，艾瑟顿也就具体任务派遣自己的谍报人员，伪装成商人越过边界。这些人可能是英国总领事馆里的工作人员，也可能是从当地社会征召的人员。1921 年，艾瑟顿甚至设法使其一名代理人成为新疆赴阿富汗喀布尔外交使团的成员。[⑧] 艾瑟顿还接待苏俄境内反布尔什维克头目派出的使团，

---

① IOR L/P&S/10/741. fol. 155，艾瑟顿 1919 年 4 月 21 日致印度政府外交和政治部，第 75 号报告。

② IOR L/P&S/10/741. fol. 166v，艾瑟顿 1919 年 6 月 6 日致印度政府外交和政治部电报，第 105 号。

③ IOR L/P&S/10/741. fol. 82，艾瑟顿 1919 年 10 月 1 日致印度政府外交和政治部电报，第 207 号。

④ IOR L/P&S/10/741，fol. 181v，艾瑟顿 1919 年 3 月 11 日致印度政府外交和政治部电报，第 57 号。

⑤ IOR L/P&S/10/741. fol. 20v，1920 年 2 月 5 日电报，第 145—S 号。

⑥ Kashgar Diary，January，1922.

⑦ IOR L/P&S/10/976，p. 1.

⑧ Kashgar Diary，April，1922.

以便设法支持其在费尔干纳活动，他甚至从赴喀什噶尔谈判的布尔什维克使团成员中获取情报。

7. 在与中国当地官员的合作中了解有关情报。在其当时的报告和后来出版的书中，艾瑟顿称赞喀什噶尔道尹朱瑞墀的合作，称赞其支持英国利益。在 1921 年 2 月的报告中，艾瑟顿给“道尹充分的赞扬，道尹以令人尊敬的方法使喀什噶尔免受布尔什维克主义……”即使这样，喀什噶尔道尹朱瑞墀向艾瑟顿承认他无力控制叶尔羌安班反英。[①] 不过，后来艾瑟顿在其所著的书中传达出这样的感觉，在制定日常对策时，道尹胜过他的左膀右臂：“他忠实地和我一起工作，工作良好……我曾感激地回顾他的态度，在很多窘迫和危机难熬时刻他都支持我。”[②] 大多数情况下，艾瑟顿向喀什噶尔当局提供情报，但是他也会从道尹处得到一些情报。例如，在 1921 年 2 月日记中，艾瑟顿赞扬朱道尹，当时他们在讨论喀什噶尔布尔什维克代理人，他认为中国人“不了解形势，对本领事公正，我应该说此地每一则有价值的信息都提供出来了”[③]。艾瑟顿通告给朱瑞墀的情报不少是关于苏俄在新疆鼓动革命的，喀什噶尔当局一般都会逮捕有关人员。例如，艾瑟顿曾经报告一个案件，一名叫卡西姆·普恰克人，原为喀什噶尔人，较有名望，后入俄籍，他被布尔什维克武装后送回喀什噶尔，去训练一支宣传队伍。“喀什噶尔道尹拘押了卡西姆·普恰克家几名成员，他们都居住在靠近喀什噶尔的阿图什，并将他那里的房产和财产作为未来品行端正的保证金。”[④]

情报网络的运作。英国驻喀什噶尔总领事馆建立的情报网络庞大，覆盖地域广，涉及商业、军事、经济等多个领域，其情报如何运作至为关键。就一般而言，情报网络运作主要是指网络的管理、情报的传送方式和情报上报部门的选择。从英方档案中，我们大致可以总结如下。关于情报网络的管理可分为几种情况。最主要的阿克萨卡尔网络，艾瑟顿将其视为英国在南疆各地的官方代理加以管理，该渠道是其情报网络的核心，最为可靠；对于沙俄阿克萨卡尔、沙俄贵族和军队残余势力，艾瑟顿按照外交

---

① IOR L/P&S/10/976. fol. 314v, p. 4.

② Etherton, In the Heart of Asia, London, Constable, 1925, pp. 102 – 103.

③ Kashgar Diary, January, 1922.

④ IOR L/P&S/10/836, fol. 488 – 489，艾瑟顿 1921 年 8 月 1 日报告，第 214 号。

模式进行交往并加以利用；他对英国籍的传教士则利用其同胞之便，对非英籍的传教士或以朋友之谊，或以亲英之名加以利用；对于新疆地方官员，则以合作之机获取情报；对那些临时雇用的特殊情报员，则纯粹以金钱手段笼络。总的来说，该情报网络是以英国驻喀什噶尔总领事馆为神经中枢，根据情报渠道进行分类管理，灵活掌控。情报传递则兼用传统和现代方式。在传统方式中主要利用通信、特别信使和邮局进行情报传送。英国驻喀什噶尔总领事馆在传递情报中已使用一些颇为有限的现代技术手段，主要是电报。① 1918 年下半年，为适应英国驻喀什噶尔总领事馆情报传递的需要，英属印度政府做了新的努力，向喀什噶尔运送一批无线电器材，并派遣技术人员，以提高和喀什噶尔通信能力。这些技术人员一直停留到 1922 年下半年才离开。② 这些通信设备能够接收信息，但是却不能发送。英属印度政府以此种方法给喀什噶尔的英国总领事馆发送重要指示，此外，还可以接收诸如路透社等其他消息，截获苏俄塔什干的无线电广播信号。艾瑟顿利用这些截获的消息，加以综合，有时附上翻译，也可搜集不少情报。不过，因为接收器无法接收长波信号，艾瑟顿只能截获那些明码电报以及那些用短波发射的消息。③ 情报的发送地包括英属印度政府、英国政府和英国驻中国大使馆，有些还发到英属印度北部边疆地区的吉尔吉特官员处。

三　英国在喀什噶尔情报活动与英国对苏俄政策

我们知道，1917 年俄国爆发十月革命的时候，第一次世界大战仍在进行中，而英俄则同为协约国。俄国苏维埃政权建立后，苏俄宣布退出战争，这意味着协约国失去一个重要同盟。在如何对待苏俄政权上，英国政府的政策一度并不明朗。

如前所述，英国当时向苏俄中亚地区派遣使团，其最初用意有两个：一是为了阻止德奥利用苏俄跨里海地区资源，二是要摸清楚苏俄在塔什干

---

① IOR L/P&S/11 /233.

② George Macartney, Bolshevism as Saw It at Tashkent in 1918, Journal of the Central Asian Society, I7/2 - 3 (1920), p. 55.

③ IOR L/P&S/10/741, fol. 51，艾瑟顿 1920 年 2 月 1 日致印度外交和政治部报告，第 48 号。

的活动情况。但是，马里森所率领的由小规模军队组成的使团，对所要执行的任务并不十分清楚，或者说他所得到的指示含混，致使该使团演变成为反苏俄势力，与其最初的目的相悖。不容否认，英国在该使团派遣及其组成上都包含着政策的不明晰之处，因为无论其派遣的本意是什么，但所表现出来的则是一支开赴苏俄境内的军队，最后演变成武装干涉，这是情理之中的事情。而贝利使团也被驱逐，以失败告终，联系到马里森使团的情况，贝利使团失败也是理所当然的。可见，英国在俄国苏维埃政权建立之初，对苏俄虽然并没有明确的干涉政策出台，但在实际中却包含有干涉之举。

1919 年以后，英国对苏俄政策仍不明确，英国首相和外交大臣在对苏维埃政权的政策上有分歧，英国驻喀什噶尔总领事馆无法得到明确的指示。[①] 对英国来说，当时最担心的是苏俄向英属印度传播布尔什维克主义，或者以解放殖民地为借口，在英属印度发动革命。所以，英国驻喀什噶尔总领事馆的基本目标是利用其网络搜集苏俄情报，并随时就苏维埃的威胁提请英国政府采取相应措施。例如，关于英国能否支持俄国旧势力反对苏维埃政权的问题就颇能说明问题。1919 年 2 月初，艾瑟顿就其领事馆卫队是否能够用于对付进入新疆境内的布尔什维克请示英国政府[②]；还就新疆喀什噶尔当局询问一旦喀什噶尔因苏俄进入引起混乱，英国可否予以军事支持而向英国政府请求指示。[③] 英属印度政府向伦敦报告说："我们已经指示总领事不要与中国当局达成任何约定，领事馆卫队不承担任何日常任务以外的事务。"[④] 1919 年 2 月 20 日，艾瑟顿又报告说，费尔干纳谷地反苏维埃政权领导人之一阿伽什询问英国支持反对苏俄的可能性，艾瑟顿无法承诺，便请示英国政府该如何回应。[⑤]

艾瑟顿的情报于 3 月 7 日到达米斯噶尔，当天就用电报发给英属印度

---

① 乌尔曼：《英苏关系：1917—1921 年》，此文较详细介绍了英国政府关于新生苏维埃政权的政策分歧。

② IOR L/P&S/10/741，fol. 201v，艾瑟顿 1919 年 2 月 10 日致印度外交和政治部电报，第 21 号。

③ IOR L/P&S/10/741，fol. 185v，艾瑟顿致印度外交部和政治部报告。

④ IOR L/P&S/10/741，fol. 193，第 251 - S 号电报。

⑤ IOR L/P&S/10/741，fol. 197，艾瑟顿 1919 年 2 月 20 日致印度政府外交和政治部电报，第 35 号。

政府。英属印度政府将艾瑟顿的情报复制一份，3 月 18 日连同一份请求指示的函件发给伦敦。3 月 25 日，印度事务部副国务大臣约翰·沙克堡对其加以评述，随后将其送至军事大臣处征求意见。沙克堡实际上对俄国和中亚事务颇为了解，他在其评述中写道：

> 喀什噶尔总领事（艾瑟顿少校）似乎行动非常谨慎。但是，关于费尔干纳或者其他地方反布尔什维克提案要采取的态度，我认为他和印度政府都应该尽快得到陛下政府准确的指示。至于我们对布尔什维克的总体政策，我仍颇不明白。我们将其视为已宣战的敌人了吗？我们眼下想与其进行战争吗？或者与之采取和平解决方式吗？但是，无论如何回答这些问题，我们从跨里海据点撤退的事实，以及随之对整个新疆发生影响的可能性都将消失。在此情况下，我们不要做承诺。我们将无法履行承诺。①

对此意见，英属印度事务部及外交和政治部反复斟酌，英属印度事务大臣埃德文·S. 蒙塔古的建议是，英属印度政府“明确指示驻喀什噶尔总领事不要承诺支持俄国境内费尔干纳或者其他地方的反布尔什维克分子。这是从跨里海地区撤出马里森将军的必然结果，在该地区以东的地方英国政府不应该再有新的承诺”②。外交大臣寇松同意蒙塔古的意见，但是建议将“任何反布尔什维克分子”替换为“任何政党或者组织”。③ 经过一系列商议后，4 月 10 日，印度事务部大臣致电英属印度外交和政治部说：“应该指示驻喀什噶尔总领事，不要承诺支持或者援助俄国境内任何政党或者组织。”4 月 20 日，英国外交和政治大臣致电艾瑟顿，传达该项政策。当然，该回复值得注意，它避免了英国政府就布尔什维克政权传达出任何官方态度。上述情况表明，英国政府虽然指示艾瑟顿保持中立，但其决策过程反映出英国对苏俄政策并未最后确定，仍处于摇摆中。

英国政府对苏俄政策的不明确性，从英属印度政府致英国政府的电报中也可以看出。在 1919 年 7 月 26 日致伦敦印度事务部的一封电报中，英

---

① IOR L/P&S/10/741, fol. 155 – 156v.

② IOR L/P&S/10/836, fol. 251v.

③ IOR L/P&S/10/741, fol. 157v – 158; IOR L/P&S/10/836, fol. 250; IOR L/P&S/10/741, fol. 157v – 158.

属印度政府就其所关注的问题总结说：

> 有关当局就截获布尔什维克代表和文件重要性都表现得很活跃。在我们的边疆周边，吉尔吉特和喀什噶尔都关注着事情的发展，后者正在和中国地方当局密切合作，压制布尔什维克的宣传。克什米尔驻点官已受命截获从英属印度外进入克什米尔的任何邮件。麦什德目前是我们观察布尔什维克在中亚活动的最活跃的中心，正在尽力关闭穿过波斯的路线。但是，在我们广大的边疆地区来来往往人太多，我们无法指望都能够成功。[①]

可见，英属印度政府对其北部边疆的安全仍极为关心，对英国政府应该采取何种政策也非常在意；同时也说明，在对苏俄采取何种政策上，英属印度政府和英国政府之间有些差异，前者更为积极，对一些反制措施更为赞赏。为确保英国政府决策正确，英属印度政府积极搜集其周边地区的苏俄情报，认为有效的情报是取得成功的关键，只有了解布尔什维克中心正在干什么才能够制定反制措施。因此，喀什噶尔英国总领事馆的作用颇为英属印度政府所倚重。

英属印度政府出于其安全考虑，特别担心苏俄进入印度策动革命，希望英国政府对苏俄采取措施。1920 年 1 月下旬，英属印度政府提交给伦敦"印度反布尔什维克措施"设想，包括建立"特别信息局"，其目的在于"反制宣传、协调内外情报，制定措施，使布尔什维克间谍和宣传远离印度"[②]。但是，英国政府政策仍难以确定。就在英属印度提交其设想后的几天，印度事务部大臣致函德里，引述了英国首相大卫·里奥德·乔治的讲话，要对俄国苏维埃政权采取"精明无为"政策。英国政府既不准备和布尔什维克达成和平协议，也不准备通过支持军事干涉将其打垮。"因此，剩下唯一能做的就是通过贸易将俄国带回正常。"[③] 不过，英国印度事务部

---

① IOR L/P&S/10/741，fol. 139，西姆拉印度政府总督、外交和政治部 1919 年 7 月 26 日致伦敦印度事务部大臣电报，第 1089 – S 号。

② IOR L/P&S/10/741，fol. 109，印度政府外交和政治部副大臣致内政部官方备忘录，第 59 – F 号。

③ IOR L/P&S/10/741，fol. 25v – 26，印度事务大臣 1920 年 2 月 21 日致德里印度政府总督、外交和政治部电报，第 116 – S 号。

大臣明确说明外交部的意见是："要不遗余力地查堵布尔什维克代表在整个中亚所进行的颠覆性教条宣传。"这表明，英国首相和外交部对苏俄政策意见不一致，有研究者指出英国首相大卫·里奥德·乔治对外交大臣寇松是"忍耐性的蔑视"[①]。对英属印度政府来说，急需政策明朗化，以便采取一切可能措施，抵消苏俄发动革命的努力。[②]

1921年，英国政府的态度终于清晰，是年3月，《英俄贸易协议》签订，其中一个约定是英苏双方停止在对方境内进行颠覆性和针对性宣传。该协议影响了艾瑟顿在喀什噶尔的情报活动，他再不能针对苏俄在塔什干的宣传进行反宣传活动。艾瑟顿在当地的反宣传开展得颇为努力，早在1918年11月，他就设法编辑了英国宣传资料。这些资料在中国、美索不达米亚和伦敦辑成，然后艾瑟顿将其散发给英国在新疆的阿克萨卡尔，并指示发至"重要的英国属民、俄国属民和中国属民、毛拉和柯尔克孜头人中"。艾瑟顿和喀什噶尔道尹朱瑞墀也达成协议，朱瑞墀印制一份三月刊的摘要报告，内容是关于战争的消息，还散发从上海发来的各种消息海报[③]，而且通过"俄国官员和其他人的真诚合作"，这些海报甚至散发到"费尔干纳、斜米和俄属帕米尔"[④]。

四　对英国驻喀什噶尔总领事馆情报活动的评价

从上文叙述可以看出，英国驻喀什噶尔总领事馆对苏俄的情报活动非常活跃，与英国对苏俄政策也有相当关联，有必要对情报的真实性及其影响做进一步的分析和评价。

从情报网络和情报量来看，英国驻喀什噶尔总领事馆的工作可谓"富有成绩"。首先，英国驻喀什噶尔总领事馆建立起广泛的情报网络，开拓了多种情报源，改善了情报的传送。这些活动使英国驻喀什噶尔总领事馆

---

① 乌尔曼：《英国苏俄关系》第3卷，第14页。

② IOR L/P&S/10/836，fol. 500，特别是登记号为5443的备忘录中，附带1920年7月24日开始的评论，以及附带的文件。

③ IOR L/P&S/10/741，fol. 242，艾瑟顿1918年11月25日致印度政府外交和政治部报告，第350号。

④ IOR L/P&S/10/741，fol. 30v，艾瑟顿1920年1月8日致英国驻斯林纳噶尔、克什米尔驻点官的报告，第17号。

获得苏俄中亚的多种情报，而且情报量也相当可观。英国驻喀什噶尔总领事馆一度成为英国政府特别是英属印度政府颇为倚重的情报基地。其次，与英国对苏俄政策有相当的联系。虽然，英国驻喀什噶尔总领事馆的情报并不决定英国对苏俄政策，但是，可以看出以喀什噶尔为基地的情报活动，对英国了解苏俄中亚情况、了解苏俄对中亚周边国家和地区的政策颇有帮助。再次，在英国从里海、伊朗北部、英属印度北部的吉尔吉特、新疆的弧形情报圈中，英国驻喀什噶尔总领事馆的情报网是其重要组成部分。其中，英国在伊朗北部的情报人员可以较为准确和迅速地获得布哈拉、塔什干和阿富汗的情报；而吉尔吉特的英国情报人员可以更好地获得有关阿富汗瓦罕走廊的情报。一般来说，英国在吉尔吉特的政治代表比喀什噶尔的能够更好地获得该地带情报[①]；艾瑟顿此前所进行的跨边界情报活动仍在保持，他所开展的跨边界反苏俄宣传受到限制，但是他在新疆境内仍以各种方式开展活动，例如，艾瑟顿对苏俄继续保持高度警惕、以较为委婉和非正式的谈话与新疆喀什噶尔道尹交流情况、商议遏制苏俄宣传的对策。[②] 英国驻喀什噶尔总领事馆所提供的新疆北部以及南西伯利亚的情报则更为有效、独一无二。

英国驻喀什噶尔总领事馆对苏俄情报活动本身有严重不足，其情报也存在一些问题。首先，经常出现情报不及时甚至过时的情况。我们前面叙述了艾瑟顿建立的情报网络广泛、雇用的情报人员众多，但是由于有些谍报人员经常一去不复返，有些谍报人员则在路上要花费很长时间，很难及时赶回，甚至带回的情报已经过时，因此情报的价值大打折扣。其次，情报人员获得情报的途径存在颇多不确定性。在十月革命后的一段时间内，中亚地区成为沙俄残余势力和苏维埃双方争夺的热点，原来传播消息的正规渠道受到破坏，街谈巷议成为各种所谓消息的传播渠道。这种口耳相传消息的准确性难以把握，有些所谓消息可能是谣言。再次，当时聚集在费尔干纳盆地的沙俄旧势力以及一些商业机构，为了反对布尔什维克，甚至为了获取英国的支持，他们会根据其需，制造或者操纵一些所谓“消息”。所以，英国驻喀什噶尔总领事馆所建立的情报网络有其缺陷，有些情报的

---

① Kashgar Diary, May, 1921.

② IOR L/P&S/10/741, fol. 175v, 印度政府 1919 年 6 月 6 日致吉尔吉特政治代表电报，第 830 – S 号。

可靠性上存在问题。

不过，英国驻喀什噶尔总领事馆建立的情报网络是英国刺探苏俄中亚情报的重要触角，其情报活动构成了英国对苏俄情报的重要组成部分，对当时英国更为有效地了解苏俄中亚甚至西伯利亚南部地区的情况起到了重要的作用。从另一个角度看，英国驻喀什噶尔总领事馆迅速建立起来的情报网络系统承担着更为广泛的任务，它也为沙俄残余势力提供精神支持，汇集在该情报网络中的各色谍报人员不同程度地承担着英国对苏俄进行“反宣传”的任务，这使艾瑟顿的影响能够深入苏俄中亚地区腹地，对该地区的巴斯马奇运动起到鼓动作用。在英国对苏俄政策模糊时期，这也可视为其协同协约国干涉苏俄政策的具体表现。1921 年，《英俄贸易协议》签订后，英国驻喀什噶尔总领事馆以情报活动为线索，在抵制苏俄对新疆贸易和政治渗透上仍处心积虑。可见，英国驻喀什噶尔总领事馆也成为执行英国对苏俄政策的前沿机构，其情报活动肩负着执行英国对苏俄政策的任务。

（原刊于《西域研究》2008 年第 2 期）

金树仁时期英国和苏联在中国新疆的竞争*

——以英新、苏新贸易为中心

杨增新时期英国势力在中国新疆一度占据重要地位，而盛世才统治新疆后，苏联势力急剧上升，占据绝对统治地位；英国势力则迅速减小，几乎被排斥出局。这种变化到底产生于何时？又是如何产生的呢？论者以往对金树仁治新时期英苏在新疆的角逐注意得很少，缺乏详细考察。本文认为金树仁治新时期是这种转变的重要阶段，是英苏在新疆竞争最为激烈的时期，也是英苏在新疆利益和势力转换再分配时期；英国逐渐丧失杨增新时期作为平衡苏联筹码的作用，并为苏联势力全面超过，其在新疆的经济利益逐渐减少，政治影响大幅下降。而苏联则相反，经济上主宰新疆贸易，政治上逐渐占据主导地位，奠定盛世才全面向苏联一边倒的基础。笔者认为被用作扩张工具的贸易，充分反映此期英苏在新疆角逐的进程。因此，本文以此期英新和苏新贸易为中心，以英方档案为主①，结合其他历史资料，试就此问题进行较系统的考察。

一　金树仁多元化外贸政策②下的英新、苏新贸易

1928年“七七政变”后，金树仁因“平乱有功”而成为新疆最高统治者。杨增新时期英新贸易和俄/苏新贸易都经历了起伏，一方面，英新贸易已经度过没有竞争对手的黄金时期，开始和苏联竞争；苏新贸易则由于苏联单方面利用并未签字的条约，而得到快速扩展，到1927年已经占新

---

* 为便于叙述，本文将英国、俄国/苏联对中国新疆的贸易分别简称为英新、俄/苏新贸易。

① 本文所用的英国档案主要是大英图书馆印度及东方事务部档案，简称IOR；英国国家档案馆档案，简称PRO；英国外交部档案，简称FO。

② 关于金树仁多元化外贸政策，笔者另文论述。

疆贸易额的90%。另一方面，因为杨增新坚持以英国制衡苏联的平衡政策，所以，虽然苏联对新疆贸易额已经处于绝对优势地位，但是苏新贸易存在着实质性障碍，双方马拉松式的谈判说明了这点；而英新贸易依然较为稳固，英国势力依然影响较大。至金树仁上台时，英新和苏新贸易正展开激烈竞争，并逐步走向对抗，“这种对抗不仅仅在于经济利益，它体现出苏联和英国在新疆政治利益上的定位，所以其实质是政治性的，是英俄在新疆角逐的翻版，是英苏在新疆角逐的表现形式”①。

针对英苏双方以贸易为依托在新疆角逐的严峻形势，如何应付是金树仁必须面对的问题。作为杨增新学生的金树仁一夜之间登上新疆最高统治者宝座后，其治新政策处处刻意模仿其恩师。在处理外国在新疆势力问题上，金树仁也师承杨增新的衣钵，试图继续用平衡手段来维持新疆稳定，其核心是以英国等外国势力来平衡苏联的势力。

基于这种平衡论观点，金树仁面对苏联咄咄逼人的贸易攻势，最初采取了多元化的对外贸易政策。该政策的核心有两点。(1) 对苏联实行“限制发展”的策略。搁置杨增新末期就已经开始的苏新扩大贸易的谈判，在税收、运输上采取对应措施限制苏联，暗中积极支持华商和苏联斗争。(2) 积极寻求和西方国家的多元化贸易。金树仁极力和英国、德国、法国等西方国家进行贸易，试图平衡新疆对外贸易，避免陷入苏联的贸易控制中。

在此政策下，金树仁就新疆对外贸易进行了结构性调整和布局。金树仁上台后不久就极力和其他西方国家建立或者扩大贸易关系。先是于1929年派遣包尔汉和潘治义到德国考察，了解进行双边贸易的可能性。当时在新疆进行考察的斯文·赫定探险队的汉莎航空公司成员为其提供了帮助和保护。② 包尔汉在德国活动广泛，主要包括下列方面：为新疆预备建立的德语语言教学物色教师，了解某些仪器和学校图书情况③；聘请柏林地质

① 许建英：《试论杨增新时期英国和中国新疆间的贸易（1912—1928）》，《近代史研究》2004年第5期。

② Inter view with Mr. Soderbom. 转引自 Lars - Erik Nyman, “Great Britain and Chinese, Russian and Japanese. Interests in Singkiang, 1918 - 1934”, *Lund Studies in International History 8*, Printed Sweden, 1977, p. 93。

③ AA IV Chi 2071/Berlin 23. 9. 1930.

学家以便进行土壤检测和探明矿藏①；向德国派遣留学生，1931 年 5 月后先后向德国派遣 9 名学生及陪同人员；从德国进口修路、矿产勘探和开采设备等机械,② 后来还进口了金矿探测机械设备③；商议航空线路、石油开采、建立电厂和进行皮革、羊毛、电力设备等贸易。④

在极力开展对德国贸易的同时，金树仁通过已加入法国国籍的前帝俄商人和法国建立起贸易关系。例如，1931 年 11 月，法籍商人沙立斯等代表新疆省政府购买了三辆汽车，从巴克图口岸入境，运抵乌鲁木齐。⑤ 此外，阿富汗和新疆的贸易也一如既往地保持着。

金树仁极力将德、法等国拉进新疆对外贸易圈内，其实质是要实现新疆对外贸易多元化。这表明金树仁对苏联极度不信任，希望德国能在北疆与苏联对抗，避免苏联控制新疆的贸易和经济。但是，德、法等国和新疆相距遥远，开展成规模贸易可行的运输线路还要经过苏联⑥，而苏联是不会支持和合作的。所以对金树仁而言，英新贸易仍是其多少可以依赖的，也比较具有现实意义。因此支持和拓展英新贸易仍然是金树仁对外多元贸易政策的重心。

在此政策之下，英新贸易和苏新贸易呈现出新特点，即复杂的贸易竞争态势。

表 1　1928 ~ 1934 年英属印度和中国新疆的贸易统计

单位：卢比

年份	对新疆出口	从新疆进口	合计	较上一年增减
1928 ~ 1929	926129	1165742	2091871	- 1109460
1929 ~ 1930	954354	1643710	2598064	506193
1930 ~ 1931A	912839	1892353	2805182	207118

① AA IV Chi 471/10. 3. 31/Berlin 19. 3. 31.

② AA IV Chi 1262/19. 6. 31：Berlin 18. 6. 31.

③ L/P&S/12 Coll 12/2 - PZ4656/1931：Kashgar Diaries，May，1931.

④ PRO：FO371/17113 - F466/466/10：cf note10.

⑤ 新疆维吾尔自治区档案馆档案，迪化第六分局局长甘云呈文（民国二十一年十一月十四日）。

⑥ 金树仁为发展和德国贸易，避开苏联的控制，曾希望能开辟经过英属印度的运输线路，但其可行性为德国驻乌鲁木齐的传教士所否认。PRO：FO371/17113 - F466/466/10：cf note10.

续表

年份	对新疆出口	从新疆进口	合计	较上一年增减
1931～1932B	540615	2049299	2589914	-275268
1932～1933B	616587	2135187	2751774	161860
1933～1934B	435995	3779736C (2159736)	4215731C (2595731)	1463557C (-156043)
1934～1935B	700640	2091547	2792187	-1423144

资料来源：IOR：L/P&S/12 /2354，Kashgar Trade Report（1937），Enclosure Ⅰ. 表中的A表示包括奇特拉尔线路的贸易额，B表示包括吉尔吉特和奇特拉尔线路的贸易额，C则表示包括经吉尔吉特出口的价值1620000卢比的动物和金银。

金树仁执政头两年，即1928～1930年，英新贸易和1927年度情形基本一致。就贸易的商品结构而言，当时由英国输入新疆的商品主要有棉线和棉纱、棉制品（欧洲产）、奎宁、薄荷油、苏打、酒石酸、酸、樟脑、靛青、兽皮、牲畜皮、珊瑚、绿松石、麝香、雪茄和香烟、丝织品、香料（黑胡椒、桂皮、生姜、小豆蔻等）和茶叶。其中最主要的是：棉制品、丝织品、茶叶、珊瑚、染料及颜料。这些产品占英国输往新疆商品额的绝大部分。[①] 而新疆对英国输出的商品主要是些原料性商品。这些商品有：黄铜、生丝、土布（包括装饰布）、鞍垫、毡毯、中药材、瓷器、玉石、羊毛、羊绒、皮革、毛制品，动物，大麻脂以及金银财宝。在这些商品中，最主要的是大麻脂、生丝和金银财宝。[②] 从这些商品来看，基本和此前一致，没有多少变化。

但是，从贸易量来看，1928年再度大幅下降。按照英国驻喀什噶尔总领事馆的统计和分析，该年度英新贸易严重下降，"新疆进口货物已经降低了25%，而出口则降低了45%"[③]。"实际上，几乎每种商品都是如此。"[④] 而这种情况，英国认为是由苏联竞争造成的，因为苏联竞争是不正常的竞争，除了占有地理、交通优势外，更重要的是苏联"为培育贸易，用一种

① IOR：L/P&S/12 /2354/P. Z. 6483，Report on the Trade of Chinese Turkestan（1929）；IOR：L/P&S/12 /2354：Kashgar Trade Report（1937），Enclosure Ⅱ. 1937年的贸易报告是一份较为综合的报告，也包括此前一些年份的贸易情况。

② IOR：L/P&S/12 /2354：Kashgar Trade Report（1937），Enclosure Ⅱ.

③ IOR：L/P&S/12 /2354/P. Z. 4306，Report on the Trade of Chinese Turkestan（1928）.

④ IOR：L/P&S/12 /2354/P. Z. 4306，Report on the Trade of Chinese Turkestan（1928）.

非经济价格进行销售”[①]。“新疆当地市场继续被便宜的俄国棉制品所充斥，其价格总是比在苏联还低很多。”[②] 并且，苏联竞争刚刚开始，“这种竞争强度持续增加”[③]。

1929 年英新贸易较上年增加 506193 卢比，增加幅度不大。这主要是由下列原因造成的。一是英属印度降低了大麻脂的进口关税，每蒙特 (Maund)[④] 由原来的 60 卢比降低到 20 卢比，大麻脂贸易的利润大幅上升，因此使新疆对英属印度大麻脂的出口增加，当年增加额达到 90000 卢比。[⑤] 二是新疆对前往沙特阿拉伯朝圣的政策放宽，当年有 1400 多名阿吉携黄金、香料和银锭经英属印度前往朝圣，使新疆对英属印度的黄金、香料和银锭出口大幅上升。虽然英国海关将这些商品或者金银锭统计在内，但是并不将其看作真正意义上的贸易。[⑥] 三是新疆货币对卢比的贬值。1929 年初在喀什噶尔 1 喀什噶尔两兑 2 卢比，下半年汇率已经低到 1 两银子 (票) 兑 1 卢比 7 安那 (1 安那等于 1/16 卢比)。这样导致不少商品价格上升。[⑦] 此外，中国内地战乱，使经过天津出口的新疆羊肠受阻，有不少便临时转经英属印度出口。所以本年度英新贸易上升并非实质性的，意义并不大。

1930 年，英国对新疆贸易仍略有增加，增幅为 207118 卢比。该年度由于卢比大幅升值，从当年 4 月 10 天罡兑 1 卢比到 12 月 16 天罡兑 1 卢比。这有利于英国对新疆出口。同时，奇特拉尔路线对向新疆出口还实行退税政策，这使该线路出口额增加，占英国对新疆出口额 15%，并且增势继续保持。[⑧] 再者，由于卢比升值，“新疆商人已经从印度向新疆转移了很多钱”[⑨]。但是也出现一些不利因素，英国商人又开始重操高利贷旧业，对

① IOR：L/P&S/12 /2354/P. Z. 4306，Report on the Trade of Chinese Turkestan（1928）.

② IOR：L/P&S/12 /2354/P. Z. 4306，Report on the Trade of Chinese Turkestan（1928）.

③ IOR：L/P&S/12 /2354/P. Z. 4306，Report on the Trade of Chinese Turkestan（1928）.

④ 英属印度的一种重量单位，1 蒙特等于 82. 28 磅。

⑤ IOR：L/P&S/12 /2354/P6483，Report on the Trade of Chinese Turkestan（1929）.

⑥ IOR：L/P&S/12 /2354/P6483，Report on the Trade of Chinese Turkestan（1929）.

⑦ IOR：L/P&S/12 /2354/P6483，Report on the Trade of Chinese Turkestan（1929），Appendix C.

⑧ IOR：L/P&S/12 /2354/P. Z. 4981，Report on the Trade of Chinese Turkestan（1930）.

⑨ IOR：L/P&S/12 /2354/P. Z. 4981，Report on the Trade of Chinese Turkestan（1930）.

英新贸易产生了非常不利的影响。[①] 此外，英属印度拉达克和斯林那噶尔对从新疆进口的货物增加税收，拒绝为前往新疆的商队提供谷物饲料。[②] 这无疑使使用此线路的商人颇感不便。

不过需要说明的是，此期金树仁政权为加强英国在新疆的贸易，维持其多元化对外贸易政策，对英新贸易是加以刻意关照的。一是金树仁派遣会讲英语的潘祖焕赴喀什噶尔，代表金树仁专门办理对英贸易，特别是军火贸易。二是直接从英国购买军火。1929 年一次就从印度购置了价值 90 万元的军火，占新疆当年财政收入的 18.5%。[③] 这些军火是英国第一次世界大战时使用过的快枪 4000 支，子弹 400 万发。[④] 三是命令所有官员要对英国讲道理、要友好。[⑤]

此期英新贸易中新疆始终处于出超地位，而且贸易顺差不断扩大。1928 年新疆对英国贸易顺差为 239613 卢比，1929 年为 689356 卢比，1930 年为 979514 卢比。幅度不大，而且其实质是大量新疆金银流入英国，像杨增新时期一样，这主要是英国平衡和扩大英新贸易的手段。[⑥]

下面我们分析一下该阶段的苏新贸易。就贸易额来看，苏新贸易维持较高水平，特别是 1928 年和 1929 年呈现出上升趋势，并达到金树仁时期苏新贸易额的顶峰。就新疆从苏联的贸易进口额来看，1928 年新疆进口额激增，从 1927 年的 1064.7 万卢布猛增到 1928 年的 1605.1 万卢布；1929 年和 1930 年也维持较高水平，分别达到 1521.6 万卢布和 1395.4 万卢布。就新疆对苏联的贸易出口额来看，1928 年到 1930 年分别为 1377.8 万卢布、1673.1 万卢布和 1021.2 万卢布，1929 年达到顶峰 3194.7 万卢布，1930 年则大幅回落，其落幅近 40%。进口的增加和出口的减少导致 1930 年新疆对苏联贸易的入超，这种变化成为金树仁时期苏新贸易的重要特点。

就商品结构而言，没有发生太大变化，“像以往一样，纺织品、糖、

---

① IOR：L/P&S/12 /2354/P. Z. 4981，Report on the Trade of Chinese Turkestan（1930）.

② IOR：L/P&S/12 /2354/P. Z. 4981，Report on the Trade of Chinese Turkestan（1930）.

③ 新疆社会科学院民族研究所：《新疆简史》第 3 册，新疆人民出版社，1980，第 99 页。

④ 中国第二历史档案馆，行政馆 2—4065，新省主席金树仁向英、印购置军火给行政院的呈文。

⑤ IOR：Kashgar Diary，October，1929.

⑥ 许建英：《试论杨增新时期英国和中国新疆间的贸易（1912—1928）》，《近代史研究》2004 年第 5 期。

电器产品、石油产品、玻璃制品和火柴支配着苏联对新疆的出口；而进口商品则包括羊毛、皮革、皮毛、牲畜和棉花”。[①] 其中新疆从苏联进口商品多呈上升趋势，棉布占据核心地位，占新疆从苏联进口额平均值的61.7%（1928年和1929年）；金属制品和糖也占据重要地位，分别占从苏联进口额平均值的10.1%和10.3%（1928年和1929年）。[②] 新疆对苏联出口商品以羊毛、畜类和棉花最为重要，分别占新疆对苏联出口额平均值的63.95%（包括山羊毛在内）、13.65%和14.1%左右。[③]

尽管苏新贸易维持在较高的水平，但是实际上存在较深刻的冲突。这主要表现在下列几个方面。（1）苏联全面的商业渗透和新疆反渗透之间的冲突。苏联不遵守杨增新时期和新疆所达成的临时通商条约，扩大贸易范围，金树仁则对苏联超出正式协定的地方进行严格限制，例如严格限制苏联在塔城、阿山、乌鲁木齐等地商务机关的活动。[④]（2）税收冲突。由于新条约尚未签订，为维护主权，金树仁虽允许苏联货物自由出入巴克图、吉木乃和伊尔克什塘等边疆关卡，但规定除了以华商商号或者私商顶替人的名义向所在地方税务报关纳税外，还要增收统税。这使苏联颇为不满，苏联驻伊犁领事馆多次向新疆省政府提交照会，要求取消统税，开设银行和自由汇兑。[⑤] 这些要求都被新疆省政府拒绝。（3）工业商品输出的矛盾。此期苏联工业发展颇快，急需解决商品的销售市场和原材料供应问题，大量向新疆输出工业产品，而不允许新疆的工业产品输入，而新疆则要求苏联允许加工产品出口苏联。（4）日常贸易纠纷。除了上述主要问题外，苏新双方日常贸易也存在颇多纠纷。例如苏联拖欠税款、拖延进口订货、双方债务交涉以及华商在苏联境内与其贸易机关的纠纷等。总之，此阶段苏新贸易问题较多，交涉频繁，但大多没有结果，双方贸易关系因此难以融洽。客观地说，“其根本原因是苏联为了从新疆收购原料，倾销过剩商品，

---

① Lars - Erik Nyman, “Great Britain and Chinese, Russian and Japanese Interests in Sinkiang, 1918 - 1934”, *Lund Studies in International History 8*, Printed in Sweden, 1977, pp. 83 - 85.

② 李寰：《新疆研究》，重庆安庆印书局，1944，第152页。此处比率根据该书有关数据计算。

③ 新疆建设委员会编《新疆建设计划大纲草案·经济·商业》，1934，第10页。此处百分比根据该书有关数据计算，只包括1928年和1929年，不含1930年。

④ 新疆维吾尔自治区档案馆《新疆省主席金树仁训令》（民国十七年九月及民国十八年四月）。

⑤ 新疆维吾尔自治区档案馆藏《伊犁行政长常永庆呈文（民国十七年十一月）》。

在新苏贸易中的某些做法欠妥，带有明显的不平等色彩”。[1] 这实质上反映出苏联对新疆贸易的攻势加强。

苏联以贸易为核心加紧对新疆政府施加压力的同时，还采用多种手段，意在直接扩大苏新贸易，压缩英新贸易空间。其主要手段是和新疆地方官员直接建立贸易关系，以经济利益开拓苏新贸易。例如，为扩大在南疆的贸易，苏联和喀什噶尔当地主要官员建立了贸易关系。[2] 其次是直接贿赂新疆当地官员。例如，1928 年底，苏联在喀什噶尔的贸易代表 M. 奥尔霍夫斯基（M. Olhofsky）许诺，要送给喀什噶尔道尹马绍武两辆汽车，并于 1930 年下半年兑现一辆。这辆福特牌汽车是喀什噶尔的第一辆汽车。[3] 此外，苏联还利用其他经济手段。1928 年苏联在乌鲁木齐开设银行，并在全疆设立分支机构，非常慷慨、宽松地给中国人特别是少数民族贷款，在短短几个月内就贷出去了 40000 英镑；苏联领事人员还在各地肆意发放赏金。[4] 苏联此举目的在于扩大苏联和新疆老百姓的经济联系，以扩展其政治和经济影响。

苏联向新疆各地及政府各部门渗透，排除英国在新疆政府部门的影响。根据英国报告，和以往相比，苏联总领事更加轻松地向新疆东部旅行，向新疆政府部门渗透，苏联情报机构显著增加。苏联驻喀什噶尔总领事夸口说，新疆每个衙门里都有苏联间谍，专门跟踪英中事务。[5]

苏联还利用宣传攻势排挤英国势力。1930 年英属印度白沙瓦发生骚乱，苏联报纸借机大肆夸大，称白沙瓦已经被当地人占领了 7 天，大量印度官员被杀，英属印度当局不得不动用军队夺回[6]，其目的在于煽动新疆穆斯林对英国的仇恨。

此外，根据英国官员此期在新疆的旅行报告，为强化对新疆贸易，苏联驻新疆各领事馆的商务官员直接受商务部领导；其根本目的是排斥任何

---

① 何荣：《金树仁时期新疆经济研究》，吴福环、魏长洪主编《新疆近代经济研究文集》，新疆大学出版社，2002，第 590 页。

② IOR：Kashgar Diary，July，1929.

③ IOR：Kashgar Diary，December，1930.

④ IOR：L/P&S/12 /2331，Political Report on Sin – Kiang by Lieutenant – Coll onel R. C. F. Schomberg.

⑤ IOR：L/P&S/10/976 – P8149/1930，Kashgar Diaries，Aug.，1929. L/P&S/10/976 – P8569/1930，Kashgar Diaries，Sept. 1930.

⑥ IOR，Kashgar Diary，April – May，1930.

其他国家，特别是英国在新疆的势力。[①]

面对苏联种种攻势，英国采取应对措施。英国利用金树仁的多元化贸易政策，极力和新疆省政府及地方政府搞好关系。新疆地方官，特别是南疆地方官员对英国颇为友善，关系融洽。例如，马绍武在对外关系处理上，对英苏有别。“尽管他对苏联总领事表现出很好的个人关系，但是在官方事务上则对其持不妥协态度。”1930 年，苏联靠近中国喀什噶尔的中亚地区急需劳动力，希望能从喀什噶尔雇用 30000 名劳力去塔什干从事农业生产，苏联在喀什噶尔用中国货币支付其工资，但是马绍武并没有同意。[②] 马绍武还主张借助英国力量开发当地资源，特别是先从英国引进专家解决灌溉、工业和修建道路等问题。[③]

英国还利用新疆亲英官员加强英新贸易。英国驻喀什噶尔总领事和喀什噶尔新城行政长潘祖焕过从甚密，利用后者鼓励和英国贸易。苏联驻喀什噶尔总领事馆因此对他抱怨颇多，将有关资料汇报给莫斯科，还提交给中国驻塔什干领事馆一份抗议书，称他禁止中国商人和苏联进行贸易。此外，苏联驻喀什噶尔总领事还将报告提交给省长金树仁。[④] 喀什噶尔当地商人在官方影响下，很多都愿意和英国做生意，以至苏联总领事当面向英国驻喀什噶尔总领事抱怨。[⑤]

为搞好和金树仁的关系，英国不遗余力地给予其各方面帮助，使金树仁此期对英国颇为依赖。除了直接向英国购买军火外，1929 年 8 ~ 9 月，金树仁给南京政府的大量无线电报都是通过英属印度进行的。由于这些电报和英国驻喀什噶尔总领事馆没有任何关系，这一度使英属印度白沙瓦无线电报官员和总会计之间在结算上产生困难。[⑥]

英国力图在喀什噶尔形成对其有利的社会氛围，排斥苏联势力的扩张。喀什噶尔亲英官员潘祖焕反苏情绪颇高，甚至在喀什噶尔道尹的宴席

① IOR：L/P&S/12 /2331，Political Report on Sin – Kiang by Lieutenant – Coll onel R. C. F. Schomberg.

② IOR：Kashgar Diary，June，1930.

③ IOR：Kashgar Diary，October，1929.

④ IOR，Kashgar Diary，December，1929.

⑤ IOR：Kashgar Diary，November，1930.

⑥ IOR：Kashgar Diary，November，1930.

上，当着英苏人员的面公开嘲弄苏联。[①] 因此该阶段喀什噶尔的反苏亲英氛围颇为浓厚，1928 年在喀什噶尔主张亲苏的观点被认为是犯罪。根据英国报告，有 5 个人因亲苏被驱逐到阿克苏，即使给中国官员行贿说情也是徒劳的。[②] 1930 年，一批妇女因为唱共产主义歌曲而被逮捕，这些歌曲是从费尔干纳巴扎上传到喀什噶尔的。[③]

英国和新疆政府的良好关系引起苏联疑虑颇深，特别是对金树仁和英国进行军火贸易，苏联“希望发现一些关于（英国给金树仁政府）提供武器和弹药计划的通讯”[④]。于是苏联在英属印度和英国驻喀什噶尔总领事馆的邮路上打起了主意。1929 年 3 月，在靠近塔什库尔干的地方，英国驻喀什噶尔总领事馆的邮件被盗。根据英方的资料，两名抢劫者都讲俄语，将英国的两名柯尔克孜族邮差带到苏联，并将邮包交给苏联人。苏联间谍维诺夫（Wainof）在塔什干给这两名抢劫者支付了 250 金卢比的报酬。据英国驻喀什噶尔总领事报告，邮差很快被释放，而邮包连同其中的邮件则在几个月后交回，但是邮包已经被专业人员打开过，而且每封信件都被打开过。[⑤] 这反映出英苏竞争已经到了不择手段的地步。

为进一步应对苏联的攻势，英国还派遣官员绍穆伯格（R. C. F. Schomberg）到新疆考察。绍穆伯格提交给英国政府的报告认为，英国不能按照苏联模式与其竞争，但是绝对不能对苏联攻势坐视不管。为此他提出包括在乌鲁木齐设立领事馆、在新疆设立银行、改善英属印度和新疆之间的交通和通信、为英国阿克萨卡尔发工资等 13 项建议，以便扩大英国影响，对抗或者至少延缓苏联对新疆的控制。[⑥]

金树仁多元化对外贸易政策的实质仍然是平衡论，从历史来看，可以认为是杨增新平衡英新和俄/苏新贸易政策的继续；从现实来看，则是金

---

① IOR：Kashgar Diary，July，1929.

② IOR：L/P&S/10/976 – P6613/1928：Kashgar Diaries，Sept，1928.

③ PRO：FO371/14720 – P6311/416/10：Kashgar Annual Report1929/30. pt17.

④ PRO：FO371//14747 – 5996/5996/10：Cons. – Gen. to Go I，Kashgar 4. 9. 30.

⑤ IOR：L/P&S/976 – P4160/1929：Kashgar Diaries，March，1929. PRO：FO371/13952 – F2579/2579/10：Cons. – Gen. to Go，Kashgar 21，3，29. PRO：FO371/13952 – F3026/2579/10：Cons. – Gen. to GoI，Kashgar11. 4. 29. PRO：FO371/13952 – F6879/2579/10：Cons. – Gen. to GoI，Kashgar 15. 10. 29.

⑥ IOR：L/P&S/12 /2331，Political Report on Sin – Kiang by Lieutenant – Coll onel R. C. F. Schomberg.

树仁面对攻势凶猛的苏新贸易和正在遭遇世界性经济危机的英国的新形势，所采取的变通性平衡手段。此期苏新贸易有所发展，维持在近3000万卢布的态势，而英新贸易也基本稳定（尽管内涵发生变化）。英苏对新疆贸易背后反映的是双方的角逐，苏联正在为排挤英新贸易，继而进一步排挤英国势力做多方面的积极准备。

二　哈密暴乱后的英新、苏新贸易

金树仁治新，滥用亲信，吏治腐败，盲目扩军，致使经济混乱，通货膨胀严重，民族矛盾深刻。[①] 1931年7月哈密“小堡事件”使本已尖锐化的社会矛盾激化，哈密地区农牧民爆发起义。哈密起义使全疆各地的民族矛盾凸显出来，特别是南疆形势严峻，大有风起云涌之势。与此同时，甘肃军阀马仲英开始和哈密等地起义者联合，新疆全面内乱已经难以避免。在此新形势下，英苏对新贸易呈现出新的竞争态势。

苏联利用新疆内乱的机会，扩大和深化对新贸易。如前所述，1926年后，苏联一直希望扩大对新贸易，但是因为种种原因没有如愿。哈密暴乱使苏联看到了千载难逢的机会。我们知道，民国后，俄/苏新贸易成了处于半独立状态的新疆政府对外销售农产品、支持财政的重要手段，而此时对新疆政府显得更为重要。金树仁不但急需以此改善境内物资和商品奇缺的窘境，而且也急需从苏联购买或者通过苏联运输第三国军火。另外，对金树仁来说，马仲英和哈密起义者联合，几乎断绝了新疆和内地的交通，无疑也断绝了金树仁退回甘肃和内地的后路，维持和苏联的良好关系也意味着他在紧急情况下可保留一条逃生之路。所以，苏联乘机迫使金树仁改变其对外贸易政策，1931年10月1日，金树仁未经中央批准，以秘密换文方式和苏联签订《新苏临时通商协定》。该协定共七款，另外还有四个附件。主要内容如下：片面对苏联开放全疆各主要通商地点，并准许苏联在当地设立商务机构、代办机构，派驻代理人和自由贸易（第三款）；限定新疆对苏联贸易的税率（第五款）；苏联可以插手新疆金融业（附件

① 陈慧生、陈超：《民国新疆史》，新疆人民出版社，1999，第293～248页；白振生等主编《新疆现代政治社会史略》，中国社会科学出版社，1992，第171～181页。

二）。双方贸易机构不对称，苏联以国家商务机构对新疆私商；[①] 新疆所要求的多冠以“希望”，其弹性颇大，法律约束性小。可见这不是一个平等的协约。当时新疆不少官员也这样认为，例如伊犁和喀什噶尔的道尹都反对此条约，认为该条约是在新疆受到威胁时，苏联乘机施加压力而签订的，“毫无疑问该条约包含许多令人不愉快的条款”。[②] 该协议的实质，“和50年前帝俄强加于中国人民头上的《伊犁改订条约》、《改定陆路通商章程》，基本是一脉相承的”[③]。

《新苏临时通商协定》的签订使苏联在英苏对新贸易竞争中居于有利地位，苏联不但可借此扩大苏新贸易，而且还获得了对新疆进行不平等贸易的“合法”权利。英国对此条约非常关注，从苏联和金树仁谈判开始，英国驻喀什噶尔总领事馆就不断向喀什噶尔道尹探听，担心金树仁改变其外贸政策。在得知条约内容后，立即打探喀什噶尔道尹的态度，令他欣慰的是道尹反对该条约，更不会轻易实施该条约，两人甚至还详细讨论了条约的内容。[④] 新疆地方官的态度成为英国阻止，至少拖延苏联扩大对新疆贸易的强心剂。

同时，金树仁的态度也使英苏在新贸易竞争升级。《新苏临时通商协定》虽然由金树仁做主签了字，但是一方面迫于协定不平等及其非法性质，另一方面金树仁对局势还抱有幻想，因此迟迟没有公布协约。金树仁还想在新疆局势完全失控之前继续其“多元化对外贸易政策”，继续把包尔汉留在德国办理矿业和电器商务反映出他的这种心态。[⑤] 苏联根据条约扩展对中国新疆贸易，挤压英新贸易空间；而英国则利用当时微妙局势极力维护其贸易，阻止或者延缓苏联对新贸易占据垄断地位，英苏在中国新疆的角逐呈现出决战的态势。

苏联利用条约向中国新疆展开全面的贸易攻势。首先是加大贸易、金融机构在全疆的活动力度。如前所述，苏联驻中国新疆各总领事馆的商务

① 厉声：《新疆对苏俄贸易史（1600—1990）》，新疆人民出版社，1993，第415~418页。

② IOR：L/P&S/12/2333，英国驻喀什噶尔总领事秘密信件（第33号，1932年5月14日）。

③ 于溶春：《解放前新疆对苏贸易性质简论》，《近代史研究》1989年第6期。

④ IOR：L/P&S/12/2333，A. I. Z. C/A/75.（22，September，1932），Copy to India Office and Kabul（Confidental）.

⑤ 新疆维吾尔自治区档案馆编《新疆省政府主席金树仁训令》（民国二十年十二月八日）。

代表级别很高，直接隶属于苏联商务部，此时又配备了更多的贸易代表，并将触角伸到新疆东部、南部等更偏远的地区。例如，苏联驻喀什噶尔总领事馆于1932年7~8月派遣负责贸易的孜恩肯（Zinken）、米尼阔夫（Milnikof）和里特维诺夫（Litvinof）分别前往叶尔羌与和田等地，每到一处就联络当地商人、考察商业形势，甚至直接大批量采购羊毛和棉花等产品。[①]苏联在中国新疆设立的银行也进一步向新疆基层开办分支机构，直接和普通百姓建立密切经济关系。苏联遍设商业店铺，扩大批发覆盖面和直接零售面。在北疆，除了在塔城、伊犁等地早就设立店铺外，苏联1932年又在迪化至塔城沿线各县设站台，公然将通商扩展到新疆腹地；在南疆，苏联在喀什噶尔开设店面，借口展示商品进行直接贸易，特别是零售业务，引发了新疆当地商人的不满和抗议[②]；苏联还准备在叶尔羌开设店铺，销售商品。[③]

其次，扩大交通，垄断运输和贸易。苏联在南疆一再要求开放从喀什噶尔到伊尔克什塘的道路，便于货物运输；在北疆成立“转运公司”，要求所有苏新贸易货物均由其运输，以此强行垄断，肆意抬高运输价格。苏联“羊毛公司”扩大贸易范围，控制新疆贸易。该公司成立于1925年，被新疆政府视为“非正式之通商”[④]，主要职责是从华商手中收购羊毛。此时，该公司势力扩大，逐渐公开活动，无视新疆政府的限制，利用散居新疆的前俄属民，赊放货物，暗中直接收购棉花和羊毛。

再次，在限制新疆工业品输入的同时，苏联扩大工业品对新疆的出口，低价销售。从英苏贸易竞争的角度来看，这无疑是要加大中国新疆对苏联工业品的依赖度。此外，苏联以贸易为依托，扩大其在中国新疆的社团。苏联在喀什噶尔的社团人员稳步增多，例如1932年8月一次就有50名苏联人从塔什干来到喀什噶尔，被安排在总领事馆或者贸易公司工作。[⑤]苏联甚至还向喀什噶尔秘密运输武器，被马绍武没收。[⑥]此事虽然马绍武没声张，其深

---

① IOR：Kashgar Diary，July and August，1932.

② IOR：Kashgar Diary，November and December，1932.

③ IOR：Kashgar Diary，August，1932.

④ 新疆维吾尔自治区档案馆，交涉署署长陈继善为咨请各行政长饬属取缔苏商在非通商地经商给省主席金树仁的呈文（民国十八年三月二十日）。

⑤ IOR：Kashgar Diary，August，1932.

⑥ IOR：Kashgar Diary，November，1932.

层原因无法知晓，但是有一点可以肯定的是，苏联借贸易之名，行全面渗透之事。

为直接打击英新贸易，苏联还物色喀什噶尔当地商人向英属印度输出货物，并给予其特别优惠的条件。这对英国震动颇大。[①] 阿吉贸易是构成英新贸易的重要一环，苏联特地以提供更为安全便利的交通线路为由加以争夺，要求喀什噶尔道尹同意阿吉经由苏联朝圣。后遭英国驻喀什噶尔总领事和马绍武联合抵制而作罢。[②] 苏联收买新疆政府人员、监督中英活动更为变本加厉，苏联驻喀什噶尔总领事馆以每月 100 两银票的价码试图收买喀什噶尔政府内线，要求随时为其提供情报。[③]

从当时苏新贸易实际情况来看，苏新缔约当年双方贸易额并没有发展，相反还有较大幅度减少。1931 年苏新贸易额为 2416.6 万卢布，比 1930 年的 3206 万卢布减少近 25%。特别是中国新疆对苏联出口下降幅度很大，由 1603.3 万卢布减少到 1021.2 万卢布，下降额达到 36.3%。中国新疆对苏（俄）贸易出超的传统被改变，连续两年累计入超额达到 712.6 万卢布。同时，双方贸易摩擦不断。

综观此期苏新贸易，虽然贸易额不升反降，贸易摩擦不断，但苏联对中国新疆贸易的渗透在深入，贸易不平等在加剧。这些摩擦反映出苏联对中国新疆政局能否稳定持怀疑态度，同时也表明苏联不信任金树仁，或者说苏联对扶持金树仁仍持保留看法，在拖延中观望，希望寻找到更能够满足其利益的人选。从英苏在新贸易竞争的角度看，苏联渗透则取得了决定性的进展。

面对苏联强有力的攻势，英国也在积极应对。首先，英国加强和中国新疆政府及地方官员的联系，试图维持金树仁的“多元化对外贸易政策”。英国除了努力办好金树仁 1929 年所购买的军火外，还想继续军火贸易。1932 年 5 月英国驻喀什噶尔副领事受金树仁邀请访问乌鲁木齐，发现金树仁非常关心从英国进口军火，特别是飞机、坦克、轻型野战枪和机枪。他极力鼓励金树仁从英国购买军火，认为这样可以使金树仁免于陷入苏联的军火控制。[④] 英国政府也不顾禁止向中国出售军火的规定，表示可以根据

① IOR：Kashgar Diary，October，1932.

② IOR：Kashgar Diary，August – November，1932.

③ IOR：Kashgar Diary，December，1932.

④ PRO：FO371/17113/F466/466/10，（P. Z. 181/1933）.

新疆需要予以支持。[①] 在南疆，英国驻喀什噶尔总领事馆还派遣其副领事到阿克苏、叶尔羌及和田等地，借口巡视英国侨民，加强和当地中国官员的联系；英国驻喀什噶尔总领事则和道尹等喀什噶尔官员保持往来，经常交流有关情报，对新疆地方政府如何限制苏联贸易扩张特别关注。[②] 包尔汉甚至还直接和英国有关部门联系，希望获得英国贷款。从一份1934年7~8月英国印度政治事务部致英国公共部的文件可知，包尔汉在1932年曾经和其助手兼德文翻译福埃德·卡萨克（Fuad Kasak）给英国政府去过信函，要求给新疆政府贷款。英国政府认为包尔汉的要求并不包括政治内容，可以予以支持，只是要包尔汉把文件加以整理，使之成为可以公开的文件。[③] 由此看出，金树仁至此还没有完全放弃其多元化对外贸易政策。英国商人也成了为金树仁提供服务的工具，1932年金树仁曾经派人要求英国阿克萨卡尔物色一名可靠的运货人，将其60驮（马）的山羊皮和狐狸皮运抵印度，后因安全问题而作罢。[④]

其次，将在乌鲁木齐设立领事馆的设想提上日程。虽然早在杨增新时期英国就提出要在乌鲁木齐设立领事馆，但是并没有提上议事日程。此时绍穆伯格在其报告中再次提出，英国政府颇为重视。英国印度事务部、外交部和英属印度政府就此事反复协商，认为在乌鲁木齐建立领事馆“可做一些事情抵消苏联商务渗透的政治影响”[⑤]。随后，英国政府就有关人员派遣、费用分摊等问题进行了详细讨论。

英国甚至还希望通过外交渠道，直接向中国中央政府提出建议，警告苏联在中国新疆的贸易渗透和政治意图。但是考虑到中苏恢复外交关系不久，怕给人以挑拨中苏关系的嫌疑而作罢。[⑥]

最后，此期英新贸易发生变化。从总的贸易形势看，1930年后英新贸易有较大的变化，其表现为以下几方面。（1）虽然新疆对英国输出商品的贸易总值变化不大，但是其输出重要商品的种类则发生了很大变化。生丝、金银、毛毡等商品由新疆输出额增大。1931年生丝的输出已经达到总

---

① IOR：L/P&S/12 /2333，印度事务部（白厅，S. Z. I，1933年3月4日）。

② 关于此方面内容，可参见此期的《喀什噶尔日记》，由于多而细琐，就不一一列举。

③ IOR：L/P&S/12 /2354—P. Z. 4961/34.

④ IOR：Kashgar Diary，November，1932.

⑤ IOR：L/P&S/12 /2333，印度事务部（白厅，S. Z. I，1933年3月4日）。

⑥ IOR：L/P&S/12 /2333，印度事务部（白厅，S. Z. I，1933年3月4日）。

输出的31%，金银为18%，毛毡为14.6%。1932年生丝、毛毡和铜类的输出均明显下降，其中以生丝的下降最为显著，其输出总值下降38%，比重下降20.8%。但是金银的输出增幅巨大，1932年的输出额超过100万卢比，将近占新疆对英国贸易输出总额的一半，达到47.2%；而1933年又有大幅增长，达到1520000卢比。（2）英国对新疆商品出口总额降低，商品以棉制品、丝织品、药材、香料和颜料的出口为主。1931年英属印度出口新疆棉制品和丝织品价值均占其对中国新疆出口总额的20%以上；1932年药材和香料的出口大幅增长，其出口价额达到12万卢比，跃居对中国新疆出口商品榜首。其原因在于：一是世界性经济危机对英属印度经济打击沉重，印度农业总产值由危机前的103.4亿卢比降到43亿卢比，农产品价格下跌50%，英属印度民族资本所经营的353个矿井中，有243个倒闭；[①]二是英商价格优势丧失。1929年新疆省政府宣布废除英商的免税贸易特权，此时显现出其影响，英属印度商人失去了在新疆经商的价格优势，"这意味着享有特权的英印商人商业境况严重恶化"。[②] 另外，"苏联继续积极毁灭英国对新疆的贸易"，[③] "苏联竞争是英国1931年和1932年对新疆出口下降的原因之一"，[④] 其中价格竞争是苏联竞争的重要内容。

1932年夏，新疆内乱已经蔓延到吐鲁番，局势已难以控制，金树仁急需各类物资，于是在又对苏联贸易做了些让步后，《新苏临时通商协定》公之于世。此后不久，金树仁从德国撤回包尔汉等人，这不但标志着金树仁的"多元化对外贸易政策"的彻底失败，更意味着对苏联进一步让步和缓和关系。这也意味着不但苏联对新疆取得贸易上的主导地位，而且对新疆的政治影响力也占据支配地位。

三　余论

综上所述，我们可以看出，在杨增新治新末期，英苏在中国新疆的贸

① 王春良、祝明：《世界现代史》上册，山东人民出版社，1986，第282页。

② Lars - Erik Nyman, "Great Britain and Chinese, Russian and Japanese Interests in Sinkiang, 1918 - 1934", *Lund Studies in International History 8*, Printed in Sweden, 1977, p. 90.

③ IOR: Kashgar Diary, April, 1931.

④ IOR: L/P&S/12 /2354, Kashgar Trade Report (1932).

易竞争就拉开了序幕；金树仁统治新疆前期（1928～1930年），英苏在金树仁“多元化对外贸易政策”下，互相调整，苏联为加强和英国竞争及全面控制中国新疆贸易做准备，英苏在中国新疆的地位已经开始转变；[①] 金树仁统治新疆后期（1931～1933年），英苏在中国新疆贸易展开激烈竞争，苏联逐渐以所获得的极为有利的商业条约为基础，对中国新疆进行全面渗透，攫取全方位的优势。

英新和苏新贸易竞争深刻地体现出双方在中国新疆势力的此消彼长和地位的变化。如果说杨增新时期是英国在中国新疆最受欢迎的时候，那么金树仁上台后，随着苏联对中国新疆北部影响的加强，“一种普遍的反英态度出现”；[②] 而哈密暴乱成为金树仁政策改变的开始，英国在中国新疆的旅行逐渐受到限制，[③] 喀什噶尔和阿克苏对英国友好的官员潘祖焕和朱道尹分别被调往乌鲁木齐和哈密，“这对英国势力是个严峻的冲击，因为这两个官员在中国官员中代表着传统的反苏情结”。[④] 而1931年《新苏临时通商协定》的签订，是金树仁向苏联转向的开始；1932年《新苏临时通商协定》的公布意味着金树仁对英苏态度转变的最后确立。金树仁的政策从扶持、容忍英国势力，转变到反对英国势力。1933年4月金树仁垮台时，苏联对中国新疆全面控制的形势已经形成。1933年4月盛世才上台，5月即主动派遣外交署长陈德立与苏联驻迪化总领事孜拉肯联系，表示愿意在金树仁时期的《新苏临时通商协定》基础上进一步发展新苏关系，苏新发展紧密关系已经不可阻挡。

此期英新和苏新贸易的竞争，深刻地反映出英苏在中国新疆的这种角逐。盛世才上台后，采取亲苏政策，苏新关系出现前所未有的“亲密”，从某种程度上说，盛世才政权成为苏联的傀儡[⑤]；而英国势力则被排斥在喀什噶尔至和田一隅，不但无力和苏联竞争，而且也失去了平衡苏联势力的能力。这种局面是苏联所期望的，也是金树仁时期英苏在中国新疆竞争

---

① FO371/14720 - F2578/416/10：Cons. - Gen. to Go I，Kashgar，19.2.30.

② Lars - Erik Nyman，“Great Britain and Chinese，Russian and Japanese Interests in Sinkiang，1918 - 1934”，*Lund Studies in International History 8*，Printed in Sweden，1977，p.82.

③ IOR：Kashgar Diary，February，1931.

④ IOR：FO371/16214 - F3035/340/10：Schomberg's Report1930 - 1931，p.11.

⑤ Lars - Erik Nyman，“Great Britain and Chinese，Russian and Japanese Interests in Sinkiang，1918 - 1934”，*Lund Studies in International History 8*，Printed in Sweden，1977，p.131.

的结果。从历史上看，苏联在中国新疆所获得的特权超过当年沙俄；从现实来看，苏联控制了从外蒙古到中国新疆的地带，有效地实现了对其腹部地区的屏护。新疆自杨增新以来以英国制衡俄/苏的平衡政策宣告终结，苏联先是从贸易上，继而从经济上甚至政治上控制了新疆。盛世才上台后不过是就势而为，借用苏联军事力量确立其在新疆的统治地位，旗帜鲜明地明确了其向苏联“一边倒”的政策。而据英国外交部的一份备忘录，英国在1934年也准备接受“苏联日益控制中国新疆”的局面。[①] 这些不但标志着金树仁时期英苏在新疆所刻意追求的“两极”平衡势力的终结，而且标志着民国以来新疆对外平衡政策彻底走到尽头。

（原刊于《社会科学研究》2006年第6期）

① FO371/18055 - F130/14/10: FO - minute, W. Harison, 10. 1. 34.

1933 年前后英国对中国新疆政策述论

1933 年 11 月 12 日，以沙比提大毛拉为首的南疆诸暴乱势力，在喀什噶尔成立新疆伪政权，有英国、苏联、阿富汗、土耳其和叙利亚等外国势力涉入。其中英国与其关系尤为国人所重视，多年来人们认为这个伪政权是在英国导演和支持下建立的，学界也多持此论。① 笔者查阅英国有关档案和当时英国报纸，均未发现英国支持建立新疆伪政权的确凿证据；检阅境外学者研究，也未有此观点。国内学界长期持此观点，主要是由于缺乏第一手资料，加上当时英俄角逐的背景和新疆南部消息封闭等原因造成的。笔者认为“英国卷入的不是人们通常想象的那样深”，英国政府并不是新疆伪政权的幕后策划者和支持者。② 但是，该问题仍有深化和细化研究的必要，因此本文尝试从英国政府政策的角度出发，利用印度事务部档案及英国国家档案馆档案，③ 系统梳理和分析此期英国对新疆的政策。

一　金树仁时期英国对新疆的基本政策

新疆伪政权成立于 1933 年 11 月 12 日，处于金树仁政权和盛世才政权的交替时期，因此有必要首先了解金树仁时期英国对新疆的相关政策。

1. 杨增新后期英国对新疆的基本政策

十月革命后，俄国势力在新疆一落千丈，英国乘机扩大在新疆的势

① 赛福鼎：《赛福鼎回忆录》，华夏出版社，1993，第 157 页。学界相关观点简述见拙著《民国时期英国与中国新疆（1912—1949）》，新疆人民出版社，2008，第 166 ~ 167 页。

② 许建英：《民国时期英国与中国新疆（1912—1949）》，第 177 页。

③ 本文所使用的资料主要是印度事务部档案（Indian Office Record，简称 IOR），特别是其中的“政治及秘密通讯（L/P&S）”档案；此外，还参阅了英国国家档案馆（Public Record Office，简称 PRO）的部分档案。

力，同时极力阻止苏俄势力进入新疆。英国以驻喀什噶尔总领事馆为根基，在当地形成稳定的势力范围，并辐射整个南疆。1925 年后，苏联和新疆贸易关系得到发展，苏联势力随之较多地进入新疆。随着苏联驻喀什噶尔总领事馆建立，英苏开始新的角逐。不过，杨增新运用其惯用的平衡策略，既利用英国牵制苏联，又巧妙地化解了因此可能引起的苏联对新疆的敌对；[①] 既维持并鼓励与英国的友好关系，又借助和苏联订立贸易协定收回免税贸易权和治外法权之机会，迫使英国有所收敛。因此，直到 1928 年杨增新被杀为止，这种微妙的平衡基本得以维持。在这个时期英国对新疆基本政策是与地方政府合作，以遏制和延缓苏联对新疆的渗透，[②] 特别是维持以喀什噶尔为中心的南疆地区“保持作为一个反苏的缓冲地带”[③]。英国当然也“希望在南疆既有的政治影响基础上，能够将其影响扩张到整个新疆”[④]。

2. 金树仁时期英苏角逐及英国对新疆的政策

1928 年 7 月金树仁上台，对英国而言，金树仁时期与苏联的角逐分为两个阶段，一是 1928 ~ 1930 年的准备阶段，二是 1931 ~ 1933 年的战斗阶段。[⑤] 前一阶段，金树仁上台伊始，效仿杨增新，仍想利用英国牵制苏联，因此采取温和的亲英政策。[⑥] 面对苏联的攻势，英国加紧应对，一是和新疆省政府直接联系，二是赴全疆考察苏联的活动和影响。英国军官舒伯格（Schomberg）早在 1927 年 9 月就受命赴新疆考察，时间长达两年之久，足迹遍布南北疆，重要地区多次考察，例如省会迪化考察四次，阿克苏考察三次，库车、吐鲁番、伊犁、乌什及玛纳斯各考察两次。考察结束后，舒伯格提交 20 页的综合报告，涉及新疆的内政、对外关系、英国和苏联活动等多方面。报告称，苏联在新疆有五个领事馆和总领事馆，人员配置整齐；苏联对新疆贸易占据绝对地位，经济渗透会进一步加强；政治上正在

---

① Among Accounts by British Officers, see I. V. S. Blackers, *On Secret Patrol in the High Asia*, London, 1922, and F. M. Misson Bailey, Mission to Tashkent, London, 1946.

② 许建英：《民国时期英国与中国新疆（1912—1949）》，第 87 ~ 89 页。

③ Lars - Erik Nyman, *Great Britain and Chinese*, *Russian and Japanese Interests in Sinkiang*, *1918 - 1934*, Malmo, Es - selte Stadium, 1977, p. 66.

④ 许建英：《试论杨增新时期英国和中国新疆之间的贸易（1912—1928）》，《近代史研究》2004 年第 5 期。

⑤ Lars - Erik Nyman, *Great Britain and Chinese*, *Russian and Japanese Interests in Sinkiang*, *1918 - 1934*, pp. 120 - 121.

⑥ PRO：FO 371/13226 - F6660/1442/10：Memo by Schomberg，Urumqi 23. 9. 1928.

利用宣传、贿赂等手段扩大影响。新疆省政府虽然对苏联宣传怀有敌意，却无能为力。英国存在着交通条件、领事馆设置等先天不足，难以对抗苏联，但是让“苏联在中国一切遂愿也是不明智的”①。报告提出六点对策：一是在迪化设立领事馆，既可以和新疆省政府建立直接联系，又可以扩大英国影响，更能够迅速了解苏联在中国新疆北部地区的活动；二是多做实事，英国可对赴麦加朝觐的穆斯林予以便利；三是加强英国驻喀什噶尔总领事馆的力量；四是改善英属印度和中国新疆之间交通等方面的条件；五是加强和中国新疆多方面的联系；六是尽力维持英国的治外法权。英国政府曾经深入讨论过这些建议，特别是对在迪化设立领事馆讨论得非常详细，认为很有必要。②英国在军事方面支持金树仁。在金树仁派专人到喀什噶尔向英国购买军火时，英国政府破例出售。1930 年秋，金树仁再次紧急要求英国将其所购军火运到新疆，英国专门派遣舒伯格督运。③ 可见，英国努力想与中国新疆省政府保持良好关系。

1931 年哈密发生暴动，马仲英入新，新疆省政府急需军火。金树仁仍对英国寄予希望，先是要督运军火来新疆的舒伯格再次赴迪化，但是舒伯格因误解而没有前往。④ 1932 年 5 月，英国驻喀什噶尔总领事馆副领事瓦茨（Watts）在伊犁考察时，接到金树仁要其立即前往迪化的紧急邀请，并为其赴迪化做了相应安排。瓦茨迅速赶到迪化，金树仁在 12 天里 5 次接见瓦茨，⑤ 可见重视程度之高。金树仁向瓦茨介绍了哈密地区暴乱情况，也向其表明面临苏联的巨大压力，希望继续从英国购买大量军火。英国驻疆领事馆官员受到新疆省政府主席的直接邀请尚属首次，而且动乱期间金树仁求助于英国，表明新疆方面对苏联有戒心。英国认为应该支持金树仁，这“在一定程度上阻止其完全滑入苏联人的手中”⑥。

---

① PRO：FO 371/16214 F3035/340/10：Report on Sinkiang by Col. Schomberg，1930 – 1931.

② 许建英：《英国驻迪化领事馆的建立及其活动述论》，《中国边疆史地研究》2008 年第 3 期。

③ IOR：L/P&S/2342/P. Z/5695/31：Confidential，Annual Confidential Report，1st July 1930 to 30th June 1931.

④ IOR：Kashgar Diaries，January，1931；IOR：Kashgar Diaries，February 1931；IOR：L/P&S/12/2332，Colonel Schomberg's Report.

⑤ IOR：L/P&S/12/2332，P. Z. 181/1933，Confidential，Letter from His Britannic Majesty's Consul General，Kashgar，No. 75 – C，Dated Kashgar the 21st October 1932.

⑥ IOR：L/P&S/12/2333，P. Z. 181/1933，Confidential，Letter from His Britannic Majesty's Consul General，Kashgar，No. 75 – C，Dated Kashgar the 21st October1932.

由上叙述可知，无论是舒伯格还是瓦茨的南北疆考察，并非像以往论者所称是煽动新疆少数民族暴动，[①] 他们的主要任务一是考察苏联的渗透情况；二是考察在迪化建立领事馆事宜；三是试图在军火等方面给金树仁政权提供帮助。

3. 关于英国提供资金策动新疆暴乱问题

以往论者多提及英国动用大量资金用于策动中国新疆南部地区暴乱，支持建立亲英国的伊斯兰国家，金额有 90 万卢比之说[②]和 51 万卢比之说[③]。英国政府资金使用有严格的程序，这笔资金数额不小，按说无论是英属印度政府，还是英国政府都应该留下申请、讨论、批准等档案资料。这笔钱用于如此重要的活动，至少也应该留下使用的记录，诸如何人或者何机构使用、使用情况如何、起到何种作用等，但是就目前所见到的档案以及国外相关问题的研究，均未提及。追索这笔资金的消息来源，基本都与苏联或土耳其报纸的报道有关，考虑到当时的国际形势、英苏竞争态势以及土耳其的情况，笔者认为这笔资金是否存在颇值得怀疑。

综上所述，笔者认为，在“东突厥斯坦伊斯兰共和国”伪政权建立之前，也就是金树仁治新时期，英国对中国新疆的基本政策是联合新疆政府阻止苏联的渗透，经营其势力范围和苏联竞争。英国政府并没有直接拨付资金用于煽动中国新疆南部地区暴乱。

二　南疆地区陷入混乱后英国的活动及其政策

1931 年初，哈密暴动后，南疆地区的和阗也随之发生暴乱，北疆的和加尼亚孜以及甘肃马仲英势力也进入南疆。南疆遂形成多股势力，主要分下列几派：“喀什派”、“和阗派”、“铁木尔派”、“黑黑子派（即柯尔克孜派）”、“安集延派”和“东干派”，[④] 此外还有和加尼亚孜与马仲英势力。

---

① 此观点最初是苏联驻伊犁领事馆散布出来的：“1929 年，俄国驻伊犁领事在巴扎上散布说舒伯格上校刚从阿富汗来，他很大程度上要对阿富汗最近的骚乱负责。这在白厅听起来是荒唐的，但是在中亚则为所有的人相信。”见 PRO，FO 371/16214/340/10：Report on Sinkiang by Col. Schomberg，1930－1931。

② 在阅读一些材料时候所见，详细出处未能记录下来。

③ 陈慧生、陈超：《民国新疆史》，新疆人民出版社，1999，第 282 页。

④ 郭维屏：《南疆事变与帝国主义者侵略新疆之分析》，《西北问题研究会会刊》1934 年第 1 卷第 1 期。

他们既相互利用，又相互争斗，而喀什噶尔行政长官马绍武则难撑危局，困守喀什噶尔新城。各派势力大都相继和英国驻喀什噶尔总领事馆联系，希望得到支持，总领事馆与诸派之间均有接触。

首先，英国和马绍武之间的联系。南疆失控后，马绍武最先以官方名义向英国求援。1933 年 2 月 25 日，马绍武向英国驻喀什噶尔总领事馆致函，请求英属印度政府出兵协助平定叛乱，[①] 但对方拒绝派兵剿灭新疆“内部的革命运动”[②]，不过同意考虑马绍武购买军火的请求。[③] 英国拒绝派兵之原因，一是印度与中国新疆之间的自然障碍使其不可能成规模援助，二是担心会刺激苏联采取进一步行动。英国答应给予军火援助已属不易，因为英国政府规定禁止向新疆出口军火。马绍武在此紧急危难之际，向英国求援而非苏联，说明新疆地方政府对英国有相当程度的信赖和仰仗。

英国还充当了马绍武和东干势力之间的协调人。南疆暴乱后不久，由迪化通往喀什噶尔的电报线路遭到破坏，双方很快就失去联系，[④] 马绍武向英国求援失败使喀什噶尔的士气更加低落，至 4 月初其地位已很不稳。作为回族的马绍武此时期望和正在从阿克苏南下的同为回族的马占仓势力谈判，以联合对付其他诸派势力。当时英国驻喀什噶尔总领事费兹茅里斯（N. Fitzmaurice）充当他们之间的联络者。他致函马占仓，以中间人身份进行斡旋，[⑤] 其信函翻译如下：

阿克苏新军指挥官：

阁下，我得知你的军队已接近巴楚，并和中国军队[⑥]激烈交战，有许多人死于其中。如果持续战斗下去，不但有更多人遭到杀戮，而且农民无法耕种，会导致粮食匮乏。不管是深罹战争之难抑或是饱受饥荒之苦，都

---

① IOR，L/P&S/12/2331. P Z. 1332. 1933，英国驻喀什噶尔总领事致印度政府电报，1933 年 2 月 25 日。

② IOR，L/P&S/12/2331. P Z. 1395. 1933，政治部关于中国突厥斯坦的备忘录。

③ IOR，L/P&S/12/2331. P. Z. 1398/1933，印度政府致英国驻喀什噶尔总领事馆的电报，1933 年 3 月 10 日。

④ IOR，L/P&S/12/2331，P. Z. 2794/1933，F. 勒·菲沃（Le Fevre，F.）：《一个突厥斯坦的奥德赛》，第 263 页。马绍武经苏联收到金树仁三封电报。第一封委任马绍武为南疆省军的总指挥。

⑤ IOR，L/P&S/12/2331，P. Z. 2794/1933.

⑥ 指新疆省政府军。

是穆斯林兄弟相残。为避免无谓的死亡，保持喀什噶尔之和平，我致函于你，欲知是否同意你部维持目前位置，前提是中国军队也不再从现位置进军，以便进行谈判，友好解决民众疾苦。因为你部均为穆斯林，喀什噶尔行政长（马绍武）同为穆斯林，我想你们应不难达成谅解。如果双方代表在九台（Chiutai）或者某个便利地方会商，许多麻烦和苦难或可避免。如可力助避免敌意升级，我将极乐于以此为目标，尽我所能（加以协调）。

致以问候。

总领事 N. 费兹茅里斯

3 月 21 日

喀什噶尔

1933 年 4 月 2 日，马占仓复函表示愿意采纳其建议。[1] 4 月 10 日马占仓再次致信费兹茅里斯，表明其目的在于维持和平，特去信说明，以免误解。[2] 后来马占仓进军喀什噶尔，与马绍武联合，共守喀什噶尔新城，应该说费兹茅里斯的斡旋起到了某些积极作用。

可见，英国直接出兵帮助马绍武是不现实的，但是此时英国驻喀什噶尔总领事馆和喀什噶尔地方政府保持良好沟通，其目的是稳定中国新疆当局，这符合英国此期对新疆的基本政策。

另外，英国对南疆其他几股势力的态度。南疆几股暴乱势力先后通过不同渠道向英国政府求援，不过英国均持中立态度。1933 年 5 月 2 日，乌斯满攻占喀什噶尔旧城后，立即致信总领事馆求援。该信翻译如下：

柯尔克孜军指挥官信件

致：崇高而令人尊敬的总领事：

（收信日期为 1933 年 5 月 2 日）

---

① IOR, L/P&S/12/2331/, From Ma Chan Tsáng, *Commander - in - Chief for Bandit Suppression in Southern Sinkiang*, Aksu to His Britannic Majesty's Consul General, Kashgar (April, 2nd, 1933). 由于文件有些地方字迹模糊，看不清楚，暂时无法全部翻译。

② IOR, L/P&S/12/2331/, From Ma Chan Tsáng, *Commander - in - Chief for Bandit Suppression in Southern Sinkiang*, Aksu to His Britannic Majesty's Consul General, Kashgar (April, 10th, 1933). 文件有些地方字迹模糊，也暂时无法全部翻译。

阁下，我们是道尹[1]统治下的公民，恳请高度文明和进步的你了解不诚实中国政府对其治下无辜人民是何等残暴。当前，哈密穆斯林为了其荣誉，同时也不能再忍受残酷与不诚实中国人之暴行，起而发动反对中国专制的革命，惩罚中国人，寻求自由。这个国家被误导的人民已睁开眼睛。我们是世界上唯一没有文明的人民。我们想见识欧洲人取得的进步，从其他国家引进专家；想要变成像世界其他人民一样文明，制造机械，建立工厂。因此通过这次革命使我们自己和他们一样平等，寻求独立。

目前，我们受的是中国教育。你知道，在过去15年里，马道尹已经掠取我们无助人民的一切而自肥。他宣称是一个穆斯林。他不为人民的利益建立学校和医院，只是从我们的国家输出黄金和白银。这个世界允许这种不诚实的政府吗？在崇高的领事们面前，我们要求像你们一样的权利。为了政治的缘由，我们流血不需要原因。我们喀什噶尔穆斯林要对道尹苛政造成的独裁统治表达不满，为了证明其不诚实，我们准备此照会，以陈述我们的证据和理由。

我们希望你，我们尊敬的客人，重视我们的照会；我们已经失去道路，帮助我们获得独立。

乌斯满·阿里

（未注日期）[2]

据总领事馆记载，沙比提大毛拉也向总领事馆提出要求，希望能够给予其武装援助。[3] 和加尼亚孜曾经两次向英国提出请求，要求提供武器。他的第一封信尚未查到，但是从其第二封信可知是为请求英国援助（详见下一部分）。

新疆反动势力在喀什噶尔还成立一个委员会，并在土耳其康斯坦丁堡设立分支机构，声称其目的是反对苏联入侵，抵制新疆遭受其“西突厥斯坦”兄弟的命运。[4] 1933年4月22日，该委员会通过设在土耳其的分部向英国驻土耳其大使乔治·克拉克爵士（Sir George Clerk）写信求援。

---

① 指喀什噶尔行政长官马绍武。

② IOR，L/P&S/12/2331 P Z3558 C－G. Kashgar to GOI. 4. 5. 33.

③ PRO，F O. 371/18055 F688/14/10，C－G. Kashgar to GOI. 1. 18. 34.

④ IOR，L/P&S/12/2331 P. Z. 3061，C－G. Kashgar to GOI. 9. 5. 33.

该信透露出一些新的信息，一是新疆成立有委员会，且在土耳其设有分部；二是强烈反对苏联对中国新疆的渗透；三是表明对英国及其文化的赞赏；四是要求英国予以政治支持和物质帮助。

此外，英国驻阿富汗大使也接到南疆暴乱势力请求援助的要求。[①] 从上可知，从南疆暴乱发生至新疆伪政权出笼之前，喀什噶尔行政长官马绍武请求英国予以军事支援和居间斡旋，以支撑危局；南疆各股暴乱势力也向英国政府要求武器或者物质支持，旨在推翻中国新疆省政府，建立分裂政权。从英国档案来看，英国政府的政策是清晰和一致的：一是在其指令中都强调完全支持中国对新疆的主权；二是对各股暴乱势力的要求均不予支持；[②] 三是没有发现英国政府和各股暴乱势力之间有任何实际武器交易的记录；四是英国驻喀什噶尔总领事馆曾经帮助当地政府居间斡旋。

三　英国政府不支持新疆伪政权

南疆暴乱势力谋划成立新疆伪政权的情况较为复杂，经过较长时间准备。其中和加尼亚孜较早提出这一想法，只是一直停留在纸上，没有付诸行动。[③] 这和以往认识有较大差别，值得注意。[④]

根据吴蔼辰所引述的苏联报纸报道，“东突厥斯坦伊斯兰共和国”伪政权早在1933年9月就已出现。[⑤] 而从英国档案记载可见，这期间各派势力争权夺利，在争论对苏联的态度，[⑥] 但是和加尼亚孜与和阗实力派伊敏三兄弟及沙比提大毛拉均得到各派势力较大程度的认可。他们四处活动，企图获得国际支持，对英国的活动是其重要方面。

10月，在新疆伪政权筹备的最后阶段，和加尼亚孜再次与英国联系，

---

① PRO，FO 371/17116/F7006/466/10，H. M. 's Minister Enquires Attitude of H. M. 's Government in the Event of Afghan Government Consulting him Regarding Moslem Mission from Chinese Turkestan. 又见，PRO，FO 371/17116/F7006/466/10，From Bri. M. 's Minister at Kabul to Secretary of State for Foreign Affairs，India Office，November 7，1933。

② FO 371/18055 F44/14/10 GOI. To C－G. Kashgar 11. 12. 33.

③ 笔者在阅读英国档案中见到相关记载，并进行了简要记录，遗憾的是当时没有记录下档案卷宗号。

④ 赛福鼎：《赛福鼎回忆录》，第177～178页。

⑤ Turkistan Tumult by Aitchen K. Wu，London，Methuen & Co. Ltd.，1939，p. 247.

⑥ IOR，P. Z. 1200/1933，Kashgar Diary，Octobor，1933.

专门派遣三名使者赴英国驻喀什噶尔总领事馆，希望得到武器援助和其他支持。据英国档案记载，这三人“姓名和官方身份是：城防司令莫赛伊·拜（Mosail Bai）；师长伊斯玛义·伯克（Ismail Beg）；代表阿兹木·江哈吉（Azim Jan Haji）”[①]。他们带来和加尼亚孜写给英国驻喀什噶尔总领事的信件。

这封信透露出很多信息，诸如和加尼亚孜此时已经接受并开始使用所谓“总统”名号，此前分裂势力曾经和英国驻喀什噶尔总领事馆联系过，希望以新疆物资为交换条件得到英国军火支持，分裂势力企图向英属印度政府派遣使者，分裂势力希望英国能够给予其保护，分裂势力反对苏联及其共产主义思想。同时，我们也可以看出，英国对和加尼亚孜此前的军火要求是予以拒绝的。实际上，英国政府已经指示其总领事馆要对此保持严格中立。[②]

得不到英国支持的和加尼亚孜转而向苏联求援，据英国档案记载，和加尼亚孜与苏联驻喀什噶尔总领事达成军火交换等协议，并带有附加条件：禁止柯尔克孜人及和阗人得到其中的军火；保证不和任何其他外国签署额外的协议；修订现存的苏新贸易协定。[③]

1933 年 11 月 12 日，沙比提大毛拉操弄的伪政权正式成立。当时，新任英国驻喀什噶尔总领事托马斯·格罗弗（Thomas - Glover）于 10 月 29 日抵达喀什噶尔，11 月 1 日正式上任。[④] 11 月 12 日晚，托马斯·格罗弗参加伪政权的成立大会。托马斯·格罗弗“是个激烈的反苏者，是新疆复杂政治领域的一个完全新手。他最初对沙比提与和阗诸艾米尔的反应是热情的”[⑤]。在提交给英国政府报告中，托马斯·格罗弗总结了伪政权的五个特点，认为该政权旨在“建立一个独立的伊斯兰国家”，“寻求摆脱苏联的控制”，“寻求和英国政府建立友好关系，尽可能获取其援助”。[⑥] 出于在新疆对抗和遏制苏联的目的，托马斯·格罗弗对伪政权的示好颇为动心，他

① IOR, P. Z. 1200/1933, Kashgar Diary, Octobor, 1933.

② IOR, L/P&S/12/2364/P. Z. 389/1934, Sinkiang Rebellion.

③ IOR, P. Z1200/1933, Kashgar Diary, Octobor, 1933.

④ IOR, P. Z. 1200/1933, Kashgar Diary, Octobor, 1933.

⑤ IOR: L/P&S/12/2331, P. Z. 98, 1934.

⑥ IOR, L/P&S/12/2331, P. Z. 98, 1934. 又见 IOR, L/P&S/12/2364, P. Z. 98. 1934, Letter, H M C G K - GOI, 23/11/1933。

向英国政府建言："苏联完全控制由吉尔吉特和奇特拉尔通往印度的山口，从而形成对印度的威胁，这是不可想象的，除非机会来临，并且立即抓住，支持一个友好的伊斯兰国家，这在威胁转换成一个既定的事实前所留下的时间很少。"[①]

基于上述认识，托马斯·格罗弗还希望和阗、喀什噶尔与和加尼牙孜几股新疆分裂势力能够团结起来，设法稳定其政权。因此，他甚至向英国政府建议说："维持名义上对南京的忠诚，一个友好国家可以对这个新生的、正在斗争的共和国予以实际的同情和帮助是可能的。"[②] 托马斯·格罗弗希望英国能够支持伪政权，甚至不惜欺骗中国政府，以便利用该伪政权隔离苏联，避免其对英属印度可能产生的威胁。

但是，英国政府立即指示英属印度政府提醒托马斯·格罗弗：英国承认南京政府是新疆的唯一政府，所有对抗苏联对该地区渗透的动机都应该和以往一样，建立在对中国新疆省当局的支持之上。[③] 由于担心托马斯·格罗弗走得更远，英属印度政府于 1933 年 12 月 11 日，特地给英国驻喀什噶尔总领事馆发去一封电报，直截了当地说："如果该新生政府试图派遣代表赴印度寻求帮助，你不应该给予任何鼓励或者帮助。印度政府不可能予以任何支持，因为这和严守中立的态度不一致。这是女王政府和印度政府对目前新疆境内的动乱所秉持的态度。"[④] 此后，从英国档案记载来看，托马斯·格罗弗不敢造次，对伪政权保持了中立。

根据一份德国驻阿富汗喀布尔大使馆的报告，英国驻阿富汗大使也表达出矛盾的意见。他认为从英苏敌对的大背景看，经过印度向中国新疆转运军火是可以想象的，不过从英帝国整体利益上看此动机又不应该被视作针对中国在该地区的权益。[⑤]

但是，伪政权并不甘心，仍然向英属印度派遣了"使团"，该使团于 1934 年初抵达新德里，游说英属印度政府，声称喀喇昆仑山以北出现另一

① L/P&S/12/2364，P Z. 98. 1934，Letter，HMCGK – GOI，23/11/1933.

② L/P&S/12/2364，P Z. 98. 1934，Letter，HMCGK – GOI，23/11/1933.

③ IOR，L/P&S/12/2356，P. Z. 8340. 1933，telegram，GOI – HMCGK，11/12/1933.

④ L/P&S/12/2356，P Z. 8340. 1933，telegram，GOI – HMCGK，11/12/1933.

⑤ AA IV Chi 498/13. 3. 1934：Deutshe Gesandtschaft，Kabul12. 2. 34.

个缓冲国对英国有利之处甚多。[①] 而此时英国政府早已对托马斯·格罗弗的报告进行过研究，并明确了对新疆的政策，申明英国严守中立，不售给暴乱者任何武器，不承认伪政权，立即拒绝伪政权的各项要求。伦敦的《时代》也对此有过公开的评论："就德里而言，该共和国人员去错了地方。新疆是英国与之有着良好关系国家的一个省份，这些代表所得到的不过是在更糟糕情况降临前，解决其与新疆（政府）分歧的建议。"[②]

对于英国的这些政策，伪政权重要成员穆罕默德·伊敏·伯格拉后来也予以证实。他说："印度当时是在英国统治之下，乐于继续正常的贸易关系，对我们的革命宁愿保持中立，而不愿意提供武器。"[③]

此时英国对中国新疆的政策从其他渠道也可以得到旁证。例如，1934 年初，美国驻南京总领事派克（Peck）前往英国驻华大使馆，了解中国政府对新疆政局的政策及要采取的措施。由于英国驻喀什噶尔总领事馆的缘故，英国大使馆对新疆形势掌握有较多情报。英国大使馆参赞艾里克·泰克曼（Eric Teichman）向派克介绍了新疆形势，阐述了英国在新疆的利益，明确说明英国对新疆的政策是希望"看到和平与秩序的重建以及恢复与中国政府的联系"[④]。

英国驻华大使馆对内地关于英国支持中国新疆暴乱和分裂势力的报道曾经提出过抗议。1934 年 3 月 25 日，艾里克·泰克曼致函中国外交部，阐明英国在中国新疆的利益是维持和平、提高贸易，希望看到新疆早日重建并恢复与中国政府的联系，希望新疆恢复和平与秩序；同时希望中国政府制止《人民论坛》对英国在中国新疆活动的不实宣传。[⑤]

1934 年 2 月伪政权垮台后，马绍武和托马斯·格罗弗曾经有过交谈，后者抱怨说，中国内地报纸"有个日益增多的消息值得注意，即将东突厥斯坦成立的穆斯林共和国归于英国支持。马绍武将此归于俄国人的宣传"[⑥]。在同一份资料中，托马斯·格罗弗还认为这与日本鼓动家的宣传有

① Turkistan Tumult by Aitchen K. Wu, London, Methuen & Co. Ltd., 1939, p. 247.

② "Chinese Turkestan and Autonomy", The Times (London), 7 February 1934; cf. "Chinese Turkestan", The Times (London), 22 February, 1934.

③ Mohammod Emin Burgra, Dogu Turkistan, p. 40.

④ IOR, L/P&S/12/2364/P. Z. 5982.

⑤ IOR, L/P&S/12/2362, P. Z. 3664/1934, Trouble in Sinkiang.

⑥ IOR, P. Z. 3737/1934, Kashgar Diary, March, 1934.

关，他们旨在以隐秘手段转移人们注意力；同时在印度和喀布尔，“新闻界以及其他方面有很多宣传，表示对新成立的穆斯林共和国的同情，但是民间报纸抱怨缺少官方认可。”① 考虑到当时新疆信息的封闭以及中国内地报刊对苏联新闻源的依赖，② 加上英苏在中国新疆的竞争，可以确定英国对新疆的政策在当时受到相当程度的误导或者误解。

1935 年 11 月 4～13 日，艾里克·泰克曼奉命出使新疆。他在给英国政府的报告中，曾提及将南疆叛乱和英国政府联系在一起的言论一度甚嚣尘上，十分荒诞。③ 同时言及他在迪化与盛世才会谈时，盛世才还特地感谢英国在南疆叛乱期间保持中立的态度。④

后来西方学者对此问题也有所论及。例如较早利用英国档案以及瑞典档案等资料研究此期新疆历史的瑞典学者 L. E. 尼曼（Lars－Erik Nyman），不但曾在英国、美国、德国、瑞典等国访问过有关学界、政界、宗教界等多方面人士，而且还赴土耳其访问过艾沙本人和伊敏后人，在其著作中认为英国对中国新疆并没有像苏联那样稳定和运作良好的政策，只是基于中立之上调停各方势力。⑤ 英国研究民国时期新疆历史的学者 A. D. W. 福培斯（Andrew. D. W. Forbes）认为“东突厥斯坦伊斯兰共和国”的立国性质类似于阿古柏伪政权，但是在争取外援上却远不如后者，因为后者得到英国和奥斯曼土耳其的承认和物质支持，而前者在此方面则完全失败，⑥ 没有得到英国和土耳其的认可与支持。

英国对“东突厥斯坦伊斯兰共和国”的中立政策是有其深刻的历史教训和现实原因的。就历史而言，早在 19 世纪六七十年代，英国对阿古柏伪政权的认同和支持遭到惨重失败，使其在中英关系以及英俄中亚角逐中受

---

① IOR，P. Z. 3737/1934，Kashgar Diary，March，1934.

② 许建英：《民国时期英国与中国新疆（1912—1949）》，第 172～175 页。关于此方面情况，以后再专门撰文讨论。

③ IOR，L/P&S/12/2371，P. Z. 1043/1936，（Confidential）Report on Mission to Chinese Turkestan.

④ IOR，L/P&S/12/2371，P. Z. 1043/1936，（Confidential）Report on Mission to Chinese Turkestan.

⑤ Lars－Erik Nyman，“Great Britain and Chinese，Russian and Japanese Interests in Sinkiang，1918－1934”，*Lund Studies in International History 8*，Sweden，1977，p. 116.

⑥ Andrew D. W. Forbes，“Warlords and Muslims in Chinese Central Asia”，*A Political History of Republican Sinkiang 1911－1949*，Cambridge University Press，1986，pp. 115－116.

到沉重打击，可谓教训深刻；苏联建立后英苏在中国新疆持续竞争，英国对自己在新疆的地位、需求和自身能力认识较为清醒。就客观现实而言，英属印度和中国新疆之间的崇山峻岭制约其进一步干涉新疆；虽然英国感情上并不是不欣赏南疆建立亲英反苏的穆斯林政权，但是从理性上来说，无论是经济、政治和地缘环境，还是伪政权的生存能力等方面都是值得怀疑的，是极不现实的；[①] 何况英国还面临着中国与其断交以及对华贸易遭受重大损失的风险，可谓得不偿失。[②] 此外，苏联对土耳其试图插足中亚事务非常敏感，所以在新疆伪政权问题上对土耳其施加巨大外交压力，[③] 结果土耳其不过是限于感情上同情和兴奋而已，[④] 英国也难以找到任何共同支持伪政权的伙伴。

通过上面简要梳理，我们总结如下：从杨增新末期开始，英国政府对中国新疆的基本政策是稳定和连贯的，其核心是支持中国对新疆的主权，尽力利用新疆地方政府遏制苏联渗透；英国在与苏联的角逐中，希望在迪化建立领事馆，与省政府建立直接联系，扩大其影响和势力范围。英国并不是“东突厥斯坦伊斯兰共和国”伪政权的幕后策划者和支持者，事实上对其维持中立态度。当然，我们不应否认英国驻喀什噶尔总领事参加伪政权成立大会所造成的恶劣影响，但是对当时利益攸关方的不同言论也应该有清醒的认识。

（原刊于《西域研究》2014 年第 4 期，收录时有所修改和删节）

① FO 371/17115 – F5466/466/10；Cons. – Gen. to Go I，Kashgar，29. 6. 33.

② FO 371/17117 – F7962/466/10：IZVESTIYA，8，12. 33.

③ FO 371/18056 – F1655/14/10：Br. Cons. – Gen.，Smyrna 5. 3. 34.

④ FO 371/18055 – F23/14/10：Br. Embassy to F O，Ankara 23，12，33. FO 371/18056 – F744/14/10：Br. Embassy to FO，Ankara 3，2，34.

20 世纪 40 年代美国对中国新疆政策研究

20 世纪 40 年代美国开始从政治上介入中国新疆，[①] 对新疆的政治、社会产生较大影响。美国介入新疆之时间点十分特殊，从国际形势看，正值世界反法西斯战争的关键时期；从中国国内形势来看，正处于抗日战争的对峙阶段和新疆盛世才政权内附国民政府的特殊时期。因此，此时期美国对中国新疆政策及其如何演变，值得深入研究。由于资料所限，现有研究主要集中在美国驻迪化领事馆建立及其活动上[②]，关于美国对中国新疆政策的研究很少[③]。此外，有些相关专著也涉及美国驻新疆领事馆及其活动，如黄建华《国民党新疆政府的新疆政策研究》[④]；或者论及美英苏在新疆角逐及其与冷战的关系，如拙著《民国时期英国和中国新疆（1912—1949)》[⑤]。本文

① 实际上，美国对中国新疆地理、自然、考古探察早在 19 世纪就开始了，诸如 1873 年美国驻圣彼得堡秘书斯凯勒（Skeler）的新疆伊犁之行，1890 年美国外交官威廉·伍德维尔·柔克义（W. W. Rockhill）进入新疆。进入 20 世纪就更多，诸如 1903 年美国地质学家庞伯里（Pumpelly）和亨廷顿（Huntington）的帕米尔和天山考察，1905 年美国地质学家亨廷顿与巴特雷（Barretu）的新疆考察，1908 年劳弗（B. Laufer）的新疆、西藏探险，1911 年沃克曼（Ocemer）夫妇的新疆探察，1925 年罗斯福（Roosvolt）兄弟的新疆动物考察，1926 年的拉铁摩尔（O. Lattimore）和摩尔登（J. Morden）的新疆考察等。魏长洪、何汉民编《外国探险家西域游记》，新疆美术摄影出版社，1994，附录。

② 目前主要研究文章有：房建昌：《近代俄（苏）英美三国驻新疆总领事馆考》，《新疆大学学报》1995 年第 2 期；段新丽、张党生：《略论四十年代美国在新疆的活动》，《丝绸之路》1997 年第 3 期。周泓：《近代帝国主义列强对新疆的文化侵略》，《新疆师范大学学报》1998 年第 1 期；屈新儒：《新疆解放前后英、美敌对势力的间谍活动》，《军事历史》2000 年第 1 期；袁澍：《20 世纪 40 年代新疆政局风暴与美国领事馆》，《新疆师范大学学报》2002 年第 1 期；郭永虎：《20 世纪 40 年代美国在新疆地区的渗透活动》，《新疆社会科学》2009 年第 3 期。

③ 贾春阳：《美国驻迪化领事馆的设立与美国对“疆独”问题政策的缘起》，《国际论坛》2010 年第 4 期；顾国良、刘卫东、李楠：《美国对华政策中的美国问题》（未出版）。

④ 黄建华：《国民党新疆政府的新疆政策研究》，民族出版社，2003。

⑤ 许建英：《民国时期英国和中国新疆（1912—1949)》，新疆人民出版社，2008。

以美国所刊布的外交文件及英国驻迪化领事馆档案为基础,[①] 结合其他有关史料及研究成果，就此期美国对中国新疆政策及其演变做初步探析。

一 抗日战争时期美国对新疆的政策（1942.12~1945.8）

在抗日战争相持阶段时的1942年，美国获准设立驻迪化领事馆，美国势力开始进入中国新疆。[②] 此期是美国介入中国新疆之早期，美国在新疆既没有侨民和传教活动,[③] 也没有贸易，因此缺乏社会基础。此期美国对中国新疆政策大致可以概括为以下几个方面。

（一）建立情报网络，搜集情报

建立网络搜集中国新疆周边地区情报是美国驻迪化领事馆设立的初衷之一。1942年缅甸失陷后，美国高度警惕德国在中亚及高加索地区的活动，在中国新疆迪化设立领事馆后附设情报观测点，大大有助于美国获取中亚地区地理、交通、联络、政治、军事和经济情报。[④] 美国获取情报的渠道主要有四条，一是与中国新疆当局保持密切联系，随时了解新疆重大事情及中亚地区情报。由于从某种程度上说美国驻迪化领事馆的建立是国民政府主动请求的结果，意在利用美国制衡苏联，所以新疆地方政府和美国驻迪化领事馆联系密切，保持随时沟通，诸如美国驻迪化领事经常拜访包括新疆最高军政长官在内的各级重要官员，新疆最高军政长官也经常邀

① 美国外交文件是指 US Department of States: Foreign Relations of the United States Diplomatic Papers, U. S. Government Printing Office, 1956。本文所使用的英国驻迪化领事馆档案是指印度事务部档案（Indian Office Record，简称 OR），有关档案主要是其中的“政治及秘密通讯”（L/P&S）；这些档案均保存在大英图书馆“东方及印度事务部”（Oriental & Indian Office）中。

② 详情见袁澍《20世纪40年代新疆政局风暴与美国领事馆》。

③ 在传教方面，曾有一名美国籍传教士，名叫石爱乐（其原名为 Otto Frederick Schoerner），但是他服务于英国中国内地会。许建英:《民国时期英国和中国新疆（1912—1949）》，第341页。

④ Memorandun for the Mr. Everett F. Drum Right of the Division of Far East Affairs, October 26, US Department of States: Foreign Relations of the United States Diplomatic Papers, 1942, pp. 688 - 689.

请英美领事沟通信息。二是美国从英国驻新疆领事机构处获取情报。从英美驻迪化领事馆发回各自政府的报告、领事馆日常记录等来看，英美驻迪化领事馆保持着密切联系，经常协作和相互交流信息[①]；英国在新疆经营时间很长，有较好的社会基础和情报网络，其搜集情报触角颇多，传输情报渠道多样[②]，英美之间的联系有利于美国情报打开局面。三是在与苏联驻迪化领事机构的交往中获取情报。四是自己独立开拓情报搜集渠道，例如 1944 年美国军官克拉克（Clark）于 4 月份奉命赴新疆勘查地理、交通、桥梁和涵洞等情况[③]，5～6 月在伊犁霍尔果斯、塔城等地勘查，随后又转赴南疆喀什噶尔等地活动，搜集情报。[④]

此外，美国为搜集更多情报和保持信息畅通，于 1945 年 3 月底，从重庆运来大量气象设备和通信传输设备，在迪化南郊建立气象站，在美国驻迪化领事馆内建立传输站，于当年 4 月 1 日就全部建成并投入使用[⑤]；是年 7 月，美国空军用两架飞机再次运来大批气象设备，加强气象观测，服务于美国空军；而且相关工作人员都是军人，配有专门军官负责。[⑥] 美国打着气象观测的幌子，实际上意在搜集苏联在中亚等地区航空等方面情报。

1944 年 11 月，“巩哈暴动”爆发后，美国意识到新疆问题进一步复杂化，美国国务院立即改派职业间谍出身的华瑞德（R. S. Ward）任美国驻迪化馆领事，旨在加强情报工作，深入了解事件背景和发展详情。

（二）以维护国际反法西斯联盟为借口，避免直接卷入中苏纠纷

美国驻迪化领事馆的建立，实际上就意味着美苏在中国新疆地区交锋，也意味着美军介入中苏在新疆地区的纠纷。但是，美国以抗击德意日

① 许建英：《民国时期英国和中国新疆（1912—1949）》，第 324～325 页。

② 许建英：《英国驻喀什噶尔总领事馆对苏俄情报活动——以 1917—1922 年为中心》，《西域研究》2007 年第 4 期；许建英：《民国时期英国和中国新疆（1912—1949）》，第 30～35 页。

③ IOR. L/P&S/2405/EXT3243.

④ IOR. L/P&S/2405/EXT3244.

⑤ IOR. L/P&S/2405/EXT5220；IOR. L/P&S/2405/EXT5221.

⑥ IOR. L/P&S/2405/EXT5870.

法西斯战争的需要为借口，尽量避免直接卷入中苏在新疆地区的纠纷中。

1944年春，外蒙古在苏联操纵下进攻新疆阿尔泰，中国被迫还击；苏联甚至动用其陆空力量扩大事端，是为“阿山事件”。“阿山事件”爆发后，蒋介石要求强硬应对，抗击外蒙古进攻；同时积极求助美国，试图要美国总统罗斯福对苏联施压[①]，认为罗斯福“必作一切可能之努力，以阻止事态进一步发展”[②]。可见，蒋介石对美国期望值甚高。而美国则并不愿涉入太深，更不愿被动卷入。美国驻迪化领事柯乐博上呈美国政府的分析报告则认为，“我们在制定对俄政策时应避免受制于中国政府。我们必须掌握主动”[③]。罗斯福因此建议中国政府“冻结”这一事件，继而又劝蒋介石以大局为重，忍耐为上[④]；随后罗斯福又致函蒋介石，要求避免形势进一步恶化，要克制，要自我约束，“避免表现出任何有损于盟国战争的行为和态度，不要因为外蒙古、新疆边界冲突而损害我们击败日本侵略的伟大目标”[⑤]。美国政府也明确表示，“避免卷入中苏关系纠纷，也避免表现出美国对中国无限制地外交援助的倾向。尤其是在对苏关系上，将美国对华的目标限定在对日作战框架内；利用国民党对美国的依赖对其施加影响”[⑥]。可见，美国对“阿山事件”和蒋介石的申诉反应极为冷静，甚至转而要中国忍耐，说明美国为维持国际反法西斯大局，不愿卷入中苏涉新疆纠纷中。

1944年，“伊宁事件”爆发，初期美国就高度关注，但仍不涉入中苏争端，继续采取息事宁人的政策。例如，1945年1月11日，美国驻迪化领事华瑞德拜访新疆省主席吴忠信，了解伊宁事件详细情况，以便公诸世

① 秦孝仪编《中华民国重要史料初编：对日抗战时期，第三编，战时外交（二）》，台北，国民党中央党史委员会，1981，第460~461页。

② 陈志奇编辑《中华民国外交史料汇编》（十三），台北，渤海堂文化公司，1996，第6203页。

③ Memorandum by the Second Secretary of Embassy in China，（CHUNGKING）April 7，1944，US Department of States：Foreign Relations of the United States Diplomatic Papers，p. 779.

④ 沈志华：《中苏结盟与苏联对新疆政策的变化（1944—1950）》，《近代史研究》1999年第3期。

⑤ Telegram，The Secretary of State to the Ambassador in China（Gauss）Washington，April 11，1944，US Department of States：Foreign Relations of the United States Diplomatic Papers，p. 772.

⑥ The Ambassador in China（Gauss）to the Secretary of State，（CHUNGKING），April 11，1944，US Department of States：Foreign Relations of the United States Diplomatic Papers，p. 776.

界，引起国际关注。[①] 国民党驻伊犁守军悉数被歼后，华瑞德于 1 月 23 日再次面见吴忠信，了解伊犁战事最新进展，以便报告给美国政府，寻求对策。[②] 随后，美国总统杜鲁门则派特使霍金斯赴莫斯科，力图使“伊宁事件”“不复扩大”。[③] 5 月 29 日，斯大林会见霍金斯，并表示说苏联对中国没有任何领土要求；6 月 23 日华瑞德即拜访新疆省政府主席吴忠信，通报霍普金斯访苏情况。

（三）推动中苏接触

在事关中苏涉新疆问题上，美国表现出更愿意以调解人身份促使中苏接触，而非直接介入。例如，在前述“阿山事件”中，美国并未单方面听取中国政府对苏联的申诉而为中国说话，取而代之的是以调解人身份出面斡旋，推动中苏直接接触来解决纠纷。为此，美国政府特派遣副总统华莱士（H. A. Wollace）先后访问苏联和中国，华莱士访问莫斯科后经新疆迪化赴重庆，旨在实地了解新疆情况。蒋介石也只得接受罗斯福劝告，对华莱士之行心领神会，1944 年 6 月 16 日特派王世杰到迪化迎接华莱士，并嘱咐不得在华莱士面前公开攻击苏联。华莱士抵重庆后，蒋介石不但亲自与其会谈，而且还托宋美龄致信美国总统罗斯福，承诺如果美国尚有任何改进中苏关系的办法，中国必然会全力以赴。[④] 可见蒋介石接受美国建议，愿意直接与苏联接触，不但以此解决“阿山事件”，化解新疆其他涉苏联纠纷，而且也旨在改善中苏关系大局。

1944 年 11 月 7 日，“伊宁事件”爆发后，国民政府立即对此次事件背后的苏联因素多有怀疑，并多方面进行了解，曾一度挑明其背后的国际因素，例如朱绍良曾向英国驻迪化领事展示在伊犁缴获的一枚反坦克炮弹，炮弹直径大约 3 英寸，弹体上面没有任何标识，并直陈“暴乱者”的武器

---

① 新疆三区革命史编纂委员会：《新疆三区革命大事记》，新疆人民出版社，1994，第 55 页。

② 新疆三区革命史编纂委员会：《新疆三区革命大事记》，第 58 页。

③ 新疆三区革命史编纂委员会：《新疆三区革命大事记》，第 81 页。

④ 《王世杰日记（手稿本）》第 4 册，台北，中研院近代史研究所 1990 年编印，第 332 ~ 333 页、第 338 ~ 343 页；Memorandum by the Second Secretary of Embassy in China，（CHUNGKING），April 7，1944. US Department of States：Foreign Relations of the United States Diplomatic Papers，p. 779.

优于中央政府军队的武器。[1] 但是至1945年1月后，新疆地方政府不再提起“伊宁事件”背后的苏联因素，反倒先是强调要重开苏联与中国新疆贸易。国民政府外交部也派员商谈重开贸易事宜，特别是开展经伊犁霍尔果斯与苏联贸易，尽管苏联对此不以为然。[2] 由此可见，“伊宁事件”发生早期，中国政府虽然意识到其后的苏联因素，也意识到需要通过国际或者外交来解决，[3] 但是仍然不得不强行隐忍，寄希望于与苏联直接接触，甚至期望以开通苏联与中国新疆贸易来化解问题。因此，从“阿山事件”中我们可以看出国民政府受美国政府对苏联态度影响之大。

（四）促进开通新疆国际交通线

开通新疆国际运输线路是抗日战争进入相持阶段后的一项艰难选择，因为无论是从英属印度西北部翻越喀喇昆仑山或者经苏联中亚进入新疆都不是件容易的事情。1943年美国特使赫尔利协调中苏政府，建议开辟新的物资运输线路，特别是从印度经伊朗进入苏联，利用中亚—西伯利亚铁路将货物运抵阿拉木图，再转至公路运输，经新疆运到内地。为开辟此线路，美国愿意提供物资和汽车，英国则愿意提供司机和领队人员。

中国政府同意此建议，随即在交通部设置印伊运输处，负责筹划实施。其中，印中驿线（经英属印度西北部翻越喀喇昆仑山，抵达中国新疆叶城，再转运至内地）开通，但是由于交通极为困难、运输工具原始而难以发挥太大作用。[4] 而经苏联中亚线路始终是美国努力的方向。1944年4月25日，美国驻苏联大使斯坦利（Stanley）与莫洛托夫会谈，要求苏联允许美国卡车经过苏联阿什哈巴德和阿拉木图运送货物至中国。[5] 但是，由于中国新疆与苏联关系破裂，中苏关系大局也陷入紧张，中苏之间难以商妥，该条线路最终未能开通。

---

① IOR. L/P&S/2405/EXT2733.

② IOR. L/P&S/2405/EXT2732.

③ IOR. L/P&S/2405/EXT3670.

④ 许建英：《民国时期英国和中国新疆（1912—1949）》，第312~313页。

⑤ The Ambassador in Soviet Union（Harrinan） to the Secretary of State，April 25，1944，US Department of States：Foreign Relations of the United States Diplomatic Papers，p. 782.

二　抗战胜利至新疆省联合政府破裂期间美国对新疆的政策（1945.8～1948.8）

从美国对新疆政策演变的角度来看，1945 年 8 月到 1948 年 8 月是又一个阶段。我们知道，美国对新疆政策变化是由国际、中国国内战争以及新疆形势变化决定的。就国际形势而言，第二次世界大战结束后，世界局势发生了巨大变化，在反法西斯战争中所结成的同盟国随之不复存在。以美国为首的西方资本主义国家和以苏联为核心的社会主义国家形成以意识形态相区分的二极世界，冷战序幕渐次拉开。就中国国内战争而言，1947 年 6 月，中国共产党所领导的解放军跃进大别山，开创敌后战场，至 1948 年 8 月，解放军进入战略大反攻的历史新阶段，国共斗争已经向着有利于中共方面发展；而国民党军队则渐趋守势，国民政府日渐失去人心。新疆形势也急转直下，1948 年 5 月，张治中辞去新疆省主席职务，并推荐由麦斯武德继任。麦斯武德继任省主席后，引起强烈反弹，1948 年 8 月以阿合买提江为首的代表悉数离开迪化返回伊宁，新疆省联合政府完全破裂。概而言之，新疆境内各种政治力量变化纷呈，分化聚合，诉求各不相同，[①] 但根据其所依赖的国际背景，可以简化为亲苏和亲美两个阵营。在上述诸方面形势演变过程中，美国日渐重视中国新疆局势，美国对中国新疆政策发生重要变化。

（一）密切关注新疆事态变化

1. 密切关注苏联活动

1946 年 1 月 6 日，美国国务院中国事务部主席提出多项干预新疆事务建议，并且要“密切跟踪苏联在新疆开矿活动”。[②] 1946 年 1 月 10 日，美国国务院政策规划室主任乔治·凯南在呈国务卿的文件中认为，苏联是要全面控制中国，就新疆而言，“苏联在伊朗进行的撕裂战术同样将在新疆

① 袁澍：《20 世纪 40 年代新疆政局与美国领事馆》，《新疆师范大学学报》2002 年第 1 期。

② US Department of States: Foreign Relations of the United States Diplomatic Papers, Volume Ⅶ, p. 792.

有效。就像对待外蒙古一样，苏联要保持其在新疆的首要权威”[①]。因此，“美国应该加强对新疆的经济援助，以使其摆脱苏联的控制”[②]。

1947 年 7 月 28 日，美国国务院做出预测：“苏联正在逐渐隐蔽性地控制中国，新疆正在迅速沦入苏联的势力范围。尽管苏联很嫉妒美国在中国所享受的特权，但是新疆还是会倒向苏联一边”[③]。因此，美国驻华大使司徒雷登致信国务卿称：“尽管国民政府要在伊犁建立防线以阻止苏联对新疆的渗透，但国民党缺少在新疆的实际影响力，无法有效阻止苏联。苏联一直要求中国开放新疆，并保持在开矿方面的特权，甚至要求中国将新疆设立为非军事区。”[④]

2. 深入了解三区形势

1947 年 7 月 1 日，新疆省联合政府成立，这给美国公开进入三区方面提供便利。为了解新疆各地事态，此期美国记者赴新疆各地采访者更多，采访范围更广泛、更深入。概括起来，美国记者主要在三个方面关注最多。一是对“三区”方面，自从新疆省联合政府建立后，美国就派遣记者赴“三区”采访，诸如美国《生活杂志》女记者伊斯吐尼斯·巴巴拉和法格·法尔克尔先后到伊宁采访，她们分别采访了临时政府副主席、伊犁地区专员、清末贵族阿奇木伯克·霍加，财政厅厅长、伊犁地区副专员、著名富商安尼瓦尔·木沙巴也夫，民族军总指挥伊斯哈克伯克·穆努诺夫及军事法院院长艾尼等人，旨在了解苏联对三区的支持情况。[⑤] 此后不久，美国驻迪化领事馆副领事马克南（D. S. Mackirnan）赴伊犁，拜访临时政府报社总编辑、伊犁专署秘书长、民主革命党副主席艾斯海提·伊斯哈科夫以及苏联驻伊宁总领事达巴申，[⑥] 其目的主要在于了解苏联的援助情况。记者瓦尔德·德拉克（Walde Drake）《洛杉矶时报》（Los Angel Times）于 10

---

① US Department of States：Foreign Relations of the United States Diplomatic Papers，Volume Ⅸ，p. 60.

② 顾国良、刘卫东、李楠：《美国对华政策中的新疆问题》，第 19 页。

③ US Department of States：Foreign Relations of the United States Diplomatic Papers，Volume Ⅶ，p. 792.

④ US Department of States：Foreign Relations of the United States Diplomatic Papers，Volume Ⅶ，p. 792.

⑤ 《新疆三区革命大事记》，第 211 ~ 242 页。

⑥ 《新疆三区革命大事记》，第 226 页。

月初抵达迪化，先后计划赴吐鲁番和伊宁采访。[①] 二是紧随新疆主要官员进行报道。例如美国记者紧跟新疆省主要官员赴南疆采访，1947 年 4 月 16 日至 5 月 8 日，张治中到南疆喀什噶尔等地考察，美国记者巴巴斯・斯提芬斯（Barbars Stephens）就专门赶去随行采访，斯提芬斯本人懂中文，又专门配备了讲英语的维吾尔族女翻译，大量报道有关张治中南疆行的情况，还报道了南疆各地的民族、社会等方面情况。[②] 三是关注突发事件。“北塔山事件”发生后，美国记者纷抵新疆采访，报道热点问题，意在使“北塔山事件”国际化，引起国际舆论关注。

此外，随着美国对新疆关注度大为增加，曾有建议要美国将军 C. D. 维阿特（Cartonde Wiart）访问迪化，但是后来借口地方当局无力招待等而取消，[③] 实则是担心苏联敏感。

（二）加紧在新疆的活动

美国驻迪化领事馆以及其他人员在新疆各阶层、各地活动，扩大美国影响，培养亲美分子和势力，试图建立其社会基础，具体表现在下列诸方面。

1. 美国驻迪化领事馆加紧在新疆各级政府及军队中间活动

一是与省政府主要官员保持密切联系。如前所述，美国势力进入新疆，原本就是国民政府所要仰赖的力量，新疆省政府自然须与之保持密切联系，无论是省政府的重大活动，还是一些重要事宜商讨，美国驻迪化领事馆大都应邀参加。此外，美国领事与新疆省主席也都保持密切关系，经常会面或通报情况。二是与新疆驻军之间保持密切联系。军队是维持国民政府在新疆政权的核心力量，美国驻迪化领事馆一直与其联系密切，早就注意到新疆军队中各种势力的存在，并在军队中物色和培植人员。例如，对骑一师师长马呈祥、七十八师师长叶成和一七九旅旅长罗恕人等高级军官，美国领事馆以各种手段分化拉拢，最后使这些人几乎都成为可以受其指挥的力量。对少数民族武装力量更是笼络有加，例如对乌斯满，美国领事馆为其提供多方支持。三是与少数民族官员保持联系，尤其是和国民政府扶持的维吾尔族领导密切联系。

---

① IOR. L/P&S/2405/EXT8532.

② IOR. L/P&S/2360/EXT7139.

③ IOR. L/P&S/2405/EXT8532.

2. 采取各种手段，扩大美国在新疆的影响，培育亲美基础

新疆深居中国内陆，现代文化、教育等方面较为落后，美国驻迪化领事馆在这方面颇下功夫，以英文培训、文化宣传、免费医疗和放电影等手段扩大其影响。例如，在教育方面，美国驻迪化领事馆从英文培训入手，开设三个英文培训班，分别针对领事馆中国工作人员、维吾尔族青年和新疆学院学生训练，而且领事夫人还曾亲自授课；在文化方面，美国领事馆散发美国画报、图片和报刊，免费放映电影；特别是放电影影响颇大，当时不但在迪化南梁坡上公开放映美国电影，而且常到新疆各地巡回放映美国电影，如前文提及的领事包懋勋（J. H. Paxton）就到各地巡回放映电影。此外，美国领事馆还利用新疆医疗条件落后的情况，在其领事馆内搭起医疗棚，免费看病施药。

3. 高度重视新疆资源开发及未来建设

新疆地域广大，资源丰富，开发潜力巨大，这使美国极为重视，曾对战后新疆资源开发做过规划。美国认为：“新疆为世界最富藏之地，黄金、汽油、橡皮（原文如此），现代工业基础原料无不尽有，其保藏黄金之多，为世外人不能想象。”美国测算“协助”中国开发新疆，必须投入6亿美金，投入15万美国专门人才始可。[①] 可见，美国对新疆立足长远，其政策具有前瞻性。

（三）关注和插手中苏有关新疆事务“北塔山事件”发生后，美国极为关注，并开始插手中苏有关新疆事务

1947年6月初，外蒙古军队侵入新疆奇台的北塔山而引发边境武装冲突，是为“北塔山事件”。该事件发生后，美国极为关注，迅速加强其驻迪化领事馆力量，美国驻华大使馆派遣马克南任美国驻迪化领事馆秘书。马克南抵新疆后则迅速前往北塔山，绘制北塔山地形图。[②] 同时，美国驻迪化领事馆与新疆警备司令宋希濂也保持密切联系，双方及时互通情况。例如，苏联飞机轰炸北塔山中国驻军时，宋希濂立即约见美国领事包懋勋

---

① 《国民党政府军令部关于战后“美国开发新疆估计情报”给经济部代电》，中国科学院历史研究所第三所南京史料整理处选辑《中国现代政治史资料汇编》第4辑（1945～1949），1961年6月油印本。

② 新疆社会科学院历史研究所主编《新疆简史》第3册，新疆人民出版社，1987，第492页。

并将此情况通报给他，包懋勋则立即报告美国政府。[①]

同时，美国新闻界迅速行动起来，赴新疆采访报道，以便引起国际关注。先是 1947 年 6 月 10 日美国时代生活公司的比尔（J. John Beal）接受国民政府外交部聘请，以新闻顾问身份抗议苏联插手新疆事务。随后，从 6 月至 9 月，美国新闻界记者纷至沓来，诸如美国国际新闻处记者罗伯逊、美联社记者麦特逊、《纽约每日报》记者派克、《纽约先驱论坛报》记者兰德等到新疆迪化采访和报道“北塔山事件”。[②] 此次美国对“北塔山事件”的报道迅速而竭力，其用意是要利用国际舆论，将该事件凸显在国际政治舞台上。可见，美国处理北塔山事件与其抗战时期处理“阿山事件”的方式迥然不同。

（四）间谍活动更加频繁

此期随着国际形势的剧变和新疆形势的进一步复杂化，美国对中国新疆间谍活动趋于频繁。

第二次世界大战结束后不久，美国加强在中国新疆的通信能力，派遣先前负责气象站的军官重返迪化运作无线电事宜。[③] 1947 年，为加强美国在新疆的情报工作，美国驻华大使馆特地用专机为其驻迪化领事馆运来一台超短波无线电台。

对“三区”方面，特别是 1948 年初夏，起义军不断向塔城、阿尔泰进军，逐渐将伊塔阿三个地区连成一体，并逐步向精河、迪化逼近，在此紧急关头，华瑞德以赴苏联阿拉木图治病为由，经伊犁地区刺探沿途情报。[④]

美国领事馆对新疆地方情报和资料的搜集持续不断，且涉及内容相当

① 宋希濂：《鹰犬将军——宋希濂自述》，中国文史出版社，1986，第 203 ~ 204 页。

② 宋希濂：《北塔山事件的实况及经过》，《新疆文史资料选辑》第 3 辑，新疆人民出版社，1979，第 42 页。

③ IOR. L/P&S/2405/EXT267。此人应是马克南，马克南真实身份是美国情报局情报人员，曾就读于美国麻省理工学院，懂多种语言，善交际。抗战时期以气象观测站负责人身份在迪化工作多年；此时又重返迪化，不久被任命为美国驻迪化领事馆副领事。

④ IOR. L/P&S/2405/EXT7134；IOR. L/P&S/2405/EXT8532。关于华瑞德赴苏联看病时间，郭永虎在《20 世纪 40 年代美国在新疆地区的渗透活动》中引用的是 1945 年 8 月，但是据英国驻迪化领事馆报告，华瑞德赴苏联治病时间为 1946 年夏。

广泛。包懋勋任美国驻迪化领事馆领事后，对新疆各地的情报搜集步伐加快。为了扩大美国影响和更深入了解各地情况，美国领事馆派人到全疆各地活动。例如，1948 年 3 月，领事包懋勋以放映电影为名，携带电台、照相机等，赴南疆焉耆、库车和阿克苏等地活动，他或为当地民众放映电影，或拍摄照片，或联络各地军政官员及各族民众，收买人心、建立情报网络。[①] 1948 年 4 月 27 日至 5 月 1 日，包懋勋又赴新疆北部地区的伊犁、塔城活动，旨在获取北疆地区各方面情报。这些情报涉及内容广泛，包括新疆少数民族数量及其分布、宗教信仰和社会状况，各少数民族领袖人物及其政治倾向，新疆经济、矿产、农产情况，新疆交通及其与中亚、南亚等地联系；对涉苏联情报尤为重视，诸如苏联是否用拥有原子弹、苏联在新疆境内驻军数量、其他苏联人数量以及苏联驻新疆领事馆吸收当地人加入苏联国籍等各方面情况。[②]

此外，除了在全疆各地搜集上述情报外，美国驻迪化领事馆还使用多种手段，向新疆政界、军界渗透，搜集核心的政治军事情报。一是利用国民党对美国的依赖，和国民政府西北行辕迪化办公厅、新疆警备司令部、国民党新疆省党部、国民政府外交部驻新疆外交特派员公署保持密切联系；二是拉拢各少数民族上层人物；三是以金钱和留学等为诱饵，收买新疆军政核心机构人员。[③]

三　新疆和平解放前后美国对新疆的政策（1948. 8 ~1949. 10）

此期中国国内形势发生决定性变化，经过辽沈战役、平津战役、淮海战役和渡江战役，国民党在大陆统治宣告结束；苏联及其支持的“三区革命”成为中国新民主主义革命的重要组成部分，以陶峙岳为首的新疆军政人员顺应形势，响应中共关于新疆和平解放的号召。在此形势剧变时期，美国对新疆政策发生新的变化，支持新疆高度自治和策划新疆独立。

① 屈新儒：《新疆解放前后应、美敌对势力的间谍活动》，《军事历史》2000 年第 1 期。

② 宋希濂：《鹰犬将军——宋希濂自述》，第 202 ~203 页。

③ 宋希濂：《鹰犬将军——宋希濂自述》，第 203 ~204 页。

（一）关注和谋求新疆高度自治

美国驻迪化领事馆早在1947年就开始注意到“东突”分裂势力。1947年4月中旬至5月初视察南疆时候，英国驻喀什噶尔总领事曾与国民党喀什噶尔驻军负责人赵锡光军长长谈，赵锡光向其透露了当时混乱的政治舆情。一是希望新疆成为苏联一部分；二是在中国主权下的高度自治；三是实现完全独立，建立“东突厥斯坦”国。① 按照当时英美领事间的密切联系，美国领事会很快得知此情况。1947年11月17日，在英国驻喀什噶尔总领事艾里克·施普顿（Eric Shipton）② 介绍下，时任新疆省政府秘书长的艾沙前往美国驻迪化领事馆，与美国领事包懋勋及英国总领事施普顿长谈了5个小时，其核心是抱怨新疆当地人遭受压迫，要求英美帮助新疆免遭苏联占领以及实现新疆高度自治。11月19日施普顿将会谈备忘录提交给英国政府。③

此后，美国领事馆开始频繁联络艾沙等人，并且时常开会密谋。1947年12月下旬，艾沙要求向蒋介石提出“自治以上，独立以下”的权力，其实质是渐次独立。美国领事包懋勋深知其中奥秘，对艾沙大加赞赏。④

不过，考虑到中美关系的现实，此时美国支持和策动新疆分裂时仍定位在“高度自治”，仍强调新疆要在中国中央政府的领导之下。

随着1947年夏季刘邓大军千里跃进大别山，解放军战略大反攻拉开序幕，至1948年，解放大军愈战愈强，国民党的统治摇摇欲坠。在此形势下，美国意识到国民党对新疆的统治堪虞，遂开始策划支持新疆分裂势力。是年6月中旬，包懋勋与诸分裂分子秘密召开会议，分裂分子提出依靠美国，实现新疆“独立”；而包懋勋则表示竭尽全力，帮助实现新疆独立。⑤ 美国领事馆又进行一系列活动，一是策动成立“保卫宗教反苏防共反三区委员会”，在迪化三角地左公祠附近设立指挥部，在二道桥皇城

---

① IOR. L/P&S/2360/EXT7424.

② 1947年8月14日和15日印度与巴基斯坦分治后，原英国驻喀什噶尔总领事馆移交给印、巴两国，但是初期仍由英国代管，施普顿为联合总领事；此时适逢施普顿赴迪化与新疆省政府会谈。

③ IOR. L/P&S/12/2361/EXT6702.

④ 李光清：《外国间谍在新疆的末日》，《新疆纪事》，新疆人民出版社，1989，第109~111页。

⑤ 李光清：《外国间谍在新疆的末日》，《新疆纪事》，第109~111页。

（今乌鲁木齐团结路）周围驻扎骑兵，美国及国民党军队提供经费和武器。[①] 二是组织并成立以哈萨克族为主力的哈族大队，驻守阿山和中蒙边界一带，担负搜集情报和威慑三区的任务。[②] 1848年6月，马克南曾经数次到三台，要乌斯满扩大势力，抵抗解放军，镇压“投降派”。三是敦促实施“独立”目标并予以资金支持。1948年7月底包懋勋参加在昌吉苗圃的会议，明确“独立”目标和行动计划。[③] 可见，至1948年上半年，美国对新疆政策已开始由支持高度自治转向支持分裂和独立。

（二）直接策动与支持独立活动

新疆省联合政府破裂后，美国直接策动并公开支持新疆分裂与独立活动。美国驻迪化领事馆领事包懋勋先是秘密酝酿分裂新疆计划。1948年10月，他与新疆省主席麦斯乌德、省政府秘书长艾沙秘密商议，为保证新疆不落入中共或者“三区”方面手中，计划成立“泛突厥斯坦伊斯兰共和国”，寻求独立。美国将率先予以承认，然后美国出面游说中东各国承认，建立外交关系，造成既成事实。[④] 不久，包懋勋也前往三台，要乌斯满与艾沙等密切联系，共谋分裂事宜，“我要求你们之间要团结，不要闹意见，好好使用美国给你们的援助，以此反对共产党、反对三区”[⑤]。1949年5月，美国领事馆开会决定反对新疆和平解放行动方案，一是派艾沙到南疆各地活动，散布言论，制造对立气氛，全力宣传分裂，扩大分裂的社会基础；二是要麦斯武德到南疆活动，必要时在当地成立政府，与迪化省政府形成对抗，以便以天山为界，形成南北疆对峙的局面，分属于美苏势力范围，以此为基础，再图北疆。[⑥] 对于具体行动方案，包懋勋

---

① 韩林：《打进美国领事馆》，转引自新疆团委青运史研究室、广东高明县地方志编委会《忆罗志》，广东省南海系列印刷公司，1988，第92页。

② 新疆社会科学院民族研究所编著《新疆简史》第3册，新疆人民出版社，1987，第504～510页。

③ 李光清：《外国间谍在新疆的末日》，《新疆纪事》，新疆人民出版社，1989，第109～111页。

④ 魏锡熙：《我在新疆和平解放前后的种种活动》，《新疆文史资料选辑》第22辑，第135页。

⑤ 《新疆简史》第3册，第510页；《匪犯乌斯满已在迪化伏法》，《人民日报》1951年5月5日第1版。

⑥ 李光清：《外国间谍的在新疆的末日》，第100～111页。

等商定：一是穆罕默德·伊敏迅速前往和阗（今和田），重新成立大头棒队伍，建立基地，鼓动民众，号召独立；可以在和阗成立新疆独立省政府，依托国境线，利于国际势力染指。二是艾沙去兰州和马步芳联系，了解马步芳能否支撑危局。[①] 随着国内形势的发展，包懋勋加紧其分裂新疆的图谋，他企图利用甘肃、新疆国民党武装势力及匪帮加快新疆独立的脚步。

1949 年 5 月，包懋勋一方面策动新二师师长叶成掌握新疆军权，另一方面联络马步芳、尧乐博斯和乌斯满地方武装，企图以军事手段全面控制新疆。[②] 1949 年 4 月解放军攻占南京，新疆也正在酝酿和平解放，而美国驻迪化领事馆则伙同分裂势力加快新疆独立的脚步。其要点一是支持西北地方回族军阀马步芳、马鸿逵建立“伊斯兰教国”，[③] 阻止解放军进入新疆；二是加紧整合新疆各种反共势力和分裂势力，图谋实施新疆独立。8 月初，新疆和平解放进行到关键之时，包懋勋纠集尧乐博斯等密谋：“万一叶成、马呈祥、罗恕反起义胜利，国民党军队必将迎战于东疆一线，此时，乌斯满军队应立即进驻迪化，控制局面，并且立即宣布独立。如国民党部队退守铁门关，即改变方式，可在和田宣布独立。尧乐博斯与乌斯满应配合军事活动，以争取叶成支持独立”[④]。8 月 15 日，包懋勋回国述职，行前他与新疆省政府主席麦斯乌德约好电台呼号密码，要求后者随时将解放军进军新疆的一切情况提供给他；此后，麦斯乌德遵照包懋勋要求，将解放军入疆情况电告给他。[⑤]

包懋勋离开新疆后，美国驻迪化领事馆事务由副领事马克南主持，马克南在推动新疆分裂与独立上更为激进和公开。为破坏新疆和平解放，实现分裂新疆，马克南一是在资金上大力支持主战派，为其提供 200 两黄金，用于发动武装暴动；但是，以叶成为代表的主战派最后时刻放弃暴动，假道南疆外逃出境。同时，艾沙等分裂分子也取道南疆逃往境外，马克南在

① 魏锡熙：《我在新疆和平解放前后的种种活动》，《新疆文史资料选辑》第 22 辑，第 138 页。

② 魏锡熙：《我在新疆和平解放前后的种种活动》，《新疆文史资料选辑》第 22 辑，第 135 页。

③ 李光清：《外国间谍在新疆的末日》，《新疆纪事》，新疆人民出版社，1989，第 109 ~ 111 页。

④ 魏锡熙：《我在新疆和平解放前后的种种活动》，《新疆文史资料选辑》第 22 辑，第 138 ~ 139 页。

⑤ 魏锡熙：《我在新疆和平解放前后的种种活动》，《新疆文史资料选辑》第 22 辑，第 143 页。

迪化所依赖的分裂势力不复存在。二是赤膊上阵，策动暴乱。1949 年 9 月 25 日，以陶峙岳为首的驻新疆国民党军队宣布和平起义。马克南处理完美国领事馆善后事宜，并将其委托给英国驻迪化领事馆代为照理后，于 9 月 27 日离开迪化[①]，潜至新疆东部的镇西（今巴里坤）。他一方面策动乌斯满等暴乱，另一方面为其带去金银和子弹，并向其保证美国将会予以援助。三是承诺解除暴乱者的后顾之忧。马克南为使叛乱者死心塌地，甚至提议要把乌斯满等人的儿子带到美国留学，但遭拒绝。四是帮助暴乱者选择保存实力和获取美国支持的途径。马克南特地指示乌斯满“从西藏去巴基斯坦有个地方叫太吉努尔，你可以带所有的哈族到那儿去，在那里可以得到美国的援助”[②]。

需要说明的是，马克南绞尽脑汁，但未能阻止新疆和平解放，他所策动的暴乱也都先后为中国人民解放军所控制。而马克南本人携带电台、金条及随从，在美国中情局的指示下企图潜入西藏，在藏北地区与西藏地方军队遭遇而被击毙。至此，美国企图利用新疆乱局，策动新疆独立的梦想破灭。

四　美国对中国新疆政策的特点及影响因素

自 1942 年 12 月美国在中国新疆设置领事馆至 1949 年 10 月新疆和平解放为止的近 7 年时间里，美国对中国新疆政策发生巨大变化，这种变化既体现着国际、中国内地与新疆形势的剧变，也深刻地反映着美国维护其自身利益的本质。通过上面简要叙述，我们可就 20 世纪 40 年代美国对中国新疆政策做简要总结，对其特点和影响因素加以分析。

（一）三个阶段的政策特点

从美国对中国新疆政策的演变来看，大致可划分为 3 个阶段，每个阶段的政策特点鲜明。

第一个阶段是抗日战争时期（1942. 12 ~ 1945. 8），美国对中国新疆

① 《新疆外事志》，第 70 页。另外，马克南离开迪化时间等与包尔汉回忆录记载的不同，此处采用《新疆外事志》的记载。——笔者注

② 包尔汉：《新疆五十年——包尔汉回忆录》，第 350 ~ 351 页。

政策特点是立足新疆，斡旋中苏关系。在此阶段，美国作为世界反法西斯同盟的主要国家之一，对中国新疆的政策是以搜集亚洲腹地的情报、了解交通状况为主，以在新疆建立广泛社会联系为核心；避免涉入中苏纠纷，以斡旋者身份促进中苏接触，维护同盟国共同抗击法西斯战争的大局；对新疆进行自然勘探与开发建设规划。这是美国在新疆立足的阶段。

第二个阶段是抗战胜利至新疆省联合政府破裂时期（1945.8～1948.8），美国对中国新疆政策特点是扩大影响，制衡苏联。在此阶段里，中美苏由反法西斯的同盟国走向以意识形态划分敌我的冷战初期，中美苏之间关系微妙。苏联策动和支持新疆“三区革命”，不但成为其对中国的外交筹码、施加影响的手段以及获取多重利益的资本，[①] 而且也成为中美苏角逐的楔子，更成为美苏冷战角逐的象征。美国政治上密切联系新疆地方军政各界，加强与民间联系，扩大其影响；同时，美国坚持维护中国对新疆的主权。此阶段美国制衡苏联的角色加重。

第三个阶段是新疆和平解放时期（1948.8～1949.10），美国对新疆政策特点是阻止新疆和平解放，策划支持新疆独立。在此阶段里，美国对新疆政策发生重大变化，随着中国内地形势的剧变，美国逐渐由支持国民政府统治新疆，到逐步联络、支持维吾尔和哈萨克等少数民族中的分裂势力，从支持新疆高度自治到支持新疆完全独立。其目的是在中苏之间建立一个由美国控制的地区，这样既可使中苏两个共产党大国区隔开来，又使美国势力得以楔入中苏腹地边缘。

（二）影响美国对中国新疆政策之因素

从上面论述可以看出，影响美国对中国新疆政策的因素是多方面的，主要体现在下列几个方面。

首先是美国自身因素。美国对中国新疆政策的出发点主要取决于美国自身。从美国势力进入新疆来看，固然有国民政府主动邀请美国在迪化设立领事馆以便制衡苏联之因素，但实际上美国自身利益考虑占据很大成

① 沈志华：《中苏结盟与苏联对新疆政策的变化（1944—1950）》，《近代史研究》1999 年第 3 期。

分，其要者是获取和传输中亚等广大地区的情报。[①] 就美国在新疆第一阶段而言，美国以维护同盟国团结为主旨，并不直接涉入中苏在新疆的纠纷，明确不受制于中国，维持其外交的主动性。在第二阶段，美国认为，此时的新疆：由于当地少数民族民族主义高涨，苏联扩张主义对新疆渗透甚巨，美国支持民族自决，维护美国在此地区的利益，以防止新疆落入中共手中，并效忠苏联。[②] 在第三阶段，美国则完全出于其自身利益考虑，支持新疆独立，谋取建立亲美国家，使美国势力深入亚洲腹地，利于其冷战政策。二是中国因素。中国因素实际上包括南京国民政府因素和新疆地方因素。从美国对中国新疆政策的演变来看，如上所述美国势力进入新疆的政策背景有着南京国民政府的重要因素。在第一个阶段里，南京国民政府将美、英视作“看住苏联”[③] 和阻止苏联重新控制新疆的关键，[④] 南京国民政府对美国的外交求助是美国充当中苏斡旋者的直接因素，南京国民政府对美国的需要又激励美国勘探新疆、扩展其在新疆的影响。在第二个阶段里，国民政府应对“三区革命”“北塔山事件”背后苏联背景的需要，进一步刺激美国对新疆政策。在第三个阶段里，在内战中国民党失败、中共胜利以及新疆地方民族主义分裂势力的凸现，成为促使美国对新疆政策的根本转变的重要原因。三是苏联因素。苏联因素是美国对新疆政策无法避免的国际因素，就美国对新疆政策而言，无论是美国进入新疆时的中苏关系背景，还是“阿山事件”、“三区革命”和“北塔山事件”，苏联因素贯穿美国对新疆政策演变的始终；就国际形势而言，无论是作为第二次世界大战同盟国集团中的重要国家，还是作为冷战伊始敌对阵营中的核心，苏联因素在美国对新疆政策中挥之不去；甚至新中国成立后，美国还设想利用深受苏联影响的新疆等地民族主义作为砝码，干预中苏关系。[⑤] 可见，苏联因素始终是美国对新疆政策的重要针对性目标之一。

---

① 郭永虎：《20 世纪 40 年代美国在新疆地区的渗透活动》，《新疆社会科学》2009 年第 3 期。

② Tillman Durindins，“Sinkiang's Unrestis Saidto Increase”，*The New York Times*，July 22，1947，p. 2，转引自顾国良、刘卫东、李楠《美国对华政策中的新疆问题》，第 18 ~ 19 页。

③ 宋希濂：《鹰犬将军——宋希濂自述》，中国文史出版社，1986，第 199 页。

④ 陈志奇编辑《中华民国外交史料汇编》，渤海堂文化公司，2006，第 6209 页。

⑤ US Department of State：Foreign Relations Diplomatic Papers，Volume Ⅶ，p. 788.

综上所述，20 世纪 40 年代美国势力进入新疆是中美政策交叉契合的产物。而此时期美国对中国新疆政策的演变，既是中国国内形势和新疆形势变化的结果，也被打上国际反法西斯战争和冷战的烙印。当然，美国对新疆政策始终体现出其霸权主义的实质。

（原刊于《云南师范大学学报》2011 年第 3 期）

杨增新时期阿富汗与中国新疆关系的几个问题

近代阿富汗与中国新疆关系最主要体现在杨增新时期。我们知道，1880 年第二次英国与阿富汗战争后，英国迫使阿富汗签订屈辱条约《甘达马克条约》，控制阿富汗外交。此后，阿富汗一直内政独立，外交受制于英国，成为英属印度西北部的缓冲带，为英国势力范围。1919 年 5 月，英阿爆发第三次战争，阿富汗在其国王哈比布拉·汗的领导下终于迫使英国于是年 8 月签订条约，英国承认阿富汗完全独立。在杨增新执政新疆期间，正是阿富汗发生重大变化的历史时期，这个重大变化对阿富汗与中国新疆关系也有多方面的影响，主要集中体现在下列几个问题上。

一　阿富汗人的国籍登记问题

在 1919 年阿富汗独立之前，由于外交上受制于英国，在中国新疆的阿富汗人都登记为英国人；阿富汗独立后，因存在最惠国待遇以及可享有英国驻喀什噶尔总领事馆保护等利益，阿富汗在中国新疆的侨民登记及其管理始终争议不断。

新疆的阿富汗人大都来自阿富汗与中国新疆相邻地区，例如瓦罕走廊和巴达克山地区；就其族属来看，他们多为跨界民族。长期以来他们与新疆当地少数民族混居，大多数已经定居在新疆两三代；有的为阿富汗与当地居民的混血后裔，而且多无国籍证件，存在双重国籍问题，其户籍人口登记难以准确。阿富汗人在新疆主要分布在塔什库尔干、莎车、英吉沙、疏附、叶城、麦盖提、洛浦、皮山以及墨玉等地，其中以塔什库尔干和莎车最为集中；前者是阿富汗侨民出入境之地，后者是阿富汗侨民聚居之地。

实际上，阿富汗人并没有持英国护照，他们只是为了享有特权而申请加入英国国籍。对阿富汗是否应该登记为英侨而享受免税等特权，中国负责海关、厘金管理的官员和其他高层官员存在不同意见；马继业对阿富汗侨民是否受英国保护态度也前后不一。早在1910年莎车地方官员就此问题询问过马继业，马继业在12月14日致信喀什道尹袁鸿祐时说："如果中国政府向阿富汗商人收取厘金，他将不加干涉。"[①] 不过，英国政府的态度有些不同，马继业于是年12月收到英属印度政府的指令说："如果某个阿富汗人向马继业提出申请，要求保护，马继业就应该将其按英国保护之人来对待；而作为一名受英国保护的人，我认为他应该享受免除关税权。"[②] 此后，马继业态度则发生转变，特别是到1913年，马继业态度大为转变。当时新疆正在进行英侨登记，为确保英国在新疆的社会基础不被沙俄侵蚀，马继业则非常积极地甚至不择手段地将阿富汗侨民登记为英侨。正如马继业所称，当时的情况是阿富汗侨民为了获得经商特权，主动要求登记为英侨，如果英国不予登记，那他就会跑到沙俄总领事馆，伪装成俄属布哈拉或者什克南等地的人，登记为俄侨。而某个阿富汗人"一旦登记为俄国属民，就会对其产生相当大的影响，使其离开我们"[③]。马继业对此深有体会，有过切肤之痛。斯坦因在1913年新疆考察时，曾提前要求马继业帮助其雇用上次考察时所使用的雇工提拉·拜（Tila Bai），此人的父亲是英属印度奇特拉尔人，但是他本人却被登记为俄国布哈拉人。当斯坦因点名要提拉·拜时，马继业还煞费苦心地请俄国驻喀什噶尔总领事索科夫写信给俄国在莎车的阿克萨卡尔，希望不要阻止提拉·拜去克什米尔为斯坦因服务。但是，结果提拉·拜以儿子生病为由，拒绝前往英属印度。[④] 所以，马继业在赴莎车、和阗等地进行英侨登记的时候，通过与新疆省政府往来信函中已经知道新疆当局不赞成将阿富汗人登记为英侨，但是他利用此问题尚未正式明确下文的空隙，蒙混当地官员，将当地阿富汗人登记为英侨。[⑤]

① IOR：Kashgar Daries，July，1913.

② IOR：Kashgar Daries，July，1913.

③ IOR：Kashgar Daries，July，1913.

④ IOR：Kashgar Daries，July，1913.

⑤ IOR：Kashgar Daries，December，1913.

正如马继业所一直担心的那样，1913 年 12 月，杨增新通过外交部驻新疆外交公署正式函告马继业："称中国既不承认阿富汗人受英国保护，也不赋予其免税权利。"[①] 这样，马继业为色勒库尔的阿富汗人登记问题犯了愁，那儿有大量的瓦罕人，尚未进行登记。马继业一再致电英国驻北京公使，要求和中国外交部进行交涉，希望能有机会改变。因为阿富汗人的登记对英国来说十分重要，"这些人应该在我们的保护之下，否则他们就会突然变成俄国什克南人"[②]。同时，这也关系到英阿条约的意义。1917 年 7 月 5 日，杨增新就阿富汗人的保护权问题致电外交部，称"阿富汗人在新疆经商数十年，并没有归英国保护成案"[③]。1917 年 8 月 28 日，马继业接到英国驻北京公使电报，就阿富汗人登记问题答复称："我和新任外交部部长进行了会谈，解释了我们与阿富汗所签订的条约中掌管阿富汗外交和保护海外阿富汗人的庄严权利。我说明了马苏德的阴谋，要求电令新疆省长赴喀什噶尔和道尹及你本人处理此事。外交部部长答应立即发电报。"[④] 可见，阿富汗侨民的登记事关重大，不仅关系到英俄在新疆势力的消长，关系到英国的威望，也关系到英阿条约的存在与否。事实上，英国与阿富汗此时也颇为微妙，阿富汗反英情绪颇高。1919 年爆发的英阿第三次战争就是其斗争的最激烈表现。

马继业接到英国驻北京公使报告后不久，中国于 1917 年 9 月对德奥宣战，这样中英俄在第一次世界大战中成了盟友。这对此时英俄在新疆的影响都很大，就英国来说，此时马继业的英侨登记就颇为顺利，对阿富汗人的登记亦是如此。需要说明的是，由于俄国不久爆发十月革命，其在新疆威望急剧下降，力量也大为削弱，在新疆的沙俄残余势力反倒多方有求于英国。这样中英俄在一些事情上达成较好的协调和合作。[⑤]

1920 年，中国新疆和苏联签订《伊犁临时通商条约》，废除了原沙俄在新疆所享有的领事裁判权和贸易免税权，1921 年杨增新奉中央命令照会英国驻喀什噶尔总领事，废除英国援引《中俄伊犁条约》所享有的最惠国

---

① IOR：Kashgar Daries，December，1913.

② IOR：Kashgar Daries，December，1913.

③ 杨增新：《补过斋文牍庚集一》，《咨外交部阿富汗并不归英国保护文》辛酉三月，第 43 页。

④ IOR：Kashgar Daries，August，1917.

⑤ IOR：Kashgar Diaries，September，1917.

待遇和贸易免税权，虽然英国声称并不放弃上述特权，但是对新疆的英侨和受其保护的阿富汗侨民产生了震动。一些加入英籍的阿富汗侨民要求脱离英籍，甚至有部分要求加入中国国籍核查国籍册的阿富汗人，不能按照英侨对待；对于愿意脱离英籍的阿富汗人，查明情况并收回所持通商票，经过喀什道尹与英国驻喀什噶尔总领事注销其英侨身份，按照无约国人对待，并加以适当保护；要求中阿签约后，所有阿富汗人必须和英国人一样纳税。①

二　关于英国管理新疆阿侨问题

如前所述，阿富汗侨民最主要集中在莎车和塔什库尔干，其中以莎车为其重要活动之地，阿富汗社团在此有一定影响。其他地方的阿富汗人都较少，加入英国国籍后的阿富汗人一般都服从英国总领事所委任的阿克萨卡尔管理。但在莎车，情况则复杂得多。莎车是个交通枢纽，既是从喀什通往和阗的必经之路，又是从英属印度列城进入新疆后的首个重要城市，也是英属印度和新疆之间另一条商路——从塔什库尔干进入新疆的一个重要支路，还是阿富汗人进入新疆后前往和阗的必经道路。所以，这里是英侨、阿侨、俄侨以及其他外国人汇聚的重要之地。对英国侨民来说，这里聚集着颇为复杂的英侨社团：英属印度之克什米尔人、巴爵尔人、吉尔吉特人、奇特拉尔人、巴尔提斯人以及阿富汗之瓦罕人和巴达克山人等部族。这些部族侨居新疆之人虽都被登记为英侨，但是其内部仍然颇为复杂。对阿富汗籍的英侨来说尤为如此，因为这些阿富汗人登记为英侨，纯粹是为商业利益驱动，便于享有英国侨民的商业免税和领事裁判权。不过，就阿富汗人本身来讲，虽然1919年之前英国控制阿富汗的外交权，但是阿富汗内政毕竟是独立的，而且此期正酝酿着新的反英斗争。所以，莎车的阿富汗籍英侨和英属印度籍英侨之间并非那样协调，也并非那么易于管理。这在莎车英侨社团阿克萨卡尔的选举中就非常典型地体现出来。

1917年10月，马继业赴莎车，解决该地英侨内部之间的矛盾和重新

① 杨增新：《补过斋文牍续编》卷12，《指令叶城县桂知事解决中阿人民冒入英籍办法文》，第7页。

选举阿克萨卡尔是其重要任务之一。当时莎车英侨的阿克萨卡尔是K. B. 穆拉·萨比特（K. B. Mulla Sabit），此人已担任该职长达7年。他原本得到阿富汗籍英侨的支持，但是后来阿富汗普什图人首领穆罕默德·阿兹姆·汗（Muhammad Azim Khan）对其颇为嫉妒，特别是他对莎车县尹和阿富汗人之间的密切关系打小报告，以参与德国出使阿富汗使团的阿富汗人来挑拨关系。穆罕默德·阿兹姆·汗要手腕使阿富汗族群的人不再支持穆拉·萨比特，莎车英侨诸社团之间矛盾难以解决。于是马继业不得不考虑更换阿克萨卡尔。马继业考虑到莎车英侨族群复杂、帮派较多，便采取了一项新的管理体系。他决定委任巴爵尔人R. S. 高里·玛尔（R. S. Gauri Mal）为莎车英侨的阿克萨卡尔，但同时，他和各主要族群及其头人商议后还委任了5个副乡约，分别负责5个不同的族群。他们分别是阿米尔·穆罕默德（Amir Muhammod）作为普什图人代表，法吉尔·查恩德·库玛尔（Fakir Chand Kumar）代表印度人、图拉伯·沙赫（Turab Shah）代表克什米尔人、提拉·汗（Tilla Khan）代表瓦罕人和奇特拉尔人、罗兹·穆拉（Rozi Mulla）代表巴尔提斯人。各副乡约在乡约的指导下，有权向中国新疆当地官员提起诉状。[①]

这种安排是马继业煞费苦心平衡的结果，正如他自己所分析的那样，阿富汗人得到了他们所想要的，即穆拉·萨比特辞职、高里·玛尔出任乡约。但是，最终结果也并非尽合穆罕默德·阿兹姆·汗所愿，因为新阿克萨卡尔高里·玛尔并非任由其操弄，而且图拉伯·沙赫、提拉·汗及罗兹·穆拉也与阿富汗人事事保持一致。[②] 可见，阿富汗籍的英侨是英国驻喀什噶尔总领事馆管理的难点。

三　阿富汗和中国新疆建立正式通商关系的问题

如前所述，阿富汗始终在为其完全独立和英国斗争，1919年2月继位的国王阿曼努拉主张阿富汗无论是外交还是内政都应该完全独立，宣布不承认任何外国特权。与此同时，阿曼努拉积极和新苏俄加强联系，列宁领

① IOR：Kashgar Diaries，October，1917.

② IOR：Kashgar Diaries，October，1917.

导的苏俄对阿富汗给予积极支持。英国对阿富汗的要求和新措施极为震怒，是年爆发第三次英阿战争。阿曼努拉则号召阿富汗对英国进行圣战。经过一个多月的战争，英阿于1919年8月在拉瓦尔品第签订停战协定，英国被迫承认阿富汗的完全独立和自由。独立后的阿富汗寻求各国的承认，并加强与周边国家和地区的联系。在此背景下，阿富汗寻求和中国新疆建立商业关系。

其实，早在1919年4月27日，中华民国大总统发出通告，称阿富汗是一个未与中国签订条约的国家，拒绝承认英国对阿富汗的保护权。阿富汗也向中国新疆省政府提出双方直接交涉，不再经由英国，其来文称“嗣后旅新阿裔，如有死亡情事，其遗产应由中国地方官阐明，开单存署，函达该阿边官，转报死者家属来新领取，毋庸由英约经手，以免遗失，并附原函一件到署”[①]。当时杨增新考虑到第一次世界大战刚刚结束，欧洲局势尚未明了，英国与阿富汗关系正处于紧张关口，为避免与英国误解，决定在英国与阿富汗之间局势明晰后再行定夺，所以杨增新于1919年7月指示喀什噶尔地方官员依然按照惯例处理有关问题。

1920年10月，阿富汗派遣武官阿不都尔·噶尼（Abdul Ghani）到中国边境伊尔克什塘，当时边境戒严，未允其入关，只是将其信函带至喀什。其信内容是要求派员驻喀什噶尔办理通商事务，签订通商条约等。当时喀什道尹一面上报杨增新，一面告诉阿富汗使者，称通商事关国际交涉，须有阿富汗国王直接和中华民国中央政府商谈，喀什噶尔地方当局无权处理。1920年，阿富汗国王致函民国总统，由新疆代呈。杨增新于1921年2月20日致电喀什道尹朱瑞墀称，答应代其呈送信函，先让阿富汗使者返回等候消息。杨增新认为中阿签订通商条约事关重大，“拒之恐失阿富汗友爱我国之心，许之又恐启英人疑忌干涉之渐”。因此，杨增新要求喀什道尹朱瑞墀分析利害、研究对策，并且派人赴塔什干进行调查。[②] 杨增新随后致电北京，陈述阿富汗要求通商情况，并分析说：“阿富汗并非英之保护国，然在南疆一带贸易，遇有事故发生，英人每出而包庇干涉。若

① 杨增新：《补过斋文牍庚集三》，《指令蒲犁县呈报阿富汗边官要求旅新阿商遗产由中国地方官存留文》，第44页。

② 杨增新：《电复喀什朱道尹呈报阿富汗国王致书北京政府要求订约通商文》，《补过斋文牍续编》卷12。

准其订约派员驻喀，于将来交涉似尚有益无损。惟兹事体大，不得不熟权利害，以定从违。”[①]

鉴于对英阿之间微妙的关系，杨增新于1921年1月25日电告北京政府，对其利弊又做了深入分析。杨增新认为，（1）英阿尚处在停战期内，形势如何发展尚难意料，“目前遽与阿富汗会订通商条约显使英人生疑，弃旧结新，因小失大”。（2）阿富汗与苏联相互声援，阿富汗是希望借此摆脱英国羁绊，苏联则是借以扩大影响，双方各有所图；而“今中国若与阿富汗遽订商约，各协约国有所质问，何辞以对”。（3）“既订商约，必设领事，英阿仇愤未解，同住一城，相互倾轧，居间调停已属不易，倘生别故，立肇衅端。”（4）“阿属地方极苦，交通不便，即与通商，亦无专利；且近来该阿人专以鸦片为出产，若运于中境售卖，更滋交涉。”同时，新疆阿侨如今也自认为是无约国人，不再愿意接受英国保护。所以应该等到英阿交涉完全解决后，再相机与阿富汗订约；目前暂时不允许，但亦不拒绝。杨增新还建议外交部将阿富汗要求通商未获允许之事向应公主北京公使做口头说明。[②] 同年2月23日，杨增新再次呈报中央，称近来阿富汗“颇有野心”，先和英国交战，又在俄属帕米尔兴兵。新疆已增兵蒲犁，严守边界。[③] 同时，根据外交部指示，要新疆就近查明阿富汗近来与英国建立外交关系情况，了解英阿停战条约内容，特别是和英国条约近来可有变化。[④]

诚如杨增新所担心的那样，英国对新疆境内的阿富汗人仍然寻机提出保护。1919年4月，中方在蒲犁查出11名阿富汗商人，这些人先自称为无约国，中方正准予发照放行，竟有2人潜逃。此二人后被莎车地方抓获，在押往喀什途中，又有一人潜逃，且赴喀什投奔英国总领事馆要求保护。英国总领事居然出面干涉，强行将这两名阿富汗人认为英侨，并指责喀什道尹违背国际公法。英国驻喀什总领事馆的态度引起杨增新注意，杨增新

① 杨增新：《电呈阿富汗国约求订约通商文》，《补过斋文牍续编》卷11。

② 杨增新：《电呈阿富汗要求通商俟英阿交涉解决后再行酌办文》，《补过斋文牍续编》卷11。

③ 杨增新：《电呈阿富汗要求通商应由中央酌办文》，《补过斋文牍续编》卷11。

④ 杨增新：《电令喀什道尹查复阿富汗现有何国派员驻在并英阿条约内容文》，《补过斋文牍续编》卷11。

分析认为英阿交战后，近来在新疆阿富汗人不愿受英国保护，而且新疆政府也发给其护照，按无约国人民对待。英国驻喀什总领事对此早有不满，又不便发作，此时有阿富汗人要求其予以保护，自然非常欢迎，一则又可行保护阿富汗在新疆之侨民之权，二则可乘此离间阿富汗人与新疆地方官员之感情。而尤为令杨增新忧虑的是，如果英国驻喀什噶尔总领事此次得逞，此后中阿交涉将会概由英国驻喀什噶尔总领事插手干涉。所以，杨增新请求外交部向英国公使严正交涉，抗议英国驻喀什总领事不顾邦交、严重干涉中国内政。① 可见，中英阿此时在新疆关系微妙，好在英国的盘算无法改变阿富汗内政外交独立自由之根本，英国驻喀什噶尔总领事的行为不过为阿富汗“非分之徒”利用而已，决难以改变阿富汗挣脱英国羁绊的根本。

其实，英国对阿富汗希望和中国新疆通商、互派领事之事一直非常关注。阿富汗希望在新疆莎车派驻一名领事，其最早运作可追溯到1909年。当时，一名叫作穆罕默德·阿扎姆·汗（Mohanmmed Azam Khan）的阿富汗人就开始在莎车运作此事。英国驻喀什噶尔总领事马继业1917年10月赴莎车时，还特别了解阿富汗在此派驻领事之事。阿富汗国内并不甚了解莎车阿富汗人的具体数量，甚至误传那儿有12000个阿富汗家庭，派驻领事要保护阿富汗侨民。② 1918年马继业离开喀什噶尔后，其继任者艾瑟顿在莎车又见到穆罕默德·阿扎姆·汗，并做了专门说明。③

1921年5月1日，阿富汗官员马亨德拉·珀塔布（Mahendra Pertab）携带阿富汗国王致中华民国总统和新疆省省长的两封信件，率领26人组成的代表团赴新疆，其目的是希望与中国签订条约，并在北京和喀什噶尔派驻代表。是年8月25日，杨增新派人前往阿富汗喀布尔，协商签订贸易协定之事。同年，苏俄与阿富汗建交。该年11月22日，英阿最终签订《阿英条约》，英国正式承认阿富汗独立，英国不再保护中国新疆境内的阿富汗人。于是，阿富汗国王“阿曼努拉有意识促进阿富汗对新疆的影响”④。

新疆此时对外贸易处于新的变化中，1921年9月新疆和苏联签订《中

① 杨增新：《电院部英领事认阿富汗人为英民请与英使交涉文》，《补过斋文牍续编》卷11。

② IOR：Kashgar Diaries，Octomber，1917.

③ IOR：Kashagr Diaries，August，1918.

④ A. D. W. Forbes，Warlords and Muslims in Chinese Central Asia，London，Cambridge University Press，1975. p. 32.

苏伊犁临时通商协定》，对苏贸易逐渐开展。阿富汗和新疆之间签订贸易条约亦趋成熟，双方进一步展开接触和协商。1922年夏天杨增新派遣一个中国新疆使团赴喀布尔，新疆政府本来已拟妥中阿临时通商条约，但因形势变化，不甚合适。[①] 于是1922年10月，杨增新电喀什道尹朱瑞墀等指示中阿定约条件，其要者为以下八点："一)、中阿系属无约国，此次商定通商条件，应作为新疆局部通商，用中华民国新疆官府名义，不用中央名义。二)、通商指定地点系属各国通例，中阿两方均须互相指定，以为利益之交换，不能专由阿人在新疆指定地点，演成片面之通商。三)、条件成后，双方互派员驻京，应有阿国直接派员与我国中央交涉，新疆官府无权允许。四)、税率只应规定按照'新疆税关税则征收'字样，不必提明税率轻重。盖税率以时改定，系属本国主权，我国税则自应注重平等。五)、鸦片及其他项禁制品，可用专条声明严禁。六)、通商入境的第一卡应设在何处，当择定蒲犁与阿境交界地方，便于稽查检验之处定之。此于划分国界总理无涉，毋庸在国界上注意。七)、此项通商条件之商定，系阿富汗与新疆局部临时办法，并非正式条约，试办年限制规定，必要时自可斟酌规定。八)、阿代表到莎车如果索阅证书，应以本署电令给一阅。"[②] 按照杨增新的指示，喀什道尹朱瑞墀迭经斟酌，初拟11条款。1922年11月，穆罕默德·沙里夫·汗率领阿富汗使团抵达叶尔羌，穆罕默德·沙里夫·汗携带所持名片自称为"阿富汗驻新疆总领事"。阿富汗政府肯定误解了新疆省政府的意图，于是新疆拒绝承认其"总领事"资格，认为该使团不过是一个前来商议地方贸易协定的。阿富汗提交的协议草案也完全超出商业范围之外，而且还包含诸多特权，例如阿富汗享有完全的治外法权，阿富汗人犯法须由混合的穆斯林法庭审判、允许阿富汗免税向新疆出口鸦片等。这些自然遭到新疆省政府的反对，杨增新对此颇为警觉，亲自加以审查，做进一步修改协议，特别突出其临时通商条约性质。双方的谈判推迟到1923年开始，1924年新疆省政府与阿富汗签订《中阿临时通商条件》，共10款。其中，最重要者当属该条约完全建立于平等之上，双方权利对等，不存在治外法权和免税等不平等条款；双方还议定互派领事

---

① 杨增新：《电朱专员等修改中阿通商条款文》，《补过斋文牍续编》卷11。

② 杨增新：《电朱道尹等指示中阿订约办法文》，《补过斋文牍续编》卷11。

等；但是实际上双方并没有派遣领事。

需要补充说明的是，虽然阿富汗使团代表沙里夫汗并不被新疆承认为“总领事”，而只是被严格限定为贸易代表，但是沙里夫汗仍自认为是政治代表，坚持驻留在叶尔羌，表面上支持那儿的阿富汗侨民遵守中国法律，而实际上他却在当地鼓励阿富汗侨民保持团结，学习普什图语。他多次被喀什噶尔地方政府驱逐，但都固执地坚持不离开新疆。这引起了英国驻喀什噶尔总领事的关注，认为此事背后有苏联插手，是个阴谋，即阿富汗要在喀什噶尔立足，这将使苏联从塔什干更为容易地影响英属印度。[①] 阿富汗人在叶尔羌的活动使得新疆某些分裂势力企图加以利用。根据德国1927年的一份外交报告，一个新疆穆斯林代表团向阿富汗国王发出一封请愿书，内容是中国在新疆镇压穆斯林以及要求新疆独立的可能性。不过，阿富汗政府只欢迎穆斯林避难者，而该新疆代表团据信是一个激进的政治党派。阿富汗当局对其淡淡地加以接待，该穆斯林代表团转而和苏联驻阿富汗大使进行了谈判。[②]

《中阿临时通商条件》几乎和《新苏临时通商条件》同时签署，其要者都是建立在平等之上，不存在治外法权和免税贸易之事。从中英阿三国关系来说，由于英国仍然坚持治外法权和免税贸易等特权，《中阿临时通商条件》的签订限制新疆阿侨为利益驱动投靠英国，挽回利权，也减少纠纷和交涉。同时，也对英国享有的特权产生了压力，为逐渐收回英国在新疆的特权做了较好的铺垫。对阿富汗而言，它摆脱了英国的外交羁绊，和周边国家开始了平等的外交往来。

需要说明的是，虽然中阿签订临时通商条约，但是双方并没有互派领事，互设领事馆。笔者认为，其主要原因如下。第一，互派领事的商业基础较弱。诚如杨增新所言，除了鸦片外，阿富汗并无什么重要产品；阿富汗较为贫穷，对新疆产品也较少需求；双方贸易额很有限，据英国记载，阿富汗所从事的贸易不过是非法枪支和鸦片。1927年新阿贸易情况为进口83.1万卢布，出口54.8万卢布，合计137.9万卢布。[③] 第二，互派领事的社会基础不充分。阿富汗在新疆有不少侨民，而中国在阿富汗几乎没有什

① P. T. Etherton，In the Heart of Asia，London，p. 220。

② AA IV Chi 1475/8，Juni 1927：Deutsche Gestandtschaft，Kabul，den 29，April，1927.

③ 张觉人：《新疆对外贸易的研究》，《边事研究》，1934年创刊号。

么侨民。第三，地理环境极为不便。阿富汗通过著名的瓦罕走廊和新疆相连，该地地处帕米尔高原，为狭长地带，人口稀少，部族繁多，经济极为落后。所以，虽然在新疆的部分阿富汗侨民一直运作建立领事馆，派驻领事，但是对中国来说却没有向阿富汗派遣的领事和建立领事馆的任何基础和必要。无法对等派遣，阿富汗当然也无法向中国新疆派遣领事。

[原刊于许建英《民国时期英国与中国新疆（1912—1949）》，新疆人民出版社，2009]

近代新疆：帝国主义的“跑马场”

新疆位于中国大西北，其东面和南面是广大的中国腹地和边陲。新疆历史上一直是联系东西方的桥梁，古丝绸之路就经过这里。从地缘政治层面讲，近代新疆逐渐成为欧亚大陆的枢纽。在近代列强环伺的形势下，南有英帝国在亚洲的大本营——以印度为中心的南亚次大陆，北有野心勃勃的沙俄帝国，西为列强争夺下的中亚诸国。新疆的这一独特的地缘特点，成为近代以英俄为代表的帝国主义列强侵略的目标。

一　沙俄：妄图“独享”新疆

沙俄是近代最早侵略我国新疆的帝国主义国家，也是对新疆侵略最深和影响最大的帝国主义国家。

蚕食领土。1759 年清朝统一新疆，建立起各级地方行政机构，伊犁将军统辖着包括天山南北、巴尔喀什湖以东以南至帕米尔高原的广大地区。从 18 世纪中叶起沙俄逐渐吞并哈萨克草原，并通过武装入侵、筑垒移民等手法，强占了巴尔喀什湖以东、以南中国大片领土。第二次鸦片战争期间，沙俄与英法相互勾结，先后和清政府签订《中俄天津条约》及《中俄北京条约》，为其占领的中国西北大片领土制造“条约依据”。1864 年 10 月 7 日，清政府被迫和沙俄在新疆塔城签订《中国勘分西北界约记》，该条约规定了从沙宾达巴哈起到葱岭（帕米尔高原）为止的中俄西段边界走向，通过该条约及随后的《塔尔巴哈台界约》等条约，沙俄割占了中国西北边疆 44 万多平方公里领土。1871 年，沙俄利用中亚浩罕国军官阿古柏入侵新疆的机会，武装侵占新疆伊犁地区，虽然最后被迫归还了伊犁，但通过使用武力威胁和其他卑劣手段，吞并中国西北 7 万多平方公里领土。

19 世纪末，为确保自己在帕米尔地区的霸权，沙俄又伙同英国，利用清政府对付日本无暇他顾之机，私自瓜分了帕米尔。

政治控制。19世纪末至20世纪初，沙俄通过扩张领事特权和发展侵略势力等手段加强对新疆的政治控制，梦想将此地变成其独享的殖民地。沙俄在新疆所设立的领事，最初只“专管贸易”，但是沙俄却逐渐使其起到“外交代表”的作用。从1851年到1911年，沙俄先后在伊犁、塔城、喀什噶尔、迪化（今乌鲁木齐）、哈密等地设置领事馆并行使领事裁判权。更有甚者，沙俄强迫清政府同意在伊犁、塔城和喀什噶尔领事馆设武装卫队。这些武装精良的卫队是沙俄对新疆进行武装威胁和侵略的重要工具。

清末和民国初年，为和英国竞争，沙俄利用其雄厚的资本和免税特权，不但在商业占据垄断地位，还通过买卖“通商票”来发展俄侨。所谓“通商票”本来只是俄商来新疆进行贸易的执照，最后竟变成新疆当地居民加入俄国国籍的证明书。

经济垄断。沙俄先是逐渐对新疆进行违约贸易，继而进行罪恶的鸦片贸易。19世纪30年代，英俄就分别通过邻近的国家和地区向中国新疆输出鸦片，甚至还经过哈密、嘉峪关将鸦片销往内地，和东南沿海的鸦片贸易遥相呼应。

1851年8月19日，在沙俄的一再要求下，清政府被迫同意和沙俄签署《伊犁、塔尔巴哈台通商章程》，沙俄取得在塔城和伊犁进行通商的“条约贸易”权。这是沙俄强迫清政府签订有关中国新疆的第一个不平等条约。同时沙俄借保护商队之名，行武装侵占之实，在伊犁和塔城建立起贸易圈，在圈内盖房、存货和居住。1860年，沙俄通过中俄《北京续增条约》，又获得在喀什噶尔建贸易圈的权利。

阿古柏入侵新疆后，沙俄利用混乱局势，一方面派遣大规模的测绘队，携带物资和商货侵入新疆，赴镇西、哈密、吐鲁番和迪化等地，进行贸易与考察；另一方面勾结阿古柏，签订所谓的《俄国与喀什噶尔条约》，获得整个南疆的商贸市场。1874年1月，借沙俄军队侵占伊犁之际，俄商趁机蜂拥而至，独占伊犁各地城乡牧区的商业贸易，控制伊犁经济命脉。此后，沙俄逐渐将其经济侵略的据点渗透到新疆的腹地，直到在迪化建立领事馆和贸易圈，从而完成在新疆全境的经济侵略的布局。到1913年，新疆沙俄商行达到数百家，俄商10000多人，遍及全疆各地。

1917年随着十月革命的爆发和苏联的建立，沙俄退出了中国新疆的历史舞台，新疆和苏联的关系进入了另一个阶段。

二 英国：与沙俄展开侵略竞赛

19 世纪 40 年代末，英国将其在印度的统治推进到喀喇昆仑山脚下。英国在中国沿海进行鸦片贸易的时候，同时也从印度经克什米尔等地向新疆输出鸦片，并伙同沙俄一起从新疆向内地贩卖。

阿古柏入侵新疆后，为保护英属印度北部边疆，英国极力想建立一条从阿富汗经中国新疆到中国西藏的防线。为此，英国决定扶持阿古柏，使其控制的地区成为英俄之间的缓冲地。1870 年和 1874 年英国两次遣使访问阿古柏伪政权，并与之签订所谓的《英国和喀什噶尔条约》。该条约是对中国主权的公然践踏，遭到清政府的坚决反对。晚清重臣左宗棠力主收复新疆，并不顾年老体衰亲自领兵西征，荡平阿古柏叛乱。这一分裂中国的图谋才没有得逞。

19 世纪 80 年代，英国一方面加紧对新疆贸易，另一方面极力迫使清政府同意其在喀什噶尔建立领事馆和贸易圈，企图与沙俄竞争。19 世纪 90 年代是英国对新疆侵犯最为严重的时期之一，一方面英国利用帕米尔危机，侵占中国属地坎巨提，使其成为中英两属；另一方面，英国伙同沙俄，私分中国帕米尔。中国政府对此坚决反对，并不予承认。

和沙俄一样，英国也在新疆发展侨民，以各种手法扩大其在新疆的社会基础。至清末，英国在南疆已经形成足以抗衡沙俄的势力，建立了总领事馆，拥有遍布南疆各地的商约网络和众多的英国侨民。

十月革命后，英国利用沙俄退出新疆的机会，进一步发展其势力，在新疆维持着较为优势的政治、经济地位。20 世纪二三十年代，为和苏联竞争的需要，英国在南疆大力扶持亲英民族分裂分子。军阀盛世才在新疆上台之初，一度表现出亲苏倾向，英国为此向国民党政府提出抗议，要求保护英国在新疆的利益，同时不断派遣军事、外交人员赴新疆活动，刺探情报。1942 年盛世才转向反苏反共，英国很快就要求在迪化建立领事馆，恢复其贸易特权。1943 年英国的这一要求得到满足，实现了多年梦寐以求向北疆扩展势力的梦想。此时英国在新疆已经不仅仅是防止苏联向印度的渗透，而是将新疆作为基地，构筑围堵苏联的战略防线。特别是到 20 世纪

40年代末，英国已经撤离印度，但仍然在迪化保留着领事馆，将新疆作为其对付苏联和进行冷战的前沿之一。英国对新疆的贸易是从印度北部地区和新疆南部地区传统的贸易发展而来的。英国插手之前，双方贸易额较低，每年维持在10万卢比左右。阿古柏入侵新疆时期，英国和新疆的贸易得到快速增长，达200万卢比。此后限于交通条件，英国对新疆贸易一直维持在每年300万卢比左右。盛世才统治新疆后，英国对新疆贸易受到较大影响，跌至近百年英国对新疆贸易的最低点。1942年后，英国对新疆贸易虽然有所发展，但是由于1947年印度、巴基斯坦的独立，英国对新疆贸易遂宣告结束。

英国对新疆文化的侵略尤为严重。早在19世纪中期，英国就从印度擅自进入新疆，进行地理勘探，其中有的探查人员甚至成为英国制定对中国新疆政策的鼓吹者，例如约翰逊等。从20世纪初到20世纪30年代，英国考古学家斯坦因先后四次进入新疆，足迹遍布天山南北，切割佛教洞窟壁画、挖掘故城遗址宝藏，四处购买或骗取文物，每次都收获颇丰，包括壁画、绢画、雕塑、木版画、丝织物、棉布、钱币、多种文字的纸质文书、木简等无数珍宝。斯坦因将大多数文物运回英国，并做详细研究，获得了巨大声誉。斯坦因的成功，引发了西方各色各样的探险者前来考古探查，一时间新疆成为西方探险和文物掠夺者的乐园。新疆各地历史文物和遗址遭到了毁灭性破坏。

除了盗窃和掠夺文物外，英国还对新疆进行宗教渗透。早在19世纪末，英国就帮助瑞典传教团在南疆传教。进入20世纪，英国传教士胡进洁、马慕洁和胡立礼等先后赴新疆传教，还在北疆建立了以迪化为中心的传教网络。

1949年10月新疆和平解放后，英国领事馆被迫撤离，英国势力正式退出新疆。至此，英国对新疆长达一个多世纪的侵略活动寿终正寝。

三　其他列强：勘探、考察、传教

除了英、俄帝国主义外，德国、法国、瑞典、日本和美国等其他帝国主义国家也对新疆进行过不同程度的侵略。德国是最早对中国新疆进行勘探的国家。早在19世纪50年代施拉根沃特兄弟就沿昆仑山脉一直探查到喀什噶尔。19世纪末和20世纪初，德国多次派人赴新疆探险，并成立所谓“国际中亚远东探险协会”，不断向新疆派遣探险队。其中以格伦威尔、勒柯克分别率领的探险队在新疆活动时间最长，掠夺文物最为丰富。

日本早在19世纪末就开始赴新疆旅行考察，20世纪初日野强、橘瑞超、大谷光瑞多次赴新疆探查，并掠夺相当数量的文物。第一次世界大战前后，日本参谋本部一行九人赴新疆天山南北各地考察。抗日战争爆发前后，日本曾经多方想渗透到新疆，觊觎新疆的政治和战略地位，但最后都遭到了失败。

美国在19世纪末就有个别人开始对新疆进行探险考察，20世纪后则有亨廷顿、华尔纳、拉铁摩尔等多名探险者赴新疆探查，美国甚至还资助斯坦因掠夺新疆文物。20世纪30年代后，以石爱乐等为代表的美国传教团进入新疆，在北疆进行传教活动。20世纪40年代初，美国从政治上涉足新疆，其驻迪化领事馆一是成为直接与苏联对抗的前沿，为冷战服务；二是在新疆和平解放时，帮助国民党顽固分子破坏新疆和平解放。

上述所有这些帝国主义国家对新疆的侵略，都随着1949年10月新疆的和平解放宣告结束，但中国西北有50多万平方公里的领土被蚕食，还留下了一些边界问题。而且从某种程度上说，新疆分裂势力也可以说是近代帝国主义在中国新疆留下的隐患。

（原刊于《世界知识》2006年第4期，与厉声合著）

三　西方人笔下的近代新疆

马达汉笔下的新疆民族与社会

在中国近代史上，资本主义列强掀起了中国新疆探察热潮，从地理探察、考古探察到政治探察，高潮迭起。20 世纪初，各列强对新疆探察则从地理探察转移到了文物探察和掠夺上。其中以斯坦因为代表的英法俄日美等国，纷纷到新疆进行考古探察，以各种方式挖掘新疆遗址，掠夺新疆文物，其探察所获得的文物引起了世界性的轰动。芬兰籍沙俄军官马达汉就是在此大背景之下，打着学术考察的幌子，以刺探军事情报为核心目的进行的新疆探察。

马达汉新疆探察的直接原因是，沙俄在 1905 年的日俄战争失败后，基于其和英、日争夺中国北方的战略需要，也出于其侵略中国的目的，派遣芬兰籍沙俄军官马达汉于 1906 年至 1908 年途经中亚，对中国新疆、甘肃、陕西、河南、山西和北京等地进行考察，意在为瓜分和侵略中国做准备。其中中国新疆是马达汉考察的重点，他在新疆活动的时间也最长，考察内容涉及社会的方方面面，内容丰富，记载也最为翔实，成为今天人们研究清末新疆社会的重要资料。本文依据马达汉的日记、军事报告、回忆录及所拍摄的照片，就清末新疆民族与政治制度、新政实施、经济贸易、外国社团、文化教育和交通运输等方面做基本的梳理，并结合相关资料进行初步的研究和评述。

一　新疆的族群

调查新疆族群情况，弄清楚各族群对清政府以及新政的态度是马达汉考察的重要使命之一。[①] 他在日记、军事报告和所拍摄的照片中记载了新

① 王家骥：《马达汉》，中国民族摄影艺术出版社，2002，第 38 页。

疆撒尔特人[①]、阿布达尔人、什克韶人、帕合甫人、多浪（或者土兰）人、卡尔梅克人、土尔扈特人、柯尔克孜人、锡伯族人和汉族人的多种信息，展现出新疆诸族群或者民族的丰富内容，其中有的记载非常珍贵。

首先，进行人类学测量，搜集人类学的基础资料。马达汉先后对撒尔特人、阿布达尔人、什克韶人、帕合甫人、多浪（或者土兰）人、卡尔梅克人、土尔扈特人、柯尔克孜人进行了人类学测量。我们知道，马达汉赴新疆考察时，新疆民族尚没有今天这样划分。马达汉所说的萨尔特人就是今天的维吾尔族，而阿布达尔人、什克韶人、帕合甫人、多浪（或者土兰）人现在也都被划入维吾尔族中；卡尔梅克人和土尔扈特人即今天新疆境内的蒙古族。虽然测量的人数有限（共 165 人），性别单一（均为男性），但是由于上述部族人体学资料的缺乏，这些资料显得弥足珍贵。

马达汉所做的人类学测量，以其科学数据记录了当时新疆民族多元化的实际情况。例如，阿布达尔人，主要居住在新疆南部的疏勒、英吉沙、莎车、巴楚、墨玉、洛浦、于阗、和阗市的肖尔巴楚克乡和罗布泊附近的一些村落中。其中，阿布达尔人季节性行乞是其显著特点，另一著名的传统是其为男孩做包皮手术的技艺。阿布达尔人自称为“艾努”，又被称为“谢依赫人”，自称其祖先来自伊朗。阿布达尔人在土耳其等地也有居住者。关于阿布达尔人的来源，有人认为其源于波斯语，也有人认为源于“哑哒人”，还有人认为其源于阿拉伯语。到目前为止，除了对阿布达尔人的语言有初步调查和了解外[②]，学术界并不明了阿布达尔人的名称来源，对其历史渊源、社会结构以及民间风俗等更是不清楚。阿布达尔人的有关研究为国际学术界所关注。由此可见，马达汉早在20世纪初对新疆阿布达尔人的人种学调查，特别是关于阿布达尔人所进行的人种学测量，是研究阿布达尔人最早的第一手资料，十分珍贵。

其次，对所接触的新疆各民族和族群，马达汉都较详细地记述其生产

---

① 马达汉所使用的“萨尔特”（Sart）一词，源于印度，由梵文“sârtha - vâharavan”（意为“携商品而行”）演变而来，系指“商队商人”。西方人多用于指包括维吾尔族、乌兹别克人和塔吉克人。马达汉用“萨尔特人”一般指新疆现代维吾尔族。

② 赵相如、阿西木·吐尔地等：《新疆艾努人的语言》，《语言研究》1982 年第 1 期；《艾努语和艾努语中的数词》，《新疆大学学报》（维吾尔文版）1985 年第 1 期。林切等编《谢依赫词汇》，京都大学出版社，1999。Ö. Ladstätter. A. Tietzer，Die Abdal（Äynu）in Xinjiang，Österreichischa Akademie der Wissonschaffen，Wien 1994，p. 90。

活动、生活方式、习俗、语言、宗教和精神面貌等。

关于维吾尔族，马达汉有着多方面观察和记载。在喀什噶尔，马达汉观察到维吾尔族居住的喀什噶尔旧城，记述了其生活环境。喀什噶尔旧城与俄属中亚的城市非常相似。“同样的街市，同样的商店，同样的手工作坊和单层的泥土平房构成了市容的特点。”[①] 市区则用呈牙刷状土城墙围起来，城墙高 4 米多。街上熙熙攘攘，富有生机；星期四的巴扎日更是热闹非凡，届时乡下人都涌入城里购物。喀什噶尔维吾尔族居住的是土坯砌的房屋，通风和采光都不好，室内十分简陋，冬天用土炕和火盆取暖。一般家庭都较为贫穷，几乎没有什么像样的家具；陶器类用品较多，如灯具、茶壶和酒杯等。劳动工具也极为简陋，数量也有限。饮食方面也很简单，多以绵羊油和洋葱为佐料，而抓饭和羊肉串则是美味佳肴，但不常吃。夏季蔬菜和瓜果较多。

马达汉观察到喀什噶尔维吾尔族生性乐观，热爱生活；但是也较懒惰，喜欢在街头巷尾聚集聊天，夏天的晚上则歌舞不断。喀什噶尔维吾尔族缺乏精神食粮，教育落后，《古兰经》是其主要阅读的图书。

马达汉关于维吾尔族记载的另一个重要性是他对南北疆不同地方的维吾尔族都进行了考察和记载，甚至做了多方面的比较。由于马达汉考察线路几乎遍及南北疆，从喀什噶尔、叶尔羌、和阗、阿克苏、伊犁、库尔勒、迪化、吐鲁番和哈密，所以他有机会对南北疆各地维吾尔族的生活环境和习俗等方面做比较。例如，叶尔羌的赌博风气重，叶尔羌人患甲状腺瘤和性病严重，和阗巴扎的商品没有叶尔羌的丰富，质量也较差。吐鲁番的维吾尔城虽与南疆喀什噶尔、叶尔羌、和阗等地的相似，“给人的印象是友好、乐观和彬彬有礼”[②]，但却缺少了点生气。在哈密，他还记录了哈密回王、王宫以及回王与其所管辖的维吾尔族的关系。其中，回王对其辖区内维吾尔族的惩罚、所收赋税等的记载非常有意思。马达汉还比较了哈密维吾尔族的服装，认为与其他地方有较大区别，受汉族服装式样影响大。马达汉在调查中得知，哈密维吾尔族和其他地方的维吾尔族在长相上

---

① 马达汉：《马达汉西域考察日记（1906—1908）》，王家骥译，中国民族艺术出版社，2004，第 38 页。

② 马达汉：《马达汉西域考察日记（1906—1908）》，王家骥译，中国民族艺术出版社，2004，第 295 页。

也有较大的区别。此外，马达汉还比较了哈密和吐鲁番以及南疆一些维吾尔词语上的差异。

关于阿布达尔人。除了对阿布达尔人进行人类学测量外，马达汉还调查了阿布达尔人的历史、风俗。据他调查，阿布达尔人行为古怪，不论贫富每年都要外出乞讨一次。阿布达尔人的历史“在很大程度上与犹太人同基督教国家的关系相像”。大约1300年以前，阿布达尔人被赶出美索不达米亚，原因是阿布达尔人首领雅兹德引幼发拉底河河水淹死了伊玛姆·侯赛因及其战士们，阿布达尔人因此遭到被驱逐的惩罚。侯赛因诅咒阿布达尔人永世要为乞丐民族，并且此后阿布达尔人就一小股一小股地散居在一些伊斯兰国家。他们的乞讨行为演变成了该民族的习俗，受到别的民族的鄙视，而他们自己也都变得敏感和沉默寡言。

马达汉还成功地从一名阿布达尔人阿訇那里购买到有关阿布达尔人历史抄本的片段。

关于卫拉特蒙古族。马达汉前往伊犁途中经过特克斯河谷，在此考察了卫拉特蒙古族。他拜访蒙古包，了解蒙古族待客、生活的习俗；简要记录了土尔扈特蒙古族西迁伏尔加河流域及其东归的历史；并为当地蒙古族做了人类学测量。马达汉拜见了该部蒙古族汗王的母亲，并为其拍照。他还详细考察了蒙古族和清廷以及新疆政府的关系，认为蒙古族是清廷最值得信赖的，也是沙俄入侵中国的一大障碍。

蒙古族居住的地方是山区，冬季风雪颇大，猎物丰富，马达汉还和一名蒙古老猎人一起狩猎，颇有收获。马达汉将这些猎物制作成标本，从伊犁沙俄邮局寄回俄国，至今仍保存在赫尔辛基马达汉博物馆中。马达汉较详细地记录了其狩猎过程，当时那里黄羊、盘羊、马鹿等珍贵的动物很多，而现在则很少见到，有的甚至已经灭绝。

喇嘛教是新疆蒙古族的信仰。马达汉了解并记录蒙古族的宗教生活，例如日常宗教器具、祈祷和法事。马达汉考察了昭苏喇嘛庙，目睹了喇嘛做法时的过程，并为其拍摄了照片。该庙实际上是昭苏圣佑庙，是清代新疆佛教建筑的代表，也是新疆境内一座重要的喇嘛庙。该庙原来叫素摩寺，沙俄占领伊犁时被毁。1889年再次兴建时，特地从北京请来祖传的建筑师和工匠，历时4年耗资10万两白银建成。整个庙占地数百亩，有8座建筑沿中轴线对称布局，错落有致，气势雄伟，古朴庄严；庙内装饰精细，鎏金沥粉，雕梁画栋，金碧辉煌；大殿设有数百个大小佛像和放着神像及金银杯的祭坛；庙里还悬挂着各种古钟，声音洪亮悦耳。[1] 该庙是一座典型的喇嘛庙建筑，给马达汉留下了深刻的印象；而圣佑庙对马达汉的考察也印象深刻，留下了记载。2006 年 8 月，加拿大马达汉研究者塔姆先生到此考察的时候，庙中的喇嘛还谈起当年马达汉访问该庙的事情。

此外，马达汉在往返伊犁和阿克苏的途中也考察了哈萨克族（他称之为柯尔克孜族）和锡伯族。

最后，马达汉对少数民族制度的调查和记录。马达汉对中国政府管理新疆少数民族的制度非常感兴趣，观察到对不同民族所采取的不同政策。例如，马达汉在叶尔羌详细调查和记述清政府管理当地维吾尔族事务的体制，其中包括伯克制度、税收制度、司法制度以及清政府派驻地方的行政官员[2]；在伊犁则考察中国政府管理哈萨克族和蒙古族的札萨克制度。[3] 马达汉甚至对蒙古族定期进京朝觐以及清廷对其赏赐情况都进行了较为详细的了解。[4] 他敏锐地观察到，新疆虽已建省多年，但少数民族管理体制并没有发生太大变化，仍然保留着传统的基本模式。马达汉所观察和了解的管理新疆少数民族的政策，就是清朝统一新疆后所制定的军府制下的羁縻制度，建省后这些制度并没有马上全部改革，在不同地区或者民族中仍有保留。

二　新疆社会面面观

除了对新疆族群的详细调查外，马达汉对新疆社会的方方面面都做了较为详细的调查和记载。概括起来，其主要方面包括新疆的政治、经贸、手工业、农业、文化教育、交通运输和外国社团等方面，可以说是一个新疆社会的万花筒。

关于政治制度及官员。就政治方面而言，马达汉对新疆的政治考察得

---

① 厉声、许建英：《近代以来新疆艺术述论（1840—1999）》，《中国边疆史地研究》2005 年第 3 期。

② 马达汉：《马达汉西域考察日记（1906—1908）》，王家骥译，第 58 页。

③ 马达汉：《马达汉西域考察日记（1906—1908）》，王家骥译，第 207 ~ 209 页。

④ 马达汉：《马达汉西域考察日记（1906—1908）》，王家骥译，第 241 ~ 243 页。

颇为仔细而全面，涉及新疆的政治制度和官员情况。首先，关于新疆制度方面。马达汉记述了新疆行省制下诸方面制度，例如新疆行政体制、军政机构设置、财政制度、税收制度、司法体制以及官员任命制度等，以及上述管理少数民族的体制。特别值得一提的是，伊犁将军和新疆巡抚之间关系的记述颇有价值。当时，新疆虽然建省，但是仍然保留着伊犁将军，这种带有过渡性的体制使新疆巡抚和伊犁将军之间关系模糊。马达汉在新疆的时候，长庚刚出任伊犁将军。马达汉记载说，长庚在迪化滞留达 8 个月时间，他和巡抚之间在军政方面的分工使得两人之间隶属关系模糊，易于产生摩擦。同时，这种关系又导致众官员为了各自政治前途而在其间摇摆不定。[①] 可见，这种残存的制度当时负面作用是相当大的。

其次，关于官员状况。在新疆的考察中，马达汉接触大量新疆各级官员，从伊犁将军、巡抚、道台等高官，到被流放新疆的王爷，以及一些少数民族官员，留下不少记载和评论。其情况可以概括如下：政府中的官员年龄大都很大，60 岁甚至 70 岁的官员是常有的。高官很少有机会接触实际，经常为其周围的随员包围，外出也不接触一般民众，对少数民族的实际情况更难以了解。官员的晋升制度导致很多官员花大量的钱来换取官位，其结果是一旦做官，极易贪污腐败。除了极少数军官外，马达汉对新疆各地的军事官员印象不好，认为大多数为老朽，很少具备新式军事知识。

关于新政的实施情况。清末新政自 1901 年开始实施，其主要内容是提倡和鼓励私人资本办工业；废除科举制度，办新式学堂和提倡留学；组建新式军队；修建铁路以及禁止鸦片等。新政也是马达汉考察的重要内容，他记录了新疆新政实施的多方面情况。长庚赴新疆就任伊犁将军，在迪化长时间逗留的原因之一是和巡抚商议新疆新政的贯彻问题[②]，这反映出新政是伊犁将军和巡抚都必须重视和开展的重要工作。地方重要官员对实施行政有极大的热情和信心，例如阿克苏镇台和马达汉的交谈就反映出他对新政的期望。

新疆新政的实施在有些方面取得了成绩。新疆迪化已经建立新式学

① 马达汉：《马达汉西域考察日记（1906—1908）》，王家骥译，第 258 页。

② 马达汉：《军事考察报告》。

堂，相当于中学，意在为大学培养基础人才。作为新政的重要一步，新式学堂被寄予厚望。建立新式学堂也是新疆省推行教育改革的第一步。当时新式学堂尚无学期定制，依课程进度而定。迪化新式学堂主要开设中文、英文、俄语、地理和算术。从马达汉的记载中可知，中文课仍然占主要地位，外语课师资不行；学堂校长颇受重视，地位很高。新疆教育改革的目标是先建立30所新式学堂，当时正在从内地支援师资力量；但是困扰建立新式学堂的瓶颈是资金缺乏。[①] 在军队建设上，新疆起色并不大，武器较落后，训练上已经放弃了传统的剑术等，注重队伍操练和射击训练。但是正在筹划的大量招收新兵和建立新式军队，面临着资金短缺和与内地交通不便等问题。交通方面，开始初步计划修建北京至迪化的铁路，其线路和资金等方面存在很大问题。经济上，工业几乎没有，仅有制币厂和一些手工业作坊；正在设立中心局，筹措资金，准备开矿、建设工厂和加强对商业的管理。[②]

马达汉综合其考察认为，新疆新政已在政治、经济、军事和文化等领域取得进展。这基本符合当时新疆新政实施情况，即政治上整顿吏治和调整行政建制，经济上广开利源和创办实业，军事上编练新军和实行警政，文化上创办学堂和选派留学。[③]

关于新疆的经济与贸易。就经济与贸易而言，马达汉在很多方面都有着颇为详细的调查和记录。马达汉沿途都在了解各地的经济生产状况，到城市则了解其手工业、商品交易、对外贸易情况；到农村则调查所经过村庄、牧区的人口、生产资料、生产方式和收成等方面情况，并加以简要登记和分析。对外贸易方面，马达汉对喀什噶尔和伊犁等地的记录全面，特别是对南疆英俄贸易的商品、商人、贸易网络、管理体制、贸易特权、英俄竞争及其影响的记载，符合历史事实。[④]

关于新疆手工业，马达汉观察到除了迪化开始有极少使用机械外，其他均为传统的原始手工业。例如，和阗的采玉业，内地汉族人和当地维吾

① 王家骥：《马达汉西域考察日记（1906—1908）》，第261～262页。

② 王家骥：《马达汉西域考察日记（1906—1908）》，第269页。

③ 赵云田：《清末新政研究——20世纪初的中国边疆》，黑龙江出版社，2004，第179页。

④ 厉声：《新疆对苏（俄）贸易史（1600—1990）》，新疆人民出版社，1993。许建英：《近代英国和中国新疆（1840—1911）》，黑龙江教育出版社，2004。

尔族人都有，使用非常原始的采玉方法，致使采玉工生活悲惨。[①] 和阗的制毯和丝织业则为当地维吾尔族的传统工艺，其颜色和图案落后；其他的制革作坊、制金属器皿作坊、制皮具和制皮毛作坊，规模都很小，工艺落后，而且毫无市场观念。[②]

马达汉还记述了新疆当时流通的各种钱币，包括银票、银圆、银锭、铜钱等。他认为银票没有什么价值，只是商人用于经商。铜钱价值较低，且非常重，运输和使用都不方便。这反映出新疆的钱币体系滞后，需要改革。

马达汉沿途所收集的经济贸易资料，贯穿南北疆，记录翔实，较好地反映出此期新疆经济贸易的状况。

关于交通运输。马达汉对新疆的交通运输有多方面的勘测和记载，既有文字方面的，也有图片和绘制成的线路。马达汉走过了大半个新疆，六越天山，所记载的交通运输内容丰富，包括新疆的道路、河流、驿站、关隘；出于军事目的，他对很多线路都进行了测量，并绘制详细的线路图；对各种交通工具都加以叙述或者拍摄成照片。就道路而言，新疆的道路非常原始，无论是边境地区的山路，还是连接南北疆的天山山脉，其道路相当险恶，例如在从阿克苏穿越天山赴伊犁的山路，由于没有驿站，缺乏沿途供应，更无救援措施，冬季经常有人冻死在途中。马达汉本人还遇到过这种惨景，帮助将死者运下山。在平原地区，虽然道路畅通，但没有真正的公路。河流上没有像样的桥梁，所见的桥梁均为木桥；有的不过是用树干简单搭成的“桥梁”。而铁路建设只是处于最初的动议中。

运输工具都是传统的。一般的长途运输大多依赖于驼队和骡马队，牛车和马车也是常见的运输工具。此外，官员们乘坐的轿子使马达汉颇感兴趣。他认为，官员乘坐这种交通工具外出，经常有侍从开道，官员本人几乎处于与世隔绝状态，难以了解下情。

马达汉沿途绘制了不少线路图，这些交通线路图真实地反映了当时新疆交通状况，可供我们今天做相关的比较。

关于新疆的城市。马达汉对所经过的每一座城市都了解得非常详细，

① 王家骥：《马达汉西域考察日记（1906—1908）》，第 80 页。
② 王家骥：《马达汉西域考察日记（1906—1908）》，第 83～84 页。

绘制有简图，记述城市的外貌、城市生活和管理等，并做相应的比较。他认为南疆以维吾尔族为主的城市基本都一样，从一个城市就可以了解其余城市。一般商业街的交通特别繁忙。街道两旁小商贩的地摊排成长长的一溜儿，商贩们都坐在各自的地毯上，后面是他们的小商店，或者更准确地说商品仓库。叶尔羌的街市要比喀什噶尔的热闹得多，人声嘈杂，熙熙攘攘。批发交易在住所的院子里进行，商人有不少来自英属印度、沙俄和阿富汗等地，竞争激烈。

省会周围环境优美，河流依城流过，四周有群山环抱。城东面的山脉看起来格外壮丽，高山巍峨，群峰绵延，博格达上的雪峰挺拔在群山之巅。迪化市的人口约有 8 万，就新疆城市来说，迪化是管理得最好、最整洁的。

以汉族和回族为主的古城代表了北疆城市的风格。马达汉在日记中有着生动的描述："汉人和外表长得与他们很相像的回民具有压倒优势的影响并在各方面都显示出来。买卖每天都做，不像南方那样只在规定的集市日子才做。这里看不到那种滚动的人海，就像在叶尔羌、和阗和喀什噶尔看到的人海沿着狭窄的、拥挤的、摆满货摊的集市街向前涌动那样，这里没有。这里也没有穿着古怪的服装讨饭的乞丐，没有叽叽喳喳的街市闲谈者，没有盖着面纱的女人，更没有拄着手杖的、戴着各种装饰品的、穿得像闪闪发光的白郁金香似的长袍的并受人尊敬的朝圣者'哈吉'，所有这一切加上图案繁复的地毯和花花绿绿的毡毯为南方的街市生活增添了东方的神秘色彩。如果想找克什米尔人和穿得花花绿绿的，那是白费功夫。但可以找到狡黠的、胖墩墩的印度人，也有爱吹嘘的、易激动的和憨直的阿富汗人和既低三下四又很高傲的原居民贝吉人（Begi），还有在额头上留有像中国人的小辫子那样的奴隶烙印，这种烙印在毛皮镶边的法兰绒帽子底下显得格外突出。……汉族人的商店在细节上也没有撒尔特人的柜式小屋那样艺术化，撒尔特商人把花花绿绿的丝绵布匹码成方格，自己坐在小屋地上漂亮的地毯上。当然，汉族人的商店经常也有布置得很漂亮的橱窗。"①

马达汉在此段描述中，比较了南北疆城市及居民的差异，汉族生活风格与维吾尔族呈现出鲜明的对比。

① 王家骥：《马达汉西域考察日记（1906—1908）》，第 282 页。

此外，马达汉对新疆城市中的新城和旧城也做了记载。这是清政府在新疆城市建设中的一个独特现象，一般当地少数民族居住在旧城，而清廷官员和军队则多居住在新城。

关于新疆人民的生活。马达汉从多个侧面记述了新疆各族人民的生活，综合起来，主要体现在以下方面。南疆城市中，如喀什噶尔、叶尔羌和和阗等地，一般居民生活条件简陋，居住的是土坯砌的房屋，室内家具极少；饮食简单，肉食并不丰富；但是夏季瓜果非常多，可资调剂。南疆农村普遍更为贫穷，户均可耕土地有限，户均家畜很少，住房条件差，大部分农民生活困难。就商品而言，由于南疆与英属印度、阿富汗、沙俄都接壤，巴扎上商业繁忙[①]，外国商品较多，诸如白糖、面粉、各种家具及其装饰、日用器皿、香料等。[②] 由于没有报纸，巴扎也是当地人们用以交换信息的重要场所。但是，南疆一些商人较为富裕，有不少商人由于往来于英属印度和沙俄之间，其生活方式也引进一些外国的，例如模仿欧式房屋，使用欧式家具，穿戴俄式服装等。[③] 由于缺乏医疗常识和药品，南疆有些地方地方病严重，例如叶尔羌的甲状腺瘤非常普遍。

伊犁等地的蒙古族、锡伯族生活相对较为富裕。蒙古族的牲畜颇多，但是其生活环境大多在山中，冬季很不方便。此外，蒙古族政治上和清廷关系密切，在地方上也受到尊重和保护；蒙古王在管理其族群上起着重要作用。喇嘛教在蒙古族中有着崇高的地位。

北疆等地人民生活则要相对好一些。城市管理较好，文化相对发达，特别是受内地文化影响的更大，诸如内地的庙宇、人物崇拜、戏剧、机械、邮电等，都较南疆发达。商业方面，沙俄的商品多；同时内地的商品也很多。总的来说，从迪化、古城、吐鲁番到哈密，虽然城市建设有限，但是人民生活较为稳定，相对富足。北疆的农村发展较快，人们亦耕亦牧。特别是每年有不少内地移民到北疆垦殖，促进了当地农业发展。

马达汉的记载也反映出当时新疆各族人民的纯朴和勤劳。例如他对马

---

① 王家骥：《马达汉西域考察日记（1906—1908）》，第 39 页。

② Lady Macartney，An English Lady in Chinese Turkestan，Oxford University Press，1985，p. 73.

③ Lady Macartney，An English Lady in Chinese Turkestan，p. 74.

夫勤勤恳恳、友好知足的描述[①]，南疆巴扎上人们平和的笑容，蒙古族恬静的生活，等等。

关于新疆的外国人。1851 年后，以考察探险、建立领事馆、经商和传教等名义来疆的外国人逐渐增多，至 20 世纪初形成了一些基本群体，包括外交人员、传教士、商人、考察人员等。马达汉的记录显示出这些外国人员在新疆的活动及其影响。

首先是外交人员和领事馆，主要是沙俄和英国在新疆的领事馆。沙俄的领事馆遍及南北疆，主要有喀什噶尔领事馆、伊犁领事馆、迪化领事馆、吐鲁番领事馆和塔城领事馆。沙俄在新疆的势力非常大，马达汉对此深有体会。马达汉到喀什噶尔之时，沙俄在喀什噶尔拥有银行、阿克萨卡尔网络，甚至还有由 60 名哥萨克人组成的军队。在伊犁，沙俄势力就更大，不少俄国商人定居在伊宁，那里还开通了直达俄国的邮政和电报通信线路，也驻有半个哥萨克特遣队和配备大炮的陆军加强分遣队。[②] 在迪化，沙俄总领事馆也驻有卫队，附近的一条街甚至叫作“俄国街”。[③] 可见沙俄势力之大，影响之深。

英国主要是在新疆喀什噶尔活动，其官方代表是马继业，尚未建立领事馆。当时英俄在新疆的竞争主要是在南疆展开的，马继业作为英国在新疆利益的代表者和保护者与沙俄在喀什噶尔总领事馆展开长期的角逐，构成英俄中亚大角逐的重要组成部分。马达汉对马继业印象深刻，认为他在凭借着自己独特的出身优势，坚定而又执着地实现大英帝国在新疆模糊的政治目标。[④] 马达汉的观察和评价十分准确，英国当时在新疆的政策目标是马继业予以清晰并逐步实现的。[⑤] 虽然英俄在新疆战略利益针锋相对，但是在共同掠夺中国文化上则是一致的，马继业就用其长期积累的知识帮助马达汉了解中国和中国新疆，并利用其遍布南疆的情报网络为马达汉在叶尔羌和和阗活动提供便利。

① 马达汉：《回忆录》。

② 王家骥：《马达汉西域考察日记（1906—1908）》，第 178 页。

③ 王家骥：《马达汉西域考察日记（1906—1908）》，第 258 页。

④ 王家骥：《马达汉西域考察日记（1906—1908）》，第 38 页。

⑤ 许建英：《近代英国和中国新疆（1840—1911）》，黑龙江教育出版社，2004，第 232 ~ 238 页。

马达汉虽然享受着英俄在新疆强大势力所提供的便利，但是对中国所遭受的侵略有时也抱有同情。例如，他对沙俄在中国的领土上驻扎作战部队，感到特殊和不可思议，并且“很难想象，正在觉醒的中国对这种侵犯主权的行径能忍耐多久”①。

其次是传教士。自19世纪中期后，西方基督教和天主教开始在新疆传教，至20世纪初，南疆以喀什噶尔为中心，形成了瑞典传教中心；北疆则分别以伊犁和迪化为中心形成传教中心。南疆的瑞典传教团是1892年到来的，主要从事教育和医疗工作，特别是医疗工作对当地帮助较大。传教士看病，分成两组：一组为汉人，一组为维吾尔族。教育方面主要是办小学，瑞典传教士在叶尔羌筹建了一所能容纳40名学童的小学，计划教学生读书、写字、算术、地理和自然等基础科目。此外，瑞典传教士还根据新疆穆斯林学生多的实际情况，请毛拉教学生学习一般的穆斯林祈祷，其目的是“进行民众教育，以便让他们自己擦亮眼睛有能力在不同宗教之间作出选择”②。但是，南疆维吾尔族没有一人接受洗礼，而汉族则不同，他们很容易转信基督教。

伊犁和马纳斯教区则是由荷兰籍传教士斯梯讷曼负责，已经发展了100名天主教教徒。③ 迪化的传教活动主要是英国的亨特，马达汉仅提到其名字，并没有多的介绍。④

在新疆的传教士除了上述的活动外，也研究当地语言和文化，编写词典。

再次是来新疆的外国商人。这些外国商人主要是英俄商人，还有部分阿富汗商人；英阿商人主要在南疆，沙俄商人则遍及南北疆。马达汉在日记中对这些商人有多方面的描述。例如，在喀什噶尔，沙俄商人较多，俄国商品也多，使得喀什噶尔的商业颇为兴盛。而英国商人在此较少，主要

---

① 王家骥：《马达汉西域考察日记（1906—1908）》，第178页。又见马达汉《回忆录》。

② 王家骥：《马达汉西域考察日记（1906—1908）》，第50页。

③ 王家骥：《马达汉西域考察日记（1906—1908）》，第179页。

④ 斯梯讷曼，即Steenman，汉文名字为石天基，1853年生于荷兰，但是为比利时“圣母圣心会”工作。先后在内蒙古和甘肃传教，1888年10月负责新疆伊犁教区，1918年患伤寒死于伊犁霍尔果斯。木拉提·黑尼亚提：《近代新疆天主教会历史考》，《西域研究》2003年第3期。

从事高利贷。[1] 在叶尔羌，英国商人较多，这是因为英国从印度翻越昆仑山后直接抵达的城市就是叶尔羌。马达汉观察到，此处汇聚有英、阿、俄商人，在旅店的院子里进行商品交易。马达汉认为此处是英俄商业竞争最激烈的地方。沙俄的优势是其运费便宜，而英国则是以商品的精致贵重取胜。[2] 这种英俄激烈的商业竞争，是英国驻喀什噶尔代表马继业 10 多年"奋斗"的结果。他先后开通英属印度和叶尔羌之间的商路、整顿交通、争得免税权以及治外法权等特权，使英国商人得以在较为"理想"的环境中和沙俄展开竞争。英国通过商业的竞争使马继业在新疆获得了立足的资本[3]，也成为英国驻喀什噶尔总领事馆建立的社会基础。在北疆，特别是伊犁和迪化，主要是沙俄商人的势力范围。

需要说明的是，马达汉在南疆和伊犁调查后认为，沙俄和英国一样，都利用其治外法权，保护高利贷；一些所谓的英俄商人其实都是无赖、罪犯和社会渣滓，或者是为了逃避交税而加入英俄国籍的当地人，其实并不是英俄人。[4] 马达汉的困惑在于他可能并不了解英俄在此角逐已经不择手段，这种以所谓发展"商民"或者"侨民"的方式，既是其竞争的需要，也是其扩大在新疆社会基础的途径。

最后是来新疆考察人员，此期主要是以文物探查和掠夺为主。马达汉没有直接记述当时正在新疆进行文物发掘的人，不过有两方面则清楚地反映出来。一是马达汉本身就是以参与法国伯希和探险队的名义来新疆的，他们最后分道扬镳。在马达汉所拍摄的照片中，就有伯希和探险队在喀什噶尔的留影。二是马达汉记述了不少外国探险者挖掘新疆遗址的情况，其景象令人惨不忍睹。例如，在叶尔羌、和阗、吐鲁番等地，马达汉都亲自考察了斯坦因等所谓考古者挖掘后所留下的残迹，并体会到由此所引发的滥掘遗址的高潮。[5] 值得一提的是，不管是出于什么原因，马达汉本人对挖掘遗址持谨慎和保留态度。

---

① 王家骥：《马达汉西域考察日记（1906—1908）》，第 39 页。

② 王家骥：《马达汉西域考察日记（1906—1908）》，第 51 页。

③ 许建英：《近代英国和中国新疆（1840—1911）》，第 281 ~ 313 页。

④ 王家骥：《马达汉西域考察日记（1906—1908）》，第 179 ~ 181 页。

⑤ 王家骥：《马达汉西域考察日记（1906—1908）》，第 74 ~ 77 页，第 80 ~ 81 页，第 98 页，第 300 ~ 302 页。

此外，还有极少数在新疆任职的外国人，主要集中在迪化。

新疆教育也在马达汉的记述中得到反映。新疆教育普遍较为落后，以中国传统教育为主，新式教育刚开始实施。前者有集中的学堂，教授传统的四书五经，包括鼓励少数民族儿童学习儒学，例如叶尔羌开设的汉文学校就颇典型；后者学习的是新课程，诸如外语、数学和物理等。军队也开始筹建军校，实行新式军事教育。

此外，作为马达汉新疆之行重点的军事考察，其内容更为翔实，由于已有文章论述，本文就不再赘述。

三　余论

马达汉新疆之行的资料调查态度严肃认真，方法较为科学和多样展示出清末新疆民族和社会的方方面面，较为客观和富有历史价值。① 通过上面对马达汉笔下新疆民族社会的论述，我们可做以下总结。

首先，就民族方面而言，马达汉收集的人种学资料表明，新疆当时族群较多，民族更为多元。马达汉资料反映出当时新疆诸族群在体型、文化、语言、习俗、生产方式、生活环境和历史背景上的差异，不少族群实际上是独立的。这些资料充分说明新疆民族成分实际上比我们今天所划分的要更为复杂和多样。例如，阿布达尔人、什克韶人、帕合甫人、多浪（或者土兰）人，今天都被划入维吾尔族中，但是从维吾尔语对这些族群的称呼及其历史内涵来看，当地维吾尔族则并不以为然。所以，马达汉的资料提醒我们，需要对这些族群进行深入研究。

此外，马达汉关于新疆族群的资料也表明，当时新疆各族群之间关系融洽，民族概念并不十分清晰，倒是以地域区分族群的情况更为突出。

其次，关于新疆社会方面，马达汉在其贯穿新疆的考察中所记述的社会资料，反映出新疆社会各个方面，包括沿途城镇、居民点、历史沿革、风土人情，以及新疆政治、经济、贸易、军事、文教、民族、交通和外国势力，等等。马达汉的这些记述，其资料来源较广，方法较为科学，概括

① 许建英：《简论马达汉新疆之行的资料调查》，马大正、厉声、许建英主编《芬兰探险家马达汉新疆考察研究》，黑龙江教育出版社，2007。

较为客观；资料类型既有写实性的记录，也有综合性的报告，还有形象性的图片和科学性的测绘，内容可谓丰富多彩，较为真实地反映出新疆当时的社会历史面貌。

就政治方面而言，新疆处于三种治理模式的交替中，即清政府统治新疆传统的军府制、行省制和正在推行的新政改革，这种情况既说明新疆作为边疆省份的特殊性，也反映出其政治制度上的滞后性。就经济生产而言，新疆以农牧业为主，有部分相当落后的传统手工业；特别是从西方较为发达的资本主义角度来看，新疆更是缺乏现代机械工业；南疆农业落后，且缺乏活力。就交通运输而言，新疆非常落后，基本没有任何现代交通运输设施。就文化教育而言，新疆文化闭塞，教育上是传统的儒家教育、少数民族的宗教教育和新式学堂建设；清政府对新疆的文化教育改变不多，经济困难和观念落后制约新疆文化教育的发展。就人民生活而言，虽然新疆各地较为安定，但是总的来说各族人民生活较为贫困。就外国势力在新疆的活动来看，马达汉的记录显示，帝国主义列强将新疆当成跑马场，对新疆进行政治、军事、经济、文化和法律等多方面的侵略。

最后，马达汉在各种记载中还不时透露出他对新疆的一些看法，他的一些行动显示出其对新疆的态度。例如，马达汉在考察新疆新政时看到重重困难，但是对新政的实施充满信心，认为中国“正在从千年的睡梦中苏醒，中国的政制正在更新”；认为中国“正在走向一个新的、伟大的未来”①。中国需要一个坚定的中央政府、一支强大的国防力量、一个现代化的行政和技术队伍以及新的公路和铁路通道，但首先需要的是和平。② 马达汉在新疆拍摄许多人物照片，其内容涉及多个族群，就其拍摄角度来看，他非常注重水平的拍摄角度，这不但反映出其人物拍照技术，也体现出其平等相待的理念。③ 当然，马达汉对新疆存在的诸多问题，也提出了批评，例如对新疆军队缺乏现代军事观念，军官年迈，武器和训练落后；认为新疆官僚体制存在较大的弊端，官场腐败。

总之，马达汉笔下的新疆民族和社会，较为全面和真实地反映出当时

① 王家骥：《马达汉西域考察日记（1906—1908）》，第11页。

② 马达汉：《回忆录》。

③ 彼特·桑德伯格：《摄影家马达汉》，马大正、厉声、许建英主编《芬兰探险家马达汉新疆考察研究》。

新疆的情况，值得有关方面的研究者深入探讨。从这个意义上讲，马达汉关于新疆民族社会以及其丰富的内容和价值，凸显了马达汉新疆考察不同于其同时代新疆探察者的地方，这也正是马达汉作为新疆探察者的地位所在。

（原刊于马大正、厉声、许建英主编《芬兰探险家马达汉新疆考察研究》，黑龙江教育出版社，2007）

卡卢瑟斯及其对新疆蒙古地区和蒙古族的考察

近代赴新疆的外国探察者为数很多，但是除了俄国以外，绝大多数以南疆及北疆的乌鲁木齐、伊犁以及新疆东部哈密等地区为主要考察之地，而对准噶尔地区以及阿尔泰地区的考察者甚少。从所考察的民族来说，也多以维吾尔族、柯尔克孜族、回族等居多，偶尔也有考察南疆以及伊犁地区蒙古族情况者，如芬兰探险家马达汉[①]；而对准噶尔以及阿尔泰地区的蒙古族则鲜有考察者。1910～1911 年英国探险家道格拉斯·卡卢瑟斯的考察集中在叶尼塞河上游、蒙古西部、阿尔泰、准噶尔以及哈密等地区，主要以蒙古族为考察对象，从近代西方对新疆考察史的角度来看，弥补了上述的缺憾。

卡卢瑟斯探险队在近两年的时间里，足迹遍布蒙古西部地区以及新疆北部环准噶尔盆地的广大地区，勘探地形地貌，搜集动植物标本，测绘河流，考察这些蒙古地区与蒙古族的族群、文化、风俗、历史以及娱乐等诸多方面，撰写成上下两卷本的考察记录，名为《未知的蒙古》[②]，并附录所拍摄的大量珍贵照片和所绘制的多种地图。这些丰富资料对了解清末新疆北部环准噶尔地区、阿尔泰地区自然、社会以及这些地方蒙古族情况，都有着十分珍贵的价值。本文就卡卢瑟斯及其考察所记述的新疆蒙古地区[③]

---

① 马达汉系 Manneiham 的汉语名，此人是芬兰人，曾效力于沙皇卫队。1906～1907 年从中亚进入新疆考察，足迹遍及南北疆，探访过新疆南部的蒙古族。国内先后翻译出版其日记、摄影画册、回忆录及相关研究著作等多种。

② 该书全名为《未知的蒙古：蒙古西北部及准噶尔旅行与考察记》（*Unkown Mongolia, A Record of Travel and Exploration in North - West Mongolia and Dzungaria*），1913 年出版。

③ 本文所说新疆蒙古族居住地区实际上包括今天新疆阿尔泰地区，当时阿尔泰地区尚不在新疆管辖范围之内，而是归乌里雅苏台将军管辖。此外，为便于行文，有些地方将卡卢瑟斯探察的新疆蒙古族居住地区简称为蒙地，其范围包括上述诸地。——笔者注

和蒙古族情况加以梳理和初步研究。

一　卡卢瑟斯及其新疆蒙古地区考察的背景

1. 卡卢瑟斯其人其事

道格拉斯·卡卢瑟斯（Douglas Carruthers）全名为亚历山大·道格拉斯·米奇尔·卡卢瑟斯（Alexander Douglas Mitchell Carruthers），是英国颇负名望的探察家和自然学家。卡卢瑟斯 1882 年 10 月 4 日出生于英国伦敦，1962 年 5 月 23 日在伦敦去世。他的父亲威廉·米奇尔·卡卢瑟斯是 19 世纪 90 年代早期著名的中东地区探险家，卡卢瑟斯可谓出生于探险之家。早在少年时候，卡卢瑟斯就立志要穿过今天刚果共和国及乌干达地区，要探访帕米尔以及中亚的陌生城市布哈拉。① 而且，令人惊奇的是在 26 岁前，他都如愿以偿地实现了愿望。

卡卢瑟斯受过良好教育。他先后在英国赫雷伯利学院（Haileybury College）和剑桥三一学院（Trinity College）学习。参加工作后，他最初任皇家地理学会秘书，为诸多活跃于皇家地理学会的人员服务；后来曾接受陆地勘探工作训练，学习动物标本剥制，并成为专家。这些工作经历和训练都为其后来的探察活动，尤其是地理勘察和动物标本制作打下良好基础。

1905～1906 年，卡卢瑟斯在叙利亚美国经办的大学中工作，从事标本采集工作，尤其是鸟类标本制作，并将其中一类标本收藏寄回伦敦。卡卢瑟斯因其出色的标本制作能力而获得前往非洲考察的机会，于 1905～1906 年随大英博物馆探险队前往非洲，从东向西穿过非洲，抵达刚果。在此次非洲探险中，标本采集是其重要工作。1907～1908 年，他在当时俄属中亚地区度过两年时间，仍然从事科学标本收集，并将所采集的标本寄回英国。现在大英博物馆内保存的动植物标本中，仍有以卡卢瑟斯名字命名的标本。他还赴阿拉伯沙漠探险，收集行将消失的大羚羊标本，曾出版《阿拉伯冒险记》（*Arabian Adventure*）。这些考察活动为其赴中国蒙古地区地考察打下基础。从 1909 年起直到 1962 年去世为止，卡卢瑟斯一直在英国皇

---

① Douglas Caruthers, *Beyond Caspian*, *A Naturalist in Central Asia*, Oliver and Boyd, 1949, p. 9.

家地理学会工作，主要从事制图工作。第一次世界大战中，他曾受雇于英国战争部，主要收集中东地区地图。

卡卢瑟斯先后获得多种奖励。1910 年他被授予基尔纪念奖（the Gill Memorial），1912 年获得英国皇家地理学会赞助人金奖（the Patron's Gold Medal of the Royal Geographical Society），1916～1921 年他作为荣誉秘书在该机构工作，1956 年他被授予皇家亚洲学会塞克斯奖（the Sykes Medal）。

卡卢瑟斯撰写过多种探险考察著作，诸如《西北阿拉伯旅行》（1910）、《里海以远》（*Beyond Caspian*, *A Naturalist in Central Asia*, 1949）、《蒙古和准噶尔探察地图注》（1913）、《未知的蒙古》（1914）、《通往印度的沙漠路线》（*Desert Route to India*, 1929）等。在他去世以后，他的著作存放于伦敦皇家地理学会中。如前所述，他采集和制作了大量动物标本，其中一些是大英博物馆中仅存的样本。

作为中亚探险家和自然学家，卡卢瑟斯被英属印度总督寇松列入英俄中亚著名探险家之列，堪与荣赫鹏（Younghusband）、N. 伊利亚斯（N. Elias）、斯坦因（A. Stein）、普尔热瓦斯基（Prjevalsky）、科兹洛夫（Kozloff）、普特宁（Potanin）和斯沃特佐夫（Severtzoff）[①] 相媲美。美国著名学者欧文·拉铁摩尔（Owen Lattimore）则称之为"本世纪真正卓越的探察家之一"[②]。可见，卡卢瑟斯中亚探险的成就得到广泛认可。

2. 卡卢瑟斯赴新疆蒙古地区考察之背景

卡卢瑟斯不但考察伊犁、准噶尔、哈密地区，而且还考察了当时尚不属于新疆管辖的阿尔泰地区，甚至进入叶尼塞河上游和蒙古西部地区，从 1910 年至 1911 年历时两年，考察了这片深入亚洲大陆腹地和俄国势力笼罩下的蒙古地区。他的成功既有当时特殊的国际背景，也有英国探察新疆的科学需要，我们不妨从国际环境、近代新疆探察史以及现实的角度加以简要分析。

就国际环境而言，英俄国际竞争的缓和及其在新疆的相互妥协使卡卢瑟斯考察有了政治上的可能性。我们知道，英俄早在 19 世纪初就在亚洲，尤其是中亚地区展开竞争，中国西藏、新疆地区是其长期角逐的势力范围

---

① Douglas Carruthers, *Unknown Mongolia*, 1994, p. viii - ix.

② Douglas Carruthers and Geographical Contrasts in Central Asia, *The Geographical Journal*, 1978.

和侵略对象。但就新疆而言，沙俄不但将北疆地区视为其当然的势力范围，而且也极力试图排除英国染指南疆地区。而英国则为建立和维持其环英属印度缓冲地带，与沙俄争夺南疆地区。[①] 特别是1890年后，英国派遣马继业赴新疆喀什噶尔经营英国势力，直接对抗沙俄势力，竞争激烈。[②] 在此期间，英国对新疆进行十几次考察，但是无论是自然探察，还是考古探察均限于南疆地区，从政治上看英国难以赴北疆地区考察，[③] 其重要原因之一就是俄国的抵制。1904～1905年，俄国在日俄战争中战败，使国际大国重新分化组合，其中英俄两国关系走向缓和。1907年8月31日英俄签订《关于波斯、阿富汗和西藏问题的专约》，双方在波斯和阿富汗势力范围上达成协议，在西藏问题上也达成妥协。英俄在新疆关系也自此走向缓和，英国得以顺利在新疆喀什噶尔建立领事馆，英俄势力在新疆实现共存。[④] 虽然俄国仍然视北疆地区为其势力范围，但是国际关系调整和英俄关系的缓和，使英国赴北疆以远地区考察在政治上成为可能。

就英国近代新疆考察史来看，英国对北疆及其以远地区考察有着迫切的需要。我们知道，从19世纪上半叶英国对新疆进行地理探察开始，至1910年，英国对南疆绝大部分地区已经探察完毕，对地理概况、动植物分布、考古、民族及社会等情况有了较为详细的了解，在考古和地理方面甚至做出举世关注的成绩。但是，英国对北疆准噶尔地区几乎未曾涉足，更遑论阿尔泰、叶尼塞河上游和蒙古西部地区。此前，俄国虽然多有地理学家、自然学家、军人甚至旅行者在上述地区活动，但是因种种原因，英国并不能得到详细的考察资料，研究成果也难以见到。[⑤] 从地理探察和人文研究等角度来看，以地理界为代表的英国学术界也急需了解这些地区，以弥补其考察之空白和研究资料之匮乏。

此外，卡卢瑟斯本人的解释透露出英国对该地区现实及未来的关注，他认为蒙古是中国的陆地大门，从中国内地来的道路经过蒙古和准噶尔可通向西伯利亚和亚洲西部。而且“在远东和西方之间，唯一一条不曾被自

① 许建英：《近代英国和中国新疆（1840—1911）》，黑龙江教育出版社，2004，第87～96页。

② 许建英：《近代英国和中国新疆（1840—1911）》，黑龙江教育出版社，2004，第202～226页。

③ 许建英：《近代英国和中国新疆（1840—1911）》，黑龙江教育出版社，2004，第314～327页。

④ 许建英：《近代英国和中国新疆（1840—1911）》，黑龙江教育出版社，2004，第226～238页。

⑤ Douglas Carruthers，Unknown Mongolia，1994，p. 1.

然障碍所打断的交通线就是穿过准噶尔的线路。毫无疑问，总会有一天，机车的呼啸声将会惊吓准噶尔平原的野驴，没精打采的驼队也将不会再为人所使用，但是就目前而言，这些地区都静静地躺着，仍然是一个未知的蒙古”①。他期望能够收集到该地区山脉、湖泊、游牧地以及荒野上四处游走的牧民的更多信息。正如荣赫鹏所清楚指出的那样，卡卢瑟斯的调查和思考是：他所探察的这个地区在世界历史上曾经起过巨大作用，它注定将会再次拥有一个未来，那么这些神秘地方未来将会属于谁?② 对大清帝国西北部蒙古地区以及准噶尔地区未来的关注和现实了解的缺乏，是卡卢瑟斯考察队形成的原因之一。

正是在上述英俄关系缓和的局势下，出于探察长期为沙俄势力所笼罩的神秘的蒙古西部地区和准噶尔地区的需要，出于对这些地区未来发展前景的期待，卡卢瑟斯考察队得以顺利组成。

二　主要考察范围及线路

卡卢瑟斯考察队的核心人员分别是卡卢瑟斯本人、J. H. 米勒（J. H. Miller）和 M. P. 普利斯（M. P. Price）。他们都是英国地理学家，拥有长期旅行经验和研究经历。卡卢瑟斯是考察队的负责者，除了对整体考察进行规划外，还要采集和制作动植物标本，整理记录和撰写考察报告。米勒是位著名的猎手，可以帮助考察队在考察中采集动物标本；普利斯是位植物学家，后来则留驻俄罗斯，曾经报道俄国十月革命，返回英国后任国会议员。米勒后来帮助卡卢瑟斯完成考察著作，单独撰写了其中的 3 章。就准备和装备而言，他们都做了非常详细和认真的准备，诸如阅读欧洲人关于该地区的记述和研究成果，装备调查动、植物群落以及采集和制作标本的种种设备，配备了骆驼队及其他工作人员。

卡卢瑟斯考察队的考察范围。卡卢瑟斯主要考察的蒙古区域大致可分为三大部分，一是唐努乌梁海地区，二是今天内蒙古西部地区，三是今天新疆地区，其中以环准噶尔盆地为主。所以，其考察范围北面抵俄国西伯

---

① Douglas Carruthers, Unknown Mongolia, pp. 9 – 10.

② Douglas Carruthers, Unknown Mongolia, p. vi.

利亚地区，东至蒙古高原西部和新疆哈密地区，西到伊犁地区，南经天山以南土尔扈特蒙古居住地区，这片广袤区域当时都在清王朝管辖之下。卡卢瑟斯考察队先后考察了鲜为人知的叶尼塞河上游盆地、蒙古西部、阿尔泰山、准噶尔平原、哈密和伊犁等地区。

卡卢瑟斯选定该地区主要是因为它们都是蒙古族居住地区，旨在考察这些区域的地理环境、自然状况和蒙古族的社会与风俗。根据寇松的解释，这片广袤地区有许多方面需要英国人了解。一是该区域为诸多种族、各种信仰和政治力量的角逐之地；二是该区域内矿藏及物产丰富；三是蒙古族诸部落兴衰史都集中于此地；四是新疆呈现出的生机，以及生活于准噶尔平原上蒙古族人和穆斯林的现状及前景。卡卢瑟斯思考和试图弄清楚的是，这片神秘大地历史上曾经起过重要作用，对欧洲和亚洲都产生过重要的影响，但是现在却虚弱而衰微，它还会有属于自己的未来吗？将来它会属于谁？① 一言以蔽之，英国利用机会考察中俄交界处蒙地的政治、经济、社会和自然、地理等方面情况，了解蒙古族对清帝国和俄罗斯帝国的态度以及两个帝国的争夺。卡卢瑟斯在前言中就中国对该地区缺乏有力经营而颇为感慨。②

卡卢瑟斯探险队选择的路线较为独特，经俄国西伯利亚地区从北向南考察。他们在俄国乘火车直达西伯利亚地区，南下赴叶尼塞河上游。由此，卡卢瑟斯考察队进入乌梁海地区（即今天俄国图瓦共和国），随后考察队进入蒙古西北地区和阿尔泰地区，然后沿着中俄交界的边境地区从阿尔泰抵达伊犁河谷的固尔扎（即今伊宁）。普利斯在此离开考察队，单独赴俄国中亚地区和高加索旅行。卡卢瑟斯和米勒在伊宁停留一段时间后，决定沿准噶尔盆地南沿向东行，经迪化（今乌鲁木齐）一直抵达新疆东部的哈密地区。在此又折回向西，沿天山考察；1911 年 7 月底卡卢瑟斯再次抵达固尔扎，由此越过天山进入南疆，经喀什噶尔、叶尔羌，翻越喀喇昆仑山抵达英属印度列城，经克什米尔和孟买返回英国。③

从上面对卡卢瑟斯考察队考察地区和路线的简述可以知道，卡卢瑟斯考察队考察地域广大，从今天来看地跨俄国、蒙古和中国三个国家；其考

---

① Douglas Carruthers, Unknown Mongolia, pp. 1 – 2.

② Douglas Carruthers, Unknown Mongolia, pp. 6 – 7.

③ Douglas Carruthers, Unknown Mongolia, 1994, pp. 3 – 4.

察路线独特，一是从俄国境内开始，由北向南；二是以阿尔泰山为中心的周边蒙古地区和蒙古族；三是考察了环准噶尔盆地；四是此前英国考察队未曾走过的新路线。

三　新疆蒙古族居住地区与蒙古族情况

如上所述，卡卢瑟斯考察队持续近两年，对上述蒙古族居住地区地理、社会、族群等方面进行了广泛而详细的考察，留下了包括大量照片在内的丰富资料。关于卡卢瑟斯对乌梁海地区的考察情况，笔者已另文讨论[①]，本文则对其笔下新疆蒙古族居住地区的地理、社会风俗以及其他有关情况加以梳理，以期反映出卡卢瑟斯考察新疆蒙地与蒙古族的面貌。

（一）新疆蒙古族居住地区的自然和社会环境

从大的地理环境来看，卡卢瑟斯考察队先后考察了乌梁海地区、内蒙古西北部、阿尔泰地区、准噶尔地区、伊犁及哈密等蒙古族生活地区。这些地区既有茂密的森林、草原、河湖，也有高原、盆地、沙漠、戈壁、山地和平原。就本文所讨论的新疆蒙古族地区，主要包括阿尔泰地区、准噶尔盆地、伊犁河谷、迪化、哈密和巴里坤等地，其中阿尔泰山脉被卡卢瑟斯视为伊斯兰教和佛教的分水岭。[②] 这些地区自然景色优美，有茂密的森林，诸如阿尔泰山的林地、天山北坡的松树林带；广袤的高原和荒寂的戈壁沙漠，特别是准噶尔沙漠；宽阔的河流，诸如额尔齐斯河、伊犁河及玛纳斯河；美丽的湖泊，诸如阿尔泰地区的湖泊、伊犁的赛里木湖和天山上的天池[③]；此外，高山融雪、巨大冰川以及河流渗透到准噶尔盆地而形成丰富的地下水资源等。

卡卢瑟斯记录了各种动植物，尤其是大量的动物。由于卡卢瑟斯一行负有收集这些地区动植物标本的任务，所以对沿途动植物甚为重视。他们采集各种山间植物、描述各种树木等。关于动物方面的记述引人注意，诸如野鹿、黄羊、野山羊、野马、野兔、山鸡、骆驼、野驴和狼等动物。卡

---

① 许建英：《卡卢瑟斯笔下的清末唐努乌梁海》，《西部蒙古论坛》2011 年第 3 期。

② Douglas Carruthers，Unknown Mongolia，pp. 371 – 372.

③ Douglas Carruthers，Unknown Mongolia，p. vii.

卢瑟斯一行在山区和平原地带都经常狩猎，并且收获甚丰，可见当时新疆野生动物非常多，很容易就猎获到。[①] 在卡卢瑟斯笔下，新疆蒙古族居住地区动植物种类繁多，各种动物群落颇大。

卡卢瑟斯较详细地记述了考察地区的社会环境。在卡卢瑟斯看来，以准噶尔为核心的新疆蒙古族居住地区社会环境发生巨大变化，主要表现一是蒙古族居住地区存在游牧社会和农业社会两种社会形态，其中蒙古族、哈萨克族和其他游牧民族集中在阿尔泰山和天山山中，汉族、回族和维吾尔族（缠头回回）[②] 等则生活于准噶尔盆地南沿、伊犁河谷、迪化周边以及东疆哈密等地区；二是贸易到处可见，所有人口较为集中地都有巴扎，甚至连阿尔泰蒙古族聚集地都如此，而从事贸易的尤以汉族、维吾尔族和回族为主；三是境内主要道路较为畅通，准噶尔地区处于新疆“北路”，往来于内地的交通线路分别连通迪化—古城—外蒙古和迪化—哈密—甘肃，迪化是连接内地两大交通大动脉的交汇处，然后再由迪化分别通向伊犁和塔城地区；四是与俄罗斯及外蒙古联系，无论是外蒙古或者俄罗斯都与新疆地区蒙古族有着历史与现实的种种问题。此外，卡卢瑟斯也记述了环准噶尔盆地周围诸民族的特征、秉性及其生活状况，尤其是汉族和维吾尔族的农业与商业活动，记述了一些城镇人口和生活，例如当时乌鲁木齐人口约有 7 万，其中维吾尔族约占 1/4。[③]

就卡卢瑟斯的记录来看，他认为新疆蒙古族居住地区资源丰富，人口稀少，历史上是众多游牧民族反复争夺的地方，清政府征服新疆过程中，准噶尔地区是暴乱和不安定的中心。但是，这些地区正在等待着开发，其潜力巨大。

（二）关于蒙古族的记述

卡卢瑟斯对新疆地区蒙古族的记述，没有像记述乌梁海地区那样详细，显得较为分散，这可能是新疆蒙古族居住地区地域广大，民族较多且杂居导致的。其记述大致可概括为下列一些方面。

首先，卡卢瑟斯回顾了新疆蒙古族居住地区的历史，描述了该地区蒙

---

① Douglas Carruthers, Unknown Mongolia, pp. 6 – 7.

② 缠头回回是清代对新疆维吾尔族的称呼，卡卢瑟斯在其考察中也使用该称呼。

③ Douglas Carruthers, Unknown Mongolia, pp. 394 – 495.

古族的现状及其形成。卡卢瑟斯简述了准噶尔利亚（Dzungaria）一词含义以及与准噶尔人（Dzungars）的关系，叙述了其地理面貌和特征；认为今天的准噶尔利亚是原准噶尔政权的中心所在，从历史和种族上看，准噶尔人已不复存在，而“准噶尔利亚”则成为亚洲一个重要的地理分界线。[①]卡卢瑟斯认为该地区历史上是众多部落和民族生息繁衍之地，诸如对匈奴人、鞑靼人及其分支族群，阐述了其活动与影响；回顾了成吉思汗统治下的蒙古族的崛起及其对中亚地区的征服，讲述了准噶尔名称的意义、形成，叙述了准噶尔蒙古族及其与清王朝的战争，记述了土尔扈特部17世纪外迁沙皇俄国及18世纪悲壮东归的历程。[②] 卡卢瑟斯还总结说，新疆游牧人口主要集中于准噶尔利亚的边界山脉地带，诸如在最东面的阿尔泰山脉处是土尔扈特人，最东北面是Kirei人，在北面的边界山脉处是土尔扈特人和西Kirei人，在西面则是察哈尔人，而南面则是土尔扈特人和柯尔克孜人，中央地带除了玛纳斯河沿岸外没有游牧人。[③] 卡卢瑟斯对新疆蒙古族分布状况的描述符合当时实际情况，尽管他对其中原因的解释甚少，也没有论及清政府这样安置的原因。

卡卢瑟斯在其考察中，也涉及政治方面的内容。卡卢瑟斯当然知道他所考察的新疆蒙古族居住地区和蒙古族是大清王朝的领土和臣民，但是蒙古族的政治取向或者说忠诚度也是其秘密考察的内容，例如他在阿尔泰及科布多考察时就曾做过调查，他的结论是当地蒙古族认为自己是附属于清王朝的。[④] 足见新疆地区蒙古族对清王朝的认可度和忠诚度较高。

卡卢瑟斯对准噶尔地区考察和分析后认为，该地区是一个有待开发的广袤地区，但是历史上却迭遭动荡，深受暴乱和起义之苦。他认为必须要有强有力的政府才能开发该地区潜在的财富，必须移入大量人口才能使该地区转变成花园，否则将会遭受俄罗斯之觊觎。[⑤] 此评论颇有道理，深具历史眼光。

其次，社会生活及生产方式。卡卢瑟斯走遍环准噶尔盆地周边地区，

---

① Douglas Carruthers, Unknown Mongolia, pp. 374 – 475.

② Douglas Carruthers, Unknown Mongolia, pp. 377 – 392.

③ Douglas Carruthers, Unknown Mongolia, p. 393.

④ Douglas Carruthers, Unknown Mongolia, p. 370.

⑤ Douglas Carruthers, Unknown Mongolia, p. 396.

考察了山区以及平原地区蒙古族。蒙古族大多居住在蒙古包中，但是在山区和平原地区有所不同，山区仍以游牧为核心，蒙古包较为分散；而平原或者靠近平原地区则有集中居住情况，趋于定居，而且有的地方还有寺庙；也有和其他民族混居的情况，尤其是在城镇中。其中，在蒙古族较集中的一些地区，蒙古包一般选择河流附近搭建，有的地方蒙古包多达数百顶，周围是茂盛的草场，这样的地方被称为"aoul"，意思是蒙古包村。[①]

就生产方式而言，山区和草原的蒙古族仍主要从事游牧业，有夏牧场和冬牧场；但是平原地区的蒙古族也有从事其他职业者，诸如服务于驼队运输和商队；狩猎也是蒙古族重要的生产方式，无论是平原还是山地的蒙古族都较注重。此外，该地区商业活动以汉族、回族和维吾尔族为主，汉族人经营的以内地各种工业品、手工业品以及外国进口商品为主，维吾尔族商人则以新疆当地产的土特产为主，也有俄国进口商品。巴扎深入蒙古族居住集中的各个地方，蒙古族以其畜牧产品交换日用商品和食品等。在蒙古族社会的管理方面，其内部仍沿袭其传统制度，蒙古族头人管理本地区蒙古族。

就交通运输而言，蒙古族仍然以马匹、骆驼为主。但是，在整个新疆蒙古族居住地区，交通和运输情况呈现多样化，既有以骆驼、马匹为运输工具的传统形式，也有马车、牛车运输方式。此外，以准噶尔盆地为核心的北疆地区是清代所谓的"北路"，驿站交通也很重要，北疆重要地区与内地可通过驿站线路相连；维护驿站线路畅通和安全是政府的重要职责，沿途设有专门的武装维护人员。[②] 作为古老商路丝绸之路的重要组成部分，新疆蒙古族所处的北疆地区的商路也维持良好，东面与草原商道相连，南面与河西走廊相通。[③] 北疆地区的商业中心以古城和迪化尤为重要，相对而言其交通居于要冲，人口较多，商队往来频繁。[④] 总的来看，新疆蒙古族当时仍处于传统交通运输网络中，只是蒙古族本身的驼马交通和清帝国的驿站交通及传统商业交通密切关联，当时该地区并没有引入现代交通运输工具，如汽车和火车。

---

① Douglas Carruthers, Unknown Mongolia, p. 553.

② Douglas Carruthers, Unknown Mongolia, pp. 428 - 429.

③ Douglas Carruthers, Unknown Mongolia, pp. 443 - 445.

④ Douglas Carruthers, Unknown Mongolia, pp. 446 - 451.

再次，宗教信仰及风俗习惯。就宗教信仰而言，新疆蒙古族信仰藏传佛教，和西藏有着密切联系，例如，新疆蒙古族去西藏拉萨朝拜。[①] 但是，古代萨满教遗风犹存，在新疆蒙古族居住地区都可以见到。[②]

由于新疆蒙古族大部分居在相对独立的生活地，自成体系，是个较为封闭的社会，因此基本保持其传统的生活方式、家庭模式和独立的婚丧嫁娶习俗。这方面卡卢瑟斯并没有单独详述，有关情况分散于不同章节中。例如，卡卢瑟斯曾描述了博尔塔拉地区的卡尔梅克蒙古族部分生活，他认为卡尔梅克人妇女的服装非常有特点，引人注目。红蓝色的长裙长达脚部，通常不收腰；长袍外套穿着一件短夹衣，颜色一致，只是装饰丰富，袖子宽大。妇女的辫子又长又大，通常罩在外套里面；头饰一般都是黑蓝色的，外沿上翻，外形颇具汉族服装的特点；戴着珊瑚色的帽子，耳朵和头发上总是装饰着丰富的银饰，手指上戴着珊瑚戒指，她们的胸饰都做工漂亮。[③]

关于狩猎方面，卡卢瑟斯记述较多。对于蒙古族来说，狩猎既是其重要的传统生产方式，也是其娱乐和运动项目。蒙古族狩猎除了使用枪外，猎鹰和猎犬也是其重要的辅助工具，尤其是猎鹰使用得非常多，除了猎取野兔、鸟和其他小型动物外，甚至连猎狼都使用猎鹰。在山区悬崖峭壁间狩猎岩羊等动物，尤见狩猎的娱乐和运动特点。赛马和摔跤是蒙古族典型的传统运动方式。

此外，当时迪化等重要城镇中，内地风尚颇为流行，包括生产方式和生活等方面，诸如饮食、服饰、妇女时尚、电灯、戏院和各种内地货物等[④]，这些在蒙古族生产和生活方面产生重要影响。

最后，与其他民族关系。就现实考察而言，卡卢瑟斯所展示出来的新疆蒙古族与其他民族的关系融洽，他们大都居住于山区，游牧和狩猎生活自成体系，自我管理，与外界联系不多。汉族、回族和维吾尔族等其他民族的商业活动通常都延伸到蒙古族居住的地区，日常商业交换各取所需，民族关系因生产活动的互补性而表现出彼此需要与融洽。

---

① Douglas Carruthers, Unknown Mongolia, p. 555.

② Douglas Carruthers, Unknown Mongolia, p. 369.

③ Douglas Carruthers, Unknown Mongolia, p. 554.

④ Douglas Carruthers, Unknown Mongolia, p. 445.

四　卡卢瑟斯对新疆蒙古族居住地区及蒙古族考察的价值

卡卢瑟斯考察队对新疆蒙古族居住地区和蒙古族的考察历时较长，如果从其进入阿尔泰地区算起，到最后离开新疆，有将近一年的时间。卡卢瑟斯对唐努乌梁海地区的考察及其价值已在拙文《卡卢瑟斯笔下的清末唐努乌梁海》中专门讨论过，在此不再赘述。此处就卡卢瑟斯对新疆蒙古族居住地区和蒙古族的考察价值加以简要探讨。卡卢瑟斯的考察虽然聚焦新疆蒙古族，但是由于他所涉足之地均为多民族聚居地区，实际包含的内容甚广，留下的资料较为丰富，在近代西方新疆探险考察史上有着独特的地位和较重要的学术价值。

第一，对研究近代新疆蒙古族居住地区以及蒙古族经济社会颇具价值。我们知道，近代西方在新疆的探险考察史中，尚没有专门以包括唐努乌梁海、科布多以及新疆蒙古族聚居地区为对象进行考察的，卡卢瑟斯的考察可谓是针对性很强的考察，对象专一，内容较为集中；卡卢瑟斯基本跑遍了新疆蒙古族居住的地区①，如前所述，从阿尔泰开始，到伊犁地区、玛纳斯、迪化、哈密、巴里坤、古城等整个环准噶尔盆地。考察内容包括蒙古族的生活环境、政治、历史、经济、社会和风俗等各方面，还有些专题性的考察，诸如狩猎等方面，较为详细和多样化地展示出新疆蒙古族的历史变迁和现实状况，从前面简要论述可见一斑。卡卢瑟斯的专题性考察，在某种程度上说，填补了英国在该地区探险考察的空白，与其他西方考察者相比也颇具特点。

第二，较广泛地记述了新疆蒙古族居住地区的其他多方面内容。虽然卡卢瑟斯是以蒙古族为核心，但是涉及内容却非常广泛。一是自然环境，包括高山、湖泊、沙漠、冰川、平原和峡谷等的考察、测量和记录；二是交通运输，包括交通线路、运输工具、道路维护等；三是城镇村庄，包括对蒙古族的居住点、汉族村落和城镇的考察，对城镇居民和社会状况的记录；四是对新疆其他民族的考察和记录，诸如对汉族、回族、柯尔克孜族和哈萨克族以及维吾尔族的考察，尤其是关于回族的记述较为详细，还有

① 卡卢瑟斯对天山以南的蒙古族地区，即今天巴音郭楞蒙古自治州地区几乎没有详细考察。

专门附录介绍；五是对新疆政治及官员的介绍，诸如乌鲁木齐官员情况、哈密王情况等；六是生产和贸易，诸如境内商业状况、与内地贸易以及和英俄贸易等均有涉及；七是外国对新疆的考察，卡卢瑟斯在其考察报告中较多地总结了西方考察家对新疆某些蒙古地区的考察情况，尤其是俄国和英国探险家，诸如他谈到其中的重要探险家有英国的阿特金森（Atkinson）、N. 伊利亚斯（Ney Elias）、荣赫鹏（Younghusband），俄国的普尔热瓦尔斯基、科兹洛夫、普特宁、皮乌特佐夫和马图索夫斯基等。此外，还有诸如宗教状况、古代及近代新疆地区的社会动荡、当时新疆境内的西方传教士的活动以及外国人在政府的任职情况等。

第三，拍摄大量的图片。卡卢瑟斯考察队借助现代摄影，在考察中拍摄了大量的新疆照片。在《未知的蒙古》两册书中收集的就很多，共发表照片 168 张，其中下册关于新疆部分的照片有 78 张。这些照片内容颇丰，有珍贵的动物照片，诸如蒙古羊、岩羊、黄羊、骆驼、猎鹰、马、野驴、野猪等；有蒙古族的肖像以及关于生活、狩猎、蒙古包的照片；有汉族、维吾尔族、回族等人物及活动的照片；有新疆地形、山口、沙漠、胡杨林、湖泊、冰川的照片；有交通线路、商队、客栈、护路人员的照片；有考察队员制作动物标本、进行考察等方面活动的照片。这些照片大部分都较清晰，其中很多都形象地展示出当时新疆各方面的真实状况，对我们了解和研究当时新疆社会有关情况大有裨益。

第四，绘制多种地图。卡卢瑟斯考察队还利用现代地图测绘技术，沿途绘制了大量交通和地形图。单在这两册书中，作者就附录了 6 幅地图，分别是上册中的《亚洲草图——西伯利亚 - 中国边疆》和《叶尼塞河上游及周围地区盆地图》，下册中的《西伯利亚 - 蒙古边疆草图——俄罗斯 - 中国边疆族群分布图》、《喀力克山高山地区图》、《西北蒙古及准噶尔利亚生物地带图》和《喀力克山与巴库尔山图》；此外在书中还插有较小的地形图和局部地形图。这些图，特别是地形图，绘制得非常精细。此外，正如作者在书中所言，该探险队还绘制了相当多的各种地图和地形图，其中有部分在邮寄回英国途中遗失。

第五，制作大量动植物标本。卡卢瑟斯考察队的主要人员都是地理学家，富有旅行和研究经验。卡卢瑟斯本人还是著名的自然学家，对收集和制作动植物标本情有独钟，而且技术非常精道。他们做好充分准备便于收集动植物标本，诸如装备有探察和搜集植物群和动物群的设备，组织随行驼队。他们每到一处重要的工作之一就是搜集动植物，并制成标本，妥善保管。在这方面他们非常舍得花工夫，例如，为了收集到岩羊的标本，探险队携当地蒙古族向导，在大山中攀援高山峻岭；书中有多幅他们狩猎动物和制作动物标本的照片。他们所收集和制作的这些动植物标本大都完好地运回英国，并保存在大英博物馆中，成为中亚地区重要的动植物标本。

此外，还应该看到，卡卢瑟斯的著作并不是单纯的考察记录，作者研究和借鉴了众多相关著作，尤其是各国探险家关于该地区各方面的考察和记述，作者还较系统地梳理了有关历史和此前探险家及其考察活动。这些对其更好和更具针对性地做好考察是可贵的努力。

所以，从中国新疆考察史以及近代新疆研究的角度看，卡卢瑟斯考察队的考察颇具特点，其考察结果和所收集的种种资料，无疑成为新疆研究的宝贵财富，正如荣赫鹏在为该书所写的序言中所说“关于蒙古族的章节，以一种简明的、如画的形式展现出这个非同一般的民族的历史”[①]。此外，卡卢瑟斯对该地区历史的评述和对未来的关注，也值得我们重视和深思。

（原刊于《西部蒙古论坛》2012 年第 3 期）

① Douglas Carruthers，Unknown Mongolia，p. viii.

卡卢瑟斯笔下的清末唐努乌梁海

1910～1911 年，英国探险家道格拉斯·卡卢瑟斯[①]对叶尼塞河上游的唐努乌梁海、蒙古西部、阿尔泰、准噶尔盆地、伊犁、哈密等地区进行了考察，考察对象主要是蒙古人及其居住地区，有关考察整体的详情笔者另文介绍。卡卢瑟斯对清朝唐努乌梁海地区的考察和记述颇为详细，鉴于清代人们对该地区的考察较少，本文拟就卡卢瑟斯对唐努乌梁海地区的考察加以梳理和介绍，希望有助于对清代唐努乌梁海地区自然环境、当地蒙古人及其生产生活等方面状况的认识。

一 唐努乌梁海的自然环境

卡卢瑟斯所记述叶尼塞河上游的乌梁海地区实际上是清朝所辖的唐努乌梁海，处于唐努山和萨彦岭之间。[②] 唐努乌梁海既指在唐努山一带的乌梁海人，又指上述整个地区。卡卢瑟斯在其记述中将此地区仍称为乌梁海，生活在其中的蒙古人或称为森林中人，或称为乌梁海人，而本文为了便于叙述，一般分别称为唐努乌梁海地区和唐努乌梁海人。唐努乌梁海地

① 道格拉斯·卡卢瑟斯（Douglas Caruthers）系英国自然学家、探险家。

② 关于唐努乌梁海的四至清代略有变化。1727 年，中俄签订《布连斯奇条约》，划定蒙古和唐努乌梁海北部与俄国边界。据此界约，唐努乌梁海北部的中俄国界顺萨彦岭而行，直至唐努乌梁海西北部的沙宾达巴哈，岭北为俄国辖地，岭南为中国领土。中俄双方进行会勘，缔结了详细的勘界议定书，并树立分界标志。1757 年清政府平定准噶尔贵族叛乱后，沙宾达巴哈以西的阿穆哈河一带也归清朝政府统一管辖。此时，唐努乌梁海地区东起贝加尔湖西南的哲得河上游，西至阿尔泰河（即阿勒坦河，今俄罗斯比亚河）与哈屯河（今俄罗斯卡通河）汇合处，北至萨彦岭，南到唐努山、特斯河。19 世纪 60 年代，清朝政府被迫与俄国签订中俄《勘分西北界约记》和《乌里雅苏台界约》，唐努乌梁海西北端阿穆哈河一带地方被俄国割占。樊明方：《清朝对唐努乌梁海地区的管辖》，《中国边疆史地研究》1996 年第 2 期。

区地处北纬50°~53°，东经89°~100°，面积约17万平方公里，地势南高北低，其中东西北三面分别是萨彦岭和西伯利亚，南面接壤蒙古高原，是个盆地。卡卢瑟斯将该地区称为叶尼塞河上游地区，对其中自然环境作了详细考察和记述。

卡卢瑟斯从俄罗斯西伯利亚地区进入唐努乌梁海地区，最后或沿河流，或攀山岩，或上高原，或渡湖泊，或入森林，较为详细地考察了该地区的地理环境。

卡卢瑟斯展现出唐努乌梁海地区的盆地特征。卡卢瑟斯从俄国西伯利亚进入唐努乌梁海地区，记述了该地区南高北低的总体地理特征。著名的叶尼塞河从该地区向北流入西伯利亚，进入北冰洋，因此卡卢瑟斯将唐努乌梁海盆地称为叶尼塞河上游盆地。唐努乌梁海盆地北面、西面和东面被萨彦岭环绕，通过萨彦岭与俄国西伯利亚相连；南面是唐努山山脉，通过该山脉和蒙古高原接壤。其中，北面沿叶尼塞河河谷可以便利地进入俄国西伯利亚地区，南面豁口可入蒙古高原地区。唐努乌梁海盆地底部最低处海拔为500米，周围山脉最高峰为海拔2400米，盆地地势呈现出南高北低的地理特征。

正如卡卢瑟斯所记述的那样，从北面进入唐努乌梁海盆地颇为容易，山口不太高，并没有构成进入盆地的障碍，但是由于原始森林地带难以穿越，盆地与世隔绝。[①] 可见唐努乌梁海盆地北面原始森林茂密，森林带宽阔，使唐努乌梁海盆地充满神秘气氛。这种地理特征使俄国人进入该盆地较为便利，尤其是沿河谷行进较为容易，成为俄国殖民者和贸易者进入该地区，甚至经该盆地向蒙古高原扩张的便捷通道。同时，该盆地南部紧接蒙古高原，既有常用的商道，也有一些鲜为人知的秘密通道[②]，这些是蒙古人往来的大通道，也是中国内地与其保持人员往来和经济、文化交流的要道。唐努乌梁海地区的这两个出口战略意义极其重大，也决定了它受中国内地、蒙古高原和俄罗斯影响。

从盆地北部山上眺望，盆地内景色优美。整个盆地森林密布，连绵不断；初春的草地上点缀着鲜花。一望无际的森林景色宜人，但单调而寂

---

① Douglas Carruthers, Unkown Mongolia, A Record of Travel and Exploration in Northwest Mongolia and Dzungaria, New Delhi, Asian Educational Services, 1994, p. 94.

② Douglas Carruthers, Unkown Mongolia, pp. 114 – 115.

静，使人恍若遗世。从地理特征上看，给卡卢瑟斯的印象是这个处在中华帝国疆域之内的盆地，其地理特征呈现出西伯利亚的特点，至少盆地的北部地区如此。那儿河流、气候和植物等都更类似于西伯利亚，甚至萨彦岭也没有明显界限。[①] 盆地中则常见辽阔草原，夏季绿草茂密，都是天然的牧场。在河谷地带，也分布着片片田地，可以种植春小麦、春稞麦和黍子等作物。

卡卢瑟斯记述了唐努乌梁海周围山脉。他从俄国进入唐努乌梁海后就登上北部的山脉，在其记述中，这儿山脉并不太高，山脚和山腰都是茂密森林，山腰以上逐渐由丛林过渡到草地，长着没膝深的金盏花、茂盛的沼泽植物；接近山顶处长着低矮的杜鹃花、苔藓和地衣。山顶或是光秃秃的石头，其上生长着苔藓与地衣；或是雪峰耸立。无论是向西面延伸连接到阿尔泰山脉或者是东面的萨彦岭，都耸立着很多无名山峰。

唐努乌梁海地区水系较为发达。唐努乌梁海境内有两条主要河流，分别是乌鲁克木河和克木齐克河。这两条河流纵贯盆地东西，汇集山脉中流出的众多小河，形成著名的叶尼塞河。叶尼塞河向北奔流，进入俄国西伯利亚，最后汇入北冰洋。盆地周围丰富的雪山融水使叶尼塞河上游水系发达，水量较丰沛。乌梁海地区也有水量颇大的湖泊，特别是盆地中部与西部地带湖泊较多，景色秀美，其中大湖泊如托基湖（Toji Kul）和诺彦湖（Noyon Kul），面积达 30 平方英里[②]，其中托基湖还被唐努乌梁海人视作圣湖。[③] 而据后人统计，唐努乌梁海的河流及湖泊面积达到 900 多平方公里。[④]

卡卢瑟斯认为，从广义上讲，唐努乌梁海盆地是东亚高原的组成部分。它处在亚洲内陆大高原的界限之内，只是为群山包围；它要比蒙古高原本身略低一些，代表着从西伯利亚平原向蒙古高原过渡的地带，当是蒙古高原较低的台地。而且形成盆地的山脉又构成那些流向北冰洋和太平洋水系的分水岭。[⑤]

---

① Douglas Carruthers, Unkown Mongolia, pp. 96 – 97.

② Douglas Carruthers, Unkown Mongolia, pp. 146 – 148.

③ Douglas Carruthers, Unkown Mongolia, p. 153.

④ 康右铭：《清代的唐努乌梁海》，《世界历史》1988 年第 5 期。

⑤ Douglas Carruthers, Unkown Mongolia, pp. 98 – 99.

唐努乌梁海盆地东西伸展，大致呈梨形。北面的萨彦岭山脉环抱盆地北半部，该山脉西端延伸到阿尔泰山系中，东段则连接形成贝加尔湖盆地的无名山脉。南部则是和萨彦岭对应的唐努山脉；只是东部山脉没有特点。这儿有个山间豁口可连通蒙古高原和唐努乌梁海盆地。[①]

唐努乌梁海盆地气候独特。冬季不是很冷，草原上积雪很薄，甚至牛群都可以靠吃薄雪覆盖的枯草越冬。盆地降水不均，东部和北部多，而西面和南面较少，夏季甚至还降暴雨，可导致洪灾。总的看来，气候属于中大陆性，不干不湿，冬夏气温变化大。[②]

唐努乌梁海地区自然资源丰富。首先是大量的原始森林，拥有多种木材资源。其次是众多的动物、鱼类资源，诸如紫貂、灰鼠、水獭、驯鹿、猞猁、熊、狼等，可提供大量毛皮；河流、湖泊众多，鱼类颇丰。再次是矿产水力资源丰富，唐努乌梁海地区蕴藏着金、铜、铁、盐等多种矿物资源，而其众多河流和湖泊则蕴藏着大量水力资源。

二　唐努乌梁海地区的交通与生产活动

卡卢瑟斯对唐努乌梁海地区的交通情况以及唐努乌梁海人的生产活动也做了多方面考察和记录。

首先是交通和运输。唐努乌梁海地区为群山环抱，对外交通不便，仅有几个山口可以进入盆地，有几条路线可以穿过盆地，周围边界扼交通要道。有两个特点决定该盆地道路的位置及走向，即山口所处位置和道路所连接的蒙古及西伯利亚贸易中心的位置。米努辛斯克（Minnusinsk）是盆地北部仅有的城镇，乌里雅苏台和科布多是南部的居民点。但是联系这些城镇的道路只有两条，另外还有些鲜为人知的山口和小路，只有那些小商贩和山中猎人使用。有 4 个山口可以通向萨彦岭，其中经最东面阿尔基亚克山口（the Algiak Pass）的路线最短；经最西面莎宾达巴山口（the Shabindaba Pass）的道路是唯一易行的贸易路线，经过唐努乌梁海盆地连接蒙古与西伯利亚。在盆地内部，有的道路可称为公路，可以走马车。除

---

① Douglas Carruthers, Unkown Mongolia, p. 100.

② Douglas Carruthers, Unkown Mongolia, pp. 110 – 111.

了地质松软地方、沼泽地区和森林地带外，很多地面都是坚硬而平整的草地，适合各种交通，因而不需要花费财力建设公路。盆地东部有几条路可通蒙古高原，只是鲜为人知。①

唐努乌梁海境内以乌鲁克木河与克木齐克河为主的众多支流汇成叶尼塞河上游水系，构成了较为便利的水路交通线，形成水上运输，可以通达盆地最远的地方。但是，据卡卢瑟斯考察，唐努乌梁海人仍多使用木筏和独木舟，鲜有制造和使用船只者，这种情况决定了唐努乌梁海人使用水路较多，但其运输水平仍然相当低下。② 另一种重要交通工具是马匹，这是当地人陆上运输的主要工具；冬季也使用雪橇等雪地工具，但不过是交通辅助工具而已。

此外，运送行囊渡河颇为有意思。唐努乌梁海人使用马匹拖曳木筏，将马尾上系一个环，用绳子一端绑在木筏上，另一端则绑在环上，用木杆或马辔引导，也可由人在侧引导。这种办法虽然原始，却很实用，一是可以保证马匹安全，二是木筏制作快，马匹则到处都是。③

其次，关于生产活动。唐努乌梁海人的主要生产活动是狩猎、驯鹿和种植少量粮食。作为唐努乌梁海人的传统生产项目，狩猎占着重要地位，但是其狩猎工具原始，多用落后的猎枪、猎狗，陷阱使用较少。唐努乌梁海人并不进行大型捕猎活动，主要以捕获猎物毛皮为主。唐努乌梁海人每年要以各种兽皮纳贡，致使毛皮贵重。而对猎物的肉，人们大都是随地烧烤吃掉。如前所述，这些拥有珍贵毛皮的动物包括紫貂、灰鼠、水獭、猞猁狲、驯鹿、狐狸、狼等，其中前 4 种动物的毛皮多用于出售、交换日用品和运至内地作贡品，而后者的皮主要用于制作当地人所需要的衣服等。④此外，唐努乌梁海人也捕鱼，或是自己食用，或是用于贸易。⑤

畜牧业是唐努乌梁海人的重要产业，是其经济基础。一般牧民家都放牧有羊（包括山羊和绵羊）、牛、马，有些家庭还饲养骆驼和驯鹿。牧场分为冬季牧场和夏季牧场，冬季牧场都在山间谷地，牧民居住在用羊毛制

① Douglas Carruthers, Unkown Mongolia, pp. 113 - 117.

② Douglas Carruthers, Unkown Mongolia, p. 109.

③ Douglas Carruthers, Unkown Mongolia, p. 223.

④ Douglas Carruthers, Unkown Mongolia, pp. 157 - 158, 227.

⑤ Douglas Carruthers, Unkown Mongolia, p. 153.

成的御寒毡房中；而夏季牧场是在高山上，牧民居住在用白桦树皮制作的夏季“毡房”中；春秋是牧民转场季节。拥有牲畜数量多寡是衡量家庭财富的重要标准，卡卢瑟斯考察时，唐努乌梁海人家庭尚可称富足。据俄国考察家科恩此期考察报告，中等户一般拥有马50~70匹、牛40多头、绵羊和山羊460多只，骆驼2~3峰。当然，贫富不均也较严重，贵族、官员和寺庙占有的牲畜较多。[①] 另外，饲养驯鹿也颇重要，是牧民的重要财富；有的养鹿点驯鹿多达数百头。驯鹿较易饲养，鹿肉可以食用，鹿茸用于进贡和贸易，鹿皮可用于制作衣服；而驯鹿本身还可以用于运输，特别是冬季，可用来进行运输。[②]

此外，要补充的是，对唐努乌梁海人来说，鹿非常重要，不同的鹿都有各自的用途。獐子主要提供肉；麝香鹿不仅有上好的皮，而且还有值钱的麝香；驼鹿和马鹿可提供丰富的肉，鹿角也用于贸易。[③]

粮食生产在唐努乌梁海人的生产活动中并不占重要地位，只是在河谷地带种植些春小麦、春稞麦和黍子等农作物。其生产工具落后，使用铁锹和镐翻地；耕作方法粗放，大都播种后就不再管理，直到庄稼成熟；土地很少施肥，经常休耕以保持土地肥力。

再次是唐努乌梁海人的贸易活动。作为唐努乌梁海人经济生活的重要组成部分，贸易活动颇具特点，其主要贸易是和俄罗斯人及中国内地交易，其中尤以俄国人贸易为多。唐努乌梁海人主要需要糖、面粉、茶叶、灯花、烟叶等日常用品，而且很多人并没有现钱，多用珍贵的毛皮交换[④]；皮子、羊毛、黄油等产品则销售到西伯利亚。此外，唐努乌梁海地区出产盐，主要产于盆地南部的唐努山南坡和乌萨湖（the Ubsa Lake）北面，据俄国人阿德里亚诺夫（Adrianoff）估计每年有540000磅盐出口至俄国。[⑤] 另外，唐努乌梁海也盛产黄金，但多为俄罗斯人经营，当地人则被雇用为矿工。在贸易方面，既有较为集中的贸易点，也有往来的商队。

此外，唐努乌梁海人也从事手工业，主要是生产和加工家庭用品、服

---

① 转引自康右铭《清代的唐努乌梁海》，《世界历史》1988年第5期。

② Douglas Carruthers, Unkown Mongolia, pp. 127 - 128.

③ Douglas Carruthers, Unkown Mongolia, p. 227.

④ Douglas Carruthers, Unkown Mongolia, p. 215.

⑤ Douglas Carruthers, Unkown Mongolia, p. 221.

装和用于交换的土特产品，诸如缝制装饰品，制作毡毯、毡房、日常铁器制品和木制品，此外还处理毛皮等。

在建筑方面，唐努乌梁海人主要居住在毡房中，房屋建筑很少，其中寺庙建筑是其代表。一般寺庙建筑物风格以中国内地的汉族建筑风格为主，也杂糅有俄罗斯建筑的某些设计特点①，而寺庙内装饰和陈设则体现出诸多藏传佛教寺院的建筑装饰特点。

三　唐努乌梁海人的生活及习俗

关于唐努乌梁海人的生活及习俗，卡卢瑟斯也做了较为详细的考察和记述，我们可从日常生活、宗教信仰及活动、传统习俗和娱乐等几方面加以梳理。

（一）唐努乌梁海人生活简朴

唐努乌梁海人日常生活极为简朴，有些方面近于原始。就居住的小环境而言，唐努乌梁海人喜欢居住在原始森林中，或是高原牧场，或是山间谷地，所以他们被称为“乌梁海人”（意即“森林中人”）。他们生性羞涩，大都能以所放牧的牲畜和狩猎来的动物肉为食，不愿到森林外面居住，一般到森林外换取生活用品后就立即返回森林深处，与荒野为邻，尤其担心外人侵扰②，因此其居住圈封闭而孤独。他们通常居住在毡房中，尤其是冬季，夏季有的可居住在用白桦树皮制作的“毡房”中。

唐努乌梁海人的衣服几乎是用动物皮制作的。冬季，他们穿着沉重的羊皮或者獐子皮作的外套，鞣制的皮革朝外，以天鹅绒饰边；鞋袜非常奇怪，几乎和爱斯基摩人的完全一样，即用鞣制良好的毛皮制成软软的长筒靴，靴筒多是用牝鹿或者麝香鹿毛皮片缝制而成。③ 戴的是毛皮帽，要么是圆锥形，要么是马面形。后一种帽子颇为奇怪，仅见于唐努乌梁海地区。夏天，他们穿着宽松的中式长褂，多是用从中国内地商人那儿购买来的蓝色布料制成的。圆形手腕皮革带、俄制小刀、蒙古打火石和火镰、汉

① Douglas Carruthers, Unkown Mongolia, p. 150.

② Douglas Carruthers, Unkown Mongolia, pp. 213, 215.

③ Douglas Carruthers, Unkown Mongolia, p. 219.

族人的烟袋、用于挂在脖子上的佛教护身符等，这些就是他们的全部行头。女孩子的服装几乎完全和男人的一样，只是已婚妇女的衣服要更长些、更宽松些。①

驯鹿饲养者的生活则极为简单。其食物能够维持生命即可，夏季鹿奶是主要食物，辅以一种叫作卡尼克（Kanic）的植物根（是一种百合花科植物，在山中挖掘来的）；冬季则以此种根茎面及秋天腌制的猎物肉为食。有些部落的食物包括马奶、牛奶、奶酪、羊肉等。此外，还有购买来的食糖、茶叶、蓝布、烟叶、火药、铁锅和茶壶等，日用家什极为简单。②

如前所述，唐努乌梁海人居住的是毡房，其中冬季毡房是用毛毡搭成，而夏季“毡房”则是用白桦树皮做成。

（二）宗教信仰

唐努乌梁海人信仰萨满教与喇嘛教，而这两种宗教对其影响甚为深刻，在其日常生活和精神生活里表现突出，卡卢瑟斯的考察可概述如下。

1. 关于萨满教信仰

唐努乌梁海人早期信仰萨满教，此种原始宗教在卡卢瑟斯考察唐努乌梁海时只有西伯利亚一些部落和唐努乌梁海人仍在信奉。古代所有北亚民族，诸如通古斯人、蒙古人和突厥人等，都信仰此种宗教。但是至20世纪初情况则完全改变，西伯利亚地区的人们已信仰基督教，法律禁止信仰萨满教；突厥人已经完全信仰伊斯兰教，而在唐努乌梁海地区佛教是公开的宗教。不过，唐努乌梁海人对萨满教的信仰仍然至为深刻，认为萨满教是其真正的信仰。卡卢瑟斯认为，当时唐努乌梁海人所信仰的萨满教是一种各阶段原始信仰的混合类型——从盲目崇拜到一神崇拜，因为在此可以见到自然物神化仍很流行，诸如对树木、山岳等的神化与崇拜。这些虽反映出唐努乌梁海人的迷信，但是也表明其亲近自然、保留古老崇拜之特点。通常萨满手握各种超自然的和神界的各种器物进行法事或者巫医活动。唐努乌梁海人用各种偶像和形象将盲目崇拜具体化，如牧群的诸守护神以及和祖先崇拜形式关联的崇拜。祖先被认为是另一个世界的调解人，萨满拥

① Douglas Carruthers, Unkown Mongolia, pp. 219 - 220.

② Douglas Carruthers, Unkown Mongolia, p. 221.

有唤醒他们并向其求助的力量。[①] 在唐努乌梁海人中，对祖先崇拜表现为多种形式。在俄罗斯西伯利亚南部、叶尼塞河上游盆地都发现大量古代石人、坟墓，其中很多是古代突厥人的遗俗，但是也有不少蒙古人的痕迹。[②] 所以，可以说唐努乌梁海人的祖先崇拜由来已久。

纯粹的、独创的萨满教存在于唐努乌梁海人的家庭生活中。[③] 佛教是一种职业，而生活在森林中、过着简单生活的唐努乌梁海人认为，佛教诸多仪式应由受过良好宗教教育的人来承担，而非普通人。[④]

另一个与萨满教密切关联的是敖包，用以表明此处的神圣性。唐努乌梁海的敖包颇有意思，既有石头堆积起来的，也有松树干支撑起来的，甚至还有用灌木枝堆砌的（看起来就像巨大的篝火堆），有的像是用树枝搭成的电话亭，里面放有供给神的食物、神圣的佛像、大量的木制动物。事实上，唐努乌梁海敖包用作储存献给保护牲畜精灵和能够给其狩猎带来好运的供品之目的。[⑤] 也有永久性的敖包，这种敖包大多在小山顶上。

2. 关于喇嘛教的信仰

除了萨满教外，唐努乌梁海人也信仰喇嘛教。喇嘛教又被称为黄教，属于藏传佛教，源于西藏，后传播到蒙古地区。喇嘛不事耕作，专以佛事。喇嘛教传入蒙古地区后受到蒙古贵族的支持，形成强大势力。清政府尊重蒙古族的宗教信仰，对喇嘛教采取保护性政策，喇嘛教在蒙古地区得到进一步发展，唐努乌梁海地区也是如此。喇嘛教的活动中心是喇嘛庙，喇嘛在此念经、修行，进行各种佛事活动；此外，喇嘛庙在当地也是重要的贸易场所。清末，唐努乌梁海地区喇嘛庙数量较多，喇嘛众多。据 1913 年当地政府统计，仅克木齐克旗，至少就有 15 座喇嘛庙；其中两座大喇嘛庙分别有 150 名和 70 名喇嘛，此外还有奴仆。[⑥]

唐努乌梁海地区喇嘛教对当地影响巨大。在经济上，喇嘛在当地拥有土地、牧场，从事运输、贸易活动，并利用其较为完备的宗教体系控制当

① Douglas Carruthers, Unkown Mongolia, pp. 243 – 245.
② Douglas Carruthers, Unkown Mongolia, pp. 61 – 65.
③ Douglas Carruthers, Unkown Mongolia, p. 251.
④ Douglas Carruthers, Unkown Mongolia, p. 252.
⑤ Douglas Carruthers, Unkown Mongolia, p. 245.
⑥ 康右铭：《清代的唐努乌梁海》，《世界历史》1988 年第 5 期。

地经济生活。在精神和政治管理上，喇嘛教内部等级森严，其中高级喇嘛控制着普通僧侣和奴隶；喇嘛有着很高的社会地位，利用民众对喇嘛教的信仰进行统治；高级喇嘛与政府联系密切，有的甚至兼任官员。在社会上，喇嘛教还影响着部落分布和人口迁移。喇嘛庙代表该地区仅有的定居生活，由于喇嘛教的影响和宗教生活的需要，牧民们愿意向喇嘛庙周围集中，部分牧民逐渐定居下来。人口的集中和宗教活动的开展，使贸易也成为必然；有的地方围绕喇嘛庙还形成行政中心，甚至成为部落的总部，例如库里亚（Kuria）喇嘛庙就是如此。①

（三）传统习俗

唐努乌梁海人有着独特的传统习俗。他们对女人都颇为欣赏，其原因一是妇女数量不是很多，二是家庭必须要拥有孩子。妇女承担大多数家务，不过妻子犯罪或者行为不端，男人则要承担全部责任。他们普遍希望多要孩子，延续家族，而并不担心生计问题。人们更想要男孩，女孩则并不那么受期待。关于财产继承方面，如果父亲去世，家庭财产在所有家庭成员中平分。所以，对家庭而言，女孩不仅要嫁人，而且还要使家庭损失财产；而男孩则可以送出做喇嘛。②

唐努乌梁海人多靠巫医治病。而当疾病和死亡笼罩着其家人时，他们更愿意诉诸黑色巫术，交由巫医驱逐病魔。萨满巫医既有男的也有女的，多是世代家传。驱赶病魔活动或在毡房内举行，或在室外举行。一般萨满巫医身穿长袍，有的身穿鹿皮衫，有的鹿皮衫上饰有无数彩布块，身背饰有很多铁片的铁条，有的从脊背到右臂和脚都悬挂着布条；手持鹿皮鼓。③

唐努乌梁海人丧葬方式。唐努乌梁海人对死者的安葬方式近似于天葬，人死后，将尸体曝放于小山顶上，任由野兽吃食。这种丧葬方式颇为独特，也充满迷信色彩。他们认为，一生结善者死后尸体很快就会被众鸟和野兽吃光，而其他人则不会享受此种荣誉。停放尸体处通常用一面白旗做记号，意在警告陌生人不要靠得太近；而那些臭名昭著的坏人死后则无

---

① Douglas Carruthers，Unkown Mongolia，pp. 210 - 212.

② Douglas Carruthers，Unkown Mongolia，pp. 221 - 222.

③ Douglas Carruthers，Unkown Mongolia，p. 252.

此记号，任由他人接近。[①]

唐努乌梁海人虽然气质有些忧郁，但是并不排斥音乐和歌唱，有时甚至还会沉溺于唱歌和音乐中，以表达自己的情感。他们的一种长笛颇为有意思，演奏这种笛子不是吹气，而是吸气，其声音凄婉感伤。唐努乌梁海人还有模仿风笛的特殊技能，此外还有巫医的鼓、喇叭和奇异的二弦琴。令人感兴趣的是唐努乌梁海人的音乐充满了该民族的忧伤。[②] 在喇嘛教的不少宗教仪式上，经常听到一些宗教音乐，可见到宗教乐师使用长号、鼓等乐器演奏。[③]

唐努乌梁海人的艺术主要限于木刻和岩画。这些木刻用于装饰小敖包、神龛，以献给保护他们牲畜的诸神和保护猎人的精灵。所雕刻的有各种动物，诸如骆驼、驯鹿、牛、羊、鹿、黑貂和海狸等，都富于创新性。此外，他们还雕制一些寺庙家具，制作旗帜、乐器、喇嘛服装以及衣服上的图案，都呈蒙古或者汉族风格。[④]

关于娱乐方面。唐努乌梁海人的娱乐活动很少，主要有赛马和摔跤比赛。在唐努乌梁海，只有蒙古或者佛教影响力大的地方才有赛马和摔跤比赛，而那些饲养驯鹿者并不喜欢此项消遣娱乐，不过在一年一度寺庙的宗教仪式上则是例外。唐努乌梁海人的摔跤是蒙古式摔法，胜者要绕圈跳奇异的舞蹈，首先用手拍击自己的大腿，然后再拍击地面。在向圣山跪拜后，他会从诺彦和大喇嘛那儿得到奖品——奶酪；在先品尝后，他慷慨地将奶酪抛向人群，多是博取孩子们的高兴。[⑤] 卡卢瑟斯同伴卡姆伯尔（Campbell）曾记述过比赛情况，发现唐努乌梁海人摔跤还有个有趣现象，即一般总是“俗人对喇嘛”，或者是“寺院对政府的比赛”。在这种比赛里，非常有趣和值得注意的是，最后结果通常都是以“寺院”轻易获胜而结束，“似乎要证明喇嘛最强壮和他们的身体最发达”。[⑥]

① Douglas Carruthers, Unkown Mongolia, p. 253.

② Douglas Carruthers, Unkown Mongolia, pp. 222 - 223.

③ Douglas Carruthers, Unkown Mongolia, pp. 248 - 249.

④ Douglas Carruthers, Unkown Mongolia, p. 223.

⑤ Douglas Carruthers, Unkown Mongolia, p. 186. 另外，诺彦为 Noyon 之音译，意为官员。

⑥ Douglas Carruthers, Unkown Mongolia, p. 225.

四 唐努乌梁海人

唐努乌梁海地区居住的是乌梁海人（Uriankhai）或者乌梁古特人(Uriangut)，这些称呼是中国所使用的名字。其实，最初该汉文名字所指甚广，适用于沿西伯利亚－蒙古边境的诸部落，包括叶尼塞河上游盆地的秃巴人、科索郭尔（Kossogol）湖的回鹘（Uighurs）人、跨贝加尔湖的通古斯人（Tunguses），该词的意思为“居住在森林中的人”（Forest－dweller)。后来，该词仅仅指叶尼塞河盆地上游居住者以及居住在阿尔泰东部山中的一个小部落。居住在叶尼塞河上游的诸部落自称秃巴（Tuba），此名字仅指这些部落。卡卢瑟斯从历史渊源上叙述了唐努乌梁海人的来源，与周围部族的关系以及俄国人对其的称呼。

关于唐努乌梁海人的数量很难准确估计。卡卢瑟斯引述其他考察者的估算数据，唐努乌梁海中央盆地的人口最多为10万。卡卢瑟斯记述了不少秃巴人的特点，可简要概述为下列几个方面。

关于唐努乌梁海人的居住地。卡卢瑟斯记载称，在其考察该地前不久，唐努乌梁海人还放牧和居住在萨彦岭北坡，包括坎达特（Kandat）河、卡兹尔（Kazir）河及秃巴（Tuba）河之河源地区，但是至1910年他们考察的时候，唐努乌梁海人只能在冬季狩猎时访问萨彦岭分水岭以北地区。[①] 实际上，1727年，中俄签订布连斯奇条约，确定萨彦岭为两国的共同边界，岭以北归俄国所有，岭以南属中国领土。卡卢瑟斯记载的情况表明，当时这些游牧地方控制得并不严格，唐努乌梁海牧民很长时间内仍维持其传统的习惯游牧区域。

关于乌梁海人的社会及经济环境。由于各部所居环境差异甚大，唐努乌梁海人各部社会生活相当不同。卡卢瑟斯认为可以将叶尼塞河上游盆地的三个部族合为一体，他们是最典型的，也是最不受外部影响的部族。而叶尼塞河中央及下游盆地则又不同，他们的居住环境接近蒙古高原，其部族和蒙古人接触更多。托基（the Toji）部落、萨拉吉克（the Saljak）部落和马尔迪（the Mardi）的居住环境多少相近，都以森林为栖息地，针叶林

---

① Douglas Carruthers, Unkown Mongolia, p. 202.

地带为其活动场所；他们或居于牧草茂盛的牧场，或居于杂乱的丛林中，其生活习性完全受栖息环境所塑造。这三个部落可视为最具特点的唐努乌梁海人，他们的游牧性并没有获得充分发展，但是仍可被列为游牧种族。他们保留着变换居所的习惯，因此任何情况下其居住处都便于和易于迁移，从不建筑永久性房屋。有的则随所放牧牲畜不同而各异。而与上述三个部落不同的是生活在克木齐克地区的那部分唐努乌梁海人，他们受外部影响甚大。这二者之间的差异巨大，几乎是从纯粹蒙古人特征到典型欧洲人特点，只是克木齐克地区的部族更接近于蒙古类型。

上述部落人体特征差距非常明显。以阿拉苏（Ala－su）驯鹿人为例，没有一种类型，或者几乎没有任何两个个体的特征相像。根据卡卢瑟斯的考察，就整体来看，他们体型相当小，瘦长而结实，使其外表显得敏捷而机警；不过有些则体型强健，比例协调。据估计，其平均身高男性为 5 英尺 4 英寸到 5 英尺 6 英寸，女性为 4 英尺 6 英寸到 4 英尺 7 英寸。他们的面部特征要么是典型的蒙古人特点（“描画的”上眼睑、杏仁状的眼睛，宽阔而突出的面颊骨），要么是欧洲人特征（眼睛大而圆，鼻子通常薄而呈鹰钩状，面颊极少有突出者）。后者类型在叶尼塞河盆地上游几乎很普遍，而后者则在克木齐克地区显而易见。驯鹿部落人的头发大都黑而直，且相当好；但是，也常有浅色及褐色头发，尤其是小孩头发。而克木齐克地区的部落人肤色黑，体型较高，面颊很高。[①]

根据观察，在唐努乌梁海人中，金发碧眼类型存在于驯鹿人部落，这证明他们受外界影响甚少，是最原始的族群。而那些居住在易于交流和能够接触异族人之地的唐努乌梁海人，则并没有金发碧眼的情况。[②]

例如，托基部落的驯鹿饲养人非常有意思。他们在山脚和山腰上都有牧场，两个牧场蒙古包的木架不用拆卸。春天转场到高海拔牧场，约有 4 个月时间；秋天再返回冬季牧场。而那些不饲养驯鹿的牧人，则完全根据草场来迁徙。[③] 其中，驯鹿饲养人长期居住在森林，和外界交往极少，形成了独特的羞涩、孤立、怕外人进入森林以及迷信的性格特点。他们依赖狩猎技术及其驯鹿饲养知识生存，因此他们形成自力更生和独立的习惯，

① Douglas Carruthers, Unkown Mongolia, pp. 216－217.

② Douglas Carruthers, Unkown Mongolia, p. 218.

③ Douglas Carruthers, Unkown Mongolia, pp. 210－211.

在对内部事务的处理上也是依靠自己。[①]

唐努乌梁海人生性慵懒而独立。他们只是在想干活的时候才去工作，并不愿意为生活得更好而拼命狩猎，也不愿意通过贸易获利，借以改善生活。卡卢瑟斯认为他们是“森林之子”，没有使自己生活更好些的想法。[②]他们生性羞涩而野蛮，很少外出去村镇上，最多匆匆到贸易中心去交换些生活必需品。

五 清朝中央政府对唐努乌梁海的管理

唐努乌梁海地区和清廷的关系。清代以前，西蒙古和托辉特部控制着唐努乌梁海。1686 年，清廷通过喀尔喀蒙古间接控制唐努乌梁海地区；至 1715 年，清军招抚策棱旺部所统率的乌梁海，最终统一整个唐努乌梁海地区。

根据卡卢瑟斯考察和记载，唐努乌梁海人分为 5 个主要部落，其部落名字及分布如下。(1) 托基部落，居住在盆地东部的贝伊 (the Bei) 河上游地区。(2) 萨拉吉克部落，居住在库阿 (the Kua) 河以南直到最西边的伊莱格奈斯 (the Elegness) 山谷。(3) 马尔迪部落，该部落较小，居住在乌塔 (the Utt) 河及乌伊乌克 (the Uiuk) 河之间。(4) 奥伊纳 (the Oina) 部落，处于乌卢 (the Ulu) 河两岸以及萨拉吉克、马尔迪和克木齐克 (the Kemchik) 部落之间。(5) 克木齐克部落可分为两部分，其中克木齐克山谷的人口占整个盆地人口的 1/3。这些主要部落被分为许多宗族，分别聚居在属于自己的地区。上述 5 个主要部落都有其牧场和狩猎地。在乌梁海盆地内部，这些部族可以在分配给自己的牧地或者狩猎场内随意流动，这些地方是清廷分配给他们的保留地。[③]

实际上，和蒙古地区的惯例一样，清朝政府在唐努乌梁海地区推行的也是盟旗制度。唐努乌梁海地区共划分为 5 个旗，除了库仑大喇嘛直属的喇嘛旗外，其他四旗分别是唐努旗、萨拉吉克旗、托基旗和克木齐克旗。这四旗都分别设 1 名总管及若干名官员。旗下设佐，每佐 150 户，每户 1

---

① Douglas Carruthers, Unkown Mongolia, pp. 213 - 214.

② Douglas Carruthers, Unkown Mongolia, p. 215.

③ Douglas Carruthers, Unkown Mongolia, pp. 202 - 203.

丁，共150丁，设左领等官若干名。各旗事务由总管负责，总管则是由乌里雅苏台将军统辖。①

据卡卢瑟斯记载，每个部落设一名诺彦，负责本部政府事务及税收，托基部落、萨拉吉克部落、乌伊纳部落和马尔迪部落都相对较小，其诺彦均对克木克齐大诺彦负责，而后者则在税务和唐努乌梁海地区内政事务诸方面直接对乌里雅苏台将军负责。②

唐努乌梁海与清政府的关系。卡卢瑟斯记载称，虽然唐努乌梁海地区遥处中国极西地区，但是清政府管理得很好。唐努乌梁海每年向朝廷进贡，北京宗主权给当地部落头领以立足点，后者愿意通过进贡获得中央当局的认可。③

在唐努乌梁海人内部，除了上述诺彦外，还有小头领，诸如富人头领以及地位更低的牧民，牧民也是构成社会的主体。除此之外，宗教力量也很强大，喇嘛具有很高的社会地位，对部落事务颇具影响，同时对其领有的牧民收税过度。④ 实际上，从人类社会发展的历史进程来看，当时唐努乌梁海秃巴社会尚处于封建领主制阶段，其居民分为五部分，分别是："贵族、喇嘛、平民、牧奴和奴隶。"⑤

在税收制度方面，外国人的记载多有不同，就卡卢瑟斯考察和记载，其情况如下。税收是根据每顶蒙古包主人来收取的，依照每顶蒙古包所拥有的牧群总数来核定税收数额，不管各蒙古包是个大家庭或者只有一个人。而那些既没有蒙古包又没有牧群的穷人则免于税收。其他税收还有，按照每千头牛收3张黑貂皮，或者120张松鼠皮征收，可见税收根据各户的财富而不同，从松鼠皮收起。卡卢瑟斯认为这些税收的计算是个问题，各时期浮动较大，难以准确统计。⑥ 实际上，清朝中央政府规定唐努乌梁海地区每年缴纳赋税多以贡赋名义交纳，主要是珍贵动物的毛皮，也有少量鹿茸及名贵药材。其中毛皮数量为3000张貂皮，可用其他毛皮替代；据西方考察家计算，其价值约合60000卢布，大约占当地牛群总数的1/10。⑦

---

① 康右铭：《清代的唐努乌梁海》，《世界历史》1988年第5期。

② Douglas Carruthers, Unkown Mongolia, p. 204.

③ Douglas Carruthers, Unkown Mongolia, pp. 206 – 207.

④ Douglas Carruthers, Unkown Mongolia, p. 206.

⑤ 康右铭：《清代的唐努乌梁海》，《世界历史》1988年第5期。

⑥ Douglas Carruthers, Unkown Mongolia, pp. 207 – 208.

⑦ Douglas Carruthers, Unkown Mongolia, p. 206.

事实上，唐努乌梁海人还必须承担各种国家差役，诸如办理驿站和接待国家及上级来员，承担乌里雅苏台等地的轮戍。乌里雅苏台将军握有直接掌管颁发印信和封赏权力，还时常勒索贿金等。当然，这些不为卡卢瑟斯所知。此外，唐努乌梁海各盟旗政府以及寺庙及喇嘛还要收取税收、费用，甚至财物，其名目繁多，负担沉重。所以，清朝中央政府赋税以外的各级税费、差役的负担要远远超过清朝中央政府所收赋税。[①]

此外，卡卢瑟斯记载的俄国在唐努乌梁海地区的活动也颇值得注意。

首先，俄国与唐努乌梁海地区交通联系比较便利。由于唐努乌梁海地区与俄罗斯西伯利亚地区毗连，交通联系较为便利。一是通过叶尼塞河可以经水路通行，二是有些山间孔道连接萨彦岭南北两侧。这给俄罗斯人进入唐努乌梁海提供便利，俄罗斯人易于进入唐努乌梁海地区进行考察、贸易和开矿等活动，甚至进行政治渗透。

其次，俄国与唐努乌梁海地区贸易联系多。由于俄罗斯商品经济较为发达，商品较为丰富，经济相对原始落后的唐努乌梁海地区成为俄国开拓贸易的市场。俄罗斯生产的日常用品运到唐努乌梁海后，多是以易货贸易的形式进行交易，换取当地的动物毛皮、药材、肉类等。

再次，俄国在唐努乌梁海的殖民活动。由于俄罗斯较为发达的现代理念和生产活动，与唐努乌梁海人原始的生产、生活方式相比较具优势，因此进入唐努乌梁海地区的俄罗斯人成为殖民者，建立贸易据点，开拓交通线路，开发采矿点，并且可以雇用当地人为其工作。

此外，伴随着贸易等活动，俄罗斯政治、文化影响也逐渐加强，使唐努乌梁海人对西伯利亚有所了解，并受其较大影响。据卡卢瑟斯考察，由于唐努乌梁海地区富人压榨穷人，强者欺凌弱者，结果导致一个日益增长的趋势，即当地人将西伯利亚视为自由的土地。随着俄罗斯人流入叶尼塞河上游地区，此种趋势将会加快，所以，“俄罗斯人合并唐努乌梁海地区只不过是个时间问题”[②]。可见，俄罗斯此时对唐努乌梁海地区的影响已经甚大。

（原刊于《西部蒙古论坛》2011 年第 2 期）

① 康右铭：《清代的唐努乌梁海》，《世界历史》1988 年第 5 期。

② Douglas Carruthers, Unkown Mongolia, p. 206.

泰克曼笔下的新绥汽车线路及蒙古族

1935 年 10～11 月，英国外交官艾里克·泰克曼（Eric Teichman）[①] 奉命出使中国新疆，旨在理顺英国和中国新疆地方政府之间的关系、了解苏联在中国新疆的活动以及盛世才政权对国民政府的态度，泰克曼使新是民国时期英国和中国新疆关系中的一件大事。同时，从近现代外国在内陆亚洲探察史的角度来看，泰克曼之行也颇具意义。泰克曼率员乘坐两辆卡车，从绥远[②]前往新疆省首府迪化（今乌鲁木齐），然后再由迪化赴南疆喀什噶尔（今新疆喀什），成功地乘汽车穿越内陆亚洲。[③] 本文选择泰克曼从绥远至新疆迪化这段新绥路线，从泰克曼使新的背景、线路情况以及对沿途蒙古族与事等方面加以简要梳理，以期有益于对民国时期新绥之间交通及蒙古族的研究。

一　泰克曼及其出使中国新疆背景

艾里克·泰克曼爵士 1884 年 1 月 16 日出生于英格兰诺尔福克（Norfolk），1944 年 12 月 3 日在其家乡诺尔福克的庄园中被美国士兵枪杀，时任英国驻华大使馆顾问。

艾里克·泰克曼是英国外交家和东方学家。泰克曼早年在剑桥大学就读，毕业后赴中国从事外交工作。在中国工作的早期，他曾经有机会先后在陕西、甘肃、四川、西藏等地旅行和工作。20 世纪 30 年代初，他任英

① 在新疆维吾尔自治区档案馆汉文档案以及有关文献中，多称其为台克满、泰克满。

② 这里的绥远指当时的绥远省，其地域相当于今内蒙古巴彦淖尔市、乌兰察布市、鄂尔多斯市和呼和浩特市。

③ 当时从内地到新疆没有汽车道路，泰克曼之前亦有过乘汽车从今天内蒙古赴新疆的汽车之旅，但是所走线路不同，经迪化至喀什者更是首次。

国驻华公使馆参赞，对中国各地事务多有了解。1935年赴新疆与盛世才当局会谈。[①] 由于长期在中国西部基层领事馆工作，泰克曼比较了解中国西部诸民族地区情况，例如他对西藏事务尤为感兴趣，辛亥革命后曾撰写过关于西藏历史与现状的长篇报告，旨在阐述中国中央政府与西藏地方的关系。后来，泰克曼又在英国驻华公使馆任职，参与处理中国各地诸多涉英事务的调解。

泰克曼新疆之行是民国时期首位由英国驻华使馆派赴新疆的外交官员，其背景复杂。我们知道，1935年新疆政权更迭不久，以盛世才为核心的新疆省政府依赖苏联支持，打败马仲英，结束了新疆的混乱局面。盛世才政权采取亲苏排英的对外政策，这对英国在新疆的地位和活动影响甚巨，英国在新疆遭受困难骤多，这令英国颇为担忧。[②] 英国政府决定派遣驻华公使馆参赞艾里克·泰克曼从北京乘汽车赴新疆，与英国驻喀什噶尔总领事托马斯·格罗弗（Thomas Glover）上校分头赴迪化，期望实现英国与新疆省政府直接接触的愿望，近距离了解新疆当局有关情况，便于更好地制定对中国新疆政策。总的来看，泰克曼受命赴中国新疆，主要肩负三项任务，一是与新疆当局会谈，解决英国当时所遭遇的困难；二是考察新疆政治社会形势，尤其是苏联在中国新疆的地位与影响；三是希望在迪化建立英国领事馆，以便英国可直接接触新疆省政府当局。[③] 我们知道，1908年英国在新疆喀什噶尔建立领事馆，1911年升格为总领事馆，领事馆（或总领事馆）隶属于英属印度，其领事或总领事均从英属印度派出，也直接对英属印度负责。[④] 英国从其驻华公使馆直接派遣高级外交官赴迪化会谈，这是仅有的一次，反映出英国对新疆战略布局重心之北移，因此泰

---

① 泰克曼于1921年出版《一名领事官员在中国西北行记》（*Travels of A Consular Officer in North West China*）、1922年出版《一名领事官员藏东行记》（*Travels of A Consular Officer in Eastern Tibet*）、1937年出版纪实性著作《中国新疆之旅》（*Journey to Turkistan*），1938年他又出版《中国事务》（Affair of China）。其中《中国新疆之旅》被收入由许建英、刘清涛编译的《英国外交官泰克曼使新纪行与档案汇编》一书中，该书由新疆人民出版社出版。

② 许建英：《民国时期英国和中国新疆关系（1912—1949）》，新疆人民出版社，2008，第157～161页。

③ IOR：L/P&S/12/2371 P. Z. 1043/1936，IOR系Indian Office Record的简称，即印度事务部档案；L/P&S系“政治及秘密”通讯。这些档案均藏于大英图书馆。特此说明，下同。

④ 许建英：《近代英国和中国新疆（1840—1911）》，黑龙江教育出版社，2004，第230～231页。

克曼中国新疆之行颇为重要。

泰克曼在北京先后购置两辆福特 V.8 卡车，其中一辆为新车，另一辆为旧车，车体都是为远征特地建造的。其中，旧卡车是斯文·赫定赴新疆考察时候使用过的[①]，一路上不断抛锚，最后留在迪化。而新卡车则一路运行极好，最后留给英国驻喀什噶尔总领事馆。泰克曼随行人员共有6名，其中4名是汉族，另外2名为蒙古族。[②] 泰克曼于9月18日从绥远出发，10月29日抵达迪化，总计40天，行程1563英里。[③] 11月14日泰克曼携英国驻喀什噶尔总领事托马斯·格罗弗离开迪化前往喀什噶尔，11月20日抵达喀什噶尔，共用了12天时间，行程980英里。[④] 从近代内陆亚洲探察的角度看，泰克曼乘汽车从绥远出发，经过今内蒙古、新疆乌鲁木齐，最后抵达新疆喀什，总行程超过2500英里。在穿越内蒙古和新疆的汽车旅行中，泰克曼详细记录汽车旅行线路、沿途地理、政治、经济、宗教、民族、风俗以及外国人活动等多方面情况，内容较为丰富；此外他还向英国政府提交多篇和新疆盛世才政权会谈的重要报告，所有这些资料颇具研究价值，因此使其汽车之旅在内陆亚洲探察史上占据一定地位。

二　泰克曼对所走新绥汽车线路之记载

当时从中国内地沟通新疆的道路有三条，其中两条均穿过当时的陕西省和甘肃省。第一条是古驿道，从西安至新疆喀什噶尔段是有名的丝绸之路；第二条是古商路，有部分路段要穿越外蒙古、沿着阿尔泰山南部而行。在这两条线路中，前一条以马车和驼队为运输工具，后一条则以驼队为主要交通工具。但是，1935年后这两条线路由于种种原因都不畅通。[⑤]

① 斯文·赫定系瑞典人，是著名的内陆亚洲探险家。1927～1935年，他组织中瑞西北科学考察团，对中国西北部进行科学考察，这些地方包括今天内蒙古、甘肃和新疆。在此期间，斯文·赫定还受中国政府委托于1933年至1935年勘探西北公路建设线路。

② IOR: L/P&S/12/2371 P. Z. 1043/1936.

③ Eric Teichman, Journey to Turkistan, London, Hodder and Stoughton Limited, 1937, p. 195.

④ IOR: L/P&S/12/2371 P. Z. 1043/1936.

⑤ 据泰克曼记述，前一条路由于当时中国工农红军的活动而关闭了；另一条经外蒙古的主要商路，由于外蒙古边疆的关闭而不再可通行。见 Eric Teichman, Journey to Turkistan, pp. 28－29。

第三条线路则处于这两条线路之间，是条驼队线路，穿过绥远和戈壁沙漠经哈密抵达新疆迪化。实际上这三条线路，从南到北也分别被称为漠北道、漠南道和甘肃道。[①] 同时，漠北道和漠南道还被称为大西路和小西路，其中大西路全程长达 7000 余里，共设 78 个站；漠南路还被称为小西路（甘边路、小草地），线路大致为归化城—乌兰察布—巴彦淖尔—阿拉善—居延海（嘎顺诺尔）—哈密—公婆泉—独尔山—沁城—巴里坤—奇台（或者沁城—老爷庙—奇台）[②]。

如前所述，当时内地与新疆之间只有第三条线路维持畅通。但是，该条线路在绥远和哈密之间有 1000 多英里的戈壁沙漠，是三条线路中最为艰难的。需要说明的是，早在 1933 年 9 月，归化（今呼和浩特）商人就成立“汽车公司”（即“绥新汽车公司”），利用卡车尝试到哈密和酒泉两地进行货物运输。1935 年 1 月受斯文·赫定进行的“绥新公路查勘队”的影响，地方政府批准“新绥长途汽车运输公司”，开始试行客货汽车运营。

由于种种原因，泰克曼所记述的汽车线路与当时的新绥公司汽车线路并不完全一致。下面根据泰克曼记述，将其从绥远至迪化的行车线路整理如下，并做简要说明。[③]

1. 绥远（归化城）到百灵庙（96 英里）

经两条突起山谷后进入蒙古高原，行至 27 英里处到达武川县的小村庄郭城（K'o – cheng）；至 45 英里处抵达召河（Chao – ho）要塞；至 96 英里处抵达百灵庙（蒙古语称 Batur Halak）。

2. 百灵庙到乌尼乌素（164 英里）

行至 65 英里处有一口井水；行至 135 英里处至霍萨图（汉语称黑沙图），有税收站和军队哨所，也是通往归化东西向和通往包头南北向道路的交汇点；行至 141 英里处离开通往善丹庙的主路；行至 164 英里处抵乌尼乌素（Uni – ussu）；此处前行 50 英里进入戈壁沙漠。

3. 乌尼乌素到霍耶阿玛图（120 英里）

从乌尼乌素起路线转向南，行 10 英里回到通往善丹庙主路；行至 50

① 曾问吾：《中国经营西域史》，商务印书馆，1936，第 678 页。

② 新疆通志·商业志编纂委员会、外贸志编纂委员会、新疆维吾尔自治区档案馆编《新疆商业外贸史料辑要》第 1 辑，内部资料准印证（新出）字第 23 号，1990，第 45 页。

③ Eric Teichman, Journey to Turkistan, pp. 195 – 207.

英里处抵松岛岭（Sung－Tao－ling），此处有新绥公司的站点，有水井和汉族人的帐篷；行至55英里处离开善丹庙主路，驶向西北方向；过巴音温都尔（Bayen Unter）后多沙丘，汽车在莫灵根河（Meringen）干涸河床上或者沿着河床的边缘行驶；行至大约78英里处离开莫灵根河，沿西—北—西行；行至85英里处有一口非常好的甜水井；继续向西—北—西行驶至105英里处是一条河流；行驶至120英里处为霍耶阿玛图双峰，此处有新绥公司的站点，有水井和汉族人贸易点。此处向北10～15英里为内、外蒙古边界。

4. 霍耶阿玛图到班定陶勒盖（95英里）

行至大约25英里处是阿博特尔（Abter）井（汉语称阿帕屯）；行驶至46英里处为银根（Yingen）井，此处是外蒙古、绥远、宁夏边境交汇处；行至57英里处又回到驼路上；行至70英里处有一口水井；行至95英里处达班定陶勒盖，此处有汉族人贸易站和新绥公司站点，与从宁夏经阿拉善到外蒙古库仑的路交汇。

5. 从班定陶勒盖到巴彦陶来（汉语称乌兰爱里根/Wu－lan－ai－li－ken）（154英里）

西行至18英里处有一口水井；行至27英里处有一口水井；行至38英里处有一口水井；行至51英里处有两口水井；行至64英里处是德热森呼图克（Deresen Hutuk，汉语称Ch'a－Han－Tien－li－su），有一口水井，有汉族商人及新绥公司补给站；行至88英里处是亚甘（Yagan）井（汉语称Yeh－kang）；行至121英里处有一口水井，此处叫库库陶勒盖（Kuku Tologoi）；行至148英里处进入一列矮山丘中，下行抵巴彦陶来井，此处有新绥汽车公司补给站和中国政府无线电站。

6. 从巴彦陶来到乌兰钦契，绕经额济纳河的终点湖泊（165英里）

西行至17英里处，可见苏泊诺尔湖（Sogo Nor）；行至30英里处离开苏泊诺尔湖；行至65英里处可见嘎顺诺尔湖（Gashun Nor）；行至67英里处驶进矮山丘中；行至85英里处抵众山丘最高点，西北即是外蒙古；向西北及西行至95英里处，与库仑到肃州的驼路交汇，并沿该路转而向南行；行至107英里处继续向南及西南方向行驶，穿过矮山丘和荒漠；行至140英里处有一口水井；行至162英里处是南北向库仑至肃州的驼路与东西向内地至新疆驼路的交汇点；行至165英里处抵乌兰钦契，一个由泥土小屋和帐篷组成的税收站。

7. 从乌兰钦契到石盘井（117英里）

行至20英里处是一小片沙地和水井；行至35英里处抵芦草井，有新绥公司的补给站；行至60英里处进入一大片平原；行至70英里处路面逐步升高且崎岖不平；行至117英里处抵石盘井，此处有新绥公司补给站。

8. 石盘井到公婆泉（79英里）

行至5英里处有一口水井；行至16英里处进入山中；行至21英里处向西南方向下行进入一片沙漠荒地，很快又与驼路交汇；行至40英里处穿过一片干涸湖的湖底；行至67英里处为火烧井（Huo - shao - Ching）；行至79英里处为公婆泉，有新绥公司补给站和甘肃省的税收站，后面山丘上是遭毁弃的“假喇嘛”城堡。

9. 公婆泉到哈密（205英里）

行至20英里处抵双井子（Shuang - Ching - tzu）；行至35英里处是边界点明水，有一口水泉；行至53英里处与西北向通往新疆巴里坤的驼路交汇；行至73英里处是梧桐大泉（Wu - t'ung Ta - ch'uan）；行至93英里处有一口水泉；行至115英里处为梧桐窝子（Wu - t'ung - wo - tzu）水泉；行至149英里处抵庙儿沟（Miao - Erh - Kou）；行至190英里处又与驼路汇合；行至198英里处进入哈密绿洲外围；行至205英里处是哈密城中心。

10. 从哈密到七角井子（115英里）

西北向行至18、23、34英里处分别是头堡、二堡、三堡（也称一铺、二铺、三铺）；行至48英里处抵达名为三道岭子（San - tao - ling - tzu）的村庄；行至70英里处抵达名为瞭墩（Liao tun）的村庄；行至88英里处是一碗泉，有个被毁弃的邮递站；行至99英里处穿过山口抵达车轱辘泉，此地又有一个被毁弃的邮递站；行至115英里处是七角井子，去往古城与吐鲁番的两条路在此交汇。

11. 七角井子到古城子（今奇台县，127英里）

向西北行至7英里处进入山里；行至20英里处抵达名为大石头的废弃邮递站；行至43英里和62英里处，又分别经过两个废弃邮递站；行至84英里处抵达城墙环抱的县城木垒河（Mu - lei - ho）；行至127英里处抵达古城子，此处是汉族人的商业大城市，是从绥远开始的驼路主道的终点。

12. 从古城到迪化（今乌鲁木齐，126 英里）

向西南行至 23 英里处是城墙环绕的孚远县城（Fu – yuan Hsien）；行至 38 英里处是三台镇（San – t'ai）；行至 87 英里处是城墙围绕的阜康县城（Fu – kang Hsien）；行至 113 英里处是一个名为古牧地的村庄；行至 126 英里处是迪化。

根据泰克曼记述的汽车考察线路，结合有关资料，我们可对泰克曼所走线路状况及特点做如下概括。

在探讨泰克曼所走汽车线路之前，有必要再对小西路加以说明。如前所述，小西路是在 1922 年后才使用得多起来，并成为一条主要驼路，但是道路并没有最后定型，不少路段变化较多，颇为复杂。据后人调查，小西路“也是取道百灵庙、巴彦陶赖与乌兰爱尔根站，再经过居延海（嘎顺诺尔）、塔尔寺一直到镜尔泉子。然后再分两路：一路北上，由盐池、奎素到达镇西，再由骆驼井、三盖泉子、奇台、古牧地进入迪化；一路由鸦子泉到达哈密。走到这里又分两路：一路由头铺、三铺前往七角井；一路由天山大阪北向镇西。七角井也有驼路三条：一路由大石头、老奇台到达古城；一路由吐鲁番、柴窝铺走向迪化；一路由苏尔吉也达到镇西。中途另有一条小驼路，是由黑沙图经过水泉、沙海子到达合拉孟台”[①]。由此可见小西路之复杂。

从上面简述可知，泰克曼所走的新绥线路实际就是小西路，只是因汽车行驶需要而略有变化。其中，在绥远至哈密之间，其线路大致和当时开通的“新绥汽车线路”相近，但是仍有不少路段二者并不一致；与 1933 年秋斯文·赫定勘察队所走道路也相近。[②] 哈密以西路段，基本是沿着驼路行驶。总体上看，泰克曼所走的绥远—迪化线就是驼路，也基本与新绥汽车线路一致，只是少数路段，为了汽车行驶便利而另辟蹊径。

就路况而言，泰克曼所走的线路的路况很差，都是驼路，并非适合汽车行驶的现代道路。正如泰克曼所言，他选择这条路线只是由于政治上最为安全。其路况差表现在，一是很多路段道路中断，只能绕行；二是有些

① 新疆统志·商业志编纂委员会、外贸志编纂委员会、新疆维吾尔自治区档案馆编《新疆商业外贸史料集要》第 1 辑，第 36 ~ 37 页。

② 斯文·赫定：《亚洲腹地探险八年》，徐十周、王安洪、王安江译，新疆人民出版社，第 438 ~ 499 页。

地段所谓的道路是荒漠或者戈壁滩；三是基本没有满足汽车旅行的后勤保障或者补给。

就道路特点而言，从泰克曼的记述来看，他所走的汽车线路有以下特点。基本是商道，只是用于汽车旅行，并非真正修建的汽车公路；基本沿着天然水源处延伸，诸如河流、湖泊、水井；沿着村庄、游牧点和城镇行进；沿途较大的站点都有税收站或者驻扎有军队；较重要的地方都可见商人；传统的驼队仍然是该条线路上的重要运输队伍；新兴的汽车运输初现端倪，沿途重要站点都可见“新绥汽车线路”的供应点。

三　泰克曼沿途记述的蒙古族人与事

泰克曼从绥远经过新绥线路抵达新疆首府迪化，其绥远部分线路基本都在今天内蒙古地区境内，因此他记载了沿途蒙古族的一些人和事，我们可简要概括为下列几个方面。

1. 沿途蒙古族生活及活动情况

泰克曼从筹划此次汽车之旅时起，就开始接触蒙古族，甚至雇用蒙古族为其提供服务。虽然他并未系统和刻意调查，但是我们从其断断续续的记述中可以看到当时蒙古族生活及活动的多个方面。

关于蒙古族各部族的记述。一是土尔扈特蒙古部族，土尔扈特部族主要生活在额济纳绿洲上。泰克曼记述额济纳绿洲长200英里，宽30~50英里；主要生长的植物有沙漠胡杨、柽柳和零星分布的芦苇状草丛。而且他还认为这些土尔扈特部族既不属于内蒙古，也不属于外蒙古，而是属于居住在新疆诸地的西蒙古人。① 二是察哈尔蒙古部族，泰克曼雇用的两名司机瑟拉特（Serat）和乔姆查（Chomcha）都是察哈尔部族的。他们生活地更靠近北京，有机会参加过内陆亚洲的种种考察。② 三是喀尔喀蒙古部族，泰克曼在几个地方都遇到喀尔喀蒙古族，例如在中蒙边界中方境内，遇到多起外蒙古的逃难者③；在乌兰钦契也遇到不少逃难的喀尔喀蒙古族。④ 关于外

① Eric Teichman, Journey to Turkistan, pp. 70 – 71.

② Eric Teichman, Journey to Turkistan, pp. 33 – 34.

③ Eric Teichman, Journey to Turkistan, pp. 56 – 57.

④ Eric Teichman, Journey to Turkistan, pp. 65 – 66.

蒙古地区的蒙古人流亡到中国境内的原因，泰克曼并没有详细记述，只是简单提及逃避苏联在那儿实施的共产主义制度。[①]

关于蒙古族的生活，从泰克曼的记述中我们可以了解到几个方面，就政治生活而言，当时正在筹划成立“内蒙古自治政府”，总部设在百灵庙的一个蒙古包里；其负责人是德王[②]，而对其筹备的进展和细节均不得而知。[③] 但是，蒙古族人在绥远的政府机关里工作者不少，诸如税收、运输和道路管理等方面均有蒙古族职员。就蒙古族的生产方式而言，泰克曼记述的从事放牧者居多，也有从事狩猎、驼队运输等生产方式者。[④] 当然，还有极少数参与贸易和服务业方面的。就贸易而言多是从事牧产品交易；从事服务业者并不多，但是有参与国内外考察队者。当时，有不少中西方的各种考察队或者探险队在今天内蒙古地区活动，有不少蒙古族人参与其中。如上文提到的瑟拉特和乔姆查，前者早年以骆驼手身份参加过拉尔森考察队，还以卡车司机身份参加斯文·赫定组织的中瑞西北汽车线路勘察队，后来又成为泰克曼考察队的队员；后者也曾是斯文·赫定的司机兼机械师。[⑤]

此外，泰克曼对新疆土尔扈特蒙古族的历史、东归新疆、当时在新疆分布及生活状况也有所记述[⑥]，只是不在新绥线路上，此处从略。他还记述了外蒙古当时的一些信息，诸如苏联在外蒙古的活动，库仑喇嘛的活动情况，外蒙古对“大西线商路”的影响，外蒙古逃难者在中国境内的情况以及外蒙古与中国边界的情况，尤其沿中蒙边界的商路时有跨界地方[⑦]，这些反映出当时中蒙边界管理宽松。

---

① Eric Teichman, Journey to Turkistan, p. 57.

② 德王（1902～1966）：德穆楚克栋鲁普亲王，字希贤。内蒙古的王公，主张内蒙古独立。察哈尔地区锡林郭勒盟苏尼特右旗人，1908 年袭札萨克多罗杜棱郡王爵职。1913 年北洋政府授予其札萨克和硕杜棱亲王称号，1919 年执掌旗政，1924 年任锡林格勒盟副盟长、察哈尔省政府委员，1925 年 2 月任北京善后会议委员，1927 年出任参议院参政。日本侵华时期曾任伪政权“蒙古联盟自治政府”主席。新中国成立之初，他逃往蒙古国，后被蒙方逮捕并移交中国。1963 年获特赦，后被内蒙古自治区人民委员会聘请为内蒙古文史馆馆员，曾主持编成《二十八卷本词典》（蒙古文），晚年著有回忆录《德穆楚克栋鲁普自述》。

③ Eric Teichman, Journey to Turkistan, pp. 43－44.

④ Eric Teichman, Journey to Turkistan, p. 58，以及第 64 页至第 65 页之间的插图。

⑤ Eric Teichman, Journey to Turkistan, p. 33.

⑥ Eric Teichman, Journey to Turkistan, pp. 129－130.

⑦ Eric Teichman, Journey to Turkistan, pp. 28－29, 39－40, 43－59.

2. **蒙古族的宗教信仰及活动**

蒙古族信仰藏传佛教，泰克曼的记述中多处反映出来。一是关于百灵庙的记述。泰克曼记述的百灵庙建于低矮的山谷中，前面是一条河流。百灵庙是蒙古族地区最大寺庙，蒙古语称之为巴图尔哈拉克（Batur Halak）。寺庙高大而突兀，令人吃惊，“宛如巨大的纪念碑支撑起喇嘛庙的权威”[①]。此外，还有多处关于小寺庙的记述。二是关于喇嘛教及喇嘛的记述。泰克曼不时透露出喇嘛教对蒙古族社会的影响，如蒙古族人口减少；也透露出人们对喇嘛教虔诚信仰和对喇嘛的尊敬，例如，作者记述蒙古王公对喇嘛教极为虔诚，常远赴青海塔尔寺化缘[②]；也记述了喇嘛教时蒙古族人（包括内、外蒙古和新疆在内）根深蒂固的影响。[③]

此外关于黑戈壁上假喇嘛的记述也非常有意思。黑戈壁上有座废弃的寺庙，曾经一度为丹毕加参（Dambin Jansang）所居住，在此产生很大影响，后丹毕加参被杀死于该废庙中。泰克曼记述了他的简要经历、假喇嘛称呼的来历，还特别记述了西方探险家，诸如奥先多夫斯基（Ossendowski）、罗列赫（Roerich）、欧文·拉铁摩尔、哈士伦（Haslund）、匈牙利人格勒塔（Geleta）等人对其的记述和不同称呼。[④]

3. **其他诸方面情况的记述**

泰克曼对沿途蒙古族地区的其他方面也多有记述，诸如交通运输、外国人活动和贸易等。

交通及新绥汽车运输。除了前面所述的汽车线路外，泰克曼对绥远至新疆之间交通也多有记述，一是新绥之间交通以驼队运输为主的历史及现状，驼队运输之交通工具当然是骆驼，作者虽然没有详细考察驼队运输的情况，但是也断断续续地为我们展示出驼队运输的庞大规模和艰辛。实际上，新绥之间建立大规模驼运始于 1922 年，在汽车线路开通之前驼队运输的规模非常大，1930 年绥远骆驼达到 18000 峰，后因新疆战乱，外蒙古不

① Eric Teichman, Journey to Turkistan, pp. 42 – 43.

② Eric Teichman, Journey to Turkistan, p. 47.

③ Eric Teichman, Journey to Turkistan, p. 17, pp. 43 – 44.

④ 奥先多夫斯基称丹毕加参为图谢公（Tushegoun）喇嘛，欧文·拉铁摩尔称其为假喇嘛（Chia Lama），罗列赫则称其为 Ja Lama、Ten – pei Jal – tsen、Pal – del、Nomun Khan Hutuktu，哈士伦称其为 Dambin Jansang 和诺颜（No – yin）喇嘛，格勒塔称其为 Dja Lama。有些探险家甚至在其著作中讲述丹毕加参非凡的经历和神秘的力量。

靖，驼运渐衰。至1935年，绥远骆驼仅剩9300峰。[①] 新绥商路西端的奇台，骆驼在高峰时达到10000余峰；新绥商路上往来的商队动辄动用数千峰骆驼，可见规模之大。[②] 我们从泰克曼记述和所拍摄的照片中仍可见驼队运输，只是规模较以前要小。

二是新绥汽车运输。开通大西北汽车运输的尝试早在北洋政府时期就开始了，其中尤以从北京经绥远抵达新疆的新绥运输线受重视。1918年北洋政府交通部设立"官营西北汽车公司"，开始筹划政府经营该条汽车运输线路。与此同时，一些商人和探险家也尝试该线路的汽车运输。1919年俄罗斯商人尝试组织由7辆汽车组成的运输队，从绥远赴新疆，但是最后仅有一辆汽车抵达新疆巴里坤。1930年曾有外国探险者驾驶一辆旧凯迪拉克卡车从张家口出发，穿过戈壁抵达新疆迪化。1931年中法学术考察团的雪铁龙探险队从北平出发，穿越戈壁抵达新疆喀什噶尔。后来，沿途地方当局考虑兴建与中法雪铁龙探险队相近的汽车路线，准备开通包头至新疆汽车道路。[③] 1932年中国内地会传教团新疆负责人胡进洁在内地购买两辆汽车，将赴新疆的传教士及其物品经内蒙古、甘肃运抵新疆迪化。[④] 1933年9月，归化商人成立"绥新汽车公司"，试运行归化到哈密和酒泉的汽车运输线路。1933年10月至1935年斯文·赫定受中国政府委托，率领由4辆卡车和一辆轿车组成的"汽车考察团"，勘察北京经绥远抵达新疆迪化的汽车线路。[⑤] 由此可见，泰克曼赴新疆之际，新绥汽车运输刚刚确立起基本线路和沿线补给站点，所谓汽车运输尚处于起步阶段。我们从泰克曼的记述中也可以见到多处这些补给站点，它们多为帐篷或者简陋的房屋，人员及物资供应有限。所以，绥远至哈密的汽车运输也只是偶尔开展，同时运行的汽车也经常抛锚，汽车零部件供应困难，技术人

① 曾问吾：《中国经营西域史》，第679～680页。

② "新疆通志·商业志编纂委员会、外贸志编纂委员会、新疆维吾尔自治区档案馆编《新疆商业外贸史资料辑要》（第1辑），内部资料准印证（新出）字第23号，1990，第42页、第43页。

③ 徐近之：《西北科学考察团团员通讯》，《地理杂志》1932年第1期，第1～9页。

④ 许建英：《民国时期英国和中国新疆（1912—1949）》，新疆人民出版社，2008，第334页；新疆维吾尔自治区档案馆，外1－2－82。

⑤ 斯文·赫定：《戈壁沙漠之谜》，许建英等译，喀什维吾尔文出版社，2004，第115～133页；罗桂林：《中国西北科学考察团综论》，中国科学技术出版社，2009，第141～163页。

员极为短缺。①

外国人传教及探查等活动。泰克曼在新绥线路考察中记载了不少外国人在此区域的活动，其要者包括传教、考察与探险等方面。

就传教方面而言，在新绥路线沿途的蒙古族地区可见西方传教士的活动。该条线路上传教士站点既是西方教会在当地蒙古族人中间传教的需要，也起着护送传教士赴新疆站点的作用。在该地区传教者中，既有美国的传教士，也有瑞典等欧洲的传教士。其中瑞典传教士来此时间较早，活动较广泛，影响较大，瑞典探险家斯文·赫定对此曾有较多记述。② 泰克曼还在瑞典传教士奥伯格（Oberg）家里居住了几天，受到热情款待。③ 百灵庙是西方传教士在蒙古地区传教的重要活动基地之一，也是护送赴新疆传教士的重要中转站。泰克曼专门驱车前往看望美国斯堪的纳维亚传教团成员贡泽尔（Gonzell）。贡泽尔就居住在百灵庙旁边，他以其医疗技术为手段接近当地蒙古族民众。虽然皈依者甚少，但是贡泽尔在当地蒙古族中却有许多朋友。④

作为内陆亚洲的组成部分，该地区自然也是西方探险家考察的乐园。泰克曼在记述中提到多名探险家，诸如英国的荣赫鹏、瑞典的斯文·赫定以及后来的多次汽车探险和运输尝试，等等。20 世纪 30 年代初日本人控制中国东北后，开始向蒙古族地区渗透。1935 年时，日本人对察哈尔、绥远等地的活动加剧，例如泰克曼就记述了插着日本旗帜、满载着货物的卡车，可见日本在该地区活动之频繁与猖獗。⑤

贸易方面，从泰克曼记述中，随处可见沿途的贸易活动，或是大型的商业驼队，或是各小贸易站点，或是较大型商业集市，如百灵庙等地。从泰克曼的记述还可以看出，一是沿途商业站点的商人多为汉族；二是商业规模都很小，或是利用交通线路便于进货而经营小店以满足周边消费者需要，或是为往来商旅服务；三是重要的卡点或者边界处都有政府的税收站，据有关记载至 1935 年，有些税收站征税较乱且较重；有的甚至就是收

① Eric Teichman, Journey to Turkistan, p. 29.

② 斯文·赫定：《戈壁沙漠之谜》，许建英等译，喀什维吾尔文出版社，2002，第 123 ~ 130 页。

③ Eric Teichman, Journey to Turkistan, pp. 31 – 32.

④ Eric Teichman, Journey to Turkistan, p. 43.

⑤ Eric Teichman, Journey to Turkistan, p. 44.

费卡点，并非政府正规的税收站[①]；四是新绥之间的“大西路”和“小西路”，都曾有为避税和便利而绕道外蒙古者，但是1932年中国商队遭到外蒙古极端克扣后，几乎不再有绕道外蒙古的商队，所谓“大西路”商路随之关闭，可见外蒙古形势混乱对新绥贸易和运输影响甚大。

（原刊于《西部蒙古论坛》2011年第1期）

① 新疆通志·商业志编纂委员会、外贸志编纂委员会、新疆维吾尔自治区档案馆编《新疆商业外贸史资料辑要》（第1辑），第46~47页、第56页。

四　国外寻史录

英国所存近代中国新疆档案查阅散记

在世界近代史上，英国曾经是最大的殖民帝国，它四处开疆拓土，大肆进行贸易侵略和殖民掠夺，成为盛极一时的“日不落帝国”。它的各种活动几乎遍及每一个国家，世界每一个重要的地区都和它有过千丝万缕的联系，所以官方保存下来了数量极大、内容极为丰富的近代史资料，这些资料受到国际上研究近代国际关系的学者及各相关国家和地区历史学家的广泛重视。由于英国在中国一直有着重大的利益，历届英国政府都十分重视中国的内政外交，因此在英国政府留存下来的大量档案中关于中国的资料占有相当大的比重。如果我们从中国边疆史地研究的角度来看，这些档案中有很大一部分和中国的边疆地区有关，例如云南、西藏和新疆等地，这是近代英帝国长期染指我国边疆的见证。今天这些档案则是我们研究中国近代边疆史地的重要资料。笔者的博士学位论文选题是关于近代英国和中国新疆关系的研究，在论文的准备过程中，承蒙导师马大正教授和牛津大学圣·希尔达学院纽碧（L. J. Newby）博士的帮助，笔者有幸前往英国查阅有关的资料。

在伦敦期间，纽碧博士做了周到的安排，笔者先后访问了大英图书馆（British Library）、英国公共事务档案馆（Public Record Office，又称英国国家档案馆）、伦敦大学和牛津大学。虽然访问只有一个月时间，但是由于事先做了较多的准备，特别是纽碧博士对不少有关档案颇为熟悉，并做了较详细的介绍，使笔者能够很快查阅到有关的资料。在这几个地方中，伦敦大学的东方及非洲研究院图书馆（SOAS）有着非常丰富的中文藏书和研究中国的西文图书，其中关于新疆的也相当多。它的珍藏室保存有不少罕见的图书珍本，例如弗赛斯（T. D. Forsyth）负责编写的《1873 年出使叶尔羌报告》（*Report of a Mission to Yarkundin, 1873*）等。牛津大学的博德莱恩（Bodlian）图书馆，像牛津大学本身一样，显得古老而厚重，其藏书也同样丰富，因时间太紧，没能够详细查阅，但从电脑查询以及向工作人员咨询的结果来看，也有不少有关新疆的珍贵图书和资料，如关于在新疆长期传教的英国传教士亨特（George Hunter）的传记、斯坦因（A. Stein）所有著作的手稿等。限于篇幅，这里只谈保存在大英图书馆和英国国家档案馆中的关于新疆的档案资料。笔者对这些档案的基本感觉是：数量很大，内容丰富，尚未全面使用，对研究近代新疆史以及英俄（苏）在新疆的活动都非常重要。

一　档案的构成和来源

从构成来看，英国国家档案馆的档案主要是英国外交部的档案，同时英国海军部档案、英国殖民地档案、英国陆军部档案、英国内阁档案以及英国首相府档案也都有关于新疆的内容。外交部这方面的档案较为集中，主要集中在 F0371 类目中；其他部门的档案较为分散，笔者从计算机上共查到 73 卷。大英图书馆中关于新疆的档案主要是英国印度事务部的档案，档案相对集中。

从时间上来看，跨越时段长。这些档案在 1840 年以前就有关于中国新疆及其有关事件的记载，如 1820 年前后穆尔克罗特夫（Moorcroft）关于新疆的报告。穆尔克罗特夫原是孟加拉的兽医，后来负责英国东印度公司的种马场。1820 年前后，他以前往中亚买马为名，要求从中国新疆境内经过，虽然遭到拒绝，但是他写了多份关于新疆的报告，递交给英属印度政府。这些报告分别从印度北部边疆的安全、英国和俄国在中亚的竞争以及贸易等多方面论述应该发展和中国新疆的关系，向北扩展英属印度的势力。尽管他的报告当时遭到封杀，但是对以后英国和中国新疆关系的演变却产生了较大的影响。不过从时间段上划分，我们可以把 1890 年马继业留在喀什噶尔作为分界线，在此以前形成的档案可以概括为部分的官方档案及部分私人活动档案，而且除了英属印度和阿古柏的部分档案外，其他档案基本都是由于考察或游历而形成的；而 1890 年后，随着马继业留驻喀什噶尔，以及后来英国领事馆、总领事馆的建立，历届总领事、领事的报告形成了这批档案的主要来源，当然也有部分私人考察和游历的档案，但已经不占主要地位，这是和前期档案的不同之处。

从档案内容的构成来看，这些档案非常庞杂。有对新疆自然、民俗、历史、文化、经济及宗教的考察报告；有英国官员历次出使新疆的政治、军事报告和密信；有关于英属印度历次和中国新疆交涉的备忘录、信函和公文；有对新疆内政和形势的专题报告；有历任领事和总领事的周报、月报和日记，以及所搜集的关于新疆政府部门的各种资料的英文译件；有和新疆省政府及地方政府、上层人士往来的电报、信件，当然这其中也包括一部分以私人身份在新疆活动的英人记载和信件。

需要说明的是，虽然作为领事（后为总领事）的马继业和以后的英国驻新疆的历任领事、总领事的工作地在中国，但是由于地缘上的原因，他们一直隶属于英属印度政府，所以他们的报告等都须报给英属印度政府，然后由英属印度政府再转报给英国印度事务部、英国外交部、英国政府、英国驻北京大使馆，程序极为复杂，所以这些和中国新疆有关的档案也可以在多个部门里见到。

二　档案的保存和查阅

这些关于新疆的档案主要保存在英国国家档案馆和大英图书馆。其中前者是英国最大的国家档案馆，所存档案极为丰富；后者所保存的主要是东方及印度事务部的档案，关于新疆的档案仅次于英国国家档案馆。下面就这两个地方对有关资料的保存和查阅情况做一简单介绍。

英国国家档案馆：该馆成立于 1838 年，保存着自 11 世纪以来的英国档案，1978 年迁至位于伦敦西南郊区的新馆，乘地铁可以较便利地到达。新馆所处地段视野开阔，环境优美，馆区内有两个人工湖；新馆虽然只有 3 层楼房高，但其占地面积很大，建筑宏伟，独具风格。大楼的一层有安全处、问事处、存衣室、纪念品及文具店、办理证件处、餐厅、洗手间。在 2、3 层有几个读者阅览大厅，包括缩微胶卷阅读大厅，其中 2 层设有目录室，配有问讯处。所有资料的订阅均通过电脑进行，效率高。在二楼的读者阅览室里，配备有快速复印室，一般 15 页以内的资料一个小时内可取，超过 50 页的要等到第二天取。该馆的档案是按部门进行分类的，每个部门（如外交部、海军部等）为一类，类下按国别、地区或专题逐一分为目，目下再按具体问题或事件分为各个案卷。每个案卷所包括的文件数量和页数不同，由一个或多个文件组成，页数少到几页，多至上千页。在众多类别中，和中国近代史有关的主要为以下类别：英国外交部档案（FO）、英国殖民地档案（CO）、英国海军部档案（ADM）、英国陆军部档案（WO）、英国内阁档案（CABINET）和英国首相府档案（PREM）。在这些类目中，几乎都有关于新疆的档案，不过多寡不一而已，其中最多的当数英国外交部档案的类目了。20 世纪，特别是民国以后的关于新疆的档案多集中在 F0371 的类目中，如关于英国驻喀什噶尔总领事馆给英国外交部每周、每月的报告；关于新疆的内政、形势；关于杨增新、金树仁、盛世才历届政府的情况；苏（俄）在新疆的活动；英属印度与新疆的贸易等。但是清末有关新疆的档案则在英国殖民地档案中较多，原因是当时英国在新疆尚无领事机构，很多关于新疆的情报和活动大多是通过印度进行的，即使后来在新疆派驻了代表，但它仍隶属于印度政府，故有关的档案汇编在殖民地档案中。除了这些以外，在其他类目中也散编有一些关于新疆的案卷。

在英国国家档案馆查阅案卷，可以通过电脑查其内部网页上的索引或分类来进行。该馆的电脑化管理做得相当好，重要的档案基本都可以在电脑上查到相关的目录，然后直接订阅；若有不清楚的地方，有专门的工作人员可提供帮助。同时还可以借助于一些工具书，以提高查阅的效率。这些工具书主要是一些由该馆陆续出版的档案目录索引，其要者有《公共事务档案馆存档指南》（Guidestothe Contents of the Public Records Office）、《目录与索引》（Lists and Indexes）、《增补目录与索引》（Supplementary Lists and Indexes）、《外交部来往文书索引》（Index to the Correspondence of the Foreign Office）、《外交部档案》（The Records of the Foreign Office）、《条约汇编》（Treaty Series）、《殖民部概览》（Colonial Office）、《殖民地和自治领事务部档案》（The Records of Colonial and Dominion Office）、《迄止 1916 年的殖民部机要文书目录》（List of Colonial Office Confidential Printto, 1916）、《年录》（The Annual Register）、《帝国概览》（Imperial Calendar）、《国务文书》（State Papers）等。查阅和利用这些图书有助于较全面地了解该馆的档案，也可以更便捷高效地查阅相关的档案。另外，随着互联网的快速发展，在外地也可以通过互联网查阅其网上的目录，该馆的网址是：http：//www. pro. gov. uk/，可以为前去查阅资料节省时间。

大英图书馆（British Library）：大英图书馆旧址在大英博物馆里，已经有 100 多年的历史，拥有 1800 万多册藏书，可以说它是众多学者心目中的圣地；它的藏书架的长度接起来有 350 英里。迫于需要，英国于 1982 年动工建设新的大英图书馆，1998 年建成使用。新的大英图书馆位于伦敦市中的圣·潘克拉斯火车站旁（St. Pancras Railway Station），耗资超过 5 亿英镑，是世界上藏书量最大的图书馆，每天有 1600 名以上的读者前来查阅。新馆外部为红色色调，整个建筑设计独特，内部设施、管理先进，如它的阅览室就非常好。全馆共有 15 个阅览室，都是用美国的橡木建成，共有 3000 张皮面桌子和与之相配的椅子；每个桌子都配有台灯，还配有笔记本电脑的电源插座和一个目录系统的指示器，用来提醒读者所要的书已经查到，有的阅览室的桌子上还配有阅读支架，以方便阅读和作笔记。正楼的一楼有书店、展览大厅、餐厅、存衣处、问讯处、办理阅览手续处等，2、3 楼为科学部，3 楼左侧为缩微胶卷及胶片阅览室，还配有借书及阅览室，4 楼右侧为东方及印度事务部档案部（Oriental & Indian Office）。大英图书馆保存的英国外交档案仅次于英国国家档案馆。

有关近代中国新疆的档案主要保存于东方及印度事务部档案部。该部设有读者阅览室、问讯台、借阅台、卡片柜、分类柜、复制处、特别阅读室，另外配有多台缩微胶卷阅读机、缩微胶卷转印机、复印机。资料的查阅既可以通过计算机，也可以通过卡片，同时还可以先阅读其分类的工具书，以减少盲目性。档案的复制比较方便，非档案类的图书读者可以自己复印，但是档案类的复制则须由复制处进行，档案复制费用极为昂贵；也可以提供缩微胶卷的复制。有关新疆的档案比较分散，但关于 20 世纪三四十年代的则比较集中，主要汇集在 L/P&S/12 的类目里，共有 77 本案卷之多，每卷一般为数百页，包括多个问题。而 20 世纪 20 年代以前及清末的有关档案，则编在不同的分类里。不过可以通过咨询有关工作人员，了解其分布的情况。例如通过查阅中亚就可以找到不少包含新疆情况的类目，就笔者的查阅所及，以下这些类目中就有相当多关于新疆的案卷，如 L/P&S/7、L/P&S/10、L/P&S/11、L/P&S/18、L/P&S/20 等，其中以 L/P&S/7 类目中为最多，有数十卷，而且大部分都制有缩微胶卷。

像英国国家档案馆一样，大英图书馆的电脑化管理也非常好，可以通过电脑来查找和订阅有关档案，还可以通过该馆所编的各种分类目录来查阅。虽然东方及印度事务部档案部的分类目录绝大多数没有正规出版，但是其分类目录非常有条理，查阅很方便。如果在外地，同样可以通过互联网进入大英图书馆，其网址是 http：//www. bl. uk/。

三　档案使用情况介绍

英国所保存的这些档案以西方学者使用的为多，自 20 世纪 60 年代解禁以来，先后有不少西方研究中亚及新疆的学者使用过这些材料。研究成果一部分已经正式出版，另一部分则多为攻读相关专业的博士学位论文，多数并未出版。兹就主要者简述如下。

第一，已经出版的著作。G. J. 阿尔德（G. J. Alder）《英属印度的北部边疆：1865—1895》（*British India's Northern Frontier*：*1865 - 1895*）。此书是阿尔德在其博士学位论文基础上写成的，它主要研究了 19 世纪后 30 年代英属印度对其北部边疆政策的形成和执行情况，涉及从拉达克到奥瑟斯河上游广阔的地区，其中也包括中国新疆。虽然该书并不是专门研究新疆的著作，并且进行研究的时候正是处在冷战时期，作者显然带有“以史为鉴”的意味，认为这个曾经是英俄角逐的地方，现在仍然是亚洲的“铁幕”世界和“竹幕”世界的接合处。[①] 该书在涉及中国新疆及帕米尔问题的研究时，大量运用了保存于英国国家档案馆的关于此期英属印度和中国新疆关系的档案材料。该书在涉及研究新疆的著作中是较早使用这些档案的。

C. P. 斯克莱因（C. P. Skrine）和 P. 奈婷格尔（Pamela Nightingale）合著的《马继业在喀什噶尔：1890—1918 年间英国、中国和俄国在新疆活动的新理解》（*Macartneyat Kashgar*，*Newlighton British*，*Chineseand Russian Activitiesin Sinkiang*，*1890 - 1918*，伦敦，1973）。该书是关于英国驻喀什噶尔总领事馆的建立者和首任总领事马继业的传记，在对马继业的身世进行简单交待后，主要研究了马继业在新疆的重要活动和取得的“成绩”。该书使用了大量的印度事务部档案及英国外交部档案，对喀什噶尔日记颇为注重。

---

① G. J. 阿尔德：《英属印度的北部边疆：1865—1895》，伦敦，1963，第 12 页（作者序言）。

尼曼（Lars - Erik Nyman）的《1918—1934 年间英国和中国、俄国和日本在新疆的利益》（*Great Britain and Chinese*，*Russianand Japanese Interest-sin Sinkiang*，*1918 - 1934*，斯德哥尔摩，1977）。作者对此时期英俄日在中国新疆的竞争以及对中国主权和利益侵略进行了研究，他使用了大量保存于英国国家档案馆的英国外交部档案、印度事务部档案，特别是英国驻喀什噶尔总领事馆所留下的喀什噶尔日记。

A. D. W. 福佩斯（Andrew A. W. Forbes）的《中国新疆的军阀和穆斯林：1911—1949 年民国新疆政治史》（*Warlordsand Musilimsin Chinese Central Asia*，*A Political Historyof Republic Sinkiang 1911 - 1949*，英国剑桥，1986）。该书是研究民国新疆历史的一部重要著作，以政治为线索，对此期新疆各类军阀进行了研究，视角较新。作者使用了保存于英国国家档案馆和大英图书馆中的印度事务部及英国外交部的档案。

G. 摩根（Gerald Morgan）的《英俄在中亚的竞争：1810—1895》（*Anglo - Russian Rivalry in Central Asia*：*1810 - 1895*，英国，1981）。该书对 1810 年至 1895 年英俄在包括中国新疆在内的中亚的角逐进行了研究，对两国的有关政策及角逐焦点做了较细致的探讨。作者使用了大量保存于英国国家档案馆及大英图书馆中的档案，包括印度事务部档案、印度事务部私人档案等方面的档案材料。

以上是笔者所知道的使用这些档案较多的重要著作，当然还有一些研究著作中也使用了这些档案，只是使用的档案不多，或者是通过间接的渠道使用的，例如内维尔·马克斯维尔的《印度对华战争》、王宏纬的《喜马拉雅山情节：中印关系研究》（中国藏学出版社，1998）等，这里就不赘述了。

第二，另有一部分使用这些档案的学者是国外一些研究新疆及相关问题的博士研究生。特别是 20 世纪 80 年代以来，一些国外博士研究生所选的学位论文题目和新疆有关，他们在研究时利用了这些档案。就笔者所知，美国、英国、韩国等国家都有使用这些档案的博士研究生。如纽碧博士的博士学位论文题目是《1930—1950 年新疆民族主义的兴起》，就使用了有关档案。

中国大陆近年也有一些研究者在有关的研究中使用了部分这方面的档案，主要是喀什噶尔日记，这在国内有复印件及部分缩微胶卷。另外也有学者在进行相关研究时利用去英国查阅资料的机会接触和查阅了部分这方面的档案，只是使用很少。

从上面的介绍来看，虽然珍藏在英国国家档案馆和大英图书馆的这些关于新疆的档案早在20世纪60年代就对外开放了，但是对其使用得并不多，还有待发掘。

四　档案内容管窥

英国所保存的这些档案无论是对研究近代英国和中国在新疆的关系，或者近代中国新疆的内政以及英俄（苏）在新疆的角逐，都有着十分重要的价值。特别是以下几个方面值得重视。

1. 研究近代英国对中国新疆的政策制定及变化过程

近代英国对中国新疆的政策，并不是其中亚政策的简单的一部分，也和英国对华政策不完全一致，而是有其自己的特定内容。英国在19世纪40年代，甚至在更早的20年代就开始对新疆有了商业和战略上的考虑，直到20世纪中叶，英国对中国新疆的政策是不断变化的。这些在印度事务部档案中均有清楚的记录。例如，在大英图书馆东方和印度事务部中的L/P&S/18/C14：出使叶尔羌（喀什噶尔）（密件）（1875）；L/P&S18/C15：喀什噶尔（叶尔羌）使团密信（1875）；L/P&S/7/4：喀什噶尔事件文件汇编；L/P&S/7/6：喀什噶尔政治代表罗伯特·肖的报告及喀什噶尔事件（1875），埃米尔（阿古柏）批准条约和罗伯特·肖离开叶尔羌（1875年）；L/P&S/7/23：伊利亚斯应喀什噶尔中国官员的邀请访问叶尔羌；L/P&S/7/26：伊利亚斯最近对叶尔羌访问的文件（1880）；L/P&S/12/2371台赫曼及托玛斯格罗弗出使乌鲁木齐（1935～1939）；L/P&S/12/2377：1940年后英国对新疆的政策（1941～1942）等，都可以反映出英国对中国新疆政策及其变化。

2. 研究英国对中国新疆的贸易政策及贸易发展情况

英国在印度立稳脚跟后，极力想利用贸易扩展其在喀喇昆仑山以北的政治影响，加上商人的鼓吹，使得英属印度对与新疆的贸易非常乐观，在后来经过对喀喇昆仑山的实际情况进行了较深入了解后，这种乐观的态度便不复存在了。以后英属印度对新疆的贸易一直维持在一个较稳定的状态，因新疆的政治形势的变化而限制英属印度对新疆贸易除外。由于英属印度对新疆的贸易和苏俄相比总量要小得多，加上双方也没有协约贸易的条约，所以中方对其记载极少，但是英方的档案则记载颇为详细，从19世纪60年代初一直到20世纪40年代末都有较为详细的统计，同时对为进行有关的贸易而制定政策的过程也多有记载。例如，L/P&S/7类目中共有21件关于早期英属印度和新疆贸易的文件；L/P&S/12类目中则有13卷关于英属印度和新疆贸易的档案。而且，在20世纪40年代英国陆军部也曾有关于和新疆进行贸易的报告和历年统计。需要指出的是，在英属印度早期（19世纪60年代到90年代）和新疆的贸易统计中，常常把英属印度与西藏西部的贸易和与新疆的贸易放在一起统计。另外，英属印度在与新疆的贸易中利用最惠国的条款，尽享俄国在新疆贸易的诸多特权，档案对这些特权的获得过程都有记载。

3. 英属印度侨民

由于地缘接近的原因，英属印度侨民有不少较早就来到新疆，至20世纪初，有的已经在新疆居住数代。关于英属印度在新疆侨民的来源主要有以下几方面：一是从事贸易而留下来的；二是有不少奴隶，经过马继业的长期努力，获释后留居在新疆成为侨民；三是自马继业开始，蓄意在南疆各地发展当地人为英民，意在扩大英国在新疆的社会基础，增强英国的势力。至第一次世界大战后，英属印度侨民在新疆达到高峰，南疆形成了以商总为代表的英属印度侨民网络。他们主要从事商业、高利贷，也有务农的。他们既是英国总领事馆在新疆存在的社会基础，又是英国的情报网。关于英属印度侨民的档案颇多，例如，L/P&S/7类目中的第70、74、75（1）、75（2）、77、78、98、105和106卷。在总领事馆成立后，更是有大量关于英属印度侨民的档案，例如L/P&S/12里的第2371、2372、2378、2379、2380、2393、2394、2399等卷中均有相当多的关于对英属印度侨民的管理及其活动的记载。至20世纪30年代后期和40年代初，由于盛世才的排英，英属印度侨民曾经成为双方长期交涉的内容。

4. 英国和苏俄在新疆的角逐

自从19世纪中叶到20世纪中叶，英俄（苏）在新疆一直进行长期的角逐，虽然时缓时急，双方的优劣势地位经常互换，但其角逐的实质一直没有改变。这种局面对近代中国新疆的历史影响深刻而持久。从英国所保存的这些档案中可以了解到他们的斗争情况，从争夺阿古柏和瓜分帕米尔，一直到盛世才及国民党时期，其明争暗斗几乎出现在所有的档案中。

5. **探险考察和文物掠夺**

近代英国在对新疆的考察和文物掠夺上一直都是急先锋，所有的官方考察和探险都有明确的记载，例如弗赛斯使团、伊利亚斯、达格利什、荣赫鹏、斯坦因等所进行的考察。就是相当多的私人考察和探险在英方的档案中大多也都有记载，例如，早期的穆尔克罗特夫、罗伯特·肖等虽然是以私人名义前往新疆的，但是他们向英属印度当局写了大量的报告，英属印度当局也有相应的回复，这些档案在 L/P&S/7 以及有关中亚的类目中。另外从后来英国驻喀什噶尔总事领馆的日记和周报、月报中也可以了解到他们的不少活动。

6. **关于新疆的内政和形势**

近代英国为了能够在新疆立足，对新疆的内政和形势一直在进行非常及时的了解，当然，马继业没来新疆以前，英属印度当局主要借助使团、探险者和考察者进行了解，见 L/P&S/7 等类目。马继业来新疆后，英属印度当局对新疆的了解就更及时了，见 L/P&S/7、L/P&S/12、L/P&S/11 等类目，以及英国国家档案馆的 F0371 类目中的档案。而且对新疆的内政和形势，既有对事件的报告，也有常规的周报、月报，还有年度报告，十分丰富。例如在 L/P&S/7 类目中，第 2356、2357、2358、2359、2360 卷和第 2365 卷，主要汇集 20 世纪 30 年代初新疆的动乱和新疆省政府戡乱情况的报告；而第 2342 卷则是“喀什噶尔年度报告”，从 1922 年到 1945 年的均有。新疆境内发生的较大的历史事件，如阿古柏入寇新疆及对其平定、辛亥革命在新疆的反应、伪东土耳其斯坦伊斯兰共和国的成立与灭亡、三区革命、新疆大小军阀的混战及新疆政权的更替，都有多方面的记载。此外对新疆经济、文化、教育和宗教等方面的情况也有不少记载。

7. **边界问题**

英属印度在中国新疆进行的与边界有关的活动主要在三个方面：一是新疆东南面，英属印度当局自 19 世纪 40 年代到 90 年代就英属印度和中国的边界进行过多次单方面的所谓勘界，这些勘界并无结果，但它却影响至今；二是关于中英俄帕米尔交涉以及英俄私分帕米尔问题，迄今仍是悬案；三是 1891 年英国出兵侵占洪扎（Hunza），以及洪扎和中英两国关系的问题。英方这方面的档案是我们进行有关研究的重要资料。

8. 英领事馆的研究

英国自1890年马继业留驻新疆，到1908年英国驻喀什噶尔领事馆正式建立，1909年升格为总领事馆，以及1943年英国驻迪化（乌鲁木齐）领事馆的建立，在这漫长的时间里，英国驻新疆领事馆是如何建立起来的，它开展了哪些活动，它的主要人员的变化，以及英领事馆的作用等都尚无认真的研究。而这方面的资料在档案中最为丰富，可以说所有和英国驻喀什噶尔总领事馆及迪化领事馆有关的文件、周报、月报、年报、信函、电报、调查报告等档案，都是进行这方面研究的重要资料。

以上是这些档案的主要内容，当然还有其他一些方面的，如关于英国在新疆的传教士及英国总领事馆和瑞士传教团的关系，对新疆民俗的记述，对英属印度和新疆之间的交通线路的记载，以及一些地理、气候和动植物的记述，对我们今天进行有关的研究都有一定的参考价值。

由于访问时间短，远没能够全面系统地查阅所有档案，抄录和复制的就更为零碎了，所以以上介绍难免有缺漏和不周的地方。在结束这篇散记之前，笔者再次感谢导师马大正教授和牛津大学的L.J.纽碧博士，同时也感谢孙淑云女士、张永和先生以及大英图书馆的徐晓薇女士和英国国家档案馆的格雷（Gray）先生，正是他们的帮助才使笔者查阅资料的工作得以顺利进行。

（原刊于《中国边疆史地研究》2001年第4期）

马达汉新疆考察的资料收集及其方法

今天人们研究马达汉的亚洲之行，从事社会科学研究不同领域的学者对其所留下来的资料开始加以关注。笔者认为就马达汉收集新疆资料的广泛性和丰富性来说是独一无二的，马达汉在近代西方新疆考察者中应该占有较高的地位。那么马达汉到底都留下了哪些资料？涉及哪些学科？获取这些资料的方法科学吗？这些资料到底该如何评价？其意义何在？以往论者就此关注不多[①]，笔者认为有必要加以较为全面的研究，以便能够更客观地看待这些资料，更客观地评价马达汉。笔者不揣浅陋，对马达汉留下的资料作基本的学科分类，并探讨一下他获取这些资料的手段及其科学性。在此基础上，就这些资料的价值和马达汉新疆考察的地位做简要评价。

一　马达汉收集的资料及其涵盖的学科

马达汉新疆考察所收集的资料相当丰富，包括文字、照片、地图和实物等方面，下面分别加以说明。

第一，文字资料。所谓文字资料是指马达汉在新疆考察中所记的日记、所写的信件，也包括后来据此所撰写《上校马达汉男爵奉旨于 1906 ~ 1908 年穿越中国新疆和中国北方诸省至北京之旅的初步调查报告》（简称“军事报告”）和《马达汉回忆录》中涉及新疆考察部分的内容。这些文字资料大部分都已经翻译成中文，其中《马达汉西域考察日记（1906—1908)》已经由王家骥先生翻译、中国民族摄影艺术出版社于 2004 年出

① 笔者仅见到卡尔洛·希尔登在其《亚洲腹地几个部族的人种学体形测量》一文中，对人类学测量的资料有过简要论述。此外，中国学者王家骥和杨恕对马达汉资料的价值做了论述，有关文章均收入本文。

版，全书约80万字。“马达汉日记”是马达汉在新疆考察时对日常工作生活的记述，详细地记录了他在新疆的所见所闻，其内容丰富，记载翔实，涉及当时新疆社会的方方面面。《马达汉回忆录》中涉及新疆考察部分的内容也已经由王家骥先生翻译，共约5万余字。“军事报告”已经由阿拉腾·奥其尔先生翻译，行将出版，全文约12万字。“军事报告”是马达汉为其赴中国考察所撰写的专题报告。该报告为内部资料，包括“旅行目的”、“旅行概要”、“结论与总结”和“总结”四大部分，其中关于新疆的内容颇为丰富，涉及民族、社会、交通、军队、教育、工业等诸多方面。马达汉在考察途中和沙俄及芬兰有关方面以及其家人保持着信函联系，有的信函由王家骥先生译成中文，但是大部分尚未翻译。

第二，图片资料。马达汉沿途共拍摄1370张照片，其中大部分是关于新疆的。中国社会科学院中国边疆史地研究中心（今中国社会科学院中国边疆研究所）已经将该部分照片复制出来400多张，芬兰出版的一些书中也发表了不少。这些图片的内容反映出新疆社会的方方面面，包括不同民族的人物、官员、日常生活、环境、官府、街市、建筑以及少数民族服饰、生活用具和生产工具，也有部分文物照片，它们都已成为非常珍贵的历史资料。此外，芬兰在20世纪80年代将绝大部分图片制成影像片，人们可以看到照片的全貌。

第三，实物资料。所谓实物资料是指马达汉在考察中所收集的文物、民俗类物品、名帖以及所猎获的动物标本。这部分资料内容较杂，其中文物部分包括马达汉在新疆各地所收购的文物2000余件，包括佛雕、壁画、钱币、古籍残本等，大部分出土于新疆古代遗址。特别是一些手稿相当珍贵，涉及多种文字，包括汉文、回鹘文、索格蒂亚文、梵文和蒙古文等；所收集的部分佛经残本也具有很高的价值。

马达汉收集的民俗类物品包括民族服装、玉石、宝石、其他饰物以及生活用品，共计1200件，都卖给了芬兰国家博物馆。此外，还有不少收集品现在保存在芬兰赫尔辛基马达汉博物馆中，主要是马达汉考察沿途所收集的官员名帖以及马达汉本人的汉文名帖，马达汉在新疆所猎获的动物标本等。

第四，绘图资料和测量数据。绘图资料是指马达汉考察沿途所绘制的城市平面图和路线图；所谓测量数据，是指马达汉沿途进行气象、人种学测量所留下的各种数据，此外还有他对沿途村子所做调查的有关数据。这些资料有的是单独保存，有的则记载在日记中；有的已经有人研究，有的尚未被人们关注。

认真梳理上述4个方面的资料，并参照马达汉当时的意图，可以将这些资料分为军事类、民族类、历史类、文物类、气象类、摄影类等几大类别，它们大致对应于军事学、民族学、历史学、考古学、气象学等几个学术研究领域。

二　马达汉资料调查之方法

概括起来，马达汉收集上述4个方面资料主要依赖以下方法，即实地考察、测量、购买和拍摄。我们不妨探讨一下这几种方法，并简要分析它们与其所收集资料之间价值的关系。

所谓实地考察是指马达汉亲自赴现场观察和访谈。这种方法主要用在马达汉收集新疆社会、经济和政治等方面的资料上，是马达汉收集资料的重要途径。就观察而言，马达汉沿途观察新疆的自然风貌、农牧生产、市井风情、乡村风光、族群生活以及军事训练等，这是他了解新疆的最直观和最表象的层面，也是其深入调查的基础，所谓眼见为实。

就访谈而言，马达汉沿途考察许多村子、族群、城镇，和各阶层的人员都有交往，包括村民、游牧民、村长、部落头人、商人、文物贩子、英俄双方的阿克萨卡尔、英俄领事馆官员、中国新疆各级官员等。在接触不同层面人物的时候，马达汉会通过谈话了解相关情况。例如，在喀什噶尔，他拜访道台袁鸿祐，与其进行了长时间交谈；拜访英国驻喀什噶尔代表马继业，了解英国在新疆的活动。在阿克苏，他和当地行政及军事官员就清廷的新政进行较为深入的交谈。在土尔扈特人家里，了解他们的历史、部族管理、与清廷关系以及生活等方面情况。在乌鲁木齐，他不停地和新疆要员相互拜访，了解新疆新政实施情况。在古城、吐鲁番和哈密等地，也都是如此。可以说，在众多西方新疆考察者中，马达汉是接触新疆各级官员最多的一位，也是对新疆政治、经济、文化、社会以及新疆政府政策了解最多的一位。这也正是其社会考察富有意义和价值的重要原因之一。

所谓测量是指借助科学手段测量有关对象，并收集其数据。这种方法马达汉主要用于人种测量、军事测量和气象测量等方面。下面分别加以简要叙述。

关于人种测量。马达汉先后测量的族群及其人数如表 1 所示。

表 1

序号	族群名称	测量人数（人）	性别	合计（人）
1	阿布达尔（Abdals）	17	男	165
2	什克韶（Shiksho）	8	男	
3	帕合甫（Pakhpo）	4	男	
4	多浪（或者土兰）（Dolans or Tulans）	9	男	
5	卡尔梅克（Kalmuks）	37	男	
6	柯尔克孜（Kirghiz）	28	男	
7	土尔扈特（Torguts）	50	男	
8	裕固人（Yogurs）	12	男	

注：该表中的裕固族为甘肃少数民族，其余均为新疆族群。需要说明的是阿布达尔人、什克韶人、帕合甫人和多浪人现在均被划为维吾尔族；卡尔梅克人和土尔扈特人为新疆卫拉特蒙古族；此处所指的柯尔克孜人实际上是今天新疆的哈萨克族。

马达汉的族群测量包括下列两个方面，第一是进行基本调查，主要是测量日期、名字、职业、性别、年龄、部族、地点、语言或者方言、总体情况以及评价。第二是族群本身测量，具体包括：未暴露部分肤色、眼睛颜色、眼内角处的褶痕、毛发颜色、毛发特点、毛发数量（脸部和肢体）、脸型、鼻子轮廓、嘴部脸颌或者凸出、嘴唇、脸的凸出或者平整、头的最大长度、头的最大宽度、鼻长、鼻孔处的鼻子宽度、头顶到鼻根部头的凸出部分、头顶到下巴处头的凸出部分、头顶到耳屏处头的凸出部分、脸部的双颧骨宽度、脸的长度（从鼻根到下巴，到下巴下方）、上肢长度、手背长度、脚长、坐高、站高（不穿鞋）、到下巴处的高度、到胸口凹口、从内髁骨到地面、双臂伸展宽度。

马达汉所进行的这些人类学的测量较为详细，其方法符合当时关于人类学研究的要求，可参考约翰·乔治·噶尔森和卡尔斯·赫克勒斯·里德所编写的《人类学注释与问答》，从中了解马达汉人类学测量所遵守的学科规定。马达汉所使用的这些人类学的方法在当时较为普遍。[①]

关于地图绘制，包括测绘城市平面图和道路路线图。马达汉在考察中，想方设法绘制城市平面图和线路图，记述所走过道路的距离，观察所经过的区域。而所有被测量过的、看到的和观察到的重要事物均被记入地图，并加以注释。马达汉工作极为尽责，对沿途有意思的和重要的特征都加以仔细和精确的记录。马达汉共绘制了 18 幅城市平面图，其中新疆境内的有 10 幅；绘制的线路图长度超过 3000 公里。

就城市平面图而言，马达汉最初是将这些图绘制在散纸板上，图的尺寸为 25 厘米 ×28 厘米，比例尺为 1∶42000，用表示有俄里的正方形蓝线加以分割。后来马达汉将其中的大多数图用铅笔绘制出完整的副本，并标注上名字、说明和图例注释等。

就路线图而言，实际上又包括三部分，第一部分图马达汉绘制得非常好，有关说明等都不用修改，可以说是定型的成图；第二部分图是后来在华沙完成的，该部分缺乏命名或者未完成命名；第三部分图是马达汉测量和草绘的原始线路，基本为材料，需要大量的修订。原始线路地图和那些已经完成的线路图都是用 1∶84000 的比例绘制的。马达汉使用零散纸板（17.5 厘米 ×24.5 厘米）绘制的；也有部分使用的是以亚麻布装订成的绘图册绘制的，其尺寸为 10.5 厘米 ×17.5 厘米。所有这些纸板或者绘图册都被用蓝线条划分为正方形，并标示出俄里图例，这样便于在地图上插入距离和比例。此外，马达汉也使用较大的纸张绘图，包括 35 厘米 ×44 厘米和 32.5 厘米 ×47.5 厘米的纸张。在草图上都标示有名字、描述，并在角上做了相当广泛的解释性注释。

地图中几乎所有的符号都是绘图法中所通用的，其用法和知识均符合绘图规范。

关于气象观测。马达汉在考察中有选择地详细记录了沿途的气象情况。马达汉一天进行两次气象观察，分别为早晨 6 点半离开营地之前和傍晚 6 点半。在穿越山口高地时，他会记录下大气压的情况。关于气象资料的记录时间是 1906 年 8 月 14～30 日和 1906 年 10 月 8 日至 1908 年 7 月 20

① 卡尔洛·希尔登：《亚洲腹地几个部族的人种学体形测量》，Humanities Press Inc.，303 Park Avenue South，New York，N. Y. 10010，1969。

日。马达汉在进行气象测量和记录时参考的是沙俄皇家地理学会撰写的《旅游指示》一书，这对其规范测量有帮助。

马达汉的观察是按照当地时间来记录各地气象的。在其考察开始时，马达汉根据俄属中亚当地时间记录，后来在中国新疆喀什噶尔、伊犁、乌鲁木齐，甘肃甘州、兰州和陕西西安府等地可能进行过校对。马达汉气象测量存在的问题是时间记录不确定，很难将记录的时间转化为公历时间。在上述这些地方，由于只能在夜间进行观察，所以马达汉仅记录了傍晚和次日清晨的情况。

马达汉测量并记录的气象内容包括下列方面：气压、气温、夜里最低气温、白天最高气温、云量、风力、风向、降水（包括雨、雪、冰雹）、雷和阳光。其中气温是用普通水银温度计测量的，一般都测量了最高和最低气温，有的还有平均温度。风力是根据0－6半波弗特海比例算出的，包括静风（烟雾垂直上升，树叶静止）、微风（皮肤稍有微弱感觉，小旗轻微飘动，树叶婆娑）、中风（使旗子招展，树叶和小树枝晃动）、弱强风（使较大的树枝摇动）、强风（使大树枝和直径不大的树木摇动）、狂风（吹倒烟囱，折断树干和将树木连根拔起）。气压是用两个无液气压计和一个测高计两种仪器测量的。需要说明的是，马达汉出发前将无液气压计与彼得堡的尼古拉耶夫斯克物理研究所的标准气压表进行了对比和校对。此外，马达汉将两个气压计分别编为1号和2号，并列出了纠偏公式，以保证气压准确。据鲁纳尔·梅南德研究，马达汉所记录的气压是准确的。① 这些记录较早，对今天人们了解这些地方历史上的气象情况，非常有意义。

所谓拍摄照片是指借助于照相器材拍摄有关图片，这种方法主要用于拍摄人物、民俗、活动以及一些场景。马达汉亚洲考察拍摄了1370多张照片，其中关于新疆的占相当大一部分。照片涉及多方面内容，包括政府官员、部族头人、族群的人物、军队训练、民族场景、城市、街道、庙宇、交通、手工作坊、放牧、自然景观等。这些照片都是马达汉使用当时较为先进的照相机拍摄，有些部分还是他亲自冲洗出来的。马达汉掌握了相当高的照相技术，成为他考察新疆当时社会生活诸方面并留下珍贵照片资料

① Meteorological Notes Made by C. G. Mannerhei During His Travels（Revised by Runar Meiander）.

的方法。马达汉拍摄照片的内容丰富，拍摄质量大都相当好，是难得的图片资料。

所谓购买主要是指马达汉在沿途各地购买出土的文物、民族用品或者民俗实物等。就文物收集而言，马达汉主要是以购买为主。一是从文物贩子手中购买。马达汉在南疆的喀什噶尔、叶尔羌及和阗一线考察时，发现斯坦因等人掀起的新疆文物挖掘和收集热，使得这些地方挖掘文物成风，文物贩子以此牟利。例如在和阗约特干，村长在马达汉到来前就得知消息，召集当地10多名文物贩子迎接马达汉。在他们带领马达汉察看刚刚挖掘过的遗址的时候，他们手上、口袋里和腰间则都塞着挖掘出来的文物。马达汉在英国阿克萨卡尔的帮助下，成功地讨价还价，购买了不少文物。[①] 以这种方式，马达汉"在塔克拉玛干沙漠一些地区收购到不少出土文物"，他还购买到7本古籍，分别是"和田撒尔特人苏丹墓碑文拓片"（购自扎马达村毛拉）、"洙玛巴扎村撒尔特人伊玛姆·穆赛·卡赛姆墓碑文拓片"（购自毛拉）"汉贵村迪瓦那·汗·霍扎木墓碑文拓片"（购自毛拉）、"喀拉喀什城阿斯基村伊玛姆·穆罕默德·阿斯卡里墓碑文拓片"（购自和田巴德鲁丁·汗）、"克里雅镇扎伐尔·撒迪克墓碑文拓片"、"杜阿村（或乌苏玛村）撒尔特人阿布尔·卡赛姆墓碑拓片"（购自杜阿村毛拉）、"关于阿布达尔人民族史"（购自塔玛基尔村毛拉）。在吐鲁番，马达汉也购买到了一些文物，包括从当地农民手中购得从废墟耕地里挖掘出的一些文物。[②]

在文物收集上，马达汉也拍照或者进行拓印。例如，马达汉在巴里坤游览一座寺庙时，找到一块用汉字雕刻的古石碑，他特地拓制了碑文。该石碑是汉代的，已有2000多年历史。此外，在巴里坤到哈密途中，马达汉在一个山口处拓制了一份唐代碑文。[③]

此外，马达汉也通过挖掘收集文物。例如，在和阗时，马达汉考察了叶尔羌和于阗两处佛教古城，并进行了发掘，以期发现废墟遗迹和文物碎片等。而在克里雅地区西部都莫克和喀哒里克沙堆中，马达汉则挖掘到6

① 马达汉：《马达汉西域考察日记（1906—1908）》，王家骥译，中国民族艺术出版社，2004，第75～76页。

② 以上均见马达汉致参议员唐纳的信。王家骥先生翻译。

③ 见马达汉致参议员唐纳的信。

件文物。[①] 不过，需要说明的是，由于马达汉本人不是考古方面的专业人士，他对文物挖掘是有所保留的。

除了上述各种收集资料途径外，还有一种途径也非常重要。马达汉在考察过程中，十分注重及时搜集既有资料，进行研读和综合。这方面的资料既有关于新疆某些方面的介绍，也有沙俄领事馆提供的各种情报；还有介绍新疆的综合图书，例如马继业为其提供的图书，就使马达汉颇为受益。

三　马达汉调查方法的背景分析

从上面的介绍中，我们可以看到马达汉在其新疆考察中搜集了丰富的资料，涉及多个学科领域。马达汉资料调查所使用的方法可谓多种多样，既有在当时属于前沿性的，也有常规性的。对马达汉资料的价值，不同学科的学者做了不少评价。那么从方法学上，如何评价马达汉的资料呢？笔者在此对其加以简要评析。

第一，关于马达汉所进行的科学测量。如前所述，马达汉的测量主要有军事绘图测量、气象测量和人类学测量等。怎样评价这些方法呢？我们不妨从马达汉的经历及其为此次考察所做的准备着手来研究一下。

我们知道马达汉受过正规的军事教育，是军事院校毕业的职业军人。该背景使其对军事地理考察和气象观察有着较为丰富的书本知识和实践经验。当时沙俄军官学校中开设有军事地理课程，在有的军校中该课程还非常重要，其重要原因之一是这些未来的军官有不少要担负地理探察的使命，例如因多次在中国新疆、西藏等地进行探险而闻名的沙俄探险家普尔热瓦斯基和科兹罗夫都是军人出身。作为正规军事院校的军官，马达汉受过规范的军事地理教育。在日俄战争期间，马达汉的顶头上司亚历克山大·冯·比尔德林是俄国地理学会的成员，马达汉深受其影响。此期马达汉积累较多的地理探察的实践经验，他曾经骑马前往外蒙古，旅行了400公里长，这可视作其新疆之行的热身。同时，他还认真设计了为期一年的外蒙古地区勘测旅行计划，满怀信心地希望在日俄战争结束后进行，这也

① 见马达汉致参议员唐纳的信，又见马达汉《马达汉西域考察日记（1906—1908）》，王家骥译，中国民族艺术出版社，2004，第116页。

为其后来的考察积累了经验。此外，还有一点也不应忽视，马达汉的叔叔阿道夫·埃里克·诺尔邓斯凯尔德是19世纪著名的极地探险家，马达汉早年受其影响颇深。家族影响、地理勘测教育和实践活动使马达汉具备良好的地理探察素质，这些为其新疆之行路线勘测和城市勘测资料的可靠性奠定了基础。

就人种学测量而言，马达汉曾做了较为充分的准备。在接受考察任务后，马达汉意识到中国之行所收获的将不仅是军事资料，他特地拜访一些芬兰科学家，尤其是芬兰－乌戈尔学会会长、参议员奥托·唐纳，两人还一起商议具体办法。唐纳在该领域中有着丰富的经验，曾安排过许多科学家进行考察；他对考察亚洲的兴致很高，要求马达汉考察的内容生动而具体。此外，马达汉还购买和阅读不少人种学的相关著作，刻苦攻读，有的还随身携带，以备随时查阅。① 可见，马达汉在人种学测量上有着基本的目标，并做了充分的准备。

第二，关于观察和访谈。除了严格认真的品格外，马达汉具有很强的社会和政治观察力，也具有很强的通过各种谈话综合调研的能力。这些符合其“考察家”学术身份的能力，“给其旅行同伴及中国当局留下科学工作的印象”。② 此外，他还具有生动而翔实的记录能力，“马达汉几乎讲到了所有的事情。他能够如实地描述事物的整个状况。只有优秀的作家能够做到这点，这使他虽然直接受现实的影响，但是仍然能够排除其思想中所有的偏见和假设”。③ 可见，马达汉观察能力、访谈能力和记录能力使其有关调查资料具有重要历史价值。

第三，关于考古及其他实物资料的收集。马达汉在接受赴中国考察任务后，大量阅读斯文·赫定、斯坦因等人的著作，了解新疆文物及其发掘情况，了解新疆民俗。在此基础上，他还向芬兰有关专家请教，和芬兰文物部门商议，就新疆文物和民族资料的收集进行计划。这些准备使马达汉在赴新疆探险时对收集文物及其他实物资料有了较清晰的概念。就马达汉这方面资料的收集来看，他主要是以购买为主，很少挖掘。在购买文物和

---

① 见王家骥《马达汉回忆录》未出版译本。

② 约翰·斯格林：《马达汉》，奥塔瓦出版社，2001，第89页。

③ 维尔约·麦里：《芬兰元帅马达汉》，威纳尔·索德尔斯特罗姆·奥伊出版社，1988，第192页。

民俗资料时，马达汉得到英俄在当地阿克萨卡尔的帮助，使其不至于被欺诈。

第四，关于摄影技术。作为马达汉新疆考察的重要工具，照相机十分有用。据芬兰学者彼特·桑德伯格先生研究，马达汉早在19世纪90年代就已经熟悉照相技术，当时摄影尚是俄国彼得堡贵族和资产阶级之间的新时尚。马达汉在军事学院学习时候，很可能就已经熟悉摄影技术，因为此技术已经被用于情报工作。对马达汉来说，摄影虽然不是其长期的习惯，但在需要的时候，他还是会使用照相机。例如，马达汉在为沙皇寻找良马的时候，就已经使用相机。[①] 在其新疆考察中，马达汉携带着两个9×12（cm）平板照相机。其中主要的一个是艾尔那曼·克拉普，装备有一个古尔兹·杜普尔·阿斯提格马特显物镜。艾尔那曼·克拉普是一种固定物镜、可折叠的平板摄影机，配有一个木制的自我包装的外壳，以及一个可以移动的前沿控制板，以起到保持垂直角度的作用。马达汉还有一部备用相机。此外，他携带了大量的感光板，将之盛装在镀锌的容器中，以及为洗影及成像用的精致的化学品。[②] 可见。马达汉早就熟悉照相技术，并配备有较好的照相机和相关用品。

我们从上面简要论述中可以看出，马达汉在新疆考察中所使用的资料收集方法，都有着较为坚实的基础，并做了扎实的准备，这些确保其资料具有较高的科学性和研究价值。

四 马达汉考察资料之学术价值

从前面的简述我们可以看出，马达汉新疆考察留下的资料丰富，其资料收集方法多样且值得信赖。那么，如何客观评价马达汉的这些资料，涉及对马达汉新疆之行的定位，所以有必要就此问题做简要分析和评论。笔者认为，应该从马达汉新疆考察的动机、马达汉与此时期其他新疆考察者之间的对比以及马达汉所收集资料的价值三个方面来加以考察。

---

① Peter Sandberg，Mannerheim the Photographer. 该文为“马达汉新疆考察国际学术讨论会”赫尔辛基会议论文。

② Peter Sandberg，Mannerheim the Photographer. 该文为“马达汉新疆考察国际学术讨论会”赫尔辛基会议论文。

19世纪后西方对新疆的了解，始于自然和地理探察。当时西方需要弄清楚内陆亚洲的地理和自然面貌，为此进行了长达半个多世纪的勘察活动。至19世纪80年代末，西方对新疆自然和地理状况有了较为全面的了解，剩下的只是一些补充工作。正如达布斯所分析的那样，西方基本完成了地质及生物标本的搜集、山脉和河流的考察、重要城市方位的确定，在制图上有关的方位也基本得到确定，剩下便是对相关细节的考察，如“地质学家挖掘岩石、冰川学家测量冰川的滴流、植物学家搜集更多的标本”①。1888年鲍尔文书的发现成为从新疆自然、地理探察向文物考古探察的转折点。而斯文·赫定在19世纪90年代两次新疆之行，掀起了寻找新疆消失在茫茫沙海之中故城的热潮。在马达汉赴新疆考察之前，先后有以英国斯坦因为代表的一大批西方文物考古探察者在新疆进行考古挖掘和文物搜集，其中主要的有英国的斯坦因、俄国的鄂登堡、法国的伯希和、瑞典的斯文·赫定、德国的格伦维德尔和勒柯克、日本的大谷光瑞和橘瑞超、美国的亨廷顿等，有的还不止一次前往新疆。在马达汉之后，还有不少考古探察者赴新疆进行考古探察。在第一次世界大战后，由于中国的强烈反对和抗议，西方赴新疆进行考古探察始逐渐减少，而以政治为目的的考察增多。这是近代西方在新疆探察的基本脉络，在此背景之下我们来考察一下马达汉的新疆之行。

从时间上看，马达汉赴新疆考察应该属于新疆考古探察时期，马达汉也正是在此幌子下来新疆的。实际上，尽管马达汉搜集了一些文物，却谈不上考古探察。从马达汉肩负的使命来看，他受命于沙俄总参谋部，搜集中国新疆和北方的军事、政治、社会和民族等方面的情报。② 也就是说，马达汉新疆之行的主要动机是为沙俄搜集包括新疆在内的中国北方的军事、政治和社会等方面的情报。他为沙俄政府提交的“军事报告”就是其复命的成果。如上所述，该报告内容颇为丰富，涉及民族、社会、交通、军队、教育、工业等诸多方面。正如不少论者所指出的那样，如果沙俄当时入侵中国，该报告无疑将起到重要的作用。所以从这个角度看，马达汉

① 达布斯：《新疆探察史》，第四章。

② 王家骥：《马达汉》，中国民族摄影艺术出版社，2002，第39~40页。又见马达汉《上校马达汉男爵奉旨于1906—1908年穿越中国突厥斯坦和中国北方诸省至北京之旅的初步调查报告》，阿拉腾·奥其尔译，第一部分。

是典型的间谍，其有关资料当列入军事政治情报范围，其性质是对中国主权的侵害。

所幸的是沙俄当时没有侵华，转眼一个世纪已经过去，马达汉收集的这些资料早已不具备情报性质，所记录的当时中国新疆政治、社会、民族和军事等方面情况，则已成为新疆历史的写照。通过前面对马达汉关于新疆考察资料的内容及方法的论述，本文认为马达汉新疆考察资料有以下几个特点。第一是资料内容丰富，涉及领域多；第二是方法科学而且多样；第三是政治、社会、军事和民族内容突出；第四是对新疆考察范围广，考察深入。尤其是第四个特点，马达汉进行社会考察时，其足迹几乎遍布全疆，深入多个族群之中；接触到新疆各个方面的人员，从新疆巡抚、伊犁将军等省级高官，到道台、县官以及少数民族的部族头领等各级官员；还接触到文教人员、农牧民、商人等各种职业的人员。所以，马达汉对新疆社会进行的集中、深入的考察，正是马达汉资料的特点和价值所在。

那么如何看待马达汉在近代新疆探察中的地位？笔者认为不妨做简要的比较。从时间上看，马达汉新疆探察处于考古探察时期；从其资料来看，涵盖政治、军事、社会、民族、考古、地理、气象等多个方面。从近代国外对新疆探察史来看，无论是地理、自然探察，还是考古探察，其考察者都是各自研究领域的专家，他们对新疆要么是填补地理探察的空白，要么是发现西方所未知的文献，要么寻找到早已消失了的故城，他们都因此享誉学术界，其资料也成为相关专业研究的瑰宝。马达汉本人行伍出身，他所收集的资料广而且杂，就当时新疆考古热来看，他所收集的考古资料和物品不多，价值有限，更谈不上新的和重大的发现，所以不为人所重视。但是，如上所述，马达汉的日记、军事报告和照片，这些带有百科全书式的社会记录，随着时间的流逝则显示出其历史意义。芬兰著名作家维伊约·麦里给予马达汉的旅行日记很高评价，他说："马达汉几乎讲到了所有的事情。他能够描述整个状况如同其真实状态。只有一个优秀作家能够做到这一点……"[①] 芬兰马达汉研究专家哈里·哈伦认为，马达汉是位非常专业的知识采集者，具有相当的观察能力，其旅行的科学成果是多方面的，因此，"可以说，马达汉一个人所取得的成就超过了许多大的专

① 维尔约·麦里：《芬兰元帅马达汉》，威纳尔·索德尔斯特罗姆·奥伊出版社，第192页。

业探险团”[①]。

综上所述，马达汉在其贯穿整个新疆的考察中，留下了丰富而有价值的资料，其内容涉及新疆社会的各个方面，包括沿途城镇、居民点、历史沿革、风土人情和外国势力，以及新疆政治、经济、贸易、军事、文教、民族、交通、考古，等等。马达汉的确不像斯文·赫定那样精于地理学知识，不像斯坦因那样专于考古发掘，也不像伯希和那样熟练地掌握汉语[②]，甚至其探险还不及此前的荣赫鹏。但是，我们可以肯定地说，就资料内容的广泛性、丰富性和深入性而言，马达汉超过了任何一位，也超过英俄在阿古柏时期对新疆南部的调查。[③] 马达汉资料的意义也正是在于此，马达汉新疆考察的价值也在于此。

（原刊于《芬兰探险家马达汉新疆考察研究》，黑龙江教育出版社，2007）

① 哈里·哈伦：《马达汉——一个军人和地理学家》，克尔克夫·哈库里宁和奥拉维·赫克拉：《前往亚洲的芬兰旅行者》，克尔雅伊特马尔出版社，1980，第86~106页。

② Teemu Naarajärvi，Mannerheim's many hats：Unusual traveler in Taklimakan. 此文为2006年中芬举办“马达汉新疆考察国际学术讨论会”赫尔辛基会议论文。

③ 库罗帕特金：《喀什噶尔》，商务印书馆，1982；又见 T. D. Forsyth，Report of A Mission to Yarkund in 1873，Calcutta，1875。

拉铁摩尔对中国新疆的考察与研究

作为美国著名的中国边疆史研究专家，拉铁摩尔（Owen Lattimore）的研究成果有着颇大的影响。他对中国边疆史的研究尤以对中国内陆亚洲地区的边疆研究为突出，涉及东北边疆、北部边疆、西北边疆和西藏边疆。西北边疆主要是今天新疆、宁夏和甘肃地区，其中尤以新疆为重点。新疆既是拉铁摩尔中国边疆研究的出发点，也是其重点关注的对象，新疆研究在其中国边疆史研究中占据重要地位。本文拟就拉铁摩尔新疆考察及研究进行初步梳理和探讨，对其新疆研究的价值加以简要评述。

一　拉铁摩尔对中国新疆的考察

拉铁摩尔对中国边疆史的研究始于其对中国内陆亚洲地区的考察，而新疆作为内陆亚洲的重要组成部分，既是拉铁摩尔的现场考察对象，更是其重要的研究对象。拉铁摩尔先后于20世纪20年代后期和40年代中期对中国新疆进行过两次考察，每次考察后都有重要的著作问世，对其相关研究也均有较大的促进作用。

拉铁摩尔于1900年7月29日生于美国华盛顿特区，不满周岁即随父母来到中国，先后在上海和保定府等地生活。1912年他被父亲送往欧洲接受教育，先后在瑞士与英国学习。1919年，19岁的拉铁摩尔从欧洲返回中国，先是在天津英租界的一家洋行工作，为欧美商人买进卖出，后又在上海的一家英国保险公司工作，有很多到中国各地考察企业，接触各色人等的机会，这是其“在心理上培养理解中国并与之相处的能力的关键”[①]。一

① 〔日〕矶野富士子整理《蒋介石的美国顾问——拉铁摩尔回忆录》，吴心伯译，复旦大学出版社，1996，第10页。

年后，他返回天津，受聘于英国《京津泰晤士报》，从事普通编辑工作。拉铁摩尔对此份编辑工作并不满意，一年后再次回到英国保险公司任职，只是工作地点在天津，负责该地的业务。此后，由于职业需要，拉铁摩尔刻苦学习汉语，加上善于和三教九流各色人等打交道，为其赴边疆地区考察打下了良好基础。拉铁摩尔的工作丰富了他的阅历，也使他认识与观察中国及中国人的角度发生重大转变，“我开始把我的中国同事作为我们而不是他们来考虑”[①]。同时，由于天津是新疆、内蒙古等边疆地区羊毛集聚和出口之地，这使拉铁摩尔非常想到那些遥远的边疆地区旅行与考察。

1924 年，拉铁摩尔有机会赴归化（今呼和浩特）押送货物。这次商业旅行使他对中国北部边疆地区着迷，开始钻研中国历史和边疆问题。1926 年，拉铁摩尔再次获得跟随商队考察的机会，并计划穿越内蒙古和新疆，此时他已经结婚。他的夫人埃莉诺·霍尔盖特（Eleanor Holgte）则从中国东北出境，在苏联乘火车沿西伯利亚铁路抵达靠近新疆的塞米巴拉金斯克（Semipalatinsk），再由那儿乘雪橇赴中国新疆，并于 1927 年 2 月与拉铁摩尔在塔城相会。随后，他们夫妻二人从北向南穿越中国新疆，奔赴英属印度。

拉铁摩尔及其夫人在此次旅行中，都留下了考察记录。其中，拉铁摩尔有两部著作，分别是《通往中国新疆的沙漠之路》（*The Desert Road to Turkestan*）和《高地鞑靼》（*High Tartar*）。

第一本著作 1928 年于英国伦敦出版，该书实际上记载了拉铁摩尔此次考察第一阶段的路线和活动，即从天津经张家口抵达归化，从归化西行，穿越戈壁沙漠，抵达新疆古城子。从拉铁摩尔的旅行记录来看，作者是将归化作为考察的正式起点，抵达新疆古城子的全程共计 1587 英里[②]，这段考察的时间是 1926 年 8 月 20 日至 1927 年 1 月 3 日。《高地鞑靼》则出版于 1930 年，主要记述两人在新疆境内的考察。拉铁摩尔从新疆首府迪化（今乌鲁木齐）辗转前往塔城，迎接从苏联塞米巴拉金斯克乘坐雪橇而来的埃莉诺；2 月在塔城接上妻子后，两人开始穿越新疆之行，1927 年 10 月翻越喀喇昆仑山抵达英属印度克什米尔。随后，两人赴欧洲整理考察笔

---

① 〔日〕矶野富士子整理《蒋介石的美国顾问——拉铁摩尔回忆录》，吴心伯译，第 14 页。

② Owen Lattimore, *The Desert Road to Turkestan*, Little, Brown, And Company, 1929, pp. 326 - 360.

记，分别撰写游记。

另外，拉铁摩尔夫人于1934年出版其游记《中国新疆的重逢》（*Turkestan Reunion*），记述了她的此次旅行经历。

拉铁摩尔第一部著作《通往中国新疆的沙漠之路》出版后，很快得到学术界好评，美国学界认为它“带来一些新的地理学和其他方面的消息”[①]。拉铁摩尔因此获得奖学金并得以进入哈佛大学学习，这给他很大鼓舞，也坚定了他从事中国内陆边疆研究的信心，“我感到我不是不具备探索历史学的途径”[②]。可见，拉铁摩尔的首次中国新疆考察，收获甚丰，可以说开启了其中国边疆研究。

拉铁摩尔再次赴中国新疆则是1944年6月。当时正值第二次世界大战结束前夕，为协调美国与苏联和中国在战争最后阶段的行动，美国特派遣副总统亨利·华莱士（Hengry Wallace）率领使团赴苏联和中国访问，其中从莫斯科赴重庆时要途经新疆首府迪化，并做短暂停留。此时拉铁摩尔早已是中国研究专家，又曾出任过蒋介石的顾问[③]，遂以战时新闻局观察员身份参加该使团，但需要说明的是他并非使团正式官员。

拉铁摩尔虽然未参与在莫斯科以及重庆的核心谈判，但是在此次出使行动中他得以从容实地考察中国边疆的外围地区。[④] 因为该使团从美国阿拉斯加进入苏联远东西伯利亚地区，先后访问黑龙江流域、西伯利亚、中亚的塔什干和阿拉木图等地区，返回途中还经过乌兰巴托。对拉铁摩尔来说，这些很有意义，他不但可以和所经过之处的苏联及外蒙古地区有关专家进行交流，而且更重要的是获得了从中国东北、北部和西北观察中国边疆地区的机会，同时也可以从世界地缘政治角度考察中国边疆地区。此外，在中国新疆停留期间，拉铁摩尔还见了“新疆王”盛世才，两人长谈甚久，此次谈话对他来说极有学术价值。可以说，拉铁摩尔此行开阔了眼界。他第一次实地考察了中国边疆的广袤地域，得以从更大范围研究中国

---

① 〔日〕野富士子整理《蒋介石的美国顾问——拉铁摩尔回忆录》，吴心伯译，第20页。

② 转引自〔日〕毛里和子《论拉铁摩尔》，中国社会科学院近代史研究所《国外中国近代史研究》编辑部编《国外中国近代史研究》第5辑，中国社会科学出版社，1984。

③ 拉铁摩尔曾经于1941年至1942年出任蒋介石私人顾问。

④ 本文所述中国东北部、北部和西北部边疆外围地区涉及外蒙古。在20世纪40年代拉铁摩尔考察外蒙古时中华民国政府并未承认其独立，但是外蒙古为苏联所控制，拉铁摩尔将其统归为中国内陆边疆的外围地区，不准确。

及亚洲的历史。[①] 实际上此次考察也促使其从更广阔的地缘政治学角度来研究中国边疆以及亚洲当时的状况与前景。

新疆考察结束后，拉铁摩尔对新疆兴趣浓厚，不但在其游记《通往中国新疆的沙漠之路》和《高地鞑靼》中涉及或专门记录有关中国新疆的情况，而且在其重要学术著作中多方面涉及中国新疆研究，如拉铁摩尔的代表作《中国的亚洲内陆边疆》(*Inner Asian Frontiers of China*)，《亚洲腹地新的政治地理学》(*The New Political Geography*)、《亚洲腹地：中苏之桥》(*Inner Asia: Sino – Soviet Bridge*)、《中国新疆》(*Chinese Turkistan*) 与《汉族人在新疆》(*The Chinese as a Dominant Race*) 等论文[②]，以及他于1934年和1935年为有关年鉴撰写的新疆专文。另外，在《亚洲的决策》(*Solution in Asia*, 1945)、《亚洲的形势》(*Situation in Asia*, 1949) 等著作中，也都可见其中国新疆考察的痕迹。

二　拉铁摩尔中国新疆研究的几个理论侧面

拉铁摩尔对中国新疆的研究涉及很多方面，诸如历史、地理、政治、贸易、民族、宗教、文化等，本文侧重于对拉铁摩尔中国新疆研究的理论建构进行初步梳理。

(一) 关于新疆与内地及蒙古、西藏的结构关系

在关于新疆与中国内地政治关系上，拉铁摩尔肯定新疆是中国版图的有机组成部分，并就新疆与内地、蒙古地区以及西藏地区的结构关系做了深入的研究，这些论述颇有意思。拉铁摩尔将新疆作为中国西北边疆的重要组成部分，并将其与东北、蒙古和西藏一起视作研究中国内陆亚洲边疆的重要构成者。拉铁摩尔的中国边疆史研究实际上主要是集中于中国内陆亚洲边疆史，也就是他所划分的东北、蒙古地区、西北和西藏4个板块。拉铁摩尔在开展此研究时，一是将这些地区作为一个整体看待，即所谓中国内陆亚洲边疆；二是提出其研究模式，即著名的“贮存地”（或译为

---

① 参见陈静如《拉铁摩尔和他的中国问题研究》，《华东师范大学学报》1998年第2期。

② 这些论文均收录于 Owen Lattimore, *Studies in Frontier History: Collected Papers*, 1928 – 1958, Oxford University, 1962。

“蓄水池”）论；三是研究其间相互关系。就中国新疆而言，他则进一步提出“沙漠绿洲”和“草原绿洲”的概念，以此分别论述新疆和西藏及蒙古草原的关系。此外，他还提出“内中亚”和“外中亚”概念以及与之相关的“次级绿洲”理论框架。

1. “贮存地”理论

所谓“贮存地”是拉铁摩尔论述中国内陆亚洲边疆形态时所阐述的一个基本理论模式。拉铁摩尔认为，中国历史的发展过程往往是由边疆“贮存地”地区的居民动向所决定的，各王朝的兴衰可通过对该地带控制情况的考察反映出来。该理论模式最典型的是对内蒙古边疆的论述，拉铁摩尔阐述该地区地理上之历史功能及其理由，认为两千多年来，北方民族历次南下攻击中原农耕地区，有些民族还建立了王朝，占有内地部分土地，甚至有时还建立统治全中国的大帝国。在这种时候，一部分南下的民族进入中原，但是有一部分仍然留在北部邻近长城的地区。这些民族的留守部分保护着其原有的土地，以免遭受从更北部下来的敌对部落的攻击。但是，该地区也是一个“贮存地”，供给统治“中国”所需的官吏及戍军。“贮存地”以北是不开化民族的土地，那里的民族并没有追随“贮存地”领袖们征战。因此，内蒙古地域的重要性超出其民族及文化之上：它是取得黄河流域，有时也是全中国统治权的钥匙。它既是中国强盛时候政治及文化势力向外发展的最有效地区，也是北方民族南下中原的交通要冲。地处长城北部的内蒙古地区就是拉铁摩尔所谓的“贮存地”。[①] 拉铁摩尔认为此模式亦适用于包括中国新疆在内的整个西北地区。[②]

在研究西北地区时，拉铁摩尔又进一步对其进行界定与分析。拉铁摩尔以长城为标志，重新界定新疆和内地之间的关系。左宗棠在论述西北地缘形势时认为西北与新疆地理实为一体。同样，拉铁摩尔也认为甘肃、宁夏和新疆堪称一体，同属绿洲形态，只是新疆为“主绿洲”（包括南疆的

① 参见〔美〕拉铁摩尔《中国的内陆亚洲边疆》，唐晓峰译，江苏人民出版社，2005，第161～163页。

② Owen Lattimore，“Originsofthe Great Wall of China：A Frontier Conceptin Theoryand Practice”，*Studies in Frontier History*：*Collected Papers*，1928－1958，pp. 115－116.

“沙漠绿洲”和北疆的“草原绿洲”），而宁夏和甘肃则是“次级绿洲”。[1]此外，拉铁摩尔还使用“内中亚”[2]一词来表述宁夏和甘肃地理，而言下之意新疆当称“外中亚”。由此可见，他论述西北地区之模式与其阐述蒙古地区如出一辙，多少有些硬套的嫌疑。

2. 边疆过渡地带

与“贮存地”理论相一致，拉铁摩尔又提出“边疆过渡地带”概念。所谓“边疆过渡地带”特征可概括如下：一是地理上不同族群居住地区相互交错，二是各族群相互混居，三是生产方式多样化，四是多种生活方式交互存在，五是多元文化交互融合。在这些特征中，拉铁摩尔认为绿洲是渐进的，由“次级绿洲”过渡到真正的绿洲；在族群上，多种族群混合，彼此孤立；在生产方式上，新疆是农业和畜牧业兼具的地区；在生活方式上，游牧生活与农业生活并存；文化上是多元交互融合的，尤其是关于文化传播方式，拉铁摩尔认为不只是中国内地在征服边疆时，内地文化才可以传播到边疆地区，相反，边疆地带民族征服和统治内地时更利于内地文化向边疆地带传播。只是关于新疆的内容更为丰富，这些地区的族群建立地方政权时，也颇有利于内地文化向内陆亚洲以远的地区传播。[3]

3. 关于新疆之地缘作用

新疆绿洲和所谓“次级绿洲”共同构成完整的绿洲地理区域。就纵向来看，该区域与中国内地有着重要的战略关联作用，起着呼应内地、威慑蒙古高原及其以北的战略联络作用，也起着连通内地与广义内陆亚洲及其以西地区的作用；就横向来看，该地区则起着隔离蒙古地区与西藏高原地区的作用，其意义重大。

（二）关于新疆内部的结构论述

关于新疆内部文明结构，拉铁摩尔也有其划分和阐述。

1. “垂直文明”结构

拉铁摩尔认为，作为绿洲形态的新疆，其文明发展结构可以被称为

---

① 参见〔美〕拉铁摩尔《中国的内陆亚洲边疆》，唐晓峰译，江苏人民出版社，2005，第101～115页。

② Owen Lattimore, *Chinese Turkistan*, The Open Court, Chicago, Vol. XLVII, March, 1933.

③ Owen Lattimore, "Inner Asian Frontiers: Chinese and Russian Margins of Expansion", *Studies in Frontier History: Collected Papers*, 1928－1958, pp. 134－159.

"垂直文明"，尤其是天山山脉两侧更为突出。[①] 拉铁摩尔认为，南疆典型绿洲处于从高山流入沙漠河流的末端附近，河流在此可以流入呈扇形分布的灌溉渠中。沿河流上溯，就可以清楚地看出这个垂直结构，即"肥沃的山区、沙岭、沙漠、绿洲，从上而下依次展开"[②]。高山可以出产木材以及黄金、玉石等多种矿藏，有着大大小小的各种山地牧场。就生产方式而言，山区的人们保留着游牧和半游牧的生产方式，而绿洲的人们则一直是农民、城镇居民和手工艺人。因为所产物品的差异巨大，绿洲和山区之间产生交换动力，山区的人们把羊毛、兽皮、金属和玉石等运到山下，旨在从绿洲换取粮食、布匹以及粗糙的生活器具。从绿洲平原到高山地带存在着不同的生产方式、生活方式，存在着内部互补和交换经济形式，这就是拉铁摩尔所说的新疆"垂直文明"结构，他又称之为"垂直社会结构"(vertical structure of society)。[③]

2. **开放性交通与封闭性交通**

需要说明的是，新疆绿洲之间存在着横向交通联系和商品交换，这属于正常的交通方式和商品交换方式。与此同时，新疆"垂直文明"结构内部还催生一种垂直交通方式，能够进行交换的产品差异越大，交换的动力也就越大。从这个角度看，山区和绿洲之间的交换要比绿洲与绿洲之间的交换更有潜力。从交通方面而言，绿洲间的横向交通和绿洲内部的垂直交通形成鲜明对比，前者促进"过境交通"发展，其实质是开放性；后者促进绿洲内部不同生产方式之间的交通，其特点为封闭性。[④] 笔者将其分别概括为开放性交通和封闭性交通。但是，拉铁摩尔认为新疆北部绿洲交通呈现为单一的开放性，致使草原征服者可以自由进出。[⑤]

后来，拉铁摩尔对新疆的生产方式又加以进一步论述，主要是关于农

---

① Owen Lattimore, "Caravan Routes of Inner Asia", *Studiesin Frontier History: Collected Papers, 1928 - 1958*, p. 67.

② Owen Lattimore, "Caravan Routes of Inner Asia", *Studiesin Frontier History: Collected Papers, 1928 - 1958*, p. 68.

③ Owen Lattimore, "Caravan Routes of Inner Asia", *Studiesin Frontier History: Collected Papers, 1928 - 1958*, p. 69.

④ Owen Lattimore, "Caravan Routes of Inner Asia", *Studiesin Frontier History: Collected Papers, 1928 - 1958*, pp. 67 - 70.

⑤ Owen Lattimore, *Chinese Turkistan*, The Open Court, Chicago, Vol. XLVII, March, 1933, p. 104.

业、游牧业、贸易以及传统手工业等方面的论述，同时他也认为新疆受中国内地和苏联两个方向现代工业的影响，但是当时这种影响尚微不足道。①

3. **“集权化”与“去集权化”**

就新疆社会政治结构而言，拉铁摩尔将其描述为“集权化”（Centralization）和“去集权化”（Decentralization）的循环态势。② 拉铁摩尔认为，一方面，新疆地理因素利于“去集权化”，人口聚居于为沙漠所分割的绿洲上，彼此情况相近，易于自给自足，如果没有超级强大的社会结构将其联合成更大的统一体的话，其趋势是发展成诸多微型社会（microcosm）。而在广阔的草原地带，草原游牧部族形成众多小的、自我满足的社会单元，而更大和更集权化的社会单元则要求游牧社会、都市社会及农业社会之间相互作用的刺激才会产生。概而言之，新疆内部呈现出“去集权化”的社会政治环境。而另一方面，征服与统治新疆的帝国则呈现为“集权化”特征。因此，拉氏认为新疆维持社会变化是在强大帝国统治下的“集权化”和新疆内部固有的“去集权化”之间不断摆动。在“集权化”和“去集权化”的反复变化中，新疆社会呈现出一种缓慢进化的封建主义。如前所述，拉铁摩尔认为新疆是由天山以南的沙漠绿洲和天山以北的草原绿洲组成，其社会政治形态可统称为绿洲社会。就总的趋势来说，绿洲社会在“集权化”时期是向更高的封建社会形态发展，而草原游牧社会在“去集权化”时期则向更早的社会形态倒退。绿洲社会和草原社会的主要差别是，草原社会变化倾向更极端，呈现出倒退到封建社会初期门槛上的动能。③

4. **宗教与政治**

就新疆内部的宗教而言，拉铁摩尔认为，新疆境内存在着多种宗教，诸如汉地佛教、喇嘛教（藏传佛教）、道教、伊斯兰教以及东正教等，宗教在新疆起着政治力量难以起到的作用。新疆的绿洲结构使其在政治上从来都没有实现真正统一，尤其是对经济与社会而言。④ 拉铁摩尔对宗教的

① Owen Lattimore, *Pivot of Asia, Sinkiang and the Inner Asian Frontiers of China and Russia*, Little, Brown and Company, 1950, pp. 152 – 181.

② Owen Lattimore, *Pivot of Asia*, p. 183.

③ Owen Lattimore, *Pivot of Asia*, pp. 183 – 184.

④ 参见〔美〕拉铁摩尔《中国的内陆亚洲边疆》，唐晓峰译，江苏人民出版社，2005，第113页。

认识不限于宗教本身，更在于其政治力量，换句话说，在新疆宗教不仅是信仰，更是政治势力。[①]

（三）关于新疆是亚洲枢纽的论述

如在第一部分所言，1944 年拉铁摩尔有机会访问苏联，并经中国新疆访问重庆，又经蒙古国返回美国。拉铁摩尔此行一是开阔了地理视野，得以对中国东北、北部和西北边疆进行考察，与其多年的中国内陆亚洲边疆的考察研究构成对应和互补；二是得以从现代国际政治高度审视泛内陆亚洲内部地缘政治的变化。这次访问后，拉铁摩尔对中国新疆的思考上升到更高和更为广阔的层面，代表作为《亚洲的枢纽》（*Pivot of Asia, Sinkiang and the Inner Asian Frontiers of China and Russia*）一书。该书是美国学界研究新疆的第一部综合性专著，也堪称一部经典著作。

在此著作中，拉铁摩尔对新疆近现代的地缘政治作用有了新的认识。拉铁摩尔着眼于地缘政治演变，认为从 19 世纪英、俄竞争到 20 世纪中叶的冷战初期，新疆成为亚洲新的重心，在亚洲起着枢纽作用。

1. 从地理方面来看

新疆地处古老的印度帝国的后门，印、巴独立后，南亚次大陆呈现出以印度和巴基斯坦所统领的新的政治、经济和社会力量。中国新疆又靠近苏联，是美国影响最不可进入之地。同时，从内陆边疆角度来看，几个世纪以来，新疆一直被认为是中国的后门，但是两千年前则是中国通向亚洲心脏的前门，20 世纪 40 年代后期再次成为中国陆向[②]最重要的前门。[③] 可见，在 20 世纪中期后新疆地理位置的重要性再次凸现。

2. 从近代历史来看

拉铁摩尔分析了近代英、俄在中亚竞争的历史过程，认为经过 19 世纪末到 20 世纪初的 4 次事件，英、俄在新疆地区的竞争归于稳定。这 4 个事件分别是：（1）1895 年英、俄私定帕米尔边界，实现以瓦罕走廊隔离彼此；（2）1903～1904 年荣赫鹏入侵中国西藏，英国以英藏直接接触稳定其

---

① Owen Lattimore, *Pivot of Asia*, p. 3.

② 为了便于论述，笔者在有关研究中使用“陆向”和“海向”两词，意在分别表示中国历史进程中的内陆方向或取向以及海洋方向或取向。

③ Owen Lattimore, *Pivot of Asia*, p. vii.

西藏政策；（3）1907年签订《英俄协约》，双方在中国西藏、阿富汗及伊朗等问题上达成妥协；（4）1911年辛亥革命后，俄国在蒙古国推行类似于英国对中国西藏的政策。[①] 实际上，还需要加以补充说明的是，在上述诸事件基础上英国势力得以进入新疆，英、俄势力实现在中国新疆共存，达成了所谓平衡下的稳定。[②] 十月革命后，英、苏在中国新疆的势力几经反复，至1943年后英、美、苏势力在中国新疆实现微妙平衡。[③] 可见，近现代后，在国际政治演变中，中国新疆地缘政治作用逐步加强。

3. 世界形势演变凸显中国新疆地位的重要性

第二次世界大战后，拉铁摩尔认为中国新疆成为世界新的重心和枢纽，其原因在于苏联对亚洲输出革命，美国则期望将自由资本主义理念传入亚洲，在某种程度上说，中国新疆正好处于冷战的锋线上。[④] 关于第二次世界大战结束后至新中国成立这段时期，中国新疆在国际政治中的枢纽意义，拙著曾略做分析，认为中国政治的走向事关冷战两大集团在亚洲力量的消长，处于风口浪尖上的新疆成为美、苏角逐的前沿。[⑤]

此外，在印巴北部边疆、伊朗、中国西部边疆、蒙古国和苏联中亚边疆地区之内，还存在着人种及民族边疆的交错，宗教及文化边疆的纷争，这些连同上述的国际政治边疆交互影响，其形势处于极为复杂的演变中，而中国新疆在此变化中亦居于关键地位。

三　拉铁摩尔中国新疆研究之简要评价

作为研究中国边疆历史的著名学者，拉铁摩尔的中国新疆考察和研究在其中国边疆史研究中占有重要地位，本文只是对其中国新疆考察和研究

① Owen Lattimore, "The New Political Geography of Inner Asia", *Studiesin Frontier History: Collected Papers*, 1928 - 1958, pp. 169 - 170.

② 参见许建英《近代英国和中国新疆（1840—1911）》，黑龙江教育出版社，2004，第215～238页。

③ 参见许建英《民国时期英国与中国新疆（1912—1949）》，新疆人民出版社，2008，第236～243页。

④ Owen Lattimore, *Pivot of Asia*, pp. 3 - 4.

⑤ 参见许建英《民国时期英国与中国新疆（1912—1949）》，"绪论：从英俄角斗场到亚洲枢纽的新疆"。

的初步梳理，而对其深入的研究还有待于搜集更为全面的资料并进行更深入的分析。通过上面的简要考察，笔者仅对拉铁摩尔之中国新疆研究作以下简要评价。

其一，中国新疆研究是拉铁摩尔整个中国边疆史研究的重要组成部分，占有独特的地位。我们知道，拉铁摩尔的中国边疆史研究主要偏重于中国内陆亚洲边疆部分，包括 4 大板块，分别是东北地区、蒙古地区、西北地区和西藏地区，新疆即为构成西北板块的核心。在上述 4 大板块中，新疆是作为绿洲板块出现的，绿洲概念的引入、细分、整合与创新，使我们对整个西北地区的整体性和差异性有了清晰的认识，成为我们理解该地区政治、经济、社会、民族、宗教和现代国际地缘政治演变的一个理论立足点，是我们认识中国边疆各板块之间关系、绿洲板块与内地关系的一个平台，也是我们认识中国边疆史的一个新视角。

其二，拉铁摩尔的中国新疆研究也为我们开展中国史研究提供了一种新的范式。拉铁摩尔的中国边疆研究有两个特点：一是将中国内陆亚洲的边疆作为中国版图的历史组成部分，以此加以客观研究，类似于我们所谓逆序法研究中国疆域形成之方法；二是中国边疆史研究只是其观察中国历史的一个视窗、一个研究的立足点，其根本在于研究中国历史。拉铁摩尔的中国新疆研究亦是如此，作为边疆重要构成部分的绿洲板块是其中国历史研究的一个支点。因此，可以说，拉铁摩尔开辟了从中国边疆研究中国历史的先河。这对我们更为客观、理性地研究中国历史极具价值和意义。虽不能说拉铁摩尔就是边疆中心论者，但是他对传统的中原中心的研究范式做了建设性补充，从边疆角度研究中国历史，其中国史的研究方法或可称作边疆范式。至少西方汉学的中国研究方法到拉铁摩尔时开始发生重要变化，开创了后来西方汉学研究的边疆范式之先河。[①]

其三，拉铁摩尔新疆研究理论体现出研究与现实考察相结合的特点。如前所述，新疆考察是拉铁摩尔中国新疆研究的始点，也体现在其后来的研究中。拉铁摩尔的考察始于随商队旅行，他对商路、草原、绿洲等有着细腻的把握和深入的理解，可以说是他对史料反复阅读和漫长旅途见闻相

① 参见姚大力《西方中国研究的“边疆范式”：一篇书目式述评》，《文汇报》2007 年 5 月 25 日。

互映衬与思考的结果。诸如他关于“次级绿洲”的划分、新疆“垂直文明”结构、绿洲的开放性交通和封闭性交通、中国内陆边疆各板块内外构成与纵横关系以及“过渡地带”观点等理论假设，使人感觉到都是他对旅途渐次所见的感悟和总结的结果。至于他引入国际地缘政治的视点更是与其实地考察密不可分。

其四，新疆研究中的国际地缘政治之视野。中国新疆地处内陆亚洲腹地，与蒙古国、苏联地区、印度、巴基斯坦、阿富汗等多个国家接壤，国际环境复杂。拉铁摩尔的中国新疆研究极为关注国际地缘政治，既有对文化多样性背景的认识，也有对宗教复杂性的论述，更有对国际政治演变的分析。如果说拉铁摩尔关于中国新疆绿洲板块的论述是从中国边疆构成的内部来观察中国新疆的话，那么把国际地缘政治的视角引入其研究则是从外部环境来认识中国新疆，认识中国边疆。新疆既是中国的领土，又是国际势力进行地缘政治角逐的对象。

本文只是对拉铁摩尔中国新疆考察与研究的初步探索和简要评价。实际上，拉铁摩尔中国新疆考察和研究的内容相当丰富，诸如他关于中国新疆文化、经济、贸易和交通等方面的研究，关于中国新疆生态环境和贸易线路的记述和讨论，都值得我们进一步搜集资料，深入开展研究。

（原刊于《中国边疆史地研究》2011 年第 4 期）

英国外交官泰克曼及其新疆之行资料

20 世纪 30 年代中期，英国外交官艾里克·泰克曼（Eric Teichman）奉命出使新疆，其目的是希望解决英国和中国新疆省政府之间关系的障碍，了解苏联在新疆的活动；同时出于英国自身的利益以及国民政府的委托，也肩负着弄清楚盛世才政权对民国中央政府态度的重任。在民国新疆的历史上，这是英国向中国新疆派出的唯一一次使团，因此，泰克曼出使新疆不仅是民国时期英国和中国新疆关系史上一件重要的事情，也是民国新疆史上一件重要事情。此外，从近现代外国在内陆亚洲探察史的角度来看，泰克曼之行也颇具意义。

一　泰克曼其人其事

艾里克·泰克曼（Eric Teichman）在新疆汉文档案中又被称为台克满、泰克满，是英国爵士。泰克曼 1884 年 1 月 16 日出生于英格兰诺尔福克（Norfolk），1944 年 12 月 3 日在其家乡庄园中被美国士兵枪杀，时任英国驻华大使馆顾问。

艾里克·泰克曼是英国外交家，长期在中国工作。泰克曼早年在剑桥大学就读，毕业后赴中国从事外交工作。在中国工作的早期，泰克曼曾长期在中国西部英国领事馆工作，积累了较为丰富的基层外交经验。由于长期在中国西部的工作经历使泰克曼对中国西部、西北部等民族地区情况较为了解，例如他对西藏事务尤为感兴趣，辛亥革命前后曾撰写过关于中国西藏历史与现状的长篇报告，成为英国了解历史重要关头有关中国西藏的重要资料，现保存在英国大英图书馆印度事务部档案中。泰克曼后来任英国驻中国大使馆参赞，对中国事务了解得更为广泛，因此从 20 世纪 20 年代中期到 30 年代中期，他参与处理了中国各地诸多涉英事务的调解。

泰克曼还是名探察家。他先后在陕西、甘肃、四川、西藏等地旅行和考察，留下了多部旅行记，有的还非常富有特点。1921 年，泰克曼出版《一名领事官员在中国西北行记》（*Travels of A Consular Officer in North West China*）；1922 年，出版《一名领事官员藏东行记》（*Travels of A Consular Officer in Eastern Tibet*）；1937 年，出版纪实性著作《中国新疆之旅》（*Journey to Turkistan*）；1938 年，出版《中国事务》（*Affair of China*）。在这些考察中，泰克曼的新疆之行颇具意义，堪称英国跨越内陆亚洲的首次汽车之旅，特别是从张家口经现在内蒙古，到新疆哈密、乌鲁木齐和喀什汽车线路的记录十分详细，富有价值。笔者曾写过《泰克曼笔下的新绥汽车线路及蒙古人》，讨论从内蒙古到乌鲁木齐路段的有关情况。

二　泰克曼出使新疆的背景

泰克曼新疆之行是民国时期首位由英国驻华使馆派赴新疆的外交官员，其背景复杂。

我们知道，1935 年新疆政权更迭不久，以盛世才为核心的新疆省政府依赖苏联支持，打败马仲英，结束了新疆的混乱局面。盛世才政权采取亲苏排英的对外政策，这对英国在中国新疆的地位和活动影响甚巨，英国在中国新疆遭受困难骤多，这令英国颇为担忧；在 1932 ~ 1934 年新疆动荡局势中，英国驻喀什噶尔总领事馆遭到东干军队枪击，总领事托马斯 - 格罗弗（Thomas - Glover）夫人受伤。英国在中国南疆所谓的侨民生命、财产也遭到相当损失。同时，盛世才政权实际上游离于国民政府的直接控制之外，对新疆情况也所知甚少，无法帮助英国解决有关问题。在此情况下，英国政府决定派遣驻华公使馆参赞泰克曼从北京乘汽车赴新疆，与英国驻喀什噶尔总领事托马斯 - 格罗弗（Thomas - Glover）上校分头赴迪化，期望实现英国与中国新疆省政府直接接触的愿望，近距离了解新疆当局有关情况，便于更好地制定对中国新疆的政策。

总的来看，泰克曼受命赴中国新疆，主要肩负三项任务，一是与中国新疆当局接触并直接会谈，解决英国当时在中国新疆所遭遇的困难；二是考察中国新疆政治社会形势，尤其是苏联在中国新疆的地位与影响；三是希望在迪化建立英国领事馆，以便英国可直接接触中国新疆省政府当局。

我们知道，1908 年英国在中国新疆喀什噶尔建立领事馆，1911 年升格为总领事馆，领事馆（或总领事馆）隶属于英属印度，其领事或总领事均从英属印度派出，也直接对英属印度负责。英国从其驻华公使馆直接派遣高级外交官赴迪化会谈，这是仅有的一次，反映出英国对中国新疆战略布局重心之北移，因此泰克曼新疆之行颇为重要。

不过，泰克曼顺利出使中国新疆，得到了中国政府的支持。其中原因可能是国民政府当时对新疆情况也了解甚少，而传闻则非常多，泰克曼使新则可能帮助了解有关情况，特别是和苏联关系方面的信息。

泰克曼于 1935 年 9 月 14 日率领两部汽车和 6 名中国人员从当时的北平出发，经现在内蒙古和新疆哈密，于 10 月底抵达迪化，和先期到达的英国驻喀什噶尔总领事托马斯 - 格罗弗会合，受到盛世才的热情欢迎，并与新疆省政府外事负责人陈德立举行多次会谈。

三　泰克曼新疆会谈情况

从 1935 年 11 月 4 ~ 13 日，泰克曼和陈德立会谈 7 天，商谈了大量问题，据中方档案记载问题多达 29 个。其主要问题包括英侨护照问题、签证问题、关税问题、鸦片与麻烟问题、税率问题、卢比出口问题、通税问题、英商开设货栈问题、国籍问题、邮件检查问题、英侨在中国新疆旅行问题、禁止军火私自入新问题、英侨购置土地问题、废撤英国所设蒲犁邮站问题、叛乱分子输往英属印度之财产问题、增设吉尔吉特路为商路问题，以及其他一些具体问题。总的来说，此次会谈气氛友好，新疆省政府对泰克曼所提出的问题基本都予以答复或者解释，对争议较大的案件，成立委员会进行调查。

新疆省政府以及盛世才本人都多次强调对英国友好。盛世才介绍了新疆的形势和困难，强调对苏联和英国平等相待，解释反对帝国主义主要是针对日本帝国主义的，并非针对英国；盛世才还专门说明日本挑拨他与中央政府之间的关系，所谓新疆苏维埃化以及反对苏联以外任何外国势力纯属污蔑，感谢英国在中国南疆叛乱时期保持中立的态度。

此外，泰克曼还和苏联驻迪化总领事馆接触。双方都表达了对中国新疆的政策，苏联驻迪化总领事阿普莱索夫（M. Apresov）强调苏联的和平政策以及与英国的合作，说明苏联不会觊觎中国新疆领土，希望与中国新疆政府合作，维持和平，发展经济文化，使新疆永远为中华民国不可分割的一部分；而泰克曼则强调新疆是中华民国的组成部分，中国需要民族团结与和平等。

新疆省政府以及盛世才的友好态度和详细解释，大大出乎泰克曼的意料，双方会谈也非常顺利；苏联的基本政策也令英国如释重负。泰克曼在后来的报告中对未来英国与新疆关系抱有信心。但是，盛世才并没有兑现其承诺，仍然延续其亲苏排英政策，直到 1942 年盛世才倒向国民政府为止。

四　泰克曼出使中国新疆留下的资料

泰克曼出使中国新疆留下了颇具价值的历史资料，具体可分为下列三个方面。

一是旅行及探察资料。主要是泰克曼的纪行式著作《中国新疆之旅》(*Journey to Turkestan*)，泰克曼于 9 月 18 日从绥远出发，10 月 29 日抵达迪化，总计 40 天，行程 1563 英里。11 月 14 日泰克曼携英国驻喀什噶尔总领事托马斯·格罗弗离开迪化前往喀什噶尔，11 月 20 日抵达喀什噶尔，共用 12 天时间，行程 980 英里。从近代内陆亚洲探察的角度看，泰克曼乘汽车从绥远出发，经过今天内蒙古、新疆乌鲁木齐，最后抵达新疆喀什，总行程超过 2500 英里。在穿越内蒙古和新疆的汽车旅行中，泰克曼详细记录汽车旅行线路、沿途地理、政治、经济、宗教、民族、风俗以及外国人活动等多方面情况，内容较为丰富；此外他还向英国政府提交多篇和新疆盛世才政权会谈的重要报告，这些资料颇具研究价值，因此使其汽车之旅在内陆亚洲探察史上占据一定地位。

二是泰克曼发给英国政府的报告等材料。笔者在英国印度事务部档案馆以及英国国家档案馆进行搜查，共查阅和复制了 5 份，翻译为汉语共计超过 5 万字。这些档案分别是《出使新疆第一份报告（1935 年 12 月 4 日）》（约 6500 字）、《出使中国新疆第三份报告（机密）》（约 24000 字）、《备忘录》（约 800 字）、《会谈记录》（约 19000 字）和《附录》（约 4600 字）。

三是泰克曼沿途拍摄的照片。泰克曼沿途拍摄了许多照片，包括风光、民族、风俗、市场、建筑和道路等多方面，共有 100 多张。这些照片大都拍摄得非常清晰，不少照片十分珍贵。

需要补充的是，上述这些资料都已经搜集、整理和翻译完毕，并编辑成册，名为《英国外交官泰克曼赴新纪实》（暂定名），正在出版社等待出版，希望该书的出版有助于民国时期新疆历史的研究。

［原刊于《新疆文史》（内刊）2015 年 1 月总第 49 期］

后　记

《新疆历史文化研论》收录的是笔者2001～2017年的部分文章，主要是关于新疆近现代历史、文化、探察等方面研究，其中绝大部分曾刊发，这次收录时部分文章内容略有修改；此外，另有几篇文章是从笔者专著中摘录整理的。

本文集所收录的文章，涉及近代以来新疆历史、文化研究，其中英、俄（苏）、美、阿富汗等国与中国新疆关系或者在新疆活动的历史则占重要篇幅，也兼以相关历史资料评述与当代若干新疆问题研究。文集分为四个部分。

第一部分是“新疆的历史与文化”。该部分共有5篇论文，内容较多。3篇涉及近代英国与新疆贸易关系以及英属印度在新疆的奴隶问题，2篇则是近代以来新疆历史上较重要问题的研究，如新疆艺术、清代新疆汉文化研究等，反映笔者对新疆近代以来历史、文化丰富性的认识。

第二部分是“近代外国势力与中国新疆”。该部分共有10篇文章，主要聚焦于近代外国势力在中国新疆的活动，反映近代新疆遭受外国侵略的历史。

第三部分是“西方人笔下的近代新疆”。该部分主要是研究近代外国资料中新疆的政治、经济、社会、民族等方面情况，这些西方人士笔下记载的新疆社会为我们提供了新视角，展现出新疆社会更为独特的层面。

第四部分是“国外寻史录”。该部分内容是笔者近20年来在境外搜集的近现代新疆历史资料的记载。希望这些资料能够为研究新疆近现代史的学者提供一些有益的线索。

本文集大致记录了2001～2017年笔者研究领域的形成与延伸。笔者学术领域主要是新疆地方历史研究，特别致力于新疆近现代史研究。这个领域涉及内容广泛而复杂，资料也呈现出多样性；同时，很多问题实际上不仅是地方史，而且涉及全国乃至国际问题；既关乎历史研究，也涉及现实问题。正因此，不知不觉中我的研究得到延伸和拓展。本文集大致可以体现笔者的研究轨迹。

一是近代外国与中国新疆关系研究。1999 年我师从马大正先生学习新疆历史，始于近代英国与中国新疆关系史研究，在充分挖掘和使用大英图书馆与英国国家档案馆有关档案的基础上，先后出版《近代英国和中国新疆（1840—1911）》[①] 及《民国时期英国与中国新疆（1912—1949）》[②] 两本专著，本文集中相当部分论文仍是此领域的研究成果。以此为基础，笔者将研究扩展到美国、土耳其、阿富汗、沙俄等近代在新疆的活动，旨在较全面地揭示这一时期外国势力对新疆的侵略、渗透，客观展现新疆当时面临的国际环境及其参与新疆近代史形塑的剖面。今后笔者一方面将继续扩大该领域研究，考察日本、瑞典、德国等在新疆的活动；另一方面将深化既有研究领域，注重搜集新资料，梳理新问题。

二是现当代新疆治理研究。边疆治理研究是中国边疆学研究的重要领域，有助于充分认识中国边疆的历史与现实，有助于建构中国边疆学。2015 年，作为中国边疆研究所创新工程新疆研究方向的首席研究员，我以“新疆治理”为题，开展现当代新疆治理研究，陆续取得了一些研究成果。收入本文集中的个别文章就是其中的初步研究成果。这个领域内容极为丰富，当代部分资料搜集不易，研究更是不易，期望未来几年内会有更多的成果出来。毫无疑问，当代新疆治理作为新疆治理研究的重要组成部分，仍将是笔者持续努力的方向。

本文集编辑出版，是马大正先生 4 年前的建议，对我而言则颇为诚惶诚恐。一则是本人的新疆历史研究尚远不够深入和成熟，对不少问题只有粗浅的思考，对很多资料的挖掘也有待深入；二则是对一些较为重大的问题尚未有专文探讨。加上日常事务繁杂和研究任务较多，编辑出版一事一直搁置下来。2019 年底马大正先生再次催促并给予指导，文集才得以编辑成册。回望研究之路，该文集编辑出版可看作近 20 年本人新疆研究工作的小结，也当是对本人继续研究的鞭策。

---

① 许建英：《近代英国和中国新疆（1840—1911）》，黑龙江教育出版社，2004 年第 1 版，2014 年修订版。

② 许建英：《民国时期英国与中国新疆（1912—1949）》，新疆人民出版社，2008。

早在20世纪90年代，由于工作原因，我对新疆历史与文化产生强烈兴趣，先后翻译出版《中亚佛教艺术》和《犍陀罗佛教艺术》，合编《新疆民族民俗知识丛书》等图书，但是真正从事新疆历史研究，则始于1999年攻读历史学博士学位之时。在20余年的学习和研究中，马大正先生的教诲与鼓励，使我能够深怀虔诚之心，保持新疆历史研究的动力，紧跟国内外研究前沿。因此，在本文集出版之际，谨向马先生表示由衷的感激。同时，此文集的编辑出版也将促使我反思研究得失，砥砺未来之探索。

我对中国社会科学院中国边疆研究所（2013年前的中国边疆史地研究中心）也深怀感激之情。该所是新中国成立最早的边疆研究机构，在中国边疆研究上卓有影响。正是在这里，我就教于诸多师友，也受益于中国社会科学院历史研究所、近代史研究所、考古研究所等，并与中国人民大学、中央民族大学、中国藏学研究中心、故宫博物院、陕西师范大学、西北大学、南京大学、云南大学、兰州大学、新疆社会科学院、新疆大学、新疆师范大学、台北故宫博物院与中国边政协会等科研机构学者交流广泛。与多位研究新疆历史的国际学者，如牛津大学的吴劳力（Laura Newby）女士、杜伦大学的迈克尔·狄龙（Michael Dillon）先生，美国乔治城大学的米华健（James Millward）先生以及以色列希伯来大学的伊扎柯·施和（Yitzhak Shichor）先生等的交往，开阔了本人的学术视野，在此深表感谢。

本文集所收作品反映了本人研究的足迹，是跬步之作，不成熟之处当会不少，祈望读者不吝指正。历史研究崎岖艰难，永无止境，新疆历史研究更是不易，但是既然踏上这条研究道路，唯愿时刻保持谦卑面对与冷静思考，不懈努力，不辜负中国边疆研究所和师长的培育。

本书的顺利出版得益于深圳大学的支持。2018～2021年，笔者有幸为深圳大学特聘教授，在课题研究、研究报告撰写、青年教师培养、课题申请、对外学术交流以及学术会议组织等方面，都与深圳大学开展了良好的合作。在此过程中，得到了深圳大学陶一桃教授及中国经济特区研究中心各位老师的帮助，本书列入由该中心特聘研究员恽文捷负责的2020年“高水平大学建设项目”，并得到出版资助。在此，谨对深圳大学、中国经济特区研究中心以及陶一桃教授、恽文捷研究员等友人表示衷心的感谢。

需要说明的是，有些文章进行了删节。此外，还要感谢中共中央统一战线工作部程婧女士以及我的博士研究生张扬和师帅同学的协助。

许建英

于北京中国社会科学院中国边疆研究所

2020 年 10 月 25 日修改

图书在版编目（CIP）数据

新疆历史文化研论 / 许建英著. -- 北京：社会科学文献出版社，2022. 10
ISBN 978 - 7 - 5228 - 0390 - 6

Ⅰ. ①新… Ⅱ. ①许… Ⅲ. ①文化史 - 新疆 - 文集
Ⅳ. ①K294. 5 - 53

中国版本图书馆 CIP 数据核字（2022）第 119019 号

新疆历史文化研论

著　　者 / 许建英

出 版 人 / 王利民
组稿编辑 / 宋月华
责任编辑 / 周志静
责任印制 / 王京美

出　　版 / 社会科学文献出版社 · 人文分社（010）59367215
地址：北京市北三环中路甲 29 号院华龙大厦　邮编：100029
网址：www. ssap. com. cn
发　　行 / 社会科学文献出版社（010）59367028
印　　装 / 三河市尚艺印装有限公司

规　　格 / 开　本：787mm × 1092mm　1/16
印　张：21　字　数：342 千字
版　　次 / 2022 年 10 月第 1 版　2022 年 10 月第 1 次印刷
书　　号 / ISBN 978 - 7 - 5228 - 0390 - 6
定　　价 / 168. 00 元

读者服务电话：4008918866